UTB **2923**

W0173534

UTB

Eine Arbeitsgemeinschaft der Verlage

Böhlau Verlag · Wien · Köln · Weimar
Verlag Barbara Budrich · Opladen · Farmington Hills
facultas.wuv · Wien
Wilhelm Fink · München
A. Francke Verlag · Tübingen und Basel
Haupt Verlag · Bern · Stuttgart · Wien
Julius Klinkhardt Verlagsbuchhandlung · Bad Heilbrunn
Mohr Siebeck · Tübingen
Nomos Verlagsgesellschaft · Baden-Baden
Orell Füssli Verlag · Zürich
Ernst Reinhardt Verlag · München · Basel
Ferdinand Schöningh · Paderborn · München · Wien · Zürich
Eugen Ulmer Verlag · Stuttgart
UVK Verlagsgesellschaft · Konstanz, mit UVK/Lucius · München
Vandenhoeck & Ruprecht · Göttingen · Oakville
vdf Hochschulverlag AG an der ETH Zürich

STEFAN MARSCHALL

Das politische System Deutschlands

2., aktualisierte Auflage

UTB basics

UVK Verlagsgesellschaft

Zum Autor:
Stefan Marschall ist Professor für Politikwissenschaft mit dem Schwerpunkt »Politisches System Deutschlands« am Institut für Sozialwissenschaften der Heinrich-Heine-Universität Düsseldorf.

Bibliografische Information der Deutschen Nationalbibliothek
Die Deutsche Nationalbibliothek verzeichnet diese Publikation in der Deutschen Nationalbibliografie; detaillierte bibliografische Daten sind im Internet über http://dnb.d-nb.de abrufbar.

ISBN: 978-3-8252-3552-9

1. Auflage 2007
2. Auflage 2011

Einbandgestaltung: Atelier Reichert, Stuttgart
Coverbild: © Digitalstock.de
Lektorat: Marit Borcherding, Göttingen
Satz und Layout: PTP-Berlin Protago-TEX-Production GmbH, Berlin
Druck und Bindung: fgb · freiburger graphische betriebe, Freiburg

UVK Verlagsgesellschaft mbH
Schützenstr. 24 · D-78462 Konstanz
Tel.: 07531-9053-0 · Fax: 07531-9053-98
www.uvk.de

Inhalt

Vorwort zur zweiten Auflage

Für Justus

In den letzten Jahren konnte man beobachten, wie das Lehrbuchwissen zum politischen System der Bundesrepublik Deutschland rasant von der Wirklichkeit überholt worden ist. Die vorliegende zweite Auflage des Basics-Bands zum politischen System Deutschlands erforderte deswegen, trotz des vergleichsweise kurzen Abstands zur Erstauflage, eine gründliche Überarbeitung und Aktualisierung des Textes. Das Feedback, das ich von einer Reihe von Lesern erhalten habe, ist in die Überarbeitung eingeflossen.

An der Erstellung dieser zweiten Auflage hat mein Team an der Heinrich-Heine-Universität Düsseldorf maßgeblich mitgewirkt: Katharina Hanel, Martin Schultze sowie Judith Hoffmann. Ein besonderer Dank geht an Marius De Bortoli für die Koordination der Überarbeitung sowie für das Engagement und die Sorgfalt, die er hierfür aufgebracht hat.

Düsseldorf, im Februar 2011 — Stefan Marschall

Einleitung

Die Beschäftigung mit dem politischen System der Bundesrepublik gehört zum Standardprogramm der deutschen Politik-, Verwaltungs- und Sozialwissenschaft. Wer sich im Rahmen eines Studiums mit »der Politik« auseinandersetzen will, begegnet in einführenden Seminaren oder Vorlesungen oft zunächst einmal dem bundesdeutschen Regierungssystem. Und dies zu Recht! Das nationale politische System ist eine jener politischen Einheiten, die wir am stärksten wahrnehmen. An wen denken wir, wenn wir uns »die Politiker« vor Augen führen? Wohl an erster Stelle an die bundesdeutsche Politikprominenz mit Kanzler/in, Ministern oder Parteivorsitzenden. Gefragt, auf welcher politischen Ebene ihrer Meinung nach die wichtigsten Entscheidungen gefällt werden, antwortet eine Mehrheit der Befragten: auf der nationalen Ebene.

Diese Wahrnehmung mag mittlerweile nicht mehr der Wirklichkeit entsprechen. Tatsächlich haben die Mitgliedschaft Deutschlands in der Europäischen Union sowie das, was man als »Globalisierung« bezeichnet, dazu beigetragen, dass das politische Handeln in den Nationalstaaten an Bedeutung verloren hat. Wenn dem so ist, dann kann freilich die Auseinandersetzung mit dem nationalen politischen System auf solche Wandlungsprozesse aufmerksam machen und bleibt somit ein lohnendes Unterfangen. Eine Einführung in das deutsche politische System ist deswegen immer auch eine Analyse der generellen Entwicklungen in der Politik. Eine solche Analyse will dieser Basics-Band liefern.

Einführung in die deutsche Demokratie

Das Buch ist nicht nur eine Einführung in das politische System, sondern auch eine Einführung in die bundesdeutsche »Demokratie«. Es geht folglich um mehr als um die Organisation verbindlicher Entscheidungsprozesse. Im Brennpunkt steht auch die Frage, wie Entscheidungen legitimiert werden – und was daran als »demokratisch« bezeichnet werden kann. Als Demokratie sei ein System verstanden, in dem allgemein verbindliche Entscheidungen (im Sinne der Formel von Abraham Lincoln) als Ausdruck der Regierung des Volkes, durch das Volk, für das Volk getroffen werden. Zu den substantiellen Bestandteilen einer Demokratie gehören der freie Wettbewerb von Parteien, regelmäßige Wahlen, die Rechenschaftspflicht der Regierenden, die Geltung der Menschenrechte und die Rechtsstaatlichkeit. Es gibt bekanntlich unterschiedliche Arten und Weisen, Demokratie zu organisieren. Die bundesdeutsche Variante ist nach der Weimarer Republik der zweite Versuch, eine Demokratie in Deutschland zu etablieren – ein Versuch, der sich bislang als geglückt erwiesen hat.

Aufbau des Buches

Mit dieser (zunächst einmal) gelungenen Demokratie setzt sich der Basics-Band auseinander – in zwölf Kapiteln. In jedem Kapitel wird ein Ansatz, die bundesdeutsche Demokratie zu verstehen, präsentiert und diskutiert. Dies geschieht stets in Abwandlung des Begriffs »Demokratie«: zum Beispiel »Kanzlerdemokratie«, »Verbändedemokratie«, »föderale Demokratie«. Dabei gilt es zum einen, Basiskenntnisse über den Aufbau des Regierungssystems zu vermitteln – Kenntnisse, von deren Vorhandensein man zu Beginn eines Studiums erfahrungsgemäß nicht immer ausgehen kann. Der Basics-Band beschränkt sich aber nicht darauf, das politische System bloß zu beschreiben. In den »Demokratie«-Konzepten steckt zumeist auch eine Problematik oder eine Kontroverse: Herrschen die Verbände über die Politik? Ist der Kanzler/die Kanzlerin (zu) mächtig geworden? Wie zukunftsfähig ist der bundesstaatliche Aufbau Deutschlands? Die bestehenden Strukturen zu problematisieren und zu hinterfragen, soll als politikwissenschaftliche Schlüsselkompetenz vermittelt werden.

Inhaltliche Gliederung

Wie ist das Buch aufgebaut? Im ersten Kapitel »Die zweite deutsche Demokratie« wird der »Pfad« freigelegt, auf dem sich das bundesdeutsche System befindet. Die Ausführungen setzen einen Schwerpunkt auf die historischen Entstehungsbedingungen der Bundesrepublik. Die zweite deutsche Demokratie hat viel vom ersten Demokratieversuch in Deutschland, der Weimarer Republik, gelernt – vor allem aus deren Fehlern. In diesem Kapitel wird noch eine weitere deutsche, vermeintliche »Demokratie« angesprochen: die Deutsche Demokratische Republik. Die deutsche Teilung und ihre Überwindung haben die Geschicke der bundesdeutschen Demokratie tiefgreifend bestimmt und tun dies zum Teil heute noch.

Diesem eher historisch angelegten Kapitel schließt sich die Darstellung der entscheidenden Akteure im politischen System an. Sie beginnt aber nicht – wie gelegentlich üblich – mit den »Staatsorganen« (Regierung, Parlament, Gerichte), sondern mit den Bürgern, also mit dem eigentlichen Souverän. Im Kapitel über die repräsentative Demokratie wird thematisiert, ob und wie die Bürger »mitregieren« können und inwiefern sie von diesen Möglichkeiten Gebrauch machen.

In den nächsten drei Kapiteln stehen politische Akteure im Brennpunkt, denen die Aufgabe der »Intermediation« zugesprochen wird, die also zwischen den Bürgern oder der Gesellschaft auf der einen Seite und dem Staat auf der anderen Seite vermitteln sollen. Der Blick fällt zunächst auf die Vereine und Verbände, die die Gesellschaft organisieren und Interessen in den politischen Entscheidungsprozess einspeisen. Sie leisten damit einen Beitrag für etwas, was oft genug als »Verbändedemokratie« tituliert (und kritisiert) wird. Danach geht es um die »Mediendemokratie« Deutschland. Die Medien, und das heißt hier die Massenmedien Presse, Rundfunk (Fernsehen, Hörfunk) und Internet, werden auf ihre »Mittlerrolle«, aber auch auf ihre politischen Gestaltungsmacht hin abgeklopft. Schließlich stehen die mit wohl wichtigsten Akteure der deutschen Politik im Mittelpunkt des Interesses, die Parteien. Leben wir in einer »Parteiendemokratie«, in der die Parteiorganisationen – wie es eine Theorie sagt – Brücken zwischen Gesellschaft und Staat bauen?

Die Kapitel sechs bis neun wenden sich den Staatsorganen zu. Als erstes wird der Bundestag angesprochen, das Zentrum des deutschen parlamentarischen Systems. Die »Volksvertretung« ist das einzige direkt gewählte Organ auf Bundesebene. Das Grundgesetz macht den Bundestag zum Dreh- und Angelpunkt der deutschen Demokratie. Allerdings mehren sich die Stimmen, die von einer »Entparlamentarisierung« sprechen: Der Bundestag habe erheblich an Macht verloren. Die Spannung zwischen Verfassungstheorie und politischer Praxis wird in diesem Kapitel erörtert. Auf diese Ausführungen folgt das Kapitel über den Kanzler/die Kanzlerin und die Bundesregierung insgesamt. Das ist schlüssig, denn die Bundesregierung und der Bundestag (genauer: die parlamentarische Mehrheit) sind eng miteinander verkoppelt. In der klassischen Gewaltenteilungslehre stellt die Bundesregierung die »Exekutive« dar. Ein weiterer Teil der »Exekutive« ist formal gesehen das Staatsoberhaupt, der Bundespräsident. Der Kapiteltitel über den »höchsten Mann« im Staate (eine Frau hat diese Position bislang noch nicht eingenommen) verdeutlicht allerdings, dass dieses Amt mit den eigentlichen Regierungsgeschäften wenig zu tun hat. Das Grundgesetz hat die Reichweite der Präsidentenmacht ganz bewusst beschränkt. Die Bundesrepublik Deutschland ist also tatsächlich eine »unpräsidiale Demokratie«. Nicht zu unterschätzen ist indes die politische Macht der Gerichte im bundesdeutschen System, vor allem die Macht des Bundesverfassungsgerichts, das – so sehen es einige Autoren – mehr tut, als nur das Grundgesetz zu hüten, sondern auch aktiv Politik mitgestaltet. Das Kapitel über die »gehütete Demokratie« spricht somit einen der wichtigsten »Spieler« in der deutschen Politik an.

Das zehnte und elfte Kapitel befassen sich mit dem Phänomen, dass die deutsche Demokratie nicht allein auf einem Spielfeld, also auf dem des Bundes stattfindet – bis hierhin stand ja die Bundesebene mit ihren Akteuren im Mittelpunkt. Es gibt zudem ein »Drunter« und ein »Drüber«. Unterhalb der Bundesebene wirken die Länder und die Kommunen an der Politik und Demokratie in Deutschland mit. Der föderale Aufbau gewährt den Ländern sogar erhebliche Mitgestaltungsmöglichkeiten auf der Bundesebene. Oberhalb der bundesstaatlichen Ebene vollziehen sich Prozesse der Europäisierung und Globalisierung – sie sind im Begriff, die deutsche Politik zu verändern. Dies hat erhebliche Auswirkungen auf die Demokratiefrage, die nicht mehr nur national beantwortet werden kann.

Das zwölfte Kapitel bildet den Abschluss und bietet einen Ausblick. Wurde zu Beginn des Buches noch ein Blick in die Vergangenheit geworfen, richtet sich am Ende der Blick nach vorne. Wie reformbedürftig und wie reformfähig ist die bundesdeutsche Demokratie? Um dies zu beantworten, muss man herausarbeiten, wo im bundesdeutschen System Reformbremsen eingebaut sind. Können diese Bremsen gelöst werden und unter welchen Umständen? Oder wäre es nicht sogar sinnvoll, weitere Bremsmechanismen zu etablieren? Das Buch endet mit der Frage, ob Deutschland auch eine »Schlechtwetterdemokratie« ist. Die Antwort fällt bedingt optimistisch aus – vorausgesetzt die deutsche Demokratie wird weiter »wetterfest« gemacht.

Aufbau der Kapitel

Wie sind die Kapitel aufgebaut? Nach den inhaltlichen Ausführungen ermöglichen Lernkontrollfragen die Überprüfung des Wissensstandes und sollen – wo sie über den Text hinausweisen – Anstöße zum Nachdenken und zur Debatte bieten. Daran anschließend wird ausgewählte Literatur aufgeführt und kurz kommentiert – bei gleichzeitigem Verzicht auf ausführliche Fußnoten- oder Literaturarbeit im laufenden Text. Zudem folgen auf die zentrale Literatur einige Internet-Adressen, gleichfalls mit kurzen Erläuterungen. Marginalien sowie ein Stichwort- und ein Personenregister am Ende des Buches unterstützen das gezielte Suchen und machen neben dem Feinaufbau auch die Inhalte der Kapitel transparent.

Von Aufbau und Gestaltung her richtet sich das Buch an Studierende in den ersten Semestern, die eine Veranstaltung zum politischen System der Bundesrepublik Deutschland besuchen. Aufgrund der Kapitelstruktur eignet sich der Band als Grundlage für eine einsemestrige Veranstaltung zum politischen System Deutschlands, in der Woche für

Woche je ein Kapitelthema bearbeitet werden kann. Aber auch jenseits der akademischen Bildung und Ausbildung kann der Basics-Band, da er für Einsteiger in die Thematik gedacht ist, Verwendung finden – nämlich überall dort, wo im Rahmen der politischen Bildung auch Einblicke in die Funktionsweise und Funktionsprobleme des bundesdeutschen politischen Systems vermittelt werden sollen.

Die Formatvorgaben auf der einen Seite und die Breite des Themas auf der anderen Seite verlangten dem Autor eine Reihe schmerzlicher Entscheidungen ab. Viele relevante Aspekte können aufgrund der begrenzten Seitenzahl nur angerissen und nicht alle lesenswerte Fachliteratur angeführt werden. Das Format eines Werkes für Einsteiger macht diese Einschnitte nötig und liefert die »Basi(c)s« für die weitere Beschäftigung. Das Buch ergänzt das, was an – mitunter ausgezeichneter – Literatur zum politischen System bereits vorliegt. In Abgrenzung zur vorhandenen Literatur liegt der Schwerpunkt auf einer systematisch-übersichtlichen, eingängigen, lesefreundlichen und mit zahlreichen eingeschobenen Erläuterungen und Illustrationen arbeitenden Vermittlungsweise der Thematik – entlang einer inhaltlichen roten Linie, der »Demokratiefrage«. Ob dieser Ansatz gelungen ist, müssen die Leserinnen und Leser entscheiden. Der Autor würde sich jedenfalls über Feedback freuen. (Email: stefan.marschall@uni-duesseldorf.de)

Literatur

Zum Themengebiet »Einführung in das politische System Deutschlands« gibt es mittlerweile ein ganzes Regalbrett von Werken, die ganz unterschiedliche Bedürfnisse befriedigen. Bereits in der 8. Auflage ist die Einführung von Wolfgang Rudzio verlegt *(Wolfgang Rudzio: Das politische System der Bundesrepublik Deutschland, 8. Aufl., Wiesbaden, VS Verlag 2011)*. Der Rudzio-Band arbeitet intensiv mit Literaturverweisen und geht weit in die Verästelungen der Thematik. Ein weiteres Standardwerk zum politischen System ist das mittlerweile in der 11. Auflage erschienene Buch von Klaus von Beyme *(Klaus von Beyme: Das politische System der Bundesrepublik Deutschland. Eine Einführung, 11. Aufl., Wiesbaden, VS Verlag 2011)*. Sehr ausführlich und detailliert präsentiert sich das doppelbändige Werk von Hesse/Ellwein *(Joachim J. Hesse/Thomas Ellwein: Das Regierungssystem der Bundesrepublik Deutschland. 10. Aufl., Baden-Baden, Nomos 2010)*; im zweiten Band sind relevante Dokumente zusammengestellt. Demgegenüber äußerst komprimiert sind Manfred G. Schmidts Betrachtungen zum politischen System in der Reihe »Wissen« *(Manfred G. Schmidt: Das poli-*

tische System der Bundesrepublik Deutschland, 2. Aufl., München, Beck 2009). Derselbe Autor hat eine ausführlichere Darstellung vorgelegt: *Manfred G. Schmidt: Das politische System Deutschlands, 2. Aufl., München, Beck 2011.* In diesem Buch werden auch einige Felder staatlicher Tätigkeit (z. B. Sozialpolitik) ausführlich dargestellt.

Eine weitere Einführung – auch unter dem Stichwort der Demokratie – und mit intensivem Blick auf die DDR und die Deutsche Einheit bietet *Gert-Joachim Glaeßner: Politik in Deutschland, 2. Aufl., Wiesbaden, Beck 2006.* In dritter Auflage im Jahr 2010 ist die Einführung von Irene Gerlach erschienen *(Irene Gerlach: Bundesrepublik Deutschland, 3. Aufl., Opladen, Leske+Budrich 2010).* Ohne größeren Fußnoten- und Literaturapparat macht die Bleek/Sontheimer/Gawrich-Einführung *(Kurt Sontheimer/Wilhelm Bleek/ Andrea Gawrich: Grundzüge des politischen Systems der Bundesrepublik Deutschland, 13. Aufl., München, Piper 2007)* mit dem politischen System vertraut.

Das vom Titel her allgemein gehaltene Buch von Sturm und Pehle *(Roland Sturm/Heinrich Pehle: Das neue deutsche Regierungssystem, 2. Aufl., Wiesbaden, VS Verlag 2005)* thematisiert vorrangig die »Europäisierung« von Institutionen und Politikfeldern. Die Einführung von Jürgen Hartmann *(Jürgen Hartmann: Das politische System der Bundesrepublik Deutschland im Kontext. Eine Einführung, Wiesbaden, VS Verlag 2004)* nimmt gleichfalls eine spezifische Perspektive ein: Das deutsche Regierungssystem wird in Vergleich zu anderen politischen Systemen analysiert.

Zum Thema liegt ferner ein Band von Pilz/Ortwein vor *(Frank Pilz/Heike Ortwein: Das politische System Deutschlands. Prinzipien, Institutionen und Politikfelder, 4. Aufl., München-Wien, Oldenbourg 2007).* Im Pilz/Ortwein wird überdies ausführlich auf ausgewählte Politikfelder fokussiert (z. B. Wohlfahrtsstaat). Stärker auf das Konzept der politischen Führung ist die Einführung von Korte/Fröhlich ausgerichtet *(Karl-Rudolf Korte/Manuel Fröhlich: Politik und Regieren in Deutschland. Strukturen, Prozesse, Entscheidungen, 3. Aufl., Stuttgart, UTB 2009).* Diesen Ansatz verfolgt auch Ludger Helms *(Ludger Helms: Regierungsorganisation und politische Führung in Deutschland, Wiesbaden, VS Verlag 2005).*

Schließlich sind noch Handwörterbücher oder Sammelbände zu erwähnen, die stichwortartig in das politische System der BRD einführen *(Uwe Andersen/Wichard Woyke (Hg.): Handwörterbuch des politischen Systems der Bundesrepublik Deutschland, 6. Aufl., Wiesbaden, VS Verlag 2007; Oscar W. Gabriel/Everhard Holtmann (Hg.): Handbuch politisches System der Bundesrepublik Deutschland, 3. Aufl., München, Oldenbourg 2005; Raban Graf von Westphalen (Hg.): Deutsches Regierungssystem, München, Oldenbourg 2001).* Wenn man nach Erläuterungen bestimmter Begriffe sucht, sind diese Werke besonders hilfreich.

Folgende Zeitschriften beschäftigen sich regelmäßig oder häufig mit Fragen rund um das politische System Deutschlands:

- *Aus Politik und Zeitgeschichte. Beilage zum Parlament (APuZ)*
- *Blätter für deutsche und internationale Politik*
- *German Politics*
- *Politische Vierteljahresschrift (PVS)*
- *Zeitschrift für Parlamentsfragen (ZParl)*
- *Zeitschrift für Politikwissenschaft (ZPol)*
- *Zeitschrift für Politik (ZfP).*

Schließlich sei noch als allgemeine Einführung in die Politikwissenschaft der Band von Dose/Hoffmann/Wolf empfohlen (Wilhelm Hoffmann/Nico Dose/Dieter Wolf: Politikwissenschaft, 2. Aufl., Stuttgart, UTB 2010). Dieser ist ebenfalls in der Basics-Reihe erschienen.

Links

www.das-politische-system.de
In diesem Web-Angebot des Lehrstuhls Politikwissenschaft der Heinrich-Heine-Universität Düsseldorf finden sich weiterführende Informationen zum Thema »Politisches System Deutschlands«

www.bpb.de
Auf der Seite der Bundeszentrale für politische Bildung kann man sich über Facetten der bundesdeutschen Demokratie informieren sowie zu sehr günstigen Bedingungen Bücher bestellen. Lohnend ist auch ein Blick auf die jeweiligen Seiten der Landeszentralen für politische Bildung.

www.destatis.de
Die Seite des Statistischen Bundesamtes enthält eine große Sammlung an Daten zu Politik und Gesellschaft der Bundesrepublik Deutschland.

www.deutschland.de
Diese Website wird vom Presse- und Informationsamt der Bundesregierung herausgegeben und verantwortet. Es handelt sich in erster Linie um ein großes »Link-Portal«, von dem aus man zu relevanten Seiten unterschiedlicher gesellschaftlicher Bereiche geführt wird. Im Bereich »Staat« findet sich eine umfangreiche Liste von wichtigen politischen Websites mit den entsprechenden Internet-Verknüpfungen.

1 | Die zweite deutsche Demokratie – Baupläne und Grundbausteine

Inhalt

Kein politisches System entsteht in einem luftleeren Raum. Vielmehr ist es eingebettet in historische Verläufe und in eine besondere Gründungssituation. In den Sozialwissenschaften spricht man in diesem Zusammenhang von der »Pfadabhängigkeit«: Wie ein Regierungssystem strukturiert ist, lässt sich nur dann verstehen, wenn der historische Weg, der Pfad, abgesteckt wird, auf dem es sich bewegt hat. Das erklärt, warum sich gegenwärtig existierende Regierungssysteme trotz vergleichbarer innerer und äußerer Herausforderungen erheblich voneinander unterscheiden.

Auf dem Pfad, der zur Bundesrepublik Deutschland führte, lagen unmittelbar die Besatzungszeit, der Zweite Weltkrieg und die nationalsozialistische Diktatur, die den ersten deutschen Demokratieversuch, die Weimarer Republik, aufgehoben hatte. Im Scheitern der Weimarer Demokratie liegen die Erfahrungswerte, aus denen die Mütter und Väter des Grundgesetzes schöpften. Um das politische System der Bundesrepublik, der zweiten deutschen Demokratie, zu begreifen, ist es deshalb unabdingbar, einen Blick auf die erste deutsche Demokratie zu werfen und auf die Lehren, die aus »Weimar« gezogen worden sind. Dies soll im ersten Abschnitt geleistet werden.

Neben der Vorgeschichte der bundesdeutschen Staatsgründung ist der unmittelbare historische Zusammenhang von Belang, in dem es zur Entscheidung für die zweite deutsche Demokratie kam. Dieser Zeitrahmen wird im zweiten Abschnitt angesprochen. Denn die entscheidenden Weichenstellungen fanden in einem komplizierten Drucksystem statt, in dem äußerer mit innerem Druck zum Teil in erheblichem Konflikt stand. Der »Druckausgleich« führte zu einem Paradox: zu einer bewusst vorläufigen, aber dennoch höchst tragfähigen und robusten bundesdeutschen Demokratie.

Der sich anschließende Abschnitt legt die ideellen Fundamente frei, auf denen die zweite deutsche Demokratie gebaut worden ist und die bis heute noch tragen. Dazu gehören Prinzipien wie die Sozial-, Rechts- und Bundesstaatlichkeit wie auch der Grundsatz der »wehrhaften Demokratie«, das heißt, dass sich die bundesdeutsche Demokratie gegen ihre Feinde zur Wehr setzen will.

Im letzten Abschnitt geht es um einen Faktor, der die Gründungssituation der Bundesrepublik prägte, aber noch weit bis in unsere Tage wirkt: die parallele Entstehung eines zweiten deutschen Staates, der »Deutschen Demokratischen Republik« (DDR) – die freilich alles andere als eine Demokratie war. Ihre Gründung und Existenz markieren eine scheinbare »Konstante« der bundesdeutschen Nachkriegsgeschichte: die deutsche Teilung. Diese »Konstante« hielt allerdings nur vierzig Jahre. Mit der »deutschen Einheit« von 1990 hat sich der Geltungsbereich des Grundgesetzes auf das Gebiet der ehemaligen DDR ausgedehnt. Aber auch heute noch sind die Auswirkungen der deutschen Teilung ein wichtiges Bestimmungselement der Politik in Deutschland. Der letzte Abschnitt beschäftigt sich deswegen mit der DDR, der deutschen Einheit und ihren Folgen – Folgen, die uns in den nächsten Kapiteln immer wieder beschäftigen werden.

Die erste deutsche Demokratie – Weimarer Erfahrungen | 1.1

Die Verfasser des Grundgesetzes haben sich in vielerlei Hinsicht von den Erfahrungen aus der Weimarer Republik inspirieren lassen – insbesondere von den schlechten. Die Reichsverfassung, die von der Nationalversammlung 1919 in der Stadt Weimar verabschiedet worden war, wirkte zu großen Teilen wie eine negative Blaupause, auf der das Grundgesetz bewusst anders konstruiert worden ist. Viele von denen, die zu den Beratungen über die neue deutsche Verfassung zusammenkamen, hatten bereits in der Weimarer Republik praktische politische Erfahrungen gesammelt. So war der Präsident des Parlamentarischen Rates und spätere Bundeskanzler, Konrad Adenauer, von 1917 bis 1933 Oberbürgermeister in Köln sowie von 1920 bis 1933 Präsident des preußischen Staatsrates gewesen.

Lehren aus der Weimarer Republik

Wenn in diesem Zusammenhang von den »Lehren aus Weimar« die Rede ist, dann muss man sich vor Augen halten, dass es nicht die objektiven Erfahrungswerte aus der Weimarer Republik gibt. Entscheidend sind vielmehr die mitunter sehr subjektiven und zeitabhängigen Wahrnehmungen dessen, was die Weimarer Demokratie und ihr Scheitern ausgemacht haben. Schließlich sind sich auch die Historiker nicht gänzlich einig darüber, was das Ende der ersten deutschen Demokratie verursacht hat.

Die Weimarer Republik war als parlamentarische Demokratie angelegt, in deren Mittelpunkt der Reichstag stand. Das Parlament wählte man direkt, und die Regierung war dem Reichstag gegenüber verantwortlich. Ein zweites Organ wurde ebenfalls direkt gewählt: der Reichspräsident, und zwar auf sieben Jahre. Seine Aufgabe bestand nicht zuletzt darin, Hüter der Verfassung zu sein. Der Reichspräsident ernannte den Reichskanzler und hatte das Recht, den Reichstag aufzulösen. Im Falle des Notstandes verfügte er über besondere Möglichkeiten (→ Kapitel 8). Diese Machtfülle des Reichspräsidenten führte dazu, dass er gelegentlich als »Ersatzkaiser« bezeichnet worden ist.

Abb. 1

Das politische System der Weimarer Republik

Quelle: Erich Schmidt Verlag

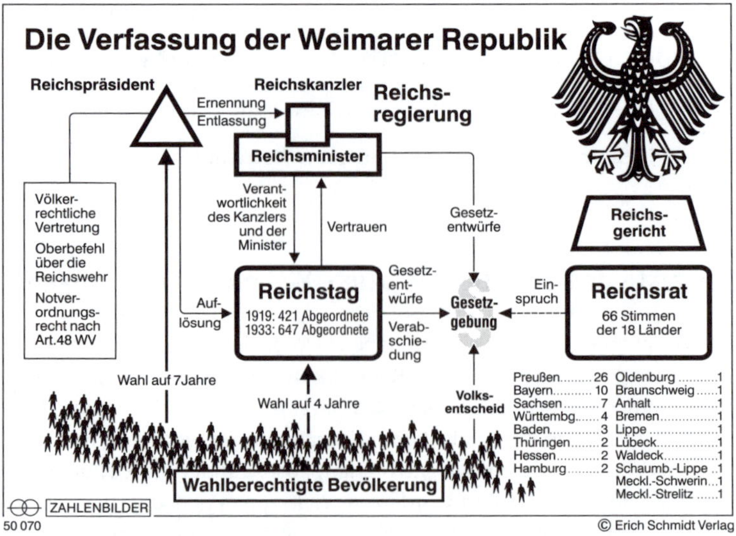

Neben den Organen, die vom Volk gewählt oder indirekt legitimiert wurden, also neben der »repräsentativen Demokratie«, sah die Weimarer Republik noch die Möglichkeit »direkter Demokratie« vor. Die Bürger konnten über ausgewählte Fragen eine Entscheidung herbeiführen und unter bestimmten Voraussetzungen selbst abstimmen.

»unvollendete« Weimarer Demokratie

Von ihrer Anlage her, vom Verfassungstext betrachtet, handelte es sich bei der Weimarer Republik um eine offene und freiheitliche Demokratie; wenn auch – so der Historiker Horst Möller – um eine »unvollendete«. Zu »offen« sei die Weimarer Demokratie gewesen, so lautete schon die zeitgenössische Kritik. Schon frühzeitig wurde der sogenannte Rechtspositivismus der Weimarer Republik problematisiert; es habe keine geschützte Wertebasis gegeben, das veränderbare gesetzte (»positive«) Recht habe absolute Gültigkeit gehabt. Die scheinbare Beliebigkeit von Werten zeigte sich auch darin, dass sich die Republik nicht hinreichend gegen ihre inneren Feinde zur Wehr setzen konnte und wollte. Allerdings ist in der Literatur durchaus umstritten, inwieweit die Weimarer Republik doch ein Wertefundament hatte, das freilich nicht zuletzt von denen, die es hätten schützen müssen – insbesondere von den Richtern – infrage gestellt worden ist.

An inneren Feinden, welche die grundlegenden Werte der Demokratie herausforderten, hatte die Weimarer Republik keinen Mangel. Antidemokratische Parteien von rechts und links nahmen die demokratischen Kräfte in die Zange. Die Demokratiefeinde hatten im Reichstag mitunter negative Mehrheiten. Sie konnten die Arbeit der Regierung behindern, ohne eine konstruktive Alternative zu bieten. So setzte die Abwahl eines Regierungschefs nicht voraus, dass sich eine Mehrheit für einen neuen Amtsinhaber finden musste. Konstruktive demokratische Mehrheiten waren kaum über längere Zeit zu bilden. Die Instabilität der Republik zeigte sich nicht zuletzt an den häufigen Regierungswechseln: 16 Kabinette gab es von 1919 bis 1930, mit einer durchschnittlichen Haltbarkeit von etwas mehr als acht Monaten.

Ab 1930 bis zur Ernennung Hitlers zum Reichskanzler im Januar 1933 wurde nur noch im Notstand regiert. Die so genannten Präsidialkabinette unter den Reichskanzlern Brüning, von Schleicher und von Papen verfügten nicht mehr über formale Mehrheiten im Reichstag, die ihre Politik trugen. Vielmehr regierten die letzten drei Kanzler vor 1933 nur noch mit Hilfe der Notverordnungsmacht des Reichspräsidenten Paul von Hindenburg, der bis zu seinem Tode 1934 offiziell in dieser Position verblieb (→ Kapitel 8).

Demokratie ohne Demokraten

Robuste parlamentarische Mehrheiten hätten einiges verhindern können. Aber allein dass die demokratiefeindlichen Parteien soviel Zulauf in den Wahlen erhielten, zeigt, dass die politische Kultur der Weimarer Republik nicht in der Demokratie angekommen war. »Demokratie ohne Demokraten« – dieses für Weimar immer wieder verwendete Schlagwort will sagen, dass der verfassungsmäßige Rahmen nicht zum Inhalt passte oder umgekehrt. Dies galt insbesondere für die Eliten in der staatlichen Verwaltung, in den Medien (also seinerzeit in der Presse) und der Justiz, die der demokratischen Verfassung oftmals distanziert bis feindlich gegenüberstanden.

Tab. 1

Regierungen in der Weimarer Republik

Reichskanzler	Partei	Dauer der Kanzlerschaft
Philipp Scheidemann	SPD	130 Tage (13.02.1919 – 20.06.1919)
Gustav Bauer	SPD	277 Tage (21.06.1919 – 26.03.1920)
Hermann Müller	SPD	72 Tage (27.03.1919 – 08.06.1920)
Konstantin Fehrenbach	Zentrum	313 Tage (25.06.1920 – 04.05.1921)
Joseph Wirth	Zentrum	165 Tage (10.05.1921 – 22.10.1921)
Joseph Wirth	Zentrum	384 Tage (26.10.1921 – 14.11.1922)
Wilhelm Cuno	parteilos	263 Tage (22.11.1922 – 12.08.1923)
Gustav Stresemann	DVP	51 Tage (13.08.1923 – 04.10.1923)
Gustav Stresemann	DVP	48 Tage (06.10.1923 – 23.11.1923)
Wilhelm Marx	Zentrum	177 Tage (30.11.1923 – 26.05.1924)
Wilhelm Marx	Zentrum	195 Tage (03.06.1924 – 15.12.1924)
Hans Luther	parteilos	323 Tage (15.01.1925 – 05.12.1925)
Hans Luther	parteilos	112 Tage (19.01.1926 – 12.05.1926)
Wilhelm Marx	Zentrum	214 Tage (16.05.1926 – 17.12.1926)
Wilhelm Marx	Zentrum	499 Tage (29.01.1927 – 12.06.1928)
Hermann Müller	SPD	636 Tage (28.06.1928 – 27.03.1930)
Heinrich Brüning	Zentrum	556 Tage (30.03.1930 – 07.10.1931)
Heinrich Brüning	Zentrum	233 Tage (09.10.1931 – 30.05.1932)
Franz von Papen	parteilos	170 Tage (01.06.1932 – 02.12.1932)
Kurt von Schleicher	parteilos	57 Tage (03.12.1932 – 28.01.1933)
Adolf Hitler	NSDAP	ab 30. Januar 1933

Die Ernennung Adolf Hitlers zum Reichskanzler bedeutete faktisch das Ende der Weimarer Republik, obwohl die Reichsverfassung noch weiterhin Gültigkeit hatte. Jedenfalls markiert das Jahr 1933 den Beginn von zwölf Jahren NS-Herrschaft und damit von innenpolitischem Terror, Zweitem Weltkrieg mit seinen Millionen Opfern und dem singulären Verbrechen des Holocaust.

Als sich einige Jahre nach dem Ende des »Dritten Reiches« deutsche Politiker zusammentaten, um einen erneuten Demokratieversuch zu wagen, standen sie unter dem Eindruck des Untergangs der ersten Demokratie. Sie knüpften an die Weimarer Erfahrungen an, versuchten aber zugleich auch bestimmte unterstellte Strukturfehler auszuschließen. Dabei bedienten sie sich mitunter älterer demokratischer Traditionen, z. B. Elementen aus der Paulskirchenverfassung von 1848.

Hintergrund

Paulskirchenverfassung

Im Kielwasser der revolutionären Unruhen von 1848 trat in der Paulskirche in Frankfurt am Main eine vom Volk gewählte Nationalversammlung zusammen. Sie legte im März 1849 eine Verfassung vor, die einen deutschen Bundesstaat begründen sollte. Allerdings trat die Frankfurter Reichsverfassung aufgrund des Widerstands der deutschen Fürsten nie in Kraft. In ihr enthalten war ein Grundrechtekatalog, der als Vorlage für die Erwähnung der Grundrechte im Bonner Grundgesetz diente. Auch das »Bundesratsmodell« (→ Kapitel 10) hat seine Wurzeln in der Paulskirchenverfassung.

»Bonn ist nicht Weimar«

Nach einigen Jahren der Bewährung des Grundgesetzes erschien 1956 ein Buch mit dem Titel »Bonn ist nicht Weimar« des Journalisten Fritz René Allemann – »Bonn«, der Parlaments- und Regierungssitz bis 1999, stand für den gelungenen Versuch, dem Schicksal der ersten Republik zu entgehen. Jedenfalls spricht vieles dafür, dass sowohl die Konstruktion der Verfassung, aber auch die sich entwickelnde politische Kultur der »Bonner« und nun »Berliner« Republik wesentlich bessere Voraussetzungen für eine stabile zweite Demokratie bieten als seinerzeit »Weimar«.

Die Gründungssituation – Druck von außen und von innen | 1.2

In welchem situativen Zusammenhang entstand die bundesrepublikanische Verfassung und inwiefern spiegelt sich der zeitliche Kontext im Ergebnis? Das Grundgesetz wurde 1949 unterzeichnet und trat noch im selben Jahr in Kraft. Zwischen dem Ende des Zweiten Weltkrieges und der Gründung der Bundesrepublik lagen somit vier Jahre – vier Jahre, in denen bereits zahlreiche Vorentscheidungen getroffen wurden. In diesem Zeitraum stellte man die Weichen, die der Entstehung der Bundesrepublik Deutschland den Weg bereiteten.

1.2.1 | Rahmenbedingungen

Unter anderem folgende Entwicklungen trugen zur Gründung der zweiten deutschen Demokratie bei oder prägten sie entscheidend:

- das Besatzungsregime und der Kalte Krieg,
- die wirtschaftlichen und gesellschaftlichen Folgen des Zweiten Weltkrieges,
- die Entnazifizierung,
- die Entstehung politischer Systeme auf Länderebene,
- die Wieder- oder Neuformierung der Parteien.

1.2.1.1 | Das Besatzungsregime und der Kalte Krieg

Nach dem Zweiten Weltkrieg übernahmen die Alliierten, die Siegermächte, das Kommando in Deutschland. Die Souveränität Deutschlands wurde aufgehoben. Die »Großen Drei« (Churchill, Roosevelt, Stalin) teilten auf der Konferenz von Jalta (Februar 1945) Deutschland in Besatzungszonen und Berlin in Sektoren ein und planten, die Gebiete östlich von Oder und Neiße unter polnische bzw. sowjetische Administration zu stellen. Zwar hatte man eine einheitliche oder zumindest koordinierte Verwaltung der Besatzungszonen in Erwägung gezogen; in diesem Sinne wurde auf der Potsdamer Konferenz (17. Juli bis 2. August 1945), an der erstmals auch Frankreich teilnahm, ein »Alliierter Kontrollrat« eingerichtet. Schon bald kam es aber zu Konflikten zwischen den vier ehemaligen Kriegsverbündeten, insbesondere zwischen der Sowjetunion auf der einen Seite und den USA, Großbritannien und Frankreich auf der anderen Seite. Im Winter und Frühjahr 1948 stellte sich deutlich heraus, dass es keine gemeinsame Deutschlandpolitik aller vier ehemaligen Kriegspartner mehr geben würde. Die westdeutschen Besatzungszonen wuchsen immer enger zusammen, wurden ökonomisch gestärkt und mit einer neuen Währung, der D-Mark, ausgestattet. Die Entwicklung der vierten, der sowjetisch besetzten Zone, koppelte sich sowohl wirtschaftlich als auch politisch von dem langsam entstehenden Weststaat ab. Die deutsche Teilung wurde zementiert. Die Besatzungsmächte waren an einer Konsolidierung ihrer Zonen sehr interessiert, da sich herauskristallisierte, dass mitten durch Deutschland eine neue globale Trennlinie laufen sollte – die zwischen Ost und West. Bereits ab 1946 hatte sich diese neue bipolare Weltordnung abgezeichnet, die bis Ende der achtziger Jahre einigermaßen robust bleiben sollte. Von dem »eiser-

Zementierung der deutschen Teilung

nen Vorhang« (Winston Churchill) war die Rede, der sich quer durch Europa zog. Die USA und die Sowjetunion steckten ihre Claims ab und sammelten Verbündete (und Satellitenstaaten) um sich. Deutschland geriet zwischen die Blöcke und wurde dabei aufgeteilt.

Die wirtschaftlichen und gesellschaftlichen Folgen des Zweiten Weltkrieges | 1.2.1.2

Der Zweite Weltkrieg hatte verheerende Folgen für die beteiligten Staaten. Auch in Deutschland lagen die Infrastruktur sowie die industrielle Produktion am Boden, Millionen Soldaten waren im Kampf gefallen oder befanden sich in Kriegsgefangenschaft. Wohnraum war in erheblichem Umfang insbesondere in den großen Städten zerstört worden. Es kam (vor allem in der sowjetisch besetzten Zone) zur großflächigen Demontage der industriellen Anlagen. Ein Wiederaufbau Deutschlands war ohne ausländische Unterstützung nicht denkbar. Gelder für die Wiederherstellung der wirtschaftlichen und staatlichen Strukturen in Europa wurden im Rahmen des Marshall-Fonds seitens der US-amerikanischen Regierung bereitgestellt. Der sowjetische Einflussbereich lehnte diese US-Hilfe ab. Ziel der deutschen Politiker war es nicht zuletzt, einen stabilen Rahmen zu schaffen, der die Versorgung der Bevölkerung und den Wiederaufbau erleichterte. Die ohnehin schwierige Lage verschärfte sich noch durch die Welle der nach Westen strömenden Vertriebenen aus den ehemals deutschen Ostgebieten.

Wiederaufbau mit ausländischer Unterstützung

Die Entnazifizierung | 1.2.1.3

In einer Zielsetzung waren sich die Alliierten frühzeitig einig geworden: Deutschland sollte vom Nationalsozialismus »gesäubert«, die nationalsozialistische Partei aufgelöst werden. Allerdings fiel die konkrete Entnazifizierungspolitik von Besatzungszone zu Besatzungszone unterschiedlich aus. Besonders radikale »Säuberungsmaßnahmen« fanden in der sowjetisch besetzten Zone statt. In den westlichen Zonen setzten sich nach einer Phase unterschiedlicher Vorgehensweisen die US-amerikanischen Standards durch. Dabei wurden verschiedene Grade der Verbundenheit mit dem NS-Regime identifiziert. Später bemängelte man, dass ein Teil der Funktionseliten aus dem Nationalsozialismus in der Bundesrepublik wieder in Ämter gekommen sei.

Wortlaut

Gesetz Nr. 104 zur Befreiung von Nationalsozialismus und Militarismus, vom 5. März 1946 – Auszüge

Artikel 1

»(1) Zur Befreiung unseres Volkes von Nationalsozialismus und Militarismus und zur Sicherung dauernder Grundlagen eines deutschen demokratischen Staatslebens im Frieden mit der Welt werden alle, die die nationalsozialistische Gewaltherrschaft aktiv unterstützt oder sich durch Verstöße gegen die Grundsätze der Gerechtigkeit und Menschlichkeit oder durch eigensüchtige Ausnutzung der dadurch geschaffenen Zustände verantwortlich gemacht haben, von der Einflußnahme auf das öffentliche, wirtschaftliche und kulturelle Leben ausgeschlossen und zur Wiedergutmachung verpflichtet. [...]

Artikel 2

(1) Die Beurteilung des Einzelnen erfolgt in gerechter Abwägung der individuellen Verantwortlichkeit und der tatsächlichen Gesamthaltung; darnach wird in wohlerwogener Abstufung das Maß der Sühneleistung und der Ausschaltung aus der Teilnahme am öffentlichen, wirtschaftlichen und kulturellen Leben des Volkes bestimmt mit dem Ziel, den Einfluß nationalsozialistischer und militaristischer Haltung und Ideen auf die Dauer zu beseitigen.

(2) Äußere Merkmale wie die Zugehörigkeit zur NSDAP, einer ihrer Gliederungen oder einer sonstigen Organisation sind nach diesem Gesetz für sich allein nicht entscheidend für den Grad der Verantwortlichkeit. Sie können zwar wichtige Beweise für die Gesamthaltung sein, können aber durch Gegenbeweise ganz oder teilweise entkräftet werden. Umgekehrt ist die Nichtzugehörigkeit für sich allein nicht entscheidend für den Ausschluß der Verantwortlichkeit.«

Quelle: www.verfassungen.de/de/bw/wuerttemberg-baden/wuertt-b-befreiungsgesetz46.htm.

1.2.1.4 Die Entstehung politischer Systeme auf Länderebene

Unmittelbar nach dem Zweiten Weltkrieg entstanden auf deutschem Boden Verwaltungseinheiten auf regionaler Ebene. In den Besatzungszonen wurden die Länder gegründet. Die ersten Landesverfassungen traten bereits im Dezember 1946 in Kraft. Beim Zuschnitt der Länder schloss man zum Teil an Gebietstraditionen an, zum Teil kam es zu Neubildungen. »Preußen« – darin war man sich einig – sollte als territoriale und politische Größe zerschlagen werden. In den neu gegründeten Ländern entstanden politische Systeme mit demokratisch gewählten Körperschaften und Regierungen, allerdings noch unter der strengen Daueraufsicht der Alliierten und mit wenig Souveränität. Aber es bildete sich politisches Führungspersonal heraus, aus dessen Kreis später die deutschen Politiker kamen, die den Prozess der Staatenbildung mitgestalten sollten.

Die Wieder- oder Neuformierung der Parteien | 1.2.1.5

Das nationalsozialistische Regime hatte die Parteienvielfalt der Weimarer Republik durch die Gleichschaltung aufgehoben. 1945 war für die deutschen Parteien aber dennoch keine »Stunde Null« (außer für die NSDAP, die verboten wurde), denn nun galt es für die deutschen Politiker, an Parteitraditionen anzuknüpfen (SPD, KPD) respektive auf der Grundlage der Weimarer Republik etwas Neues zu schaffen (CDU, FDP). 1946 sind in den westlichen Besatzungszonen die ersten Parteien wieder zugelassen worden. Räume der Parteipolitik waren in erster Linie die politischen Systeme der Länder. In den Landesparlamenten, den Landtagen, saßen Parteivertreter. Die Landesregierungen waren Parteiregierungen und die Ministerpräsidenten zentrale Figuren in ihren jeweiligen Parteien. Mit den Vertretern der Länder waren somit »Parteipolitiker« an der Entstehung der bundesdeutschen Demokratie beteiligt – Parteipolitiker, die ihre jeweilige Perspektive, ihre Weltanschauungen und Strategien mit in die Diskussionen um die Verfassung des neuen deutschen Weststaates einbrachten oder einbringen wollten.

Prägende Parteipolitiker

Der Pfad zum Grundgesetz | 1.2.2

Der Weg zum Grundgesetz wurde durch die Konflikte zwischen den ehemaligen Alliierten geebnet. Die Unmöglichkeit, ein gemeinsames Konzept für alle vier Besatzungszonen zu entwickeln, sowie der Wunsch, den eigenen »Vorposten« im Kalten Krieg zu stärken, führten zur westdeutschen Teilstaatslösung. Im Juni 1948 waren in der britischen Hauptstadt die ersten Weichen gestellt worden: Eine Sechs-Mächte-Konferenz (USA, Großbritannien, Frankreich und die Benelux-Staaten) verabschiedete die »Londoner Empfehlungen«. Die »Empfehlungen« sahen unter anderem eine internationale Kontrollbehörde für die Ruhr sowie den Aufbau einer politischen und wirtschaftlichen Ordnung in den westlichen Besatzungszonen vor. Die Vorschläge liefen letzten Endes auf die Gründung eines Staates hinaus.

Londoner Empfehlungen

Zeitleiste

Marksteine auf dem Weg zur Bundesrepublik

Januar 1947	Gründung der Bizone (Zusammenlegung der britischen und US-amerikanisch besetzten Zonen)
23. Februar – 2. Juni 1948	Londoner Sechs-Mächte-Konferenz, »Londoner Empfehlungen«
1. Juli 1948	Übergabe der »Frankfurter Dokumente«
8. – 10. Juli 1948	»Rittersturz«-Konferenz der Ministerpräsidenten
10. – 23. August 1948	Verfassungskonvent auf Herrenchiemsee
1. September 1948 – 8. Mai 1949	Parlamentarischer Rat in Bonn

Die »Londoner Empfehlungen« flossen in die »Frankfurter Dokumente« ein, die den Ministerpräsidenten der elf Länder der westlichen Besatzungszonen von den Militärgouverneuren im Juli 1948 überreicht wurden. Die Dokumente beinhalteten die Aufforderung an die Regierungschefs der westdeutschen Länder, eine »verfassungsgebende Versammlung« einzuberufen mit dem Ziel, eine staatliche Struktur in den westlichen Zonen zu schaffen. Die Dokumente machten die Vorgabe, dass es sich um eine Regierungsform »des föderalistischen Typs« handeln sollte, die »die Rechte der beteiligten Länder schützt, eine angemessene Zentral-Instanz schafft und die Garantien der individuellen Rechte und Freiheiten« enthalten soll. Die Militärgouverneure behielten sich das Recht vor, bei Missfallen den vorgelegten Verfassungsentwurf abzulehnen. Das Notstandsrecht verblieb bei den Besatzungsmächten und bestimmte Kompetenzen wurden der zu schaffenden deutschen Regierung nicht zuerkannt, z. B. die Entscheidungsgewalt in auswärtigen Angelegenheiten und die Außenhandelspolitik.

Parlamentarischer Rat statt verfassungsgebender Versammlung

Die westdeutschen Ministerpräsidenten diskutierten die Weisung der Militärgouverneure auf einer Konferenz im Hotel »Rittersturz« bei Koblenz. Rundherum glücklich waren die Beteiligten nicht. Man wollte vor allem keine Fakten für die Teilung Deutschlands schaffen und entwickelte entsprechende Änderungsvorschläge: Keine »verfassungsgebende Versammlung«, sondern ein »Parlamentarischer Rat« sollte einberufen werden, keine Verfassung, sondern ein »Grundgesetz« verabschiedet werden; dieses sollte nicht dem Volk zur Abstimmung, sondern den Landtagen zur Ratifizierung vorgelegt werden. Die Ministerpräsidenten konnten sich mit diesen Wünschen gegenüber den Militärgouverneuren durchsetzen.

Ein vorbereitender Konvent von Politikern und Verfassungsrechtlern, der im August 1948 auf der Insel Herrenchiemsee zusammenkam, entwarf einen Verfassungsentwurf für einen »Bund deutscher Länder«. Die Ministerpräsidenten beriefen in Folge einen »Parlamentarischen Rat« ein, der von September 1948 bis Mai 1949 auf der Grundlage der Herrenchiemsee-Vorlage beriet.

Hintergrund

Parlamentarischer Rat

Dem Parlamentarischen Rat gehörten 65 stimmberechtigte Abgeordnete der westdeutschen Länder sowie fünf nicht-stimmberechtigte Abgeordnete aus West-Berlin an. Die Mitglieder wurden von ihren jeweiligen Landesparlamenten gewählt, gemäß der entsprechenden Mandatsverteilungen. Die stärksten Fraktionen mit jeweils 27 Abgeordneten stellten CDU/CSU und SPD, gefolgt von der FDP mit fünf Abgeordneten. Mit jeweils zwei Abgeordneten waren die Kommunistische Partei Deutschlands, die Deutsche Partei und das Zentrum vertreten. Unter den 70 Mitgliedern waren vier Frauen. Die erste Sitzung des Parlamentarischen Rates fand am 1. September 1948 in Bonn statt. Zum Präsidenten des Parlamentarischen Rates wurde der 72-jährige Konrad-Adenauer (CDU) gewählt. Vorsitzender des Hauptausschusses, des zentralen Arbeitsorgans des Rates, wurde Carlo Schmid (SPD).

Die kontroversen Diskussionen im Parlamentarischen Rat drehten sich insbesondere um Fragen der Beziehung zwischen dem Bund und den Ländern, zum Beispiel um die Form der Vertretung der Länder auf Bundesebene oder um die Verteilung der Steuern zwischen Bund und Ländern. Weitere Streitpunkte waren die Rolle des Staatsoberhauptes oder das Verhältnis zwischen Kirche und Staat.

Die vom Parlamentarischen Rat schließlich verabschiedete Vorlage stieß auf Kritik seitens der Militärgouverneure. Letzten Endes konnten die Vorbehalte aber entkräftet werden. So wurde schließlich am 23. Mai 1949 in Bonn nach der Ratifikation durch die Landesparlamente (lediglich der bayerische Landtag lehnte den Entwurf ab) das Grundgesetz verkündet. Es trat am 24. Mai in Kraft.

Verkündigung des Grundgesetzes

1.3 | Die Grundprinzipien der deutschen Demokratie und ihr Schutz

Jenseits aller Kontroversen in Detailfragen wurde man sich recht schnell über die Grundprinzipien der Verfassung einig. Dem Grundgesetz, so wie es verkündet worden ist, sind einige »tragende Wände« eingezogen, die das politische System Deutschlands maßgeblich prägen.

1.3.1 | Grundprinzipien

Die tragenden Verfassungsprinzipien finden sich komprimiert im Artikel 20 des Grundgesetz (GG).

Wortlaut

Art. 20 GG

»(1) Die Bundesrepublik Deutschland ist ein demokratischer und sozialer Bundesstaat.

(2) Alle Staatsgewalt geht vom Volke aus. Sie wird vom Volke in Wahlen und Abstimmungen und durch besondere Organe der Gesetzgebung, der vollziehenden Gewalt und der Rechtsprechung ausgeübt.

(3) Die Gesetzgebung ist an die verfassungsmäßige Ordnung, die vollziehende Gewalt und die Rechtsprechung sind an Gesetz und Recht gebunden.

(4) [...]«

Demnach gelten in Deutschland die Prinzipien (1) der Demokratie und Republik, (2) des Sozialstaates, (3) des Bundesstaates, (4) des Rechtsstaates.

Das Volk als Souverän

(1) Demokratie und Republik: Alle staatliche Gewalt legitimiert sich im Volk, »geht vom Volke aus«. Das demokratische Prinzip wird durch »Wahlen und Abstimmungen« umgesetzt; Politik soll nicht nur »für das Volk« gemacht, sondern auch »vom Volk« aktiv mitgestaltet werden. Das Grundgesetz lehnt zudem das Modell einer Monarchie ab, die durchaus auch demokratisch sein kann (z.B. Großbritannien oder die Niederlande). Als Staatsoberhaupt entschied man sich gegen einen Monarchen und für einen indirekt gewählten Bundespräsidenten.
(2) Sozialstaat: Die Bundesrepublik wird ausdrücklich als Sozialstaat, genauer als »sozialer Bundesstaat« bezeichnet. Abstrakt findet sich das

sozialstaatliche Prinzip in dem ersten Artikel des Grundgesetzes wieder: Die Würde des Menschen ist unantastbar. Mit der prominenten Platzierung des Schutzes der Persönlichkeit im ersten Grundgesetzartikel ist auf die Entwürdigungen im Nationalsozialismus reagiert und zugleich die Wertebasis für den Sozialstaat gelegt. Zu den Grundpfeilern des sozialen Staates gehören ferner der Schutz von Ehe und Familie sowie die Gleichberechtigung von Mann und Frau. Das Grundgesetz erwähnt überdies ausdrücklich die Sozialpflichtigkeit des Eigentums.

Sozialer Staat

(3) Bundesstaat: Das Grundgesetz ist im Vergleich zu anderen Verfassungen deutlich »föderalistisch« angelegt. Es erlaubt den Ländern in einigen Bereichen Autonomie und bindet sie zugleich in Entscheidungen der Bundesebene ein. Die föderale Struktur des Grundgesetzes liegt nicht nur in der deutschen Tradition der »Kleinstaaterei« begründet. In dieser Festlegung spiegeln sich zum einen die Interessen der Besatzungsmächte, keine zu starke nationalstaatliche Ebene zu schaffen, sondern diese in ein System »vertikaler« Gewaltenteilung einzubinden. Zum anderen waren es Politiker aus den bereits existierenden Ländern, die zur Schaffung des Grundgesetzes zusammenkamen – und die Existenz und Rolle der bestehenden Länder in dem neugeschaffenen Staat schützen wollten (→ Kapitel 10).

Föderales System

(4) Rechtsstaat: In einem Rechtsstaat darf es keine Willkür der Herrschenden geben; das Recht steht über der Macht. In diesem Sinne legt der Artikel 20 ausdrücklich fest, dass alles staatliche Handeln auf Recht und Gesetz beruhen muss. Zur Rechtsstaatlichkeit gehören ferner noch die Teilung der Gewalten (soweit dies in einem parlamentarischen System überhaupt umgesetzt werden kann), die Gleichheit vor dem Gesetz und die Gewährleistung der individuellen Freiheiten.

Rechtsstaatlichkeit

Wie diese tragenden Wände konkret ausgestaltet werden, regelt das Grundgesetz in seinen weiteren Artikeln nur zum Teil. Es verbleibt eine Menge an Gestaltungsmöglichkeiten, beispielsweise bei der Frage des konkreten Wahlsystems oder der Wirtschaftsordnung. Dass jenseits der Konkretisierung die tragenden Wände nicht eingerissen werden können, ist im Grundgesetz festgeschrieben und führt zum Prinzip der wehrhaften oder streitbaren Demokratie.

1.3.2 Wehrhafte Demokratie

Eine der zentralen Lehren aus Weimar war es, die Demokratie und Freiheit vor ihren inneren Feinden zu schützen. Kein einfaches Unterfangen, das sogar auf einen paradoxen Vorgang hinausläuft: Freiheiten müssen eingeschränkt werden, um die Freiheit zu verteidigen. Man spricht in dem Zusammenhang von einer wehrhaften oder streitbaren Demokratie, die ihren Feinden keine Zerstörungsmacht lassen will. Das Grundgesetz wird auf zwei Wegen geschützt: Zum einen wird verhindert, dass die Grundprinzipien ohne weiteres geändert werden können. Zum anderen kann aktiv gegen diejenigen vorgegangen werden, die versuchen die Verfassungsordnung zu beseitigen.

1.3.2.1 | Grundgesetzänderungen und Ewigkeitsklausel

Der Artikel 79 des Grundgesetzes legt einer substanziellen Änderung des Grundgesetzes Steine in den Weg. Dort wird zum einen festgelegt, wie das Grundgesetz überhaupt geändert werden darf, nämlich auf dem Gesetzesweg. Ein entsprechendes Gesetz zur Änderung der Verfassung erfordert, um verabschiedet werden zu können, jeweils eine Zwei-Drittel-Mehrheit im Bundestag sowie eine Zwei-Drittel-Mehrheit im Bundesrat. Zum anderen macht das Grundgesetz klar, dass an der Substanz des Grundgesetzes nicht gerüttelt werden darf. In diesem Zusammenhang spricht man von der »Ewigkeitsklausel«.

Wortlaut

Art. 79 GG

»(1) Das Grundgesetz kann nur durch ein Gesetz geändert werden, das den Wortlaut des Grundgesetzes ausdrücklich ändert oder ergänzt. Bei völkerrechtlichen Verträgen, die eine Friedensregelung, die Vorbereitung einer Friedensregelung oder den Abbau einer besatzungsrechtlichen Ordnung zum Gegenstand haben oder der Verteidigung der Bundesrepublik zu dienen bestimmt sind, genügt zur Klarstellung, dass die Bestimmungen des Grundgesetzes dem Abschluss und dem Inkraftsetzen der Verträge nicht entgegenstehen, eine Ergänzung des Wortlautes des Grundgesetzes, die sich auf diese Klarstellung beschränkt.

(2) Ein solches Gesetz bedarf der Zustimmung von zwei Dritteln der Mitglieder des Bundestages und zwei Dritteln der Stimmen des Bundesrates.

(3) Eine Änderung dieses Grundgesetzes, durch welche die Gliederung des Bundes in Länder, die grundsätzliche Mitwirkung der Länder bei der Gesetzgebung oder die in den Artikeln 1 und 20 niedergelegten Grundsätze berührt werden, ist unzulässig.«

Die föderale Struktur sowie die »grundsätzliche Mitwirkung« der Länder auf der Bundesebene lässt sich nicht aufheben. Ebenso wenig dürfen die Grundsätze des Artikel 1 (Würde des Menschen) sowie des Artikel 20 (Demokratie, Republik, Sozialstaat, Bundesstaat, Rechtsstaat) angetastet werden. Die Bundesstaatlichkeit wird somit doppelt geschützt.

Unantastbare Grundprinzipien des Grundgesetzes

Die Ewigkeitsklausel ist eine deutliche Abkehr von dem (unterstellten) Weimarer Rechtspositivismus. Nicht alle Elemente der Verfassung stehen zur Disposition. Allerdings gibt es doch noch eine Möglichkeit der substanziellen Änderung des Grundgesetzes: die Verabschiedung einer neuen Verfassung. So verliert das Grundgesetz nach Artikel 146 an dem Tag seine Gültigkeit, »an dem eine Verfassung in Kraft tritt, die von dem deutschen Volk in freier Entscheidung beschlossen worden ist«.

1.3.2.2 Keine Freiheit für die Verfassungsfeinde

Das Grundgesetz erlaubt den Kampf gegen die Feinde der Verfassungsprinzipien. In einer Reihe von Grundgesetzbestimmungen ist festgelegt, wie Personen oder Vereinigungen ihre grundgesetzlich verbürgten Rechte verlieren können, falls sie als Ziel die Beseitigung oder nachhaltige Beeinträchtigung der vom Grundgesetz geschaffenen Gesellschafts- und Staatsordnung, der »Freiheitlich-demokratischen Grundordnung« (FDGO) verfolgen. So können Vereine von den Innenministern oder Parteien vom Bundesverfassungsgericht verboten werden, sofern sie nachweislich verfassungswidrig sind. Auch Einzelpersonen laufen Gefahr, dass einige ihrer Grundrechte verwirken, wenn sie gegen die FDGO agitieren.

Verteidigung der Freiheitlich-demokratischen Grundordnung

Abb. 2

Elemente der Freiheitlich-demokratischen Grundordnung (FDGO)

Quelle: BVerfGE 2, 1 (12f.)

Neben diesen Regelungen gibt es weitere Instrumente der wehrhaften Demokratie. Beispielsweise dienen die Verfassungsschutzdienste der Länder und des Bundes der frühzeitigen Erkennung und kontinuierlichen Beobachtung von Personen und Gruppierungen, die gegen die FDGO kämpfen.

Eine umstrittene Regelung war der so genannte Radikalenerlass. Er hatte die Aufgabe zu verhindern, dass Verfassungsfeinde den öffentlichen Dienst unterwandern. Der Radikalenerlass ist heftig kritisiert worden, weil sich seine konkrete Umsetzung als schwierig erwiesen hat.

Hintergrund

Radikalenerlass

Der »Radikalenerlass« war ein Beschluss des Bundes und der Regierungschefs der Länder vom 28. Januar 1972. Die offizielle Bezeichnung lautet »Grundsätze zur Frage der verfassungsfeindlichen Kräfte im öffentlichen Dienst«. Diese hatten folgenden Inhalt: Nach den Beamtengesetzen in Bund und Ländern darf in das Beamtenverhältnis nur berufen werden, wer die Gewähr dafür bietet, dass er jederzeit für die Freiheitlich-demokratische Grundordnung im Sinne des Grundgesetzes eintritt. Beamte sind verpflichtet, sich innerhalb und außerhalb des Dienstes aktiv für die Erhaltung dieser Grundordnung einzusetzen. Gehört ein Beschäftigter des öffentlichen Dienstes einer Organisation an, die verfassungsfeindliche Ziele verfolgt, so begründet diese Mitgliedschaft Zweifel daran, ob der Beschäftigte für die FDGO eintreten wird.

In den vergangenen Jahren ist kontrovers über das Thema »Verfassungstreue« bei der Einbürgerung in die Bundesrepublik diskutiert worden. Mittlerweile findet bei Personen, die einen Antrag auf Erhalt der deutschen Staatsbürgerschaft stellen, eine Regelanfrage beim Verfassungsschutz statt. Umstritten sind andere Formen der Überprüfung der Verfassungstreue bei der Einbürgerung, beispielsweise mithilfe von entsprechenden Fragebögen.

1.4 | Die deutsche Teilung als »befristete Konstante«

Die westdeutschen Ministerpräsidenten ahnten, dass mit der Gründung eines Weststaates die Teilung zwischen der westlichen und der östlichen Besatzungszone zumindest vorläufig zementiert würde. Deswegen waren die Verfassungsgeber darauf bedacht, in der Art und Weise der Gründung eines westdeutschen Staates die Vereinigungsoption nicht aus dem Blick geraten zu lassen. In der Präambel, aber auch in vielen anderen Artikeln wurden ausdrücklich das Ziel und die Möglichkeit der

Deutschen Einheit berücksichtigt. Der Artikel 23 in seiner ursprünglichen Form hielt eine Tür für die ostdeutschen Bundesländer offen, dem Geltungsbereich des Grundgesetzes beizutreten. Der bereits erwähnte abschließende Artikel 146 betonte überdies die Vorläufigkeit des Grundgesetzes – es kann von einer Verfassung abgelöst werden, die vom deutschen Volk in freier Entscheidung beschlossen wird.

Wortlaut

Art. 23 GG

»Dieses Grundgesetz gilt zunächst im Gebiete der Länder Baden, Bayern, Bremen, Groß-Berlin, Hamburg, Hessen, Niedersachsen, Nordrhein-Westfalen, Rheinland-Pfalz, Schleswig-Holstein, Württemberg-Baden und Württemberg-Hohenzollern. In anderen Teilen Deutschlands ist es nach deren Beitritt in Kraft zu setzen.« (Originalfassung, aufgehoben durch das Einigungsvertragsgesetz vom 23.9.1990)

Entstehung der Deutschen Demokratischen Republik

All diese Bemühungen konnten das angesichts der Blockkonfrontation womöglich Unvermeidliche nicht verhindern: dass parallel zur Gründung der Bundesrepublik in der sowjetischen Besatzungszone ein ostdeutscher Staat entstand, die Deutsche Demokratische Republik. Als sich in den westlichen Besatzungszonen erste Tendenzen zur Staatsgründung abzeichneten, wurde in der sowjetisch besetzten Zone auf Betreiben der Besatzungsmacht der »Deutsche Volkskongress für Einheit und gerechten Frieden« ins Leben gerufen, der sich dem äußeren Anschein nach die Aufgabe stellte, eine gesamtdeutsche Lösung zu erarbeiten. Der Zweite Volkskongress vom März 1948 setzte den »Deutschen Volksrat« ein und beauftragte ihn, eine Verfassung zu entwerfen, was er bis Ende Oktober 1948 auch bewerkstelligte. Dieser Verfassungsentwurf wurde vom dritten, diesmal über Einheitslisten gewählten Volkskongress bestätigt. Auf Beschluss des Zweiten Deutschen Volksrates, der vom Volkskongress im Mai eingesetzt worden war und der sich am 7. Oktober 1949 konstituierte, wurde die Verfassung der DDR in Kraft gesetzt.

Zeitleiste

Marksteine der DDR-Gründung

06./07. Dezember 1947	Erster Deutscher Volkskongress
17./18. März 1948	Zweiter Deutscher Volkskongress
Oktober 1948	Erster Deutscher Volksrat legt Verfassungsentwurf vor
29. Mai – 03. Juni 1949	Dritter Deutscher Volkskongress (über Einheitslisten gewählt)
07. Oktober 1949	Zweiter Deutscher Volksrat konstituiert sich, Proklamation der Deutschen Demokratischen Republik

Nach außen hin erschien die DDR als ein Staat, der demokratischen Grundsätzen genügte. Ein direkt gewähltes Parlament (die Volkskammer) trug die Regierung (den Ministerrat und den Staatsrat) und wählte das Oberste Gericht. Die Prinzipien der freiheitlichen Demokratie und des Rechtsstaates wurden in der Praxis nicht umgesetzt – statt freier Wahlen bot man den Bürgern nur Einheitslisten. Dieses Wahlverfahren sicherte neben anderen Regelungen die Herrschaft der Sozialistischen Einheitspartei Deutschlands (SED) über den gesamten politischen Prozess. Somit waren das Politbüro und das Zentralkomitee der SED sowie der jeweilige Erste Sekretär/Generalsekretär (Walter Ulbricht von 1950 – 1971, Erich Honecker von 1971 – 1989) die Machtzentren des DDR-Systems. Parteiführung und Staatsführung waren eng miteinander verzahnt.

Übermacht von SED und Stasi

Ein offener Parteienwettbewerb, freie Wahlen, die Möglichkeit der ungehinderten Meinungsäußerung und Versammlungsfreiheit – all dies gab es in der DDR nicht. Eine besonders unrühmliche Rolle bei der Stabilisierung des Regimes spielte das 1950 gegründete Ministerium für Staatssicherheit (»Stasi«). Dieses hatte die Aufgabe, die Herrschaft der SED nach innen und außen abzusichern. Es tat das mit einem verzweigten Netz an Spitzeln und Informanten und mit Methoden, die weit entfernt von rechtsstaatlichen Standards lagen.

Berliner Mauer

Auf deutschem Boden existierten somit zwei antagonistische Staaten, jeweils eingebunden in einen der beiden gegnerischen Weltblöcke. Nicht nur politisch, sondern auch gesellschaftlich-kulturell und wirtschaftlich gingen Ost- und Westdeutschland über Jahrzehnte getrennte Wege. Diese Trennung verstärkte sich noch durch den Bau der Mauer 1961 und die weitreichenden Reiseeinschränkungen.

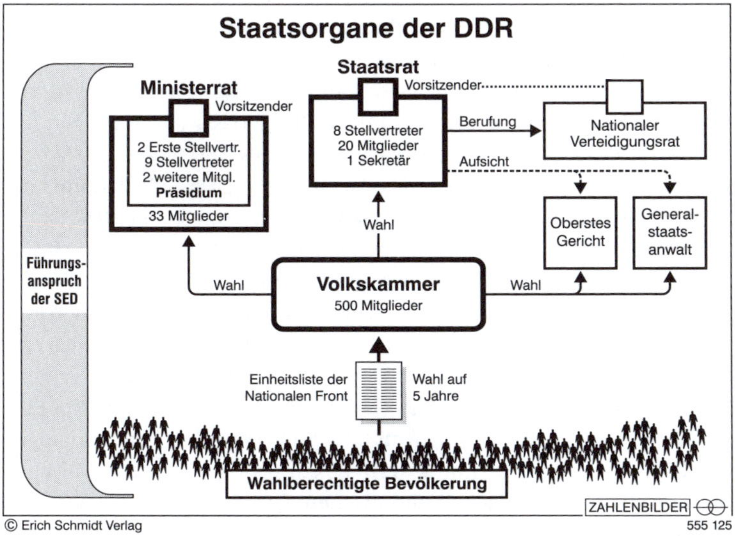

Abb. 3

Das politische System der DDR

Quelle: Erich Schmidt Verlag

Die Isolierung wurde im Laufe der Zeit, insbesondere in Folge der bundesdeutschen Ostpolitik der Großen Koalition (1966–69) und dann der SPD/FDP-Koalition nach 1969 immer mehr aufgeweicht; die Möglichkeiten der Begegnung und des Austausches wurden nach und nach geweitet. Diese Politik setzte auch die Regierung Kohl in den achtziger Jahren fort.

Ostpolitik mit Folgen

Überhaupt führten die sozio-ökonomischen und politischen Entwicklungen zu einem Wandel, der in den achtziger Jahren den Ostblock ergriff. Nach und nach wurden die sozialistischen Herrschaftssysteme Mittel- und Osteuropas demontiert, zum Teil als Folge einer Revolution von unten, zum Teil durch »Revolutionen« von oben. Die DDR gehörte zu den letzten Staaten, die bis in das Jahr 1989 hinein an der sozialistischen Herrschaftsstruktur festhielten – um sie dann umso schneller loslassen zu müssen. Mit dem Fall der Mauer am 9. November 1989 war der Weg frei für die Wiedervereinigung – wenn auch noch eine Reihe von teils erheblichen innenpolitischen und außenpolitischen Steinen aus dem Weg geräumt werden mussten. Der innere Druck nötigte die Führung der DDR, mit den Reformkräften zusammenzuarbeiten: Ab Dezember 1989 kam die DDR-Regierungsspitze auf Einladung der Kirche zu Gesprächen mit der Opposition zusammen (»Runder Tisch«).

Fall der Mauer

Parallel ging die bundesdeutsche Regierung Kohl-Genscher mit dem so genannten Zehn-Punkte-Plan kurz nach dem Mauerfall in die Offen-

Auf dem Weg zur deutschen Einheit

sive. Dieser Plan, der nicht mit den westlichen Partnern abgesprochen worden war, sah als letzte Stufe eines Prozesses der Annäherung die Vereinigung der beiden Staaten vor.

Die Zweistaatlichkeit war jedoch am Ende des Jahres 1989 immer noch ein Modell – insbesondere für die Bürgerrechtsbewegungen, die mit ihren Protesten maßgeblich zum Ende des SED-Regimes beigetragen hatten. Bei den ersten freien Wahlen zur DDR-Volkskammer im März 1990 siegten die Unionsparteien deutlich und in der DDR wuchs der Druck zur deutschen Einheit erheblich. Zumal sich die Konsequenzen der sozialistischen Misswirtschaft immer drastischer zeigten.

Der innere Drang hin zur deutschen Einheit stieß jedoch auf Vorbehalte außerhalb, insbesondere in Frankreich und Großbritannien, zunächst auch in der Sowjetunion. Die sowjetische Zustimmung erfolgte im Juli 1990 während eines legendären Besuchs des Kanzlers Kohl bei Michael Gorbatschow im Kaukasus. Das Einverständnis der ehemaligen West-Alliierten konnte mit klaren Bekenntnissen zur europäischen Integration und politisch-ökonomischen Zugeständnissen gewonnen werden.

Rechtlich wurde die deutsche Einheit mit dem Staatsvertrag zur Schaffung einer Währungs-, Wirtschafts- und Sozialunion (Mai 1990) sowie mit dem Einigungsvertrag vom August 1990 vollzogen. Für die außenpolitische Absicherung sorgte der Zwei-plus-Vier-Vertrag vom September 1990.

Beitritt der ostdeutschen Länder

Die ostdeutschen Länder traten am 3. Oktober 1990 dem Geltungsbereich des Grundgesetzes gemäß Artikel 23 (alte Fassung) bei. Allerdings gab es eine intensive Debatte darüber, ob nicht ein anderer Weg, nämlich der über den Artikel 146 angezeigt gewesen wäre: die Schaffung einer neuen Verfassung für das ganze deutsche Volk. Die Beitrittsvariante erschien den maßgeblichen Protagonisten – nicht zuletzt wegen des sich schließenden Zeitfensters für eine Vereinigung – als bester, sicherster und unkomplizierter Weg. Freilich erweckte das Vorgehen, die Rechtsordnung der Bundesrepublik auf die Gebiete der DDR zu übertragen, bei vielen den Eindruck, der Osten sei im Vereinigungsprozess »geschluckt« worden.

Zeitleiste

Der Weg zum Fall der Mauer 1989

2. Mai	die ungarische Regierung beginnt, die Grenzanlagen zu Österreich abzubauen; in der Folgezeit versuchen Hunderte von DDR-Bürgern über Ungarn in den Westen zu gelangen
19. August	im Rahmen des »Paneuropäischen Picknicks« kommt es zu einer Massenflucht von DDR-Bürgern nach Österreich
11. September	vollständige Öffnung der ungarischen Grenze ohne vorherige Absprache mit der DDR-Führung; es kommt zu einer Ausreisewelle von ca. 30.000 Personen
ab 4. September	in Leipzig finden wöchentlich im Anschluss an das Friedensgebet die Montagsdemonstrationen statt
30. September	5.500 DDR-Bürger, die sich in der Prager Botschaft über Tage versammelt haben, erhalten die Erlaubnis zur Ausreise in den Westen
6./7. Oktober	den offiziellen Festakt zum 40-jährigen Bestehen der DDR begleiten in Berlin und anderen Städten teils massive Proteste
9. Oktober	in Leipzig demonstrieren 70.000 Menschen für eine demokratische Erneuerung der DDR
18. Oktober	Erich Honecker wird »auf eigenen Wunsch« von allen politischen Ämtern entbunden, Egon Krenz wird neuer Generalsekretär der SED
4. November	ca. eine Million Teilnehmer demonstrieren auf dem Berliner Alexanderplatz für Demokratie in der DDR
9. November 1989	Fall der Berliner Mauer; vorausgegangen war eine Pressekonferenz, auf der der SED-Funktionär Günther Schabowski die faktisch freie Ausreisemöglichkeit für DDR-Bürger bekannt gab

Die Überwindung der Teilung Deutschlands hatte vier Jahrzehnte auf sich warten lassen. Als sich Ende der achtziger Jahre das Tor zur Vereinigung öffnete, musste man erkennen, dass sich zwei ungleiche Brüder wiederbegegneten. Vor allem die infrastrukturelle und wirtschaftliche Situation der ostdeutschen Bundesländer erwies sich als eine der größten Herausforderungen. Die Folgen der deutschen Teilung sind immer noch zu spüren – auch im politischen System der Bundesrepublik Deutschland. Darauf geht bereits das nächste Kapitel ein, das sich mit der politischen Kultur in der Bundesrepublik auseinandersetzt. Dabei sind auch auffällige Unterschiede zwischen den ost- und westdeutschen Bundesländern ein Thema.

Lernkontrollfragen

1 Welche Rolle spielten die Weimarer Erfahrungen bei der Konzeption der bundesdeutschen Verfassung?
2 Welche zeitlichen Rahmenbedingen wirkten sich wie auf die Entstehung der Bundesrepublik Deutschland aus?
3 Worin drückte sich die von westdeutscher Seite gewünschte »Vorläufigkeit« der Staatsgründung aus?
4 Was sind die fundamentalen Prinzipien des Grundgesetzes? Stehen diese im Widerspruch zueinander?
5 In welchen konkreten Bestimmungen schlägt sich das Prinzip der wehrhaften Demokratie nieder?
6 Welche alternative Möglichkeit zur Herbeiführung der Deutschen Einheit hätte es gegeben? Was waren die Vor- und Nachteile der gewählten Option?

Literatur

Eine Standardeinführung in die Weimarer Republik bietet *Eberhard Kolb: Die Weimarer Republik, 7. Aufl., München, Oldenbourg 2009*. In die Vorgeschichte der Bundesrepublik Deutschland führen ein: *Wolfgang Benz: Auftrag Demokratie: Die Gründungsgeschichte der Bundesrepublik und die Entstehung der DDR 1945–1949, Berlin, Metropol 2009*, sowie *Karl-Heinz Niclauß: Der Weg zum Grundgesetz. Demokratiegründung in Westdeutschland 1945–1949, Paderborn, UTB 1998*. Zur Arbeit des Parlamentarischen Rates liegt eine umfangreiche Dokumentensammlung von Originalquellen in mehreren Bänden vor: *Deutscher Bundestag und Bundesarchiv (Hg.): Der Parlamentarische Rat 1948–1949. Akten und Protokolle*, sowie die Studie *Michael F. Feldkamp: Der Parlamentarische Rat 1948–1949, die Entstehung des Grundgesetzes, Göttingen, Vandenhoeck & Ruprecht 2008*. Eine Gesamtgeschichte der Bundesrepublik bietet *Manfred Görtemaker: Geschichte der Bundesrepublik Deutschland. Von der Gründung bis zur Gegenwart, Frankfurt a. M., Fischer TB 2004*. Bei der Bundeszentrale für politische Bildung ist ein Kommentar zum Grundgesetz erhältlich: *Christof Gramm/Stefan Pieper: Grundgesetz. Bürgerkommentar. Bonn,*

Bundeszentrale für politische Bildung 2010. Einen Überblick über den Aufstieg und Niedergang der Deutschen Demokratischen Republik bietet: *Ulrich Mählert: Kleine Geschichte der DDR, 6. Aufl., München, Beck 2010.* Ein weiteres Standardwerk zu Geschichte des ostdeutschen Staates stellt dar: *Hermann Weber: Geschichte der DDR, 2. Aufl., München, Area 2006.* Mit der Geschichte der Deutschen Einheit beschäftigt sich: *Andreas Rödder: Deutschland einig Vaterland. Die Geschichte der Wiedervereinigung, München, Beck 2009.* Als Nachschlagewerk zum Thema deutsche Teilung und Deutsche Einheit empfiehlt sich: *Werner Weidenfeld/Karl-Rudolf Korte (Hg.): Handbuch zur deutschen Einheit 1949–1989–1999, Frankfurt a.M., Campus 1999.*

Links

www.verfassungen.de
Auf dieser Seite finden sich, nach einigem Klicken, neben zahlreichen weiteren Verfassungen auch die Weimarer Reichsverfassung, der »Herrenchiemsee-Entwurf«, das Grundgesetz sowie die Verfassung der DDR in ihren verschiedenen Versionen.

www.dokumentarchiv.de
Dieses Web-Archiv stellt zahlreiche zeithistorische Dokumente rund um die im Kapitel dargestellten historischen Ereignisse zur Verfügung.

www.bpb.de
Auf der Seite der Bundeszentrale für politische Bildung sind viele einführende Texte zur Weimarer Republik und zum Nationalsozialismus sowie zur Besatzungszeit und zur deutschen Teilung abrufbereit.

www.dhm.de/lemo
Das Deutsche Historische Museum und das Haus der Geschichte bieten auf einer gemeinsamen Website in der Rubrik »Lebendiges Virtuelles Museum Online« (LeMO) zahlreiche anschauliche Informationen über die Weimarer Republik, das Dritte Reich sowie die Anfänge der Bundesrepublik Deutschland an.

www.chronikderwende.de
Diese, vom »Radio Berlin-Brandenburg online« gepflegte Seite, präsentiert einen historischen Abriss der Ereignisse rund um die Deutsche Einheit sowie ein großes Archiv mit Ton-, Bild- und Textdokumenten.

2 | Die repräsentative Demokratie – zwischen Mitmachen und Zuschauen

Inhalt

»Partizipation« oder »Beteiligung« – dies sind zentrale Begriffe der Demokratie. Das Mitmachen der Bürgerinnen und Bürger wird immer wieder als eine unverzichtbare Facette jeder demokratischen Gesellschaft herausgestellt. Allerdings ist man sich nicht darüber einig, wie weit die Einbindung der Bürger in den politischen Entscheidungsprozess bestenfalls reichen sollte.

In diesem Kapitel sollen die Möglichkeiten sowie die Wirklichkeit politischer Partizipation in der Bundesrepublik angesprochen werden und was dies über die politische und demokratische Kultur in Deutschland aussagt. Zur Vermessung der Beteiligungschancen ist im ersten Abschnitt auf eine grundlegende Weichenstellung einzugehen, nämlich auf den »super-repräsentativen« Charakter der deutschen Verfassung (Ernst Fraenkel), also das weitgehende Fehlen von direktdemokratischen Instrumenten auf Bundesebene. Die zentrale Beteiligungsgelegenheit in diesem überwiegend repräsentativen deutschen System bieten die regelmäßig stattfindenden Wahlen. Wahlen und Wähler stehen deswegen im zweiten Abschnitt im Vordergrund. Dabei richtet sich der Blick auf das Wahlsystem und das Wahlverhalten. Aber nicht nur in Wahlen, sondern auch auf vielfältig andere Arten und Weisen können die Bürger am politischen Prozess teilnehmen. Wie der Reichtum an denkbaren Beteiligungsmöglichkeiten sortiert werden kann, ist Thema des dritten Abschnitts.

Form und Ausmaß der politischen Beteiligung sind eine Facette der »politischen Kultur« eines Landes. Des Weiteren gehören die Einstellungen der Bevölkerung zur Demokratie und zu den politischen Institutionen dazu. Mit den Erscheinungsformen und dem Wandel der politischen Kultur in Deutschland setzt sich der abschließende Abschnitt auseinander – auch unter der Frage, wie stabil die zweite deutsche Demokratie zu sein scheint. Jedenfalls malen einige Umfrageergebnisse Zeichen an die Wand, die nicht unbeachtet bleiben dürfen.

Entscheidung für eine »super-repräsentative Verfassung« | 2.1

Demokratie ist die Herrschaft des Volkes. Wie die Volkssouveränität ins politische System umgesetzt wird, darauf gibt es wiederum unterschiedliche Antworten. Idealtypisch gesehen können dabei zwei grundlegend verschiedene Wege beschritten werden:

Partizipatives versus repräsentatives Modell

(1) Die Bürgerinnen und Bürger vertreten sich selbst und nehmen unmittelbar am politischen Gesetzgebungsprozess teil. Diese »identitäre« oder »partizipative« Demokratievariante geht unter anderem zurück auf die Überlegungen des französischen Denkers Jean-Jacques Rousseau, der in seinem Modell jede Form der »Veräußerung« der Souveränität weg von den Bürgern abgelehnt hat.

(2) Die Bürgerinnen und Bürger werden durch Repräsentanten vertreten, die an ihrer statt (und in ihrem Interesse) verbindliche Entscheidungen fällen. Hauptorgane der repräsentativen Demokratien sind Parlamente oder auch direkt gewählte Präsidenten.

Moderne Flächenstaaten können auf repräsentative Körperschaften nicht verzichten. In allen zeitgenössischen Demokratien finden sich direkt gewählte Parlamente. Dies gilt auch für die Schweiz, die gelegentlich als »direkte Demokratie« wahrgenommen wird. Aber auch in der Alpenrepublik wird ein Großteil der Gesetzgebungsarbeit von repräsentativen Körperschaften, nämlich vom Stände- und Nationalrat, geleistet.

Der Schweizer Fall macht jedoch auch deutlich, dass sich Systeme durchaus darin unterscheiden, inwieweit die repräsentativen Verfahren durch direktdemokratische ergänzt oder gegebenenfalls ersetzt werden. In der Schweiz unterliegen alle Gesetze dem Referendumsvorbehalt: Auf Antrag einer hinreichend großen Unterzeichnergruppe kann über jedes verabschiedete Gesetz ein Volksentscheid abgehalten werden. Auch in einer Reihe anderer Staaten finden sich mehr oder weniger ausgebaute Möglichkeiten der unmittelbaren Demokratie.

Direktdemokratische Verfahren sind Ausnahmen

In einer Einstufung europäischer Länder entlang ihrer Offenheit für direktdemokratische Verfahren aus den 2000er Jahren wird Deutschland indes zur Gruppe der »Ängstlichen« gezählt, weit entfernt von »Avantgardisten« wie der Schweiz. So gilt die Bundesrepublik als Sonderfall mit einer – wie der Politikwissenschaftler Ernst Fraenkel sagte – »superrepräsentativen« Verfassung.

Zwar ist im Artikel 20 des Grundgesetzes ausdrücklich von »Wahlen und Abstimmungen« die Rede. »Abstimmungen« über konkrete Sachfragen sieht das Grundgesetz gleichwohl nur in Ausnahmefällen vor. Einen Ausnahmefall stellt zum Beispiel die Zusammenlegung von Bundesländern dar. Artikel 29 regelt, dass im Falle einer Neugliederung des Bundesgebietes die entsprechende Maßnahme einer Bestätigung durch Volksentscheid bedarf. Auf Landes- und kommunaler Ebene sind direktdemokratische Verfahren mittlerweile durchweg etabliert – wenngleich in unterschiedlicher Ausgestaltung (→ Kapitel 10).

Definition

Volksentscheid, -begehren, -initiative

Als *Volksentscheide* werden verbindliche Abstimmungen über Sachfragen (z. B. Gesetze) bezeichnet, an der alle wahlberechtigten Staatsbürger teilnehmen können. Der Begriff *Referendum* wird üblicherweise synonym benutzt.

Mit *Plebisziten* sind Volksentscheide gemeint, die von Präsident, Regierung oder Parlament anberaumt werden können.

Ein *Volksbegehren* ist ein aus der Mitte des Volkes stammender Antrag auf Durchführung eines Volksentscheids.

Als *Volksinitiative* bezeichnet man einen von einer Anzahl von Bürgern getragenen Gesetzesvorschlag, der in das parlamentarische Verfahren eingebracht wird. Im Falle einer Ablehnung durch das Parlament steht es den Antragstellern üblicherweise frei, ein Volksbegehren einzuleiten.

Auf der Bundesebene sind die Bürger jedoch weder an der alltäglichen Gesetzgebung, noch an Verfassungsänderungen, noch an Entscheidungen über sonstige grundlegende Fragen unmittelbar beteiligt. Die Zurückhaltung des Parlamentarischen Rates in Sachen »direkter Demokratie« ist eine – durchaus diskutable – Lehre aus Weimar. So hatte die Weimarer Reichsverfassung Volksbegehren und Volksentscheide unter bestimmten Bedingungen erlaubt. Allerdings ist von diesem Instrument vergleichsweise selten Gebrauch gemacht worden: Es gab insgesamt sieben Volksbegehren, die zu zwei Volksentscheiden führten (1926: »Fürstenenteignung«, 1929: »Young-Plan«). Beide Volksentscheide erzielten nicht das von den Antragstellern erwartete Ergebnis. Allerdings wussten sich die anti-demokratischen Kräfte mithilfe der Propaganda rund um die Volksbegehren in die öffentliche Aufmerksamkeit zu katapultieren.

Diskussion um Erweiterung der super-repräsentativen Verfassung

Die Grundentscheidung für ein »super-repräsentatives« System ist immer wieder kontrovers diskutiert worden. Es hat zahlreiche Initiativen gegeben, dies zu verändern und das bundesdeutsche Verfassungssystem um Elemente direkter Demokratie zu erweitern. Das Thema tauchte bei den großen Reformberatungen der siebziger und neunziger Jahre auf. In den vergangenen Legislaturperioden sind immer wieder Vorlagen in die Beratung eingebracht worden, die eine Einführung von Volksentscheid, Volksbegehren und Volksinitiative vorsahen. Die Zwei-Drittel-Mehrheit, die für eine entsprechende Änderung des Grundgesetzes erforderlich ist, konnte jedoch bislang nicht organisiert werden. Die Gegner der Einführung direktdemokratischer Verfahren auf Bundesebene unterstreichen unter anderem die Unvereinbarkeit von parlamentarischen Entscheidungen und direktdemokratischen Instrumenten. Außerdem drohten populistische Gefahren. Befürworter wiederum sehen in direktdemokratischen Verfahren die Chance, der politischen Apathie und Verdrossenheit entgegenzuwirken und letztlich die bundesdeutsche Demokratie zu stärken.

Tab. 2

Argumente pro und contra direkte Demokratie

Pro mehr direkte Demokratie:	**Contra mehr direkte Demokratie:**
stärkere Möglichkeit der Einflussnahme durch die Bürger	setzt einen hohen Partizipationswillen der Bürger voraus, der nicht vorhanden ist
Wandel der politischen Kultur Deutschlands hin zu einer Bürgerdemokratie	Aushöhlung der parlamentarischen Demokratie
unmittelbare Einbindung der Bevölkerung führt zu besseren Lösungsansätzen	einfache, aber falsche Antworten werden den problemangemessenen gegenüber bevorzugt
größere Akzeptanz von Entscheidungen	Ausgleich von Interessen wird erschwert
Verminderung von »Klientelentscheidungen« (kein Übergewicht der Einzelinteressen)	stark am »Mehrheitswillen« ausgerichtet (Schwierigkeit des Minderheitenschutzes)
Abbau der Parteienherrschaft	Stärkung populistischer Parteien
Bürgereinbindung stabilisiert die Demokratie	Parlament kann sich aus der Verantwortung stehlen
das politische Interesse und Wissen der Bürger werden gesteigert	Bürger sind nicht hinreichend fachkompetent
öffentliche und private Debatten über politische Fragen werden angeregt	Einfluss einer verzerrten Medienberichterstattung
Gründlichkeit statt Schnelligkeit	direktdemokratische Verfahren sind zeitaufwändig und kostspielig

Die Argumente bewegen sich größtenteils im Bereich des Spekulativen: Man kann nicht genau kalkulieren, welche Wirkungen eine solch grundlegende Systemveränderung wie die Einführung direktdemokratischer Elemente mit sich bringen würde. Der Blick auf andere Staaten macht zwar auf mögliche Chancen und Probleme aufmerksam. Am Ende bleiben aber die Konsequenzen einer Einführung direktdemokratischer Verfahren unklar, weil pfadabhängig. Von den Erfahrungen anderer Systeme kann man nur begrenzt lernen.

2.2 | Wahlen und Wähler

Wenn auch auf Bundesebene die Deutschen nicht über konkrete Gesetzgebungsinitiativen entscheiden können, so doch über das Personal, das statt ihrer entscheiden darf. Zur Wahl steht regelmäßig, mindestens alle vier Jahre, der Deutsche Bundestag mit seinen Abgeordneten.

Das Parlament ist das einzige Organ der Bundesebene, das direkt vom Volk gewählt wird. Vorschläge, den Bundeskanzler durch das Volk wählen zu lassen, haben einen eher exotischen Charakter. Ihre Umsetzung würde das deutsche Regierungssystem fundamental verändern. Eine Volkswahl des Bundespräsidenten, wie sie von durchaus seriöserer Seite immer wieder erwogen worden ist, gelangte bislang nicht in die Nähe einer aussichtsreichen Gesetzesinitiative (→ Kapitel 12). Insofern wird es wohl bei der Monopolstellung des Bundestages, was seine direkte Wahl betrifft, bleiben.

2.2.1 | Verfahren der Bundestagswahl

Allgemeine, gleiche, direkte, freie und geheime Bundestagswahlen

Die Artikel 38 und 39, die ersten beiden »Bundestagsartikel« des Grundgesetzes, wenden sich der Parlamentswahl und ihren Verfahrensprinzipien zu. Die Abgeordneten des Bundestages werden auf vier Jahre gewählt, wenn es nicht zu einer vorzeitigen Auflösung des Hauses kommt. Die Wahlen zum Bundestag müssen allgemein, gleich, direkt, frei und geheim sein.

- allgemein: Das Wahlrecht steht allen Bürgerinnen und Bürger zu. Niemand mit deutscher Staatsbürgerschaft darf wegen seines Geschlechts, seiner ethnischen Abstammung, seiner Sprache, seines Einkommens und Besitzes, seiner Bildung und seines Berufs, seines Standes und seiner Konfession von der Wahl ausgeschlossen werden – es sei denn, man hat sein Wahlrecht durch richterlichen Beschluss verwirkt. Nur *eine* systematische Ausgrenzung ist allgemein anerkannt: Wer jünger als 18 Jahre alt ist, darf nicht an Wahlen teilnehmen.

Wahlrechtsprinzipien

- gleich: Die abgegebenen Stimmen dürfen nicht gewichtet werden. Es gilt »one man – one vote«: Jedes Votum zählt gleich viel (»identischer Zählwert«). Jedoch kann das Wahlsystem dazu führen, dass Stimmen bei der Umrechnung in Mandatsanteile nicht mehr gewertet werden, beispielsweise wenn die Voten für solche Parteien wegfallen, die eine gesetzte Hürde nicht übersprungen haben (»ungleicher Erfolgswert«).
- direkt: Mit ihren Stimmen sollen die Wahlbürger unmittelbar über die Besetzung des Bundestages mitentscheiden können. Keine Zwischenebene darf das Votum der Wähler relativieren. Eine Einrichtung wie ein Wahlleutegremium (vergleichbar dem »electoral college« in den USA) wäre mit dem Grundgesetz nicht vereinbar.
- frei: Es muss die Möglichkeit geben, effektiv zwischen unterschiedlichen antretenden Parteien oder Personen wählen zu können. Einheitslisten widersprechen diesem Prinzip. In diesem Sinne gebietet der Freiheitsgrundsatz, dass die zur Wahl stehenden Optionen in der Tat unterschiedliche Angebote darstellen. Schließlich darf auf die Wähler kein Druck ausgeübt werden, für die eine oder andere Partei zu votieren.
- geheim: Die Wähler dürfen bei ihrer Stimmabgabe nicht beobachtet werden können. Sie sollen nicht befürchten müssen, wegen ihres Votums von irgendjemandem zur Rechenschaft gezogen zu werden. Dies könnte ihre Entscheidungsfreiheit erheblich einengen. Deswegen sieht die Wahlordnung ausdrücklich das Vorhandensein von Wahlkabinen (offiziell: »Wahlzellen«) vor.

Mit der Festlegung der Grundprinzipien verbleibt noch ein großer Spielraum. Ganz unterschiedliche Wahlsysteme würden diesen groben Vorgaben entsprechen. Das Bundeswahlgesetz (BWahlG) präzisiert die vom Grundgesetz vage gehaltenen Prinzipien. In ihm wird das Wahlsystem festgelegt: das »personalisierte Verhältniswahlrecht«.

Personalisiertes Verhältniswahlrecht

Das Bundesgebiet ist in zurzeit 299 Wahlkreise eingeteilt. In der Geschichte der Bundesrepublik hat sich die Anzahl der Wahlkreise mehrfach geändert, z.B. im Rahmen der deutschen Einheit oder anlässlich der Verkleinerung des Bundestages 2002.

Jeder Wahlberechtigte hat zwei Stimmen. Mit der ersten Stimme wählt man direkt einen Abgeordneten des jeweiligen Wahlkreises. Derjenige Kandidat, der die meisten Stimmen auf sich vereint (relative Mehrheit), zieht in den Bundestag ein. Würde der Bundestag nur aus diesen »Direktkandidaten« bestehen, dann hätte man in Deutschland ein reines Mehrheitswahlrecht in Einpersonenwahlkreisen.

Doch das Verfahren ist komplizierter. Mit ihrer Zweitstimme wählen die wahlberechtigten Bürger eine Parteiliste, die jeweilige Landesliste. Schlussendlich entscheidet die Höhe der Zweitstimmen über die Verteilung der Mandate; somit ist die Zweitstimme die »wichtigere« Stimme, anders als der

Entscheidende Zweitstimme

Wortlaut es vermuten lässt. So erklärt sich der Slogan »Zweitstimme ist Kanzlerstimme«, der in Wahlkämpfen zu hören war. Die Gesamtzahl der Sitze im deutschen Parlament, also 598, wird proportional zu ihrem Zweitstimmenanteil an die Parteien auf Landesebene verteilt. Dabei findet seit der Bundestagswahl 2009 das Verrechnungsverfahren nach Sainte-Laguë Anwendung.

Definition

Sainte-Laguë

Wie viele Mandate eine Partei infolge einer Bundestagswahl erhält, bestimmt sich seit der Wahl 2009 nach einem »Divisorverfahren«, das nach dem französischen Mathematiker André Sainte-Laguë benannt ist. In einem ersten Schritt wird durch eine Näherungszuteilung, bei der die Gesamtzahl aller zu berücksichtigenden Stimmen durch die Gesamtanzahl aller zu verteilenden Mandate geteilt wird, ein »Zuteilungsdivisor« ermittelt. Dieser Divisor muss die Eigenschaft haben, dass die Summe der jeweils errechneten Sitzzahlen mit der Gesamtzahl der vergebenen Mandate übereinstimmt. Dann werden die Stimmenanteile der Parteien durch diesen Divisor geteilt. Dabei entstehende Bruchwerte werden standardgerundet. Das Ergebnis legt fest, wie viele Sitze eine Partei erhält (Oberverteilung). In einem zweiten Schritt wird nach dem gleichen Verfahren eine Verteilung der Parteisitze auf die jeweiligen Landesverbände vorgenommen (Unterverteilung).

Die so verteilten Mandate besetzen zunächst einmal die erfolgreichen »Direktkandidaten«, die für die Landesparteien angetreten sind. Bleiben dann noch Mandate über, werden diese an die Listenkandidaten der Parteien in der Reihenfolge vergeben, in der sie auf den jeweiligen Landeslisten stehen.

Überhangmandate

Das Wahlverfahren hat zu zwei Phänomenen geführt, die Gegenstand von kontroverser Diskussion und Rechtsprechung wurden. Zum einen können »Überhangmandate« entstehen, wenn eine Partei in einem Bundesland mehr Direktmandate gewonnen hat, als ihr aufgrund des Zweitstimmenergebnisses zustehen. Überhangmandate sind bislang nicht ausgeglichen worden und haben somit die Stärkeverhältnisse der Parteien verändert. Im äußersten Fall hätten sie sogar Mehrheitsverhältnisse umdrehen können. Zum anderen hat das Wahlrecht zum Phänomen des »negativen Stimmgewichts« geführt; auch dies hängt damit zusammen, dass die Stimmen zunächst auf Bundesebene verrechnet und die Mandate im zweiten Schritt an die Länderparteien vergeben werden. Eine bestimmte Konstellation kann zur Konsequenz haben, dass eine Zunahme von Zweitstimmen für eine Partei in einem Land zum Verlust eines Mandates in einem anderen Bundesland führt.

Partei	Zweit-stimmen	Divisor 68.195	Verhältnis-mandate	Direkt-mandate	Überhang-mandate	Mandate gesamt
CDU	11.828.277	173,447	173	173	21	194
CSU	2.830.238	41,502	42	45	3	45
SPD	9.990.488	146,498	146	64	0	146
Grüne	4.643.272	68,088	68	1	0	68
FDP	6.316.080	92,617	93	0	0	93
Die Linke	5.155.933	75,605	76	16	0	76
Gesamt	45.430.378	597,757	598	299	24	622

Quelle: http://www.wahlrecht.de/bundestag/2009/btwahl09-endgueltig.xls

Tab. 3

Mandatsberechnung zum Bundestags-wahlergebnis 2009

Während die Überhangmandate als solche vom Bundesverfassungsgericht als grundgesetzkonform eingestuft worden sind, hat das Gericht in einer Entscheidung aus dem Jahr 2008 eine Änderung des Wahlgesetzes verlangt, die die Entstehung eines »negativen Stimmgewichts« verhindert. Ob es in diesem Zusammenhang zu einer größeren Wahlrechtsreform kommt, z. B. zur generellen Abschaffung von Überhangmandaten, ist derzeit (Februar 2011) noch nicht entschieden.

Noch zwei weitere Regelungen nehmen Einfluss auf die Zusammensetzung des deutschen Parlaments: die Fünf-Prozent-Hürde und die Direktmandatsklausel.

Fünf-Prozent-Hürde und Direktmandatsklausel

a) Fünf-Prozent-Hürde: Um bei der Verteilung der Sitze berücksichtigt werden zu können, muss eine Partei bundesweit mindestens fünf Prozent der Zweitstimmen auf sich vereinigen.
b) Direktmandatsklausel: Überspringt eine Partei nicht die Fünf-Prozent-Hürde, gibt es doch noch eine Möglichkeit, dass ihre Zweitstimmen berücksichtigt werden. Nämlich für den Fall, dass Kandidaten einer Partei drei oder mehr Direktmandate erhalten. Dann werden ihre Zweitstimmen in die Verteilung der Sitze einbezogen.

Beide Regelungen haben nicht nur auf die Zusammensetzung des Deutschen Bundestages erheblichen Einfluss genommen, sondern auch auf die Struktur des bundesdeutschen Parteiensystems insgesamt.

Das derzeit gültige Wahlrecht hat sich erst im Laufe der Jahrzehnte herausgebildet. So reichte es bei den ersten beiden Bundestagswahlen aus, die Fünf-Prozent-Hürde in nur einem Bundesland zu überspringen. Auch die Direktmandatsklausel ist von zunächst bloß einem Mandat vor der dritten Bundestagswahl 1957 auf drei erhöht worden. Schließlich: Im ersten Deutschen Bundestag lag das Verhältnis Direktmandate zu Listenmandaten noch bei 60 zu 40.

2.2.2 | Entwicklung der Wahlbeteiligung

Inwieweit machen die Bürger von ihrem Wahlrecht Gebrauch? Gibt es klare Trends über die Jahrzehnte hinweg? Die Entwicklung der Wahlbeteiligung bei den bislang 17 Bundestagswahlen zeigt zweierlei. Die Bereitschaft, an Wahlen teilzunehmen, liegt zum einen auf stabil hohem Niveau, wenn man sie mit der Wahlbeteiligung in anderen Staaten vergleicht. Dies wird auf langfristig wirkende »civic orientations« zurückgeführt, also auf eine einigermaßen stabile Grundhaltung zur deutschen Demokratie.

Hohes Niveau der Wahlbeteiligung

Zum anderen gibt es über die Jahrzehnte betrachtet keinen stringenten Trend. Was man jedoch beobachten kann, ist eine außerordentlich hohe Wahlbeteiligung in den siebziger Jahren. Seit der deutschen Einheit 1990 bewegt sich die Beteiligung bei rund 80 Prozent. Bei der letzten Bundestagswahl im September 2009 hat sie ihren bislang niedrigsten Wert erreicht.

Die durchschnittliche Beteiligung an Landtagswahlen liegt auf einem augenfällig niedrigeren Niveau (rund zehn Prozent weniger) und scheint sich deutlicher im Sinkflug zu befinden. Noch niedriger liegt die Wahlbeteiligung bei den Europawahlen; diese hat 2004 mit 43,0 Prozent in Deutschland ihren bisherigen niedrigsten Ausschlag zu verzeichnen; 2009 lag sie wieder leicht über diesem Tiefstwert.

Nichtwähler-Typen

Wer sind die Nichtwähler und was sind ihre Gründe, nicht zur Wahl zu gehen? Darüber wird immer wieder heftig diskutiert, insbesondere wenn die Beteiligung mal wieder niedrig war.

Die Wahlforschung hat verschiedene Typen von Nichtwählern identifiziert. Zunächst sind die unechten Nichtwähler als Gruppe herauszunehmen. Sie entstehen wegen fehlerhafter Wählerverzeichnisse. Dann gilt es, die grundsätzlichen von den konjunkturellen Nichtwählern zu unterscheiden: Erstere betreten aus grundlegenden Erwägungen heraus keine Wahllokale, z. B. weil ihre religiöse Überzeugung das verbietet; hierbei handelt es sich allerdings um verschwindend kleine Minderheiten.

Abb. 4 |

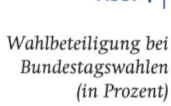

Wahlbeteiligung bei Bundestagswahlen (in Prozent)

Quelle: www.bundeswahlleiter.de

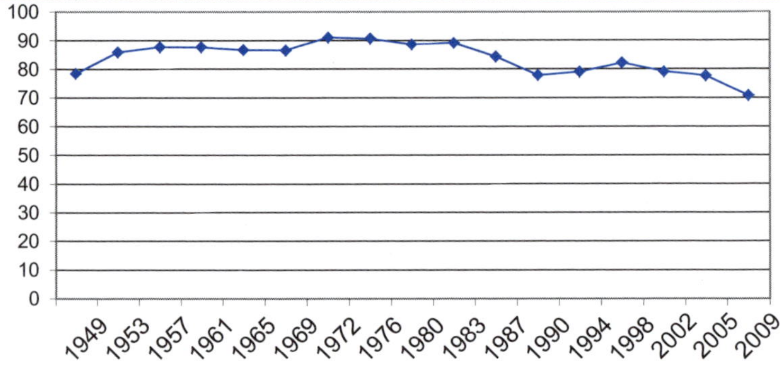

Die konjunkturellen Nichtwähler hingegen entscheiden sich von Wahl zu Wahl, ob sie von ihrem Wahlrecht Gebrauch machen oder nicht.

Ob man sein Wahlrecht nutzt oder nicht, lässt sich unterschiedlich erklären. Hierbei spielen die Ansätze eine Rolle, die generell zur Erklärung des Wahlverhaltens diskutiert werden (s. u.). So entscheidet die Gruppenzugehörigkeit über die Wahlbeteiligung: Niedriger ist sie bei Frauen, jüngeren Menschen sowie formal unterdurchschnittlich Ausgebildeten.

Protest oder Zufriedenheit?

Jedenfalls ist eine (wachsende) Wahlabstinenz nicht zwangsläufig Ausdruck von (wachsendem) Protest oder Unzufriedenheit mit dem politischen System. Sie kann gleichermaßen als Ausdruck der Zufriedenheit mit den Leistungen der Politik gewertet werden. Blickt man schließlich auf die unterschiedlichen Beteiligungsgrade bei Wahlen auf den Ebenen Bund, Land, Kommunen und Europa, liegt noch eine weitere Begründung nahe: Die Wahlbeteiligung signalisiert, wie wichtig die Bürger das entsprechende Parlament finden. Das Europäische Parlament, dessen Entscheidungen als am wenigsten relevant wahrgenommen werden, leidet unter der niedrigsten Wahlbeteiligung.

Abb. 5

Individuelle Bedeutung von Parlamentsentscheidungen

Quelle: Forschungsgruppe Wahlen: Umfrage vor der Europawahl 06/2009.

← nicht wichtig — wichtig →

	Nicht wichtig	Nicht wichtig	Weniger wichtig	Wichtig	Sehr wichtig	**Gesamt wichtig**
Bundestag	**13**	3	10	50	35	**85**
Landtag	**23**	4	19	60	15	**75**
Stadtrat/Gemeinderat	**28**	6	22	47	23	**70**
Europäisches Parlament	**42**	11	31	42	14	**56**

Fragen: »Wie wichtig sind für Sie Entscheidungen der verschiedenen Parlamente? Sind die Entscheidungen, die im Gemeinde- bzw. Stadtrat getroffen werden, für Sie persönlich sehr wichtig, wichtig, weniger wichtig oder unwichtig? Und wie ist es mit den Entscheidungen im Landtag? ... im Bundestag? ... im Europaparlament?«

Wahlverhalten – Erklärungsmodelle | 2.2.3

Warum Wahlberechtigte nicht zur Wahl gehen, ist eine zentrale Frage der Wahlforschung. Eine weitere ist, warum die Menschen, die wählen gehen, so wählen, wie sie es tun. Generell kann unterschieden werden zwischen kurzfristig und langfristig wirkenden, zwischen rationalen und emotionalen, zwischen individuellen und gruppenbezogenen Einflussfaktoren. Drei große Herangehensweisen haben sich in der Wahlforschung etabliert:

Erklärungsansätze der Wahlforschung

- soziologische Ansätze: Die Wahlentscheidung hängt dieser Sichtweise zufolge davon ab, welcher sozialen Gruppe man angehört. So wird die Konfessionszugehörigkeit oder die sozio-ökonomische Schichtzuge-

hörigkeit als prägender Einflussfaktor ausgemacht. Zur Erklärungskraft dieses Ansatzes trägt bei, dass sich einige Parteien eng an gesellschaftliche Gruppen anlehnen oder angelehnt haben (z. B. die SPD an die Gewerkschaften, die CDU an das katholische Milieu).
- psychologischer Ansatz: Die Wahlentscheidung ist – dieser Perspektive zufolge – das Ergebnis einer individuellen Meinungsbildung, die nur bedingt von sozialen Komponenten beeinflusst wird. Entscheidend ist vielmehr die Parteiidentifikation, so wie sie sich im Rahmen der politischen Sozialisation herausgebildet hat – wobei die Sozialisation wiederum von der Zugehörigkeit zu einer sozialen Gruppe geprägt werden kann.
- Ansatz des rationalen Wählers: Die Theorie der rationalen Wähler geht davon aus, dass diese vor jeder Wahlentscheidung eine individuelle Kosten-Nutzen-Analyse durchführen. Auf dieser Grundlage votieren sie dann für die Partei, von der sie sich den größten persönlichen Vorteil erwarten.

Als derzeit »wichtigstes Paradigma der empirischen Wahlforschung« (Oscar Gabriel u.a.) hat sich das Ann-Arbor- oder Michigan-Modell etabliert, eine Variante des (sozial-)psychologischen Ansatzes. Dieses Modell identifiziert drei Faktoren, die auf eine Wahlentscheidung einwirken: erstens die Parteiidentifikation (an welche Partei man sich gebunden fühlt), zweitens die Kandidatenorientierung (die Einschätzung der zur Wahl stehenden Personen), drittens die Sachfragenorientierung (die Ausrichtung der Entscheidung an konkreten sachpolitischen Angeboten der Parteien). Wenngleich eine Mehrheit der Wähler in Deutschland (noch) eine zumindest schwache Parteiidentifikation aufweist, ist der Anteil derjenigen, die eine langfristig stabile Bindung zu einer Partei haben, im Sinken begriffen. Dies manifestiert sich in einer Zunahme der »Volatilität«, also dass sich ein wachsender Teil der Wählerschaft von Wahl zu Wahl anders und vergleichsweise kurzfristig entscheidet. Für diese »volatilen« Wähler ist eine steigende Bedeutung der – kurzfristig wirkenden – Kandidaten- und Themenorientierung zu vermuten.

»Volatilität«

2.3 | Sonstige Formen der politischen Beteiligung

Wählen gehen mag in Deutschland eine wichtige Beteiligungsmöglichkeit für die Bürger sein – allerdings ist es nicht die einzige. Auch wenn auf der Ebene des Bundes keine direktdemokratischen Verfahren implementiert worden sind, gibt es zahlreiche andere Möglichkeiten, sich in den politischen Prozess »einzubringen«, z. B. durch das Engagement in einer Partei oder in einem Verein, durch die Teilnahme an einer Demonstration oder die Organisation einer E-Mail-Kampagne.

Viele Spielarten der politischen Beteiligung sind denkbar. Um diese Vielfalt zu ordnen, sind Typen entwickelt worden. Eine oft verwendete Unterscheidung ist dabei diejenige zwischen konventionellen und unkonventionellen Formen politischer Partizipation. Zu den konventionellen Spielarten der Beteiligung zählen diejenigen, die »üblich« und von der Verfassung her vorgesehen sind (»verfasste Beteiligungsformen). Hierunter fallen primär die Beteiligung an Wahlen oder an Volksentscheiden (auf Landesebene) sowie die Mitgliedschaft in Parteien oder Vereinen – sofern diese nicht verboten sind. Es handelt es sich also um unstrittig legale und legitime Formen der Partizipation.

Konventionelle vs. unkonventionelle Beteiligung

Als unkonventionell gelten wiederum Gewalt gegen Personen, Beschädigungen, Boykott-Aktionen, Demonstrationen oder die Teilnahme an Unterschriftenaktionen. Bei den unkonventionellen lassen sich somit nochmals legale und illegale Formen unterscheiden.

In den vergangenen Jahrzehnten hat sich das Spektrum der Beteiligungsformen in Deutschland ausgeweitet. Im Bereich der verfassten Partizipationschancen ist das Wahlrecht zum Europäischen Parlament hinzugekommen. Außerdem hat man in den Bundesländern und auf kommunaler Ebene nach und nach direktdemokratische Verfahren etabliert. Im unkonventionellen Bereich weiten neue Kommunikationswege (Stichwort: Internet) die Palette der Beteiligungsmöglichkeiten.

Organisationen sind entstanden, die weitere Möglichkeiten zum Engagement geschaffen haben. In den siebziger und achtziger Jahren waren es die so genannten »Neuen Sozialen Bewegungen«, innerhalb derer sich Protest und Beteiligung kanalisierten. Seit den neunziger Jahren bieten sich die Nichtregierungsorganisationen (NGOs) wie »greenpeace« oder »attac« als Orte politischen Engagements an.

Definition

Neue Soziale Bewegungen (NSB)

Mit dem Begriff werden Zusammenschlüsse von Bürgern bezeichnet, die sich infolge der Studierendenunruhen der sechziger und siebziger Jahre in den USA und Westeuropa formierten. Die politischen Zielsetzungen der NSB drehten sich unter anderem um Fragen der Friedenspolitik, der Gleichberechtigung oder des Umweltschutzes. Der Organisationsgrad reichte von lokal aktiven Gruppen ohne Vereinsstatut bis hin zu großen bundesweit, von hauptamtlichen Funktionären geführten Organisationen. Aus den Neuen Sozialen Bewegungen ist Ende der siebziger Jahre die Partei Die Grünen entstanden.

Wie oft und wie viele Menschen gerade von einer der unkonventionellen Protestmöglichkeiten Gebrauch machen, unterliegt im Zeitverlauf erheblichen Schwankungen. Die »Protestgeschichte« der Bundesrepublik macht jedenfalls deutlich, dass es immer wieder – auch jüngst noch – zu regelrechten »Protestkonjunkturen« kommt.

Ausmaß und Form der politischen Beteiligung sind innerhalb der Bevölkerung nicht gleich verteilt. So wächst der Umfang der Partizipation parallel zum sozio-ökonomischen Status und dem formalen Bildungsgrad der Bürger an. Auch das Alter spielt eine Rolle: Je älter die Bürger werden, desto weniger beteiligen sie sich auf unkonventionelle Art und Weise, hingegen steigt mit dem Alter die Bereitschaft, vom Wahlrecht Gebrauch zu machen. Frauen partizipieren gerade im »konventionellen« Bereich weniger als Männer. Letztlich entscheiden individuelle Merkmale und Gruppenzugehörigkeiten mit darüber, wie sehr und in welcher Form man sich in den politischen Prozess einbringt.

Weder Zuschauer- noch Beteiligungsdemokratie

Jedenfalls gilt: Auch in der super-repräsentativen deutschen Demokratie gibt es – jenseits der Wahlen – zahlreiche Möglichkeiten, am politischen Prozess teilzunehmen. Diese werden genutzt, aber nicht alle gleichermaßen und nicht von allen. Eine reine »Zuschauerdemokratie« (Rudolf Wassermann) ist die Bundesrepublik gewiss nicht. Aber von einer »Beteiligungsdemokratie« ist die deutsche Wirklichkeit ebenfalls noch entfernt. Umso wichtiger ist die Frage danach, wie es um das Vertrauen der zum Teil zuschauenden, zum Teil engagierten Bürgern in die Demokratie und ihre Institutionen bestellt ist, die anstelle der Bürger entscheiden.

2.4 | Politische Kultur in Deutschland: »Pudding« im Wandel

Ob und wie sich Menschen an der Politik in einem Land beteiligen, sagt einiges über die dort vorherrschende »politische Kultur« aus. Damit sind wir bei einem Schlüsselbegriff gelandet, der helfen soll, die Qualität und Stabilität von Demokratien zu verstehen – allerdings auch bei einem Begriff, der trotz seiner häufigen Verwendung diffus bleibt. Politische Kultur zu definieren – so der berühmte Satz des Politikwissenschaftlers Max Kaase – ist, als wolle man einen Pudding an die Wand nageln: also schwierig bis unmöglich.

Einstellung der Bevölkerung zur Demokratie

Unklarheiten ergeben sich bereits bei der Frage, was überhaupt unter politischer Kultur subsumiert werden sollte. Man setzt den Begriff unterschiedlich weit an. Die politische Kulturforschung dreht sich zu einem großen Teil um die Frage, wie die Bevölkerung zur politischen Gemeinschaft und zur Demokratie steht. Es geht somit um die Haltung der Bürger zum System. Diese Haltung kann sich in der Art der Beteiligung an der Politik oder auch in den politischen Einstellungen der Bürger zum Ausdruck bringen.

Jenseits der Einstellungen und Aktivitäten der Bürger wird gelegentlich auch die Entscheidungskultur mit dem Begriff der politischen Kultur erfasst. Damit weitet man »politische Kultur« über die Bevölkerung auf die politische Elite aus. Vorherrschend ist in der »Politischen Kultur«-Forschung gleichwohl der bevölkerungszentrierte Ansatz.

Gemeinsam ist den unterschiedlichen Perspektiven eine Vermutung: Jenseits der reinen Verfassungsmechanismen und jenseits der wirtschaftlichen und sozialen Rahmenbedingungen muss es noch etwas weiteres geben, was die Beschaffenheit einer Demokratie ausmacht, nämlich die »politische« oder »demokratische Kultur«. Unter Umständen ist dieses »etwas« viel entscheidender für die Überlebensfähigkeit von Demokratien als alles andere.

Almond-/Verba-Studie

Die Erforschung der politischen Kultur in Nachkriegsdeutschland erbrachte zunächst einen pessimistischen Befund: Die beiden Forscher Gabriel Almond und Sidney Verba, die sich mit der politischen Kultur verschiedener Staaten auseinandersetzten, machten im Deutschland der fünfziger Jahre das aus, was sie in ihrer Studie als »Untertanenkultur« bezeichneten. Eine emotionale Unterstützung des Systems, der Demokratie, habe sich noch nicht etabliert, eine politische Bürger- und Beteiligungskultur nicht herausgebildet.

Dabei ist es jedoch nicht geblieben. Vielmehr hat sich die politische Kultur in Deutschland signifikant gewandelt. Wolfgang Rudzio beispielsweise unterscheidet folgende drei Phasen der politischen Kulturentwicklung in Deutschland:

Entwicklungsphasen der politischen Kultur

(1) die traditionelle politische Kultur von 1949 bis 1966: In diesem Zeitraum etabliert sich langsam die parlamentarische Demokratie. Partizipation und politisches Engagement sind allerdings noch die Sache einer Minderheit. Im Vordergrund steht vielmehr der Wunsch nach äußerer Sicherheit und wirtschaftlicher Prosperität. Für diesen Zeitraum gilt der Almond/Verba-Befund von der »Untertanenkultur«.
(2) die Phase starker politischer Beteiligung und gleichzeitiger Verunsicherung von 1967 bis 1982: In diesem Zeitkorridor beginnt, vor dem Hintergrund der Großen Koalition, eine »partizipatorische Revolution«, ein Trend zu mehr politischem Engagement. Dieses findet seinen Impuls und Ausdruck in den (stark studentisch geprägten) gesellschaftlichen Unruhen. Es kommt zu einer deutlichen Steigerung des politischen Interesses und der politischen Beteiligung (z. B. Wahlbeteiligung, Mitgliedschaft in Parteien und Verbänden, Zahl der Demonstranten). Die Neuen Sozialen Bewegungen entstehen. Den Grünen, die sich aus den Bewegungen speisten, gelingt sogar der Einzug in den Bundestag.

Zugleich zeigt sich eine Kluft zwischen der rasanten Steigerung des politischen Engagements auf der einen Seite und einer gleichzeitigen mehrheitlichen politischen Apathie auf der anderen – eine Kluft, die zur Verunsicherung auf beiden Seiten führt.

(3) Phase der »kritischen Distanziertheit« seit 1983: Auf die Periode der Mobilisierung und des politischen Engagements folgt, befördert etwa von Parteispenden- und Korruptionsskandalen (»Flick«, »Neue Heimat«), ein Zeitraum der zunehmenden Entfremdung zwischen politischer Elite und Bevölkerung. Man registriert eine wachsende Parteien- und Politikverdrossenheit. Die Bereitschaft zur politischen Beteiligung ist im Sinken begriffen, was sich an der Wahlbeteiligung und dem Mitgliederschwund der Parteien festmachen lässt. Der Beitritt der neuen Bundesländer in den Geltungsbereich des Grundgesetzes und die damit verbundenen Probleme verstärken diesen Trend.

Ost-West-Spaltung der politischen Kultur

In der Tat spricht vieles dafür, dass die Deutsche Einheit einen Schnitt in der politischen Kulturentwicklung Deutschlands darstellt. Insbesondere wandelt sich die Geschlossenheit der politischen Kultur. So sind die innerdeutschen Unterschiede in den Einstellungen zur Demokratie und zum politischen System frappant. Das zeigt sich nicht nur an der niedrigeren Wahlbeteiligung in Ostdeutschland oder in der erheblich geringeren Mitgliedschaftsquote in politischen Parteien (die allerdings auch historisch bedingt ist).

Ablesbar ist dies auch an den Wahlergebnissen in den ostdeutschen Bundesländern, welche beispielsweise der Partei Die Linke eine völlig andere Rolle im Parteiensystem als in den westlichen Bundesländern zuweist. Die Ost-West-Differenz manifestiert sich zudem in den Einstellungen zum politischen System, zur Demokratie und in der Einschätzung des Sozialismus. So bewegen sich die »Zufriedenheitswerte« zwar einigermaßen synchron in Ost und West, aber auf einem ganz unterschiedlichen Niveau. Sie liegen bei der ostdeutschen Bevölkerung rund 25 Prozent unter denen der Westdeutschen.

Abb. 6

Zufriedenheit mit dem Funktionieren der Demokratie (Anteil in %)

Quelle: Datenreport 2008, online unter: http://www.destatis.de (Statistisches Bundesamt)

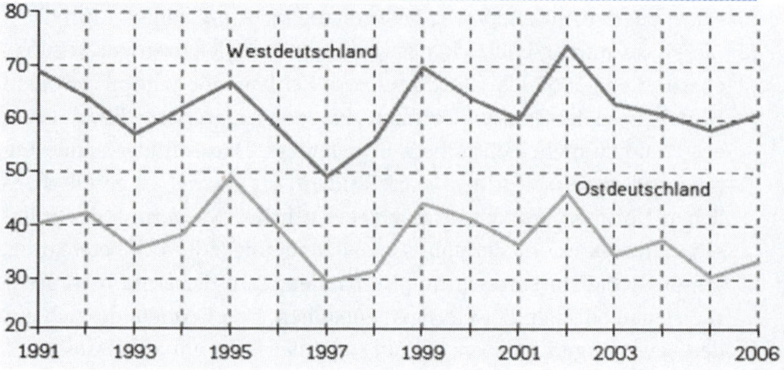

Ost-West-Unterschiede

Noch dramatischer sind die Unterschiede in der Bewertung des Sozialismus: Finden rund zwei Drittel der Bevölkerung in den ostdeutschen Ländern den Sozialismus als schlecht ausgeführte, aber an sich »gute Idee«, folgen dieser Einschätzung nur weniger als die Hälfte der westdeutschen Bürger. Schließlich hat auch das Vertrauen in die Institutionen der Demokratie ein deutliches Ost-West-Gefälle.

Für diese doch sehr drastischen Unterschiede mögen zumindest bei älteren Jahrgängen spezifische politische Sozialisationen und Erfahrungswerte mit verantwortlich sein. Aber für jüngere Generationen reicht diese Begründung nicht aus. In den Zahlen schlagen sich wohl auch die sozio-ökonomische Probleme in den ostdeutschen Ländern nieder und damit verbunden die Unzufriedenheit über die Leistungen der Politik. Es ist damit zu rechnen, dass die Ost-West-Differenz die politische Kultur in Deutschland noch auf längere Zeit prägen wird.

Diese Ost-West-Spaltung der politischen Kultur droht noch durch weitere wachsende gesellschaftliche Unterschiede und Konfliktlinien ergänzt, zum Teil auch vertieft zu werden. So ist damit zu rechnen, dass sich auch der demografische Wandel nachhaltig auf die politische Kultur in Deutschland auswirken wird (und nicht nur auf die sozialen Sicherungssysteme!). Welche Folgen die Überalterung der Gesellschaft auf die politische Beteiligung und die Einstellungen zur Politik und Demokratie haben kann, ist noch nicht hinreichend beleuchtet worden. Schließlich bleibt zu beobachten, wie sich infolge von weiterer Zuwanderung die politische Kultur verändern wird. Die Integration der verschiedenen kulturellen »Gesellschaften« wird zu einer zentralen Herausforderung. Kulturelle Integrationsprobleme können auch politische Integrationsprobleme zur Folge haben und damit zu einer Belastungsprobe für eine demokratische Kultur werden. Aufmerksamkeit verdient ebenfalls die Entwicklung des Rechtsextremismus, der in der bundesdeutschen Geschichte immer wieder Auf- und Abschwünge erlebt hat. Das zeigt sich daran, dass rechtsextremistische Parteien wie die NPD und DVU in einigen Bundesländern (nicht zuletzt im Osten Deutschlands) konjunkturell beachtliche Erfolge verzeichnen konnten.

Trend zu mehr Heterogenität

Alles in allem kann man davon ausgehen, dass die politische Kultur in Deutschland eher noch an Heterogenität zunehmen wird – mit noch nicht klar benennbaren Konsequenzen für die Stabilität der Demokratie in der Bundesrepublik. Jedenfalls wirken jüngere Umfragedaten, die von einer deutlich abnehmenden Zufriedenheit der Bürger mit der Politik und den Politikern künden, alarmierend. Wenn sich die große Mehrheit der Bevölkerung nicht mehr durch die Politik vertreten fühlt, dann ist dies für ein »super-repräsentatives« System ein Problem. Auf dieses Problem wird zu achten sein, wenn in den kommenden Kapiteln die Interessenvertretungsorgane im Blickpunkt stehen.

Lernkontrollfragen

1 Warum hat Ernst Fraenkel das deutsche System als »super-repräsentativ« bezeichnet und ist diese Beschreibung zutreffend?
2 Welche Argumente gibt es für und gegen direkte Demokratie, welche Position beziehen Sie persönlich?
3 Warum kann der Erfolgswert von Stimmen im deutschen Wahlsystem erheblich schwanken?
4 Warum hat das Bundesverfassungsgericht die bisherigen Regelungen zu den Überhangmandaten als verfassungswidrig eingestuft?
5 Welche Beteiligungstypen lassen sich unterscheiden? Sind die Unterscheidungen trennscharf?
6 Vor welchen Herausforderungen steht die politische Kultur in Deutschland heute?

Literatur

Zur Debatte um die Einführung direktdemokratischer Elemente auf Bundesebene mit Verweis auf andere Fälle (historisch und im Ausland) und mit einer deutlichen Position für mehr direkte Demokratie trägt bei: *Hermann K. Heußner/Otmar Jung (Hg.): Mehr direkte Demokratie wagen. Volksentscheid und Bürgerentscheid: Geschichte – Praxis – Vorschläge, 2. Aufl., München, Olzog 2009.* Aus politikwissenschaftlicher Perspektive bieten sich als Einstieg in die Debatte um direktdemokratische Verfahren an: *Theo Schiller: Direkte Demokratie. Eine Einführung, Frankfurt u.a., Campus 2002*, sowie *Andreas Kost: Direkte Demokratie, Wiesbaden, VS Verlag 2008.* Zur Wechselwirkung zwischen Wahlrecht und Parteiensystem und als Übersicht über die verschiedenen Dimensionen und Systematiken rund um Wahlsysteme gilt als Standardwerk: *Dieter Nohlen: Wahlrecht und Parteiensystem, 6. Aufl., Stuttgart, UTB 2004.* Die Beziehung zwischen Wahlen und Parteien thematisiert auch *Thomas Saalfeld: Parteien und Wahlen, Baden-Baden, Nomos 2007.* Eine umfassende Darstellung der Erkenntnisse der Wahlforschung findet sich bei *Jürgen W. Falter/Harald Schoen (Hg.): Handbuch Wahlforschung, Wiesbaden, VS Verlag 2005*, sowie *Oscar W. Gabriel/Bernhard Weßels/Jürgen W. Falter (Hg.): Wahlen und Wähler. Analysen aus Anlass der Bundestagswahl 2005, Wiesbaden, VS Verlag 2009.* Eine knappe Einführung bietet *Dieter Roth: Empirische Wahlforschung. Ursprung, Theorien, Instrumente und Methoden, 2. Aufl., Wiesbaden, VS Verlag 2008.* Anschaulich, komprimiert und stets auf den neuesten Stand gebracht: *Karl-Rudolf Korte: Wahlen in der Bundesrepublik Deutschland, 6. Aufl., Bonn,*

Bundeszentrale für politische Bildung 2009. Als Klassiker der politischen Kulturforschung und immer wieder zitiert sowie diskutiert: *Gabriel Almond/Sidney Verba: The Civic Culture, Princeton, Princeton University 1963.* Systematisch mit den Dimensionen der politischen Kultur setzt sich auseinander der Lexikonartikel *Max Kaase: Politische Beteiligung, in: Manfred G. Schmidt (Hg.), Die westlichen Länder, Lexikon der Politik Band 3, München, Beck 1992, S. 339–346.*

Links

www.bundeswahlleiter.de
Der Bundeswahlleiter informiert über die rechtlichen Grundlagen der Wahlen auf Bundesebene (Bundestag und Europäisches Parlament) und ist überdies die autoritative Quelle für die amtlichen Wahlergebnisse. Für die Landtagswahlen sind die jeweiligen Landeswahlleiter zuständig, die in der Regel gleichfalls eine Website anbieten. Die Links sind aufgelistet unter http://www.bundeswahlleiter.de/landeswahlleiter/.

www.wahlrecht.de
Auf dieser aktuell gehaltenen Seite finden sich unter anderem umfassende Informationen zum geltenden Wahlrecht, aktuelle Umfrageergebnisse sowie die Wahlergebnisse von der europäischen, Bundes- und Landesebene.

www.destatis.de
Auf der Seite des Statistischen Bundesamtes finden sich neben den allgemeinen statistischen Daten zur Bevölkerungsentwicklung, zur Wirtschaft oder zur Lohn- und Preisentwicklung auch Informationen zum politischen Engagement und zur Einstellung der Bevölkerung zu Politik und Demokratie.

www.forschungsstelle-direkte-demokratie.de
Diese Seite der »Forschungsstelle direkte Demokratie« der Philipps-Universität Marburg informiert über den Stand und die Debatte rund um die Einführung direktdemokratischer Verfahren auf den unterschiedlichen politischen Ebenen.

www.disud.org
Das Deutsche Institut für Sachunmittelbare Demokratie an der Technischen Universität Dresden bietet auf seiner Website Informationen über Recht und Praxis direkter Demokratie in Deutschland.

3 | Die Verbändedemokratie – Demokratische Teilhabe und/oder unverhältnismäßiger Einfluss?

Inhalt

Die Bürgerinnen und Bürger können als Individuen mittelbar und unmittelbar am politischen Prozess teilnehmen. Es besteht allerdings auch die Möglichkeit, dass sie sich mit anderen zusammentun, um für ihre Anliegen einzutreten. So entstehen »organisierte Interessen«. Wie das Wort schon sagt, handelt es sich dabei um Zusammenschlüsse, die dazu dienen, die unterschiedlichen Gruppeninteressen, die es in einer Gesellschaft üblicherweise gibt, gebündelt in Organisationsstrukturen zu übertragen.

Die Voraussetzung für die Entstehung von Interessenorganisationen ist – banalerweise – das Vorhandensein von unterschiedlichen Bedürfnislagen innerhalb moderner Gesellschaften. Genau von dieser Annahme gehen »pluralistische« Demokratievorstellungen aus: Sie sehen die Gesellschaft nicht als eine homogene Einheitsmasse, die auf nur ein gemeinsames Ziel, auf ein Gemeinwohl, zusteuert. Gesellschaften sind aber auch nicht lose Verbindungen von »Einzelkämpfern«. Vielmehr zeichnet sich eine pluralistische Gesellschaft dadurch aus, dass es in ihr eine Vielzahl von Zusammenschlüssen gibt, die – legitimerweise – jede für sich eigene Interessen verfolgen. Diese Interessen können miteinander im Konflikt stehen. Widerstreit entsteht dadurch, dass es innerhalb der Gesellschaft knappe Ressourcen sowie unterschiedliche Wertvorstellungen gibt. Daraus erwachsen Konfliktlinien und Verteilungskämpfe: Es gibt auf der einen Seite Arbeitnehmer, auf der anderen Seite Arbeitgeber, auf der dritten Seite Selbständige; es gibt Personen mit der einen religiösen Überzeugung auf der einen, und Personen mit keiner oder einer andersläufigen religiösen Überzeugung auf der anderen Seite; es gibt auf der einen Seite Empfänger sozialer Leistungen, auf der anderen Seite Personen, die diese sozialen Leistungen finanzieren müssen. Und so weiter und so fort.

Interessenorganisationen haben die Aufgabe, Personen mit demselben Anliegen zusammenzubringen und zu vertreten. Sie ermöglichen folglich ihren Mitgliedern mittel- und unmittelbar die Beteiligung an der gesellschaftlichen Willensbildung und am staatlichen Entscheidungsprozess. Darüber hinaus gewährleisten sie auch »Selbstregulierung«. In ihrer organisierten Form vermögen Interessen Konflikte in Eigenregie zu lösen, ohne dass der Staat in irgendeiner Form eingebunden wird und eingreifen muss.

Die Existenz und Arbeit von organisierten Interessen haben zum einen etwas mit Demokratie zu tun, weil sie die Beteiligung der Bürger ermöglichen, weil sie Öffentlichkeit herstellen und weil sie Probleme lösen helfen. Zum anderen wird den organisierten Interessen genau das Gegenteil vorgeworfen: Ihr Vorhandensein und ihr Einflussstreben führten zu einer Blockade der Demokratie und konterkarierten die verfassungsmäßig vorgesehene Form demokratischer Willensbildung. Dann ist schnell plakativ von der »Herrschaft der Verbände« (Theodor Eschenburg), kritisch vom »Verbändestaat« oder von einer »Fünften Macht im Staate« die Rede – Schlagwörter, die mehr oder weniger ausdrücklich einen Verlust an Demokratie beklagen, der den Verbänden geschuldet wird.

Mit dieser Frage, mit dem Beitrag von organisierten Interessen für (oder gegen) die Demokratie, wird sich das folgende Kapitel beschäftigen. Die Struktur ist wie folgt: Der erste Abschnitt fragt danach, auf welchem rechtlichen Terrain sich Interessenorganisationen in der Bundesrepublik Deutschland bewegen, wo sie einerseits geschützt und wo sie andererseits in ihren Möglichkeiten gestutzt werden. Der sich anschließende Abschnitt wirft einen Blick auf die Landschaft organisierter Interessen in Deutschland: Wie kann man die Unmenge an Vereinen und Verbänden überhaupt vernünftig sortieren? Der Folgeabschnitt beschäftigt sich mit den Möglichkeiten, die Interessenorganisationen haben, Einfluss auf die Politik zu nehmen: Welche Ansatzpunkte und Instrumente gibt es und inwieweit werden sie von den organisierten Interessen genutzt? Auf dieser Grundlage soll die »Verbändedemokratie« nochmals angesprochen werden: Inwieweit gibt es in der Bundesrepublik eine Herrschaft (oder zumindest eine Mitherrschaft) von Vereinen und Verbänden – und ist dies einfach nur schlecht oder könnte man dem auch etwas abgewinnen? Dabei sind Demokratiemodelle zu berücksichtigen, die den organisierten Interessen eine zunehmend wichtige Rolle zubilligen, z.B. das der »assoziativen Demokratie« oder das Modell einer starken und autonomen »Zivilgesellschaft«.

3.1 | Rechtliche Grundlagen für Interessengruppen in Deutschland

Wenn über »organisierte Interessen« gesprochen wird, dann fallen in der Regel stets noch weitere, verwandte Begriffe, insbesondere »Verband« oder »Verein«. Mit dem »Vereins«-Begriff befindet man sich unmittelbar in einem rechtlich geregelten Bereich. Das Bürgerliche Gesetzbuch (BGB) legt fest, von wem und wie ein Verein gegründet und eingetragen werden kann, sowie die weiteren Details.

Verein

Als Verein versteht man eine Gruppe von Personen, die sich auf Dauer zusammengeschlossen hat, einen eigenen Namen führt und einem durch eine Satzung bestimmten Zweck dient. Es existiert ein Unterschied zwischen den eingetragenen und den nicht-eingetragenen Vereinen. Dieser Unterschied ist in bestimmten Situationen von Belang. So können in nicht-eingetragenen Vereinen die Mitglieder des Vorstands mit ihrem persönlichen Vermögen zur Haftung für Handlungen des Vereins herangezogen werden. Bei einem eingetragenen Verein ist das nicht möglich.

Wortlaut

Art. 9 GG – Vereinigungs-, Koalitionsfreiheit

»(1) Alle Deutschen haben das Recht, Vereine und Gesellschaften zu bilden.

(2) Vereinigungen, deren Zwecke oder deren Tätigkeit den Strafgesetzen zuwiderlaufen oder die sich gegen die verfassungsmäßige Ordnung oder gegen den Gedanken der Völkerverständigung richten, sind verboten.

(3) Das Recht, zur Wahrung und Förderung der Arbeits- und Wirtschaftsbedingungen Vereinigungen zu bilden, ist für jedermann und für alle Berufe gewährleistet. [...]«

Vereine im Grundgesetz

Das Grundgesetz erwähnt Vereine im Artikel 9. Dieser Verfassungsartikel beinhaltet zweierlei:

- Artikel 9 schützt die Vereinigungsfreiheit. Dies ist eine Lehre aus dem Nationalsozialismus, in dem der gesellschaftliche Pluralismus durch die Gleichschaltung der Vereinslandschaft unterdrückt worden war. Generell ist die Freiheit, sich mit anderen zu verbinden, ein substanzielles demokratisches Bürgerrecht. Dieses Freiheitsrecht findet sich in allen modernen rechtsstaatlichen Verfassungen wieder. Vereinigungsfreiheit bedeutet dabei aber auch: Niemand kann gezwungen werden, einem Verein beizutreten.
- Artikel 9 schützt darüber hinaus die Gesellschaft und Demokratie im Sinne der »wehrhaften Demokratie« vor gefährlichen Vereinigungen. Vereine, die sich strafrechtlich etwas zuschulden kommen lassen, die verfassungswidrig sind oder gegen die Völkerverständigung agitieren, können von den Innenministern der Länder und des Bundes verboten werden. Von dieser Möglichkeit ist bislang häufig Gebrauch gemacht worden. Allein das Bundesinnenministerium hat seit 1964 rund einhundert Verbote ausgesprochen. Hinzu kommt eine Vielzahl entsprechender Verfahren auf Länderebene.

Der Artikel 9 Absatz 3 hebt die Vereinigungen aus dem Wirtschaftssektor besonders hervor. Das Recht, Zusammenschlüsse in dem Bereich der Arbeitsbeziehungen zu bilden, z.B. Gewerkschaften oder Arbeitgebervereinigungen, wird mit dem Begriff der »Koalitionsfreiheit« bezeichnet.

Verband

Neben dem »Verein« spielt auch der »Verband« eine wichtige Rolle – schließlich ist ja von der »Verbändedemokratie« die Rede: Als Verband wird üblicherweise ein Zusammenschluss von Personen bezeichnet, der gemeinsame Ziele verfolgen will, die über den Kreis seiner Mitglieder hinausreichen. Während ein Verein also in erster Linie Leistungen für seine Mitglieder erbringt, versucht ein Verband auch nach außen zu wirken. Ein »politischer Verband« hat zur Aufgabe, die Interessen seiner Mitglieder in den politischen Prozess einzuspeisen.

So erbringt ein Schachverein zunächst erst einmal Leistungen für seine Mitglieder: Er organisiert die Möglichkeit für interessierte Personen, dieser Leidenschaft nachzugehen. Wenn der Verein darüber hinausreichende Interessen hätte und dies durchzusetzen versuchte (z.B. steuerliche Abzugsfähigkeit von Schachfiguren), würde er zum Verband werden. Verbände haben in der Regel die Rechtsform eines eingetragenen Vereins. Rechtlich zwingend ist dies gleichwohl nicht.

Definition

Verband (Max Weber)

»Verband soll eine nach Außen regulierend beschränkte oder geschlossene soziale Beziehung dann heißen, wenn die Innehaltung ihrer Ordnung garantiert wird durch das eigens auf deren Durchführung eingestellte Verhalten bestimmter Menschen: eines Leiters und, eventuell, eines Verwaltungsstabes, der gegebenenfalls normalerweise zugleich Vertretungsgewalt hat.«

Quelle: Max Weber: Wirtschaft und Gesellschaft. Grundriß der Verstehenden Soziologie. 5. Aufl., Tübingen (Mohr) 1980, Kap. 1, § 12.

Um die Ziele eines Vereins nach außen zu vertreten, ist eine effektive organisatorische Struktur vonnöten. Der Aufbau von Vereinen und Verbänden folgt einem typischen Muster. Das BGB macht hier einige Vorgaben: Die Basis bildet die Mitgliederversammlung, die den Vorstand wählt. Dem Vorstand steht je nach Größe des Vereins ein unterschiedlich ausdifferenzierter »Verwaltungsstab« (Max Weber) zur Verfügung, eine Geschäftsführung. Die innerverbandliche Demokratie ist jedoch nicht so weitreichend wie bei den Parteien gesetzlich geregelt (→ Kapitel 5). Wie die Beziehung zwischen den Mitgliedern auf der einen Seite und dem Vorstand und der Geschäftsführung (also der Führungsebene) eines Vereins auf der anderen Seite ausgestaltet sein kann und was dies für die Wirksamkeit der organisierten Interessen bedeutet, ist ein wichtiges Thema der Verbändeforschung.

3.2 | Die Vielfalt organisierter Interessen in Deutschland

Es ist gar nicht so leicht, die Gesamtzahl der Vereine in Deutschland zu erfassen – zumal wenn man auch diejenigen berücksichtigen möchte, die nicht eingetragen sind. Sehr grobe Schätzungen gehen davon aus, dass es in Deutschland rund 600.000 Vereine gibt.

Unterschiedliche Handlungsfelder der Interessengruppen

Um die Vereinsvielfalt in der Bundesrepublik übersichtlich zu gliedern, gibt es verschiedene Möglichkeiten. So lassen sich die Interessengruppen entlang fünf unterschiedlicher Handlungsfelder sortieren.

(1) »Organisierte Interessen im Wirtschaftsbereich und in der Arbeitswelt«: Hierunter fallen beispielsweise die Tarifpartner, die Gewerkschaften einerseits und die Unternehmerverbände andererseits, so-

wie die Vereinigungen der Selbständigen und die Legion der Berufsverbände. Auch die Konsumentenverbände gehören zu dieser Gruppe, wie beispielsweise »foodwatch« oder die Verbraucherzentralen.

(2) »Organisierte Interessen im sozialen und karitativen Bereich«: In diese Kategorie fallen unter anderem Vereinigungen, die Personen zusammenbringen, die gegenüber dem Staat einen sozialen Anspruch haben (z. B. Blindenvereine). Zu dieser Gruppe zählt man auch die Wohlfahrtsverbände, also Organisationen, die soziale Leistungen bereitstellen, sowie die Selbsthilfegruppen, z. B. die Anonymen Alkoholiker.

(3) »Organisierte Interessen im Bereich Freizeit, Sport und Erholung«: In diese Rubrik fällt die große Gruppe der Sportvereine und -verbände sowie die Geselligkeits- und Hobbyvereine. Dieser – scheinbar – unpolitische Bereich umfasst, so wird vermutet, die relative Mehrheit aller Vereine und hat zusammengefasst die meisten Mitgliedschaften. Allein der ADAC kann etwa 17 Millionen Mitglieder vorweisen und stellt damit die größte Interessenorganisation in Deutschland dar; der Deutsche Fußball-Bund (DFB) bringt es auf knapp unter sieben Millionen.

(4) »Organisierte Interessen im Bereich von Religion, Kultur und Wissenschaft«: In dieses gleichfalls große Feld gehören zum einen die »Kirchen« und »Sekten«. Dabei ist die Einordnung der Kirchen als »Vereine« nicht ganz unproblematisch, weil diese in der Bundesrepublik einen rechtlichen Sonderstatus genießen. Die wissenschaftlichen Vereinigungen sowie die Bildungswerke und Kunstvereine spielen, was ihren Mitgliedschaftsumfang betrifft, eine nur nachgeordnete Rolle.

(5) »Organisierte Interessen im gesellschaftlichen und politischen Bereich«: Hierunter fallen die – begrifflich nicht ganz korrekt betitelten – »NGOs« (Nichtregierungsorganisationen, »non-governemental organizations«), also die ideellen Vereinigungen wie »amnesty international« oder die gesellschaftspolitischen Gruppen, die sich mit Umwelt-, Friedens- oder Globalisierungsfragen auseinandersetzen (»Robin Wood«, »attac« etc.).

Nicht alle Interessenorganisationen sind zugleich auch »Verbände« in dem Sinne, dass sie versuchen, ihre Interessen nach außen zu vertreten. Vielmehr beschränkt sich die Mehrzahl der Vereine darauf, ihren Mitgliedern unmittelbare Leistungen zu bieten.

Gesamtzahl von Verbänden

Die Gesamtzahl der nach außen wirkenden Vereine, der Verbände, ist wie die Gesamtmenge der Vereine gleichermaßen schwer zu erfassen. Etwas leichter fällt es, die Anzahl der »politischen Verbände« zu registrieren, zumindest von denjenigen, die sich als solche beim Bundestag »akkreditiert« haben. Beim Parlament wird seit 1972 eine offizielle Verbändeliste geführt. Auf dieser Liste finden sich mittlerweile über 2.000

Organisationen. Die Zahl der politischen Verbände hat sich in den vergangenen drei Jahrzehnten nahezu stetig erhöht.

Abb. 7 | *Entwicklung der Gesamtzahl der politischen Verbände gemäß der Verbändeliste des Deutschen Bundestages*

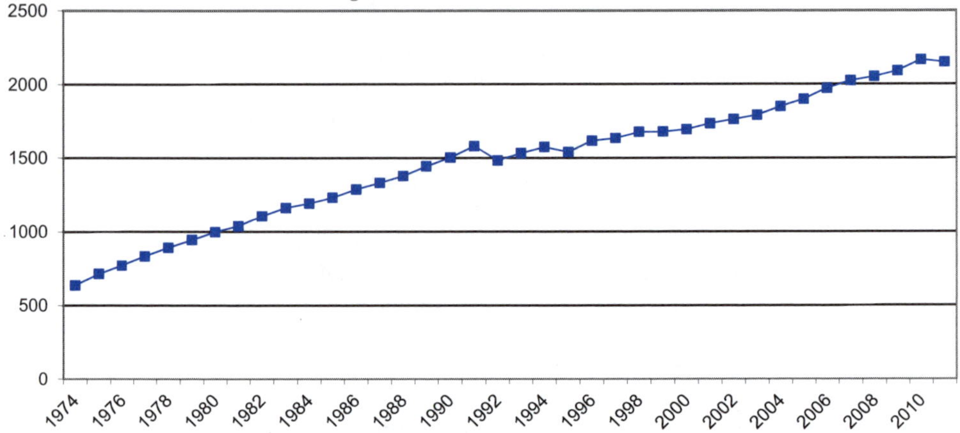

Quelle: Eigene Darstellung, Zahlen aus: Martin Sebaldt/Alexander Straßner: Verbände in der Bundesrepublik Deutschland. Eine Einführung, Wiesbaden, VS Verlag 2004, S. 94, Daten für 2004–2010: www.bundestag.de

3.3 | Strategien und Adressaten der Interessenvermittlung

Konzentrieren wir uns auf die politischen Verbände. Diese suchen im Sinne ihrer Mitglieder Einfluss auf politische Entscheidungen zu nehmen – auf Entscheidungen, die formal gesehen von anderen getroffen werden, z.B. vom Bundestag oder von der Bundesregierung.

Grob lassen sich zwei Vorgehensweisen verbandlicher Einflussnahme unterscheiden: auf der einen Seite Versuche der internen Beeinflussung, auf der anderen Seite die Einflussnahme mit Hilfe öffentlichen Drucks. Die beiden Grundstrategien lassen sich im Einzelnen noch weiter ausdifferenzieren.

3.3.1 | Wege interner Beeinflussung

Zu den vielleicht bekanntesten und berüchtigtsten Tätigkeiten eines politischen Verbands gehört das Lobbying. Dabei handelte es sich ursprünglich um das persönliche Beeinflussungsgespräch mit den Abgeordneten im Vorraum des Plenarsaals, der so genannten Lobby. Daher auch der Begriff. Mittlerweile erstreckt sich das Lobbying weit über das Parlament und seine Wandelhalle hinaus auch auf andere politische Einheiten, zum Beispiel auf die Ministerialverwaltung oder auf die politischen Parteien. Verbände treten aber nicht als bloße Bittsteller auf, die etwas wollen, ohne dafür etwas bieten zu können. Zum Teil sind die politischen Institutionen auf die Expertise von Verbandsvertretern angewiesen. Deswegen liegt es auch im Eigeninteresse der politischen Akteure, Verbände beratend in Gesetzgebungsprozesse einzubeziehen, zum Beispiel durch deren Mitwirkung in Kommissionen oder durch ihre Einbindung in Anhörungen. Bereits im frühen Stadium eines Gesetzentwurfs, noch lange bevor die Vorlage das Licht der parlamentarischen Beratung erblickt, haben die betroffenen Verbandsvertreter das Recht, angehört zu werden. Die größeren Interessenverbände können – sofern sie im Verbänderegister des Bundestages aufgeführt sind – an Regierungskommissionen und in den Beiräten der Bundesministerien mitwirken.

Lobbyarbeit der Verbände

Auch das parlamentarische Verfahren sieht die Einbindung von Vertretern organisierter Interessen im Rahmen von »Hearings« vor: In den laufenden Beratungen der Bundestagsfachausschüsse werden bei vielen Gesetzentwürfen die einschlägigen Verbandsvertreter aufgefordert, Stellungnahmen zu den Vorlagen einzureichen und zu präsentieren.

Personelle Durchdringung

In das Strategiefeld der internen Beeinflussung gehören auch die Versuche der personellen Durchdringung von Parteien, Parlamenten und Regierungen. Durch die Platzierung von eigenen Leuten auf wichtigen Schlüsselpositionen – beispielsweise durch die Entsendung von Verbands- und Unternehmensmitarbeitern in die Ministerien – kann sich ein Verbandsinteresse unmittelbaren Zugang in die Entscheidungsarenen aufbauen und sicher sein, Ansprechpartner mit offenen Ohren zu finden. Viele Bundestagsabgeordnete sind in der Tat zugleich Verbandsfunktionäre oder waren dies vor ihrer parlamentarischen Karriere. Wenn diese in den »richtigen« Ausschüssen gegebenenfalls als Berichterstatter fungieren, kann dies für die Angelegenheiten eines organisierten Interesses sehr hilfreich sein. Dabei fällt auf, dass bestimmte gesellschaftliche Organisationen bei bestimmten Parteien überrepräsentiert sind: So ist immer noch die SPD-Fraktion und mittlerweile auch die Fraktion der Linkspartei von Gewerkschaftsfunktionären durchdrungen; katholische Verbände sind in der CDU/CSU-Fraktion am stärksten vertreten und bei den Grünen die Umwelt-/Naturschutzorganisationen.

Tab. 4

Verbandsfärbung des 17. Deutschen Bundestages (Wahljahr 2009, in % der Mitglieder des Bundestages bzw. der jeweiligen Fraktion)

Quelle: Wolfgang Rudzio: Das politische System der Bundesrepublik Deutschland, 8. Aufl., Wiesbaden, VS Verlag 2011, S. 85.

Funktionsträger, auch ehemalige, in Verbänden	Bundestag	CDU/CSU	SPD	FDP	B 90/Grüne	Linke
DGB-Gewerkschaften[a)]	5,3	–	10,3	–	–	21,1
Bauernverband, Landwirtschaftsorganisationen	1,9	3,8	–	1,1	2,9	–
Mittelstandsorganisationen	1,3	1,7	–	2,2	–	1,3
Unternehmensorganisationen	2,4	3,8	0,7	5,4	–	–
Soziale Interessen und Hilfe[b)]	6,6	6,7	7,5	8,6	7,4	2,6
Evangelische Organisationen	4,0	3,8	4,1	4,3	7,4	1,3
Katholische Organisationen	3,1	6,3	1,4	1,1	1,5	–
Vertriebenenverbände	0,5	1,3	–	–	–	–
Umwelt-/Naturschutzorganisationen	1,9	0,8	2,7	1,1	5,9	1,3
Sport, Freizeit, Kultur	5,3	6,7	4,1	7,5	1,5	3,9

a) *Einschließlich freigestellter Betriebsräte*
b) *Einschließlich Wohlfahrts- u. Rentnerverbände, Mieterbund, Haus und Grund*

Zur »Personalpolitik« von organisierten Interessen gehört weiterhin die Vergabe von gut dotierten Posten im Verband oder in einer seiner Mitgliedsorganisationen an bereits im Amt befindliche Politiker. Hierbei geht es nicht darum, eigene Funktionäre zum politischen Führungspersonal zu machen, sondern politisches Führungspersonal an Verbände zu binden. Ehemalige und amtierende Politiker werden dabei gleichermaßen berücksichtigt. Einige Fälle der Übernahme von Verbandsposten durch vormalige Amts- und Mandatsträger sind allerdings in den Geruch der Vorteilsnahme geraten. Verbände erhoffen sich durch die Einstellung ehemaliger Berufspolitiker einen Gewinn an politisch-strategischem Know-How und einem besonderen Zugang zu den amtierenden Entscheidungsträgern.

Grauzonen

Ohnehin liegen im Bereich der internen Beeinflussung Grauzonen, die in die Dunkelzone krimineller Machenschaften übergehen. Dies gilt auch und insbesondere für das gesamte Spendenwesen. Hier gab es immer wieder Vermutungen und Debatten darüber, welchen Einfluss beispielsweise Parteispenden von Verbandsmitgliedern auf konkrete politische Entscheidungen gezeitigt haben. Mit solchen Fragestellungen haben sich mittlerweile mehrere Untersuchungsausschüsse beschäftigt: Ab wann wird aus einer Spende eine »Bestechung« oder eine »Vorteilsnahme« im strafrechtlich relevanten Sinne? Kann man einen Zusammenhang zwischen finanzieller Zuwendung und einer konkreten Entscheidung überhaupt gerichtsfest nachweisen?

Dunkelzonen der Interessenvertretung

In der Dunkelzone interner Beeinflussung bewegen sich schließlich noch konfliktorientierte »Kommunikationsformen« wie Drohungen oder Nötigungen. Dazu gehört beispielsweise die Ankündigung, finanzielle oder materielle Ressourcen im Falle einer verbandsfeindlichen Entscheidung zurückzuhalten. Oder es wird die Drohung ausgesprochen, gegebenenfalls eine öffentlichkeitswirksame Kampagne gegen die politischen Entscheidungsträger zu starten. Wird diese Drohung verwirklicht, dann greift der Verband auf die zweite Grundstrategie zurück: auf das »going public«, also über die Öffentlichkeit Einfluss zu nehmen.

3.3.2 Wege öffentlicher Beeinflussung

Wenn Verbände zur Vermittlung ihrer Interessen auf »Druck« (»pressure«) zurückgreifen, dann ist dabei an öffentlichen Druck gedacht. Organisierte Interessen bewegen sich wie die anderen politischen Akteure in einer Mediengesellschaft (→ Kapitel 4). Dies können sie unter bestimmen Bedingungen für ihre Zwecke nutzen. Ziel des »going public« ist es, die eigenen Themen auf die öffentliche Agenda zu setzen oder die »öffentliche Meinung« im Sinne des Verbandsinteresses zu beeinflussen. »Going public« wendet sich somit nicht unmittelbar an die politischen Entscheidungsträger, sondern hofft, über die Öffentlichkeit, d.h. über die Medien auf den Entscheidungsprozess einzuwirken. Hierzu gilt es, die Berichterstattung und Meinungsbildung in den Massenmedien zu beeinflussen. Dabei müssen die Verbände die Funktionslogik des Mediensystems berücksichtigen. Ihr Kommunikationsmanagement hat sich den Strukturen moderner Mediengesellschaften anzupassen. Angezeigt ist also eine professionalisierte und moderne Öffentlichkeitsarbeit, die sich der Massenmedien bedient, aber zugleich auch mit eigenen Medien arbeitet. Bei den »eigenen Medien« hat in den vergangenen Jahren das Internet eine zunehmend wichtige Rolle eingenommen.

Einflussnahme über Massenmedien

Öffentlicher Druck kann ferner durch Kundgebungen und Demonstrationen aufgebaut werden. Solche Aktivitäten sind eng mit der »going public«-Strategie verbunden, denn sie zielen nicht zuletzt darauf, dass die Medien über die Aktionen berichten und auf diese Art und Weise das Verbandsanliegen öffentlich wird. Solche Aktivitäten sind zumeist Teil von Kampagnen, die auf mehreren Wegen gleichzeitig versuchen

Druck aufzubauen. Zu den inszenierten und öffentlichkeitswirksamen Aktionen gehören ferner politische Streiks oder Boykottaufrufe.

Auch Wahlappelle, also die Aufforderung bei Wahlen für eine bestimmte Partei zu stimmen, gehen den Weg über die öffentliche Stimmungskulisse. Dies kann sich je nach Mobilisierungskraft eines Verbands durchaus effektiv im Wahlergebnis niederschlagen.

Abb. 8

Adressaten und Methoden von Verbandseinfluss

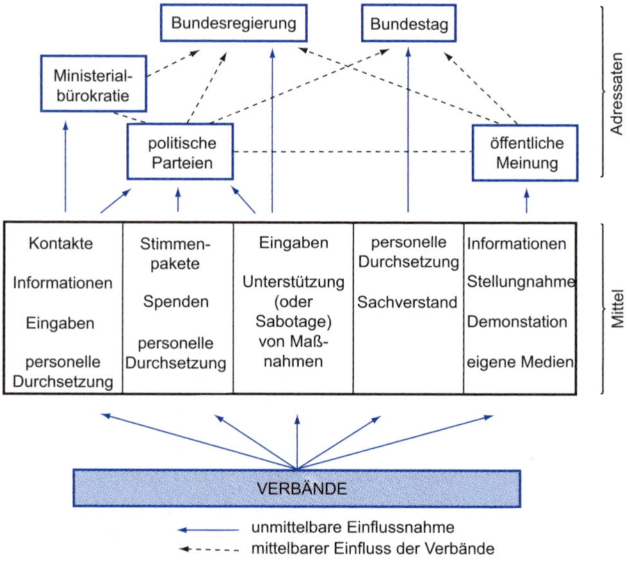

Quelle: http://www.schroedel.de/pdf/978-3-507-23070-5-1-l.pdf

Strategie hängt von Thema und Verband ab

Welche der Strategien zum Einsatz kommt und welche Institution zum Adressaten verbandlicher Beeinflussung wird, hängt von mindestens zwei Rahmenbedingungen ab: (1) vom jeweiligen Thema, (2) vom jeweiligen Verband und seinen Merkmalen.

(1) Welches Thema zur Entscheidung ansteht, ist maßgeblich dafür, welche politischen Akteure überhaupt an einer Rechtsetzung mitwirken. Welches Ministerium ist beteiligt, welcher Ausschuss federführend, welche Partei und welche einzelnen Politiker und Ministerialbeamten besonders engagiert in der jeweiligen Frage? Handelt es sich um einen Gesetzgebungsprozess, an dem das Parlament teilnimmt oder um eine Regierungsverordnung? Ist bei dem Thema neben oder über der nationalen auch die europäische Ebene mit- oder alleinig zuständig? Die Antworten auf diese Fragen entscheiden über die jeweiligen

Adressaten und die jeweilige Strategie der Interessenvertretung. Das Thema ist überdies ausschlaggebend dafür, ob sich der Weg über »public pressure« anbietet. Das setzt voraus, dass die Problematik in den Medien präsentierbar und geeignet ist, das Publikum zu interessieren und gegebenenfalls zu mobilisieren.

(2) Die zweite Differenzierung betrifft die unterschiedliche »Aufstellung« der Verbände, ihre ungleichen Kapazitäten und Ressourcen. Nicht alle organisierten Interessen können gleichermaßen auf die gesamte Palette der Einflussstrategien zurückgreifen. Ressourcenaufwändige Wege lassen sich nur dann beschreiten, wenn der Verband über entsprechende Mittel verfügt. Außerdem sind Verbände dann machtvoller als andere, wenn sie über ihre Mitgliedschaft die Möglichkeit haben, der Gesellschaft wichtige Leistungen zu entziehen. Claus Offe hat in diesem Zusammenhang das Konzept der »Konfliktfähigkeit« eingebracht. Nicht alle gesellschaftlichen Gruppen sind gleichermaßen in der Lage, Druck aufzubauen. Konfliktstrategien wie Streiks (Gewerkschaften) oder Aussperrung (Arbeitgeber) in Arbeitskämpfen können machtvoller als jedweder Boykottaufruf gegen Produkt, Firma oder Staat XY sein. »Schwache Interessen«, die gesellschaftlich keine unmittelbar relevante Leistung verweigern können, haben von daher eine schlechtere Ausgangsposition. Schließlich mag es Verbänden nicht gleichermaßen möglich sein, Parteien und Parlamente personell zu durchdringen – zum Beispiel mangels einer über Jahrzehnte ausgebauten Verflechtung mit einer Partei.

Konfliktfähigkeit

Definition

Konfliktfähigkeit und Organisationsfähigkeit nach Claus Offe

»Konfliktfähigkeit beruht auf der Fähigkeit einer Organisation bzw. der ihr entsprechenden Funktionsgruppen, kollektiv die Leistung zu verweigern bzw. eine systemrelevante Leistungsverweigerung glaubhaft anzudrohen.«

»Organisationsfähig sind gesellschaftliche Bedürfnisse und Interessen dann, wenn sie in ausreichendem Umfang diejenigen motivationalen und materiellen Ressourcen mobilisieren können, die zur Etablierung eines Verbandes oder eines ähnlichen Instruments der Interessenvertretung erforderlich sind.«

Quelle: Claus Offe: Politische Herrschaft und Klassenstrukturen. Zur Analyse spätkapitalistischer Herrschaftssysteme, in: Dieter Senghaas/Gisela Kress (Hg.), Politikwissenschaft. Eine Einführung in ihre Probleme, Frankfurt a. M., Europäische Verlagsanstalt 1969, S. 155 – 189.

»Logik des kollektiven Handelns«

Es gibt noch weitere Gründe für die Heterogenität der Verbändelandschaft: Der Wirtschaftswissenschaftler Mancur Olson hat sich damit beschäftigt, wie unterschiedlich Interessenvereinigungen von ihrer Mitgliederbasis her sein können und welche Auswirkungen dies auf das »kollektive Handeln« haben kann. Dabei konzentriert er sich auf die Frage, unter welchen Umständen es für den Einzelnen gewinnbringend ist, sich in einer Organisation und für diese Organisation zu engagieren. Er kam zu folgenden Thesen: Je größer die Gruppe, desto geringer ist die Engagementbereitschaft des Einzelnen, weil dieser mit seiner Beteiligung keinen merklichen Unterschied zu machen glaubt. Umgekehrt gilt: Je kleiner die Gruppe, desto höher der potentielle Gewinn der Mitglieder und desto höher die Bereitschaft, sich zu engagieren. In diesem Sinne können gerade die kleinen Interessengruppen eine besonders hohe Konfliktfähigkeit entwickeln.

In der konkreten Situation der Interessenvermittlung werden selbst die ressourcenstarken und konfliktfähigen Verbände nur einen Teil der ihnen zur Verfügung stehenden Strategien zum Einsatz bringen. Im Sinne der Effektivität wird man sich aber wohl nicht auf eine einzelne Vorgehensweise beschränken, sondern auf eine Kombination verschiedener Instrumente auf verschiedenen Ebenen gegenüber verschiedenen Akteuren setzen.

Welcher Weg ist der effektivste?

Die Verbändeforschung geht ohnehin davon aus, dass nicht alle Instrumente gleichermaßen wirksam sind. Es findet sich immer wieder die Vermutung, dass die Strategie der internen Beeinflussung effektiver und effizienter ist als die Strategie der öffentlichen Druckerzeugung. »Pressure« ist auf Konfrontation und Konflikt angelegt. Die Strategien der Beeinflussung »von innen« sind hingegen überwiegend kooperativ. Ein konfrontatives Vorgehen kann, ohne es zu wollen, erhebliche Widerstände überhaupt erst mobilisieren und ist schlechter kalkulierbar. Ein Manko des »going public« ist zudem, dass man sich auf einen unsicheren Kantonisten verlassen muss: auf die Berichterstattung durch die Massenmedien. Die Verbände können jedoch nicht ohne weiteres davon ausgehen, dass die Massenmedien »mitmachen« und in ihrem Sinne über Aktionen der Verbände berichten. Auch wenn die Medien das Thema aufgreifen, ist dann nicht immer zuverlässig einkalkulierbar, in welcher Form sie dies machen und zu welcher Bewertung sie dabei gelangen.

Tarifautonomie und (neo-)korporatistische Strukturen in Deutschland | 3.4

Verbände sind nicht immer nur auf die unverbindliche Beeinflussung der Entscheidungen anderer angewiesen. Einige von ihnen befinden sich darüber hinaus in der privilegierten Position, verbindlich mitwirken zu können und selbst politische oder zumindest gesellschaftlich relevante Entscheidungen treffen zu dürfen. Dieses Privileg haben insbesondere die Tarifparteien im Rahmen der verfassungsrechtlich garantierten Tarifautonomie. Dieselben Verbände spielen in »neo-korporatistischen« Netzwerken eine wichtige Rolle, wenn sie zusammen mit der Regierung an einem Tisch sitzen und an Entscheidungen mitwirken können.

Gesetzlich garantierte Tarifautonomie

- Tarifautonomie: Die Vereinigungen der Arbeitnehmerschaft und der Arbeitgeberschaft werden durch Artikel 9 GG ausdrücklich geschützt. Unter Schutz steht auch deren gemeinsames Recht, selbständig tarifliche Vereinbarungen zu treffen. Der Staat überlässt den Tarifpartnern die Kompetenz, »autonom« Verträge über Einkommen und Arbeitszeiten auszuhandeln. Aus dem konkreten Verhandlungsprozess hält er sich formal raus (informell mag es natürlich die ein oder andere »Aufforderung« seitens der Politiker an die Tarifpartner geben). Eine staatliche Zwangsschlichtung ist jedenfalls ausgeschlossen. Es gibt allerdings Verfahrensregeln, an die sich die Tarifpartner halten müssen, die im so genannten »Tarifvertragsgesetz« niedergeschrieben sind. Das Prozedere bei den Tarifverhandlungen ist standardisiert und die Rechte und Pflichten der beiden Seiten festgelegt – etwa wann die Gewerkschaften das Recht zum Streik haben und die Arbeitgeber das Recht zur Aussperrung. Auf der »Pflicht«-Seite gilt unter anderem das Verbot bestimmter Aktivitäten während der Laufzeit der Verträge (»Friedenspflicht«). Die ausgehandelten Ergebnisse sind »Flächentarife«. Sie gelten für alle Beschäftigten des Sektors in dem betroffenen Gebiet, also auch für diejenigen, die nicht Mitglied der verhandelnden Gewerkschaft sind.

Hintergrund

Ablauf einer Tarifverhandlung

Nach der fristgerechten Aufkündigung des alten Tarifvertrags kommt es in der ersten Phase der Tarifgespräche zur Festlegung der jeweiligen Forderungen und zur gegenseitigen Inkenntnissetzung über diese. Wird in den sich daran anschließenden (oft langwierigen) Verhandlungen keine tragfähige Vereinbarung gefunden, sind von den Gewerkschaften durchgeführte Warnstreiks in der Regel die Folge. Erzielt man danach immer noch keinen Verhandlungskompromiss (erforderlich ist die Zustimmung beider Tarifparteien), ist es möglich, ein Schlichtungsverfahren, meist unter Beteiligung von ehemaligen Spitzenpolitikern, anzuberaumen. Scheitert schließlich auch dieses Verfahren, dann kann es zu einem so genannten Arbeitskampf mit Streiks und Aussperrungen kommen. Der Arbeitskampf wird begleitet von weiteren Tarifgesprächen. Führen die Verhandlungen zu keinem Ergebnis, gilt vorerst der alte Tarifvertrag weiter. Gelingen die Verhandlungen, dann liegt der neue Tarifvertrag vor, der von Vertretern beider Seiten unterzeichnet wird. Während der Laufzeit des neuen Tarifvertrags gilt wiederum die »Friedenspflicht«: Den Tarifpartnern ist es in diesem Zeitraum nicht gestattet, einen Arbeitskampf zu beginnen, um beispielsweise rückwirkend Änderungen im abgeschlossenen Vertrag durchzusetzen.

Geregelte Einbindung von Verbänden

- »Neo-Korporatismus«: Dieser Begriff findet dann Verwendung, wenn die Sozialpartner geregelt in Entscheidungsprozesse eingebunden werden – ohne dass ihnen damit Handlungsautonomie zusteht. Der liberale oder gesellschaftliche »Neo-Korporatismus« unterscheidet sich vom autoritären und staatlichen Korporatismus (z.B. im Nationalsozialismus) mit seiner Zwangseinbindung von Verbänden. Beispiele für neo-korporatistische Vorgehensweisen in der Bundesrepublik waren die von Vertretern des Staates, der Arbeitgeber und Arbeitnehmer getragene »Konzertierte Aktion« während der sozial-liberalen Koalition zur Überwindung der damaligen Wirtschaftskrise und das »Bündnis für Arbeit« in der Kanzlerschaft Gerhard Schröders. Man spricht dabei von »tripartistischen« Runden, da drei »Parteien« beteiligt sind: die Arbeitnehmer, Arbeitgeber und die Regierung. Warum könnte »der Staat«, also konkret die jeweilige Regierung, ein Interesse daran haben, ausgewählte Verbände in die Entscheidungsprozesse einzubinden? Ein solches Vorgehen ist möglicherweise für die Umsetzung von staatlichen Beschlüssen hilfreich. Denn sind die relevanten Verbände an einer Entscheidung mitbeteiligt gewesen, so werden sie die Realisierung der Entscheidung voraussichtlich unterstützen. Letztlich läuft dieses Vorgehen auf eine Art Mitregieren ausgewählter Verbände hinaus. Es kann aber auch anders interpretiert werden – nämlich als ein Einmischen des Staates in die eigentlich von Staatsfreiheit geprägten Beziehungen zwischen den Tarifparteien.

Definition

Bündnis für Arbeit (1998–2002)
Das »Bündnis für Arbeit« wurde nach dem Regierungswechsel 1998 gestartet. Die Idee ging auf eine Initiative der Gewerkschaften aus dem Jahr 1996 zurück. Es setzte die »Kanzlerrunden« der Regierung Kohl in anderer Form fort. In dem »Bündnis für Arbeit« waren neben der Bundesregierung die Spitzenfunktionäre von Arbeitgeberverbänden und Gewerkschaften vertreten. Das »Bündnis« hatte zum Ziel, die Beschäftigungsquote in Deutschland zu erhöhen, die Arbeitslosigkeit zu bekämpfen und die Wettbewerbsfähigkeit der deutschen Wirtschaft zu fördern. Hierzu richtete die Initiative Arbeitsgruppen ein, darunter einen wissenschaftlichen Beratungskreis (»Benchmarking-Gruppe«). Nach den Wahlen 2002 war das »Bündnis für Arbeit« nicht mehr aktiv.

Kritik am Verbändeeinfluss

Dieses »Mitregieren« von Verbänden ist gelegentlich als »Herrschaft der Verbände« apostrophiert worden – wobei die Probleme des »Bündnisses für Arbeit« deutlich machen, dass diese Herrschaft in neo-korporatistischen Strukturen ihre Grenzen findet. So ist das Bündnis letzten Endes erfolglos geblieben, weil die »Partner« sich nicht auf bestimmte Grundlinien einigen konnten. Idealerweise entsteht so ein Kräfteparallelogramm (Ernst Fraenkel), das die einseitige Durchsetzung eines Verbandsinteresses (»Partikularinteresse«) auf Kosten der Gesamtgesellschaft (»Gemeinwohl«) unwahrscheinlich macht. Der Neo-Korporatismus wird aber zum demokratischen Problem, wenn zwischen den Beteiligten Verträge zu Lasten Dritter abgeschlossen werden.

Die jüngere Kritik am »Lobbyismus« macht sich indes weniger an solchen geregelten Formen der Zusammenarbeit fest, sondern am vermeintlich intransparenten, unkontrollierbaren und informellen Einfluss von Interessenorganisationen. Der Vorwurf steht im Raum, dass in einigen Politikfeldern aufgrund des starken Einflusses von Interessengruppen effektive Reformen nicht möglich sind (z.B. in der Gesundheitspolitik). Für andere Themengebiete gilt dies freilich nur bedingt. Ohnehin ist eine Grenzziehung schwierig: Ab wann ist eine Einbindung von Verbänden sinnvoll und hilfreich, ab wann wird sie zu einem Problem?

3.5 | Assoziative Demokratie und Zivilgesellschaft

Die »(Mit-)Herrschaft der Verbände« – wenn auch nicht unter diesem Schlagwort – kann auch anders und positiv gesehen werden: als ein alternatives oder zumindest ergänzendes Demokratiemodell. In diesem Zusammenhang sind zwei Debattenstränge interessant: a) die Diskussion um eine »assoziative Demokratie«, b) die Diskussion um die Rolle der »Zivil-« und »Bürgergesellschaft«.

Netzwerkähnliche Entscheidungsstrukturen

a) »assoziative Demokratie«: Die Anhänger dieses Modells plädieren nicht für weniger, sondern für mehr allerdings »öffentlich-transparente« Einbindung von Verbänden in den politischen Prozess. Ihnen schweben netzwerkähnliche Entscheidungsstrukturen vor: In den einzelnen Politikfeldern sollen diejenigen gesellschaftlichen Gruppen integriert werden, die von den jeweiligen politischen Entscheidungen betroffen sind. Die Einbindung soll verbindlicher und regulierter sein als die bereits bestehende Form der Berücksichtigung von Verbänden im Entscheidungsprozess. Welchen Mehrwert versprechen sich Autoren wie Joshua Cohen und Joel Rogers von der verstärkten Einbindung der Interessensgruppen? Ihrer Meinung nach werde damit die demokratische Qualität der Gesellschaft gefördert, es werde mehr Partizipation ermöglicht, eine neue »Beteiligungskultur« könne entstehen. Ferner gehen die Advokaten der »assoziativen Demokratie« davon aus, dass in solchen Netzwerken geborene Entscheidungen eine größere Verbindlichkeit entfalten und somit leichter umgesetzt werden können. Dadurch dass die Verbände zu quasi-öffentlichen Akteuren werden, erwartet man, dass sich diese auch dem Gemeinwohl und der Idee der »Verteilungsgerechtigkeit« verpflichtet sehen. Ohnehin gehen die Vertreter des Modells der assoziativen Demokratie mit der Hoffnung schwanger, dass das Ergebnis solcher Netzwerkentscheidungen inhaltlich hochwertig sei, weil über die Verbände die entsprechende Kompetenz in die Entscheidungsfindung einfließen könne. Aber auch in diesem Ansatz soll die Letztentscheidung bei staatlichen Instanzen, insbesondere beim Parlament liegen.

Kritisiert wird das Modell der assoziativen Demokratie mit den Argumenten, die generell gegen pluralistische Modelle vorgebracht werden: Nicht alle gesellschaftlichen Interessen haben die gleiche Ausgangslage. Bereits angesprochen wurden die Unterschiede in der Konfliktfähigkeit von Interessen. Claus Offe hat darüber hinaus noch einen zweiten Aspekt auf den Begriff gebracht, der noch vor der Konfliktfähigkeit liegt: die »Organisationsfähigkeit« von Anliegen (s. o.).

Er weist darauf hin, dass nicht aus jedem Interesse ein »organisiertes« wird oder werden könnte. Einige gesellschaftliche Interessen sind schlichtweg nicht in einen organisatorischen Rahmen zu bringen. Diese haben in einem Modell assoziativer Demokratie keine Artikulationschance. Ob es kompensatorische Wege gibt, diese Anliegen im Kräftefeld der Verbände zu vertreten, ist fraglich.

b) Modelle der Zivil- und Bürgergesellschaft sind mit der assoziativen Demokratie verwandt. Gemeinsam ist beiden Ansätzen, dass sie einen Rückzug des Staates durchaus befürworten und der Gesellschaft mehr Kompetenz in der Problemerkennung und -lösung zuweisen wollen. Der Unterschied liegt freilich darin, dass die Idee der Zivil- und Bürgergesellschaft stärker auf den einzelnen Bürger als Individuum setzt und auf seine Bereitschaft, sich zu engagieren und dabei »soziales Kapital« zu erzeugen. Wenn der Herrschaftsbegriff hier überhaupt passt, wird in diesem Modell weniger eine »Herrschaft der Verbände«, sondern eine »Herrschaft der Assoziationen« erwogen. Der »Dritten Sektor«, der öffentliche Raum zwischen Staat und Wirtschaft, erhält in diesem Ansatz eine besondere Bedeutung. Die Bürger können sich als Individuen, aber durchaus auch als soziale Initiativen und Gruppen gesellschaftlich einbringen. Wenn ein Teil der gesellschaftlichen Leistungen auf bürgerschaftlichem/ehrenamtlichem Engagement beruht, ist es möglich, die staatlichen Sozialaufwendungen zu kürzen. Hier liegt auch die zentrale Kritik an diesem Modell: Es dürfe nicht zu einem bloßen Sparprogramm mit basisdemokratischem Anstrich mutieren.

Bürger bringen sich ein

Definition

Soziales Kapital

Dieser Begriff ist insbesondere von Robert D. Putnam in die sozialwissenschaftliche Diskussion eingebracht worden und tauchte bei ihm erstmalig in seiner Studie »Making Democracy Work. Civic Traditions in Modern Italy« aus dem Jahr 1993 auf. Den Rückgang sozialen Kapitals in den USA hat Putnam in seiner vielzitierten Analyse »Bowling alone« skizziert (1995). Das soziale Kapital oder Sozialkapital entwickelt sich aufgrund der Beziehungen und Interaktionen der Bürger miteinander. Es basiert auf deren Bereitschaft, einander zu vertrauen, zu kooperieren und sich gegenseitig zu helfen. Soziales Kapital wird in gesellschaftlichen Netzwerkstrukturen produziert. Dabei spielen Assoziationen (Vereine und Verbände) eine wichtige Rolle.

Abb. 9

Die drei gesellschaftlichen Sektoren

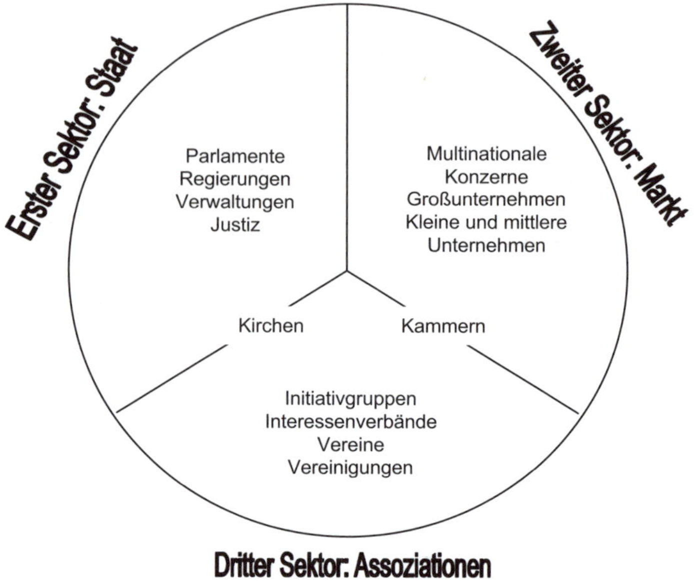

Was bleibt festzuhalten: Vereinigungen erlauben die Bündelung (Aggregation) und Vertretung (Artikulation) von Interessen in modernen pluralistischen Gesellschaften wie der Bundesrepublik. Sie können die Beteiligung von Bürgern im politischen Prozess erweitern und einen bedeutsamen demokratischen Beitrag leisten. Mitunter übernehmen Assoziationen auch vormals staatliche regulative Funktionen.

Vereinigungen können freilich nicht Akteure wie Parteien, Parlamente oder Verwaltungen ersetzen. Eine »Verbändedemokratie« hat stets mit Legitimationsproblemen zu kämpfen, weil sie nicht die Vertretung aller Interessen und aller Individuen gleichermaßen garantieren kann.

Dazu bedarf es in der Tat weiterer, andersförmiger Vermittlungsinstanzen wie beispielsweise der Parlamente. Überdies sind noch zusätzliche Akteure an der Interessenvermittlung beteiligt. Mit einer weiteren Vermittlungsgruppe, den Medien, beschäftigt sich das folgende Kapitel.

Lernkontrollfragen

1 Worin liegt der Unterschied zwischen einem Verein und einem Verband?

2 In welchen unterschiedlichen gesellschaftlichen Handlungsfeldern lassen sich organisierte Interessen verorten?

3 Welche Formen und Adressaten der Beeinflussung durch Verbände gibt es und wovon hängt die Entscheidung für die eine oder andere Strategie ab?
4 Inwiefern leisten organisierte Interessen einen Beitrag zu »mehr« Demokratie?
5 Was bedeuten die Begriffe »Organisationsfähigkeit« und »Konfliktfähigkeit«? Inwiefern zeigen sie die Grenzen einer »Verbändedemokratie« auf?
6 Worin unterscheiden sich die Modelle assoziativer Demokratie von den Ansätzen der Bürgergesellschaft?

Literatur

In die Thematik führt grundlegend ein: *Peter Lösche: Verbände und Lobbying in Deutschland, Stuttgart, Kohlhammer 2007*. Eine weitere Einführung in das bundesdeutsche Verbändesystem bieten: *Martin Sebaldt/Alexander Straßner: Verbände in der Bundesrepublik Deutschland. Eine Einführung, Wiesbaden, VS Verlag 2004*, sowie *Thomas von Winter/Ulrich Willems (Hg.): Interessenverbände in Deutschland, Wiesbaden, VS Verlag 2007*. Einen Einstieg, in der neben der Bundesrepublik auch 17 weitere Fälle und die Europäische Union zur Sprache kommen sowie theoretische Grundlagen gelegt werden, bietet: *Werner Reutter/Peter Rütters (Hg.): Verbände und Verbandssysteme in Westeuropa, Opladen, Leske + Budrich 2003*. In ausgewählte Facetten der Verbändeforschung führt ein: *Wichard Woyke (Hg.): Verbände. Eine Einführung, Schwalbach/Ts., Wochenschau-Verlag 2005*. Die Beziehung zwischen den Verbänden und der Demokratie beleuchten aus unterschiedlicher Perspektive die Beiträge in: *Annette Zimmer/Bernhard Weßels (Hg.): Verbände und Demokratie in Deutschland, Opladen, Leske + Budrich 2001*. Speziell mit den Vereinen und mit dem Konzept der Zivilgesellschaft setzt sich in Lehrbuchform auseinander: *Annette Zimmer: Vereine – Zivilgesellschaft konkret, 2. Aufl., Wiesbaden, VS Verlag 2007*. Mit dem Dritten Sektor beschäftigt sich: *Annette Zimmer/Eckhard Priller: Gemeinnützige Organisationen im gesellschaftlichen Wandel. Ergebnisse der Dritte-Sektor-Forschung, 2. Aufl., Wiesbaden, VS Verlag 2007*. Das Konzept der »assoziativen Demokratie« findet sich komprimiert bei *Joshua Cohen/Joel Rogers: Solidarity, Democracy, Association, in: Wolfgang Streeck (Hg.), Staat und Verbände (PVS-Sonderheft 25), Opladen, Westdeutscher Verlag 1992, S. 136–159*. Pointiert kritisch mit den Verbänden gehen folgende Publikationen um: *Thomas Leif/Rudolf Speth (Hg.): Die stille Macht. Lobbyismus in Deutschland, Wiesbaden, VS Verlag 2003*, sowie von denselben Herausgebern: *Die fünfte Gewalt. Lobbyismus in*

Deutschland, Wiesbaden, VS Verlag 2006. Das Epochenwerk von Mancur Olson, auf das der Text Bezug nimmt, heißt: *Die Logik des kollektiven Handelns. Kollektivgüter und die Theorie der Gruppen, 5. Aufl., Tübingen, Mohr 2004 (Original: 1965).*

Links

www.bundestag.de/dokumente/lobby/index.html
Auf dieser Seite innerhalb des Online-Angebots des Deutschen Bundestages ist die jeweils aktuellste Liste der beim Parlament registrierten Verbände gemäß Anlage 2 der Geschäftsordnung des Bundestages abrufbar.

www.gesetze-im-internet.de/bgb/
Auf dieser vom Bundesjustizministerium gepflegten Seite findet sich das Bürgerliche Gesetzbuch mit seinen Paragrafen zum Vereinsrecht (§§ 21–79).

www.verbaende.com
Diese Seite wird betrieben von der »Deutschen Gesellschaft für Verbandsmanagement« und dem »Fachinformationsdienst Verbändereport«. In der dort zu findenden Datenbank sind über 12.000 Verbände systematisch erfasst. Außerdem gibt es eine umfangreiche Linkliste.

www.lobbycontrol.de/blog
Die Website des gemeinnützigen Vereins »LobbyControl« hat sich zur Aufgabe gemacht, die Einflusskanäle der organisierten Interessen auf den politischen Prozess transparenter zu machen.

Die Mediendemokratie – Politics goes media?

4

Inhalt

Mit den Medien und ihrer Rolle im politischen System Deutschlands steht jetzt eine Vermittlungsinstanz im Blickpunkt, die die »Vermittlung« bereits im Namen trägt: »Medien« kommt von »medium«, lat., »die Mitte«. Unter Medien versteht man allgemein technische Hilfsmittel zur Verbreitung von Nachrichten. Wendet man sich den Medien in der Politik zu, dann blickt man in der Regel auf die traditionellen Massenmedien, Zeitung/Zeitschrift, Hörfunk und Fernsehen, sowie neuerdings auch auf die internet-basierten Medien.

In den vergangenen Jahren hat die Beschäftigung mit der Rolle der Medien in der Politik an Weite und Tiefe zugenommen. Gelegentlich konnte man in den Analysen den Eindruck gewinnen, dass in der Politik nur noch die Medien zählten: Sie entscheiden angeblich darüber, wer Wahlen gewinnt, welche Themen wie diskutiert werden oder wer Chancen hat, seine Interessen durchzusetzen. Ob und inwieweit dieser Befund zutrifft, ob wir also wirklich in einer absoluten »Mediendemokratie« leben – das wird im Weiteren angesprochen.

Um die Rolle der Medien für die deutsche Demokratie zu tarieren, bedarf es zunächst eines genauen Blicks auf das Mediensystem der Bundesrepublik Deutschland: Auf welchen rechtlichen Grundlagen fußt dieses System? Welche Struktureigenschaften hat der Mediensektor? Wie sieht die Angebots- und Nachfragelage aus? Auf der Basis der Bestandsanalyse des bundesdeutschen Mediensystems gilt es abschließend, eine realistische Einschätzung der Rolle der Medien und der Mediatisierung des politischen Systems zu gewinnen. Das Ergebnis sei jetzt schon vorweggenommen: Medien nehmen Einfluss auf Form und Inhalt der Politik in Deutschland. Allerdings schaffen sie dabei keine neue Staatsform.

4.1 | Das bundesdeutsche Mediensystem – rechtliche Grundlagen

Zunächst zum rechtlichen Fundament des deutschen Mediensystems: Anzusetzen ist bei der grundlegenden Erwähnung der Medien im Grundgesetz. Die verfassungsrechtlichen Bestimmungen sind jedoch sehr knapp gehalten und bedurften einer detaillierten rechtlichen Ausformulierung und Konkretisierung, die in den Entscheidungen des Bundesverfassungsgerichts sowie im einschlägigen Medienrecht vorgenommen worden sind.

4.1.1 | Die verfassungsrechtliche Rolle der Medien

Die Mütter und Väter des Grundgesetzes hatten die Gleichschaltung der Medien im Nationalsozialismus noch vor Augen, als sie die Meinungs-, Informations- und Pressefreiheit als Artikel 5 in den Katalog der Grundrechte aufgenommen haben. Sie haben damit an den Artikel 118 der Weimarer Reichsverfassung angeschlossen und zementierten eines der fundamentalen Menschenrechte, das in jeder demokratischen Verfassung zu finden ist.

Meinungs- und Pressefreiheit als garantiertes Grundrecht

Der Artikel 5 GG garantiert das Recht, Meinungen »frei zu äußern und zu verbreiten«. Ausdrücklich wird die Freiheit der Berichterstattung geschützt – eine »Zensur« finde nicht statt. Der zweite Absatz macht gleichwohl klar, dass die Meinungs-, Informations- und insbesondere die Pressefreiheit unter bestimmten Umständen eingeschränkt werden können.

Wortlaut

Art. 5 GG

(1) »Jeder hat das Recht, seine Meinung in Wort, Schrift und Bild frei zu äußern und zu verbreiten und sich aus allgemein zugänglichen Quellen ungehindert zu unterrichten. Die Pressefreiheit und die Freiheit der Berichterstattung durch Rundfunk und Film werden gewährleistet. Eine Zensur findet nicht statt.«

(2) »Diese Rechte finden ihre Schranken in den Vorschriften der allgemeinen Gesetze, den gesetzlichen Bestimmungen zum Schutze der Jugend und in dem Recht der persönlichen Ehre. [...]«

Die Bedeutung der Medien für die Meinungsbildung in der Demokratie ist auch immer wieder Thema in der Rechtsprechung des Bundesverfassungsgerichts gewesen. In den Entscheidungen zum Rundfunkwesen und zur Presse hat das höchste Gericht stets betont, dass ein Gemeinwesen ohne freie Medien ein Demokratiedefizit habe. Die entsprechende Argumentation findet sich pointiert im »Spiegel-Urteil« des Bundesverfassungsgerichts aus dem Jahr 1966 wieder. Zum Hintergrund: Das Nachrichtenmagazin »Der Spiegel« brachte im Oktober 1962 die Titelgeschichte »Bedingt abwehrbereit« über die militärische Lage in Deutschland und in der NATO. Daraufhin wurden gegen den Verleger Rudolf Augstein und den verantwortlichen Redakteur wegen des Verdachts auf Landesverrat Haftbefehle erlassen und die Redaktionsräume der Zeitschrift durchsucht. Gegen dieses Vorgehen legte der Spiegel-Verlag Verfassungsbeschwerde ein. Diese wurde zwar zurückgewiesen. Das Gericht nutzte jedoch den Fall, um generell auf die Bedeutung der Medienfreiheit für die Demokratie hinzuweisen: Freie Medien (das Urteil bezog sich konkret auf die Presse, reicht aber darüber hinaus) seien wesentlich für einen freiheitlichen Staat. Nur die Medien garantierten die umfassende Information der Bürger und legten damit das Fundament für eine demokratische Willensbildung und Entscheidungsfindung.

Spiegel-Affäre 1962

Mit dem Blick auf die Wirklichkeit der Medien mögen die Formulierungen in dieser Entscheidung allerdings ein wenig weltfremd klingen, insbesondere die Vorstellung einer offen diskutierenden Gesellschaft. An die Medien werden gewaltige demokratische Erwartungen geknüpft und es ist zu fragen, ob diese den Ansprüchen überhaupt gerecht werden (können).

Wortlaut

»Spiegel-Urteil«

»Eine freie, nicht von der öffentlichen Gewalt gelenkte, keiner Zensur unterworfene Presse ist ein Wesenselement des freiheitlichen Staates [...]. Soll der Bürger politische Entscheidungen treffen, muß er umfassend informiert sein, aber auch die Meinungen kennen und gegeneinander abwägen können, die andere sich gebildet haben. Die Presse hält diese ständige Diskussion in Gang; sie beschafft die Informationen, nimmt selbst dazu Stellung und wirkt damit als orientierende Kraft in der öffentlichen Auseinandersetzung. In ihr artikuliert sich die öffentliche Meinung; die Argumente klären sich in Rede und Gegenrede, gewinnen deutliche Konturen und erleichtern so dem Bürger Urteil und Entscheidung.«

Quelle: BVerfGE 20, 12

Auch wenn dieses Ideal vielleicht nicht erreicht werden kann: Das Wirken der Medien steht unter einem besonderen Schutz. Insofern ist der Begriff der Mediendemokratie schlüssig, wenn dieser zum Ausdruck bringt, dass eine Demokratie ohne freie Medien nicht funktioniert. Medien stärken die Demokratie, wenn sie Herrschaft kontrollieren, Probleme identifizieren und ihre Lösungen diskutieren, und gesellschaftliche Interessen vermitteln. Dort, wo die Medienfreiheit unter Druck steht, zum Beispiel in Russland, wird konsequenterweise die Demokratie in Gefahr gesehen.

4.1.2 | Mediengesetze und Grundstruktur der bundesdeutschen Medienlandschaft

Jenseits der allgemeinen verfassungsrechtlichen Würdigung und den Interpretationen des Bundesverfassungsgerichts wird das bundesdeutsche Mediensystem durch einschlägige Gesetze und Staatsverträge detailliert geregelt. Hier kommt der deutsche Föderalismus ins Spiel (→ Kapitel 10).

Medienpolitik und Rundfunkrecht sind Ländersache

Denn die Medienpolitik fällt zu größten Teilen in die Regelungskompetenz der Länder. So regulieren die jeweiligen Pressegesetze der Bundesländer die Zeitschriften- und Zeitungslandschaft in der Bundesrepublik Deutschland. Bis zur Föderalismusreform I von 2006 hatte der Bund noch die Kompetenz, in diesem Bereich eine Rahmengesetzgebung zu verabschieden. Von dieser Möglichkeit hatte er jedoch nie Gebrauch gemacht. Die Rahmenkompetenz des Bundes im Bereich des Presserechts ist mit der Föderalismusreform und der Neusortierung der Zuständigkeiten zwischen Ländern und Bund entfallen.

Das Rundfunkrecht ist wie das Presserecht gleichermaßen Ländersache. In diesem Feld haben die Länder in Staatsverträgen, also in rechtlich verbindlichen Vereinbarungen untereinander, bundeseinheitliche Richtlinien entwickelt. Zentral ist dabei der mittlerweile mehrfach novellierte »Rundfunkstaatsvertrag«, der die Grundlagen für die Existenz und Arbeit von Fernsehen und Hörfunk legt. Der »Rundfunkgebührenstaatsvertrag« und der »Rundfunkfinanzierungsstaatsvertrag« ergänzen das bundeseinheitliche Rundfunkrecht; diese regeln die Finanzierung des öffentlichrechtlichen Rundfunks. Aufbau und Funktion einzelner öffentlich-rechtlicher Rundfunkanstalten sind ebenfalls in Staatsverträgen fixiert worden. Soweit die Verträge Regelungslücken übriglassen, werden diese von den Landesmediengesetzen gefüllt. Dort finden sich auch detaillierte Bestimmungen zum privaten Rundfunk.

»Rundfunkstaatsvertrag«

Während der Pressebereich nach privatwirtschaftlichen Prinzipien aufgebaut ist, begründet das deutsche Rundfunkrecht eine »duale«

Struktur: ein Nebeneinander von öffentlich-rechtlichen und privaten Anbietern. Dabei waren im Bereich des Fernsehens lange Zeit alleine öffentlich-rechtliche Anstalten zugelassen; als Vorbild diente das britische Modell der BBC. Erst Mitte der 1980er Jahre hat man den Staatsvertrag dahingehend geändert, dass nach und nach Frequenzen an private Anbieter vergeben werden konnten. Mittlerweile existiert ein Nebeneinander beider Anbieterformen, wobei die privaten Anstalten ihre Marktanteile im Laufe der Jahre erheblich ausbauen konnten (s.u.).

Öffentlich-rechtliche und private Anbieter

Definition

Öffentlich-rechtlicher Rundfunk

Ein öffentlich-rechtlicher Rundfunkanbieter unterscheidet sich sowohl von einer staatlichen als auch von einer privat-wirtschaftlich organisierten Anstalt. Die Kennzeichen des öffentlich-rechtlichen Rundfunks in Deutschland sind folgende:

- Die Anstalten sind »binnenpluralistisch« organisiert. In den Aufsichtsgremien (den Rundfunkräten) sitzen die Vertreter unterschiedlicher gesellschaftlicher Interessengruppen.
- Die Anstalten finanzieren sich zum Großteil aus Gebühren und nur zu einem geringen Teil aus Werbeeinnahmen.
- Das Programm soll der Grundversorgung der Bevölkerung dienen.
- Die Programmgestaltung soll ausgewogen sein.

Angesichts der veränderten Rahmenbedingungen wird immer wieder die Frage nach der aktuellen Existenzberechtigung der öffentlich-rechtlichen Anbieter gestellt. Das Argument, dass nur wenige Frequenzen zur Verfügung stehen und die Rundfunkangebote deswegen binnenplural gestaltet werden müssen, hatte noch bis in die 1970er Jahre hinein Berechtigung. Heutzutage zieht dieses Argument angesichts der technisch ermöglichten Kanalvermehrung nur noch bedingt. Die Digitalisierung der Programme ermöglicht es zudem, dass eine einzelne Frequenz mehrere Sender trägt. Insofern haben sich Potenziale für einen wirklichen »Außenpluralismus« entwickelt.

Als Bestandsargument für den öffentlich-rechtlichen Rundfunk bleibt die Idee der ausgewogenen Grundversorgung im Sinne der Gewährleistung einer breiten Angebots- und Meinungsvielfalt. Es hat jedoch angesichts des Engagements der öffentlich-rechtlichen Sender im Spartenbereich (z.B. der Nachrichtenkanal PHOENIX oder der Kinderkanal KIKA) kritische Fragen seitens der privaten Anbieter gegeben.

Das öffentlich-rechtliche Angebot bewegt sich zwischen zwei Perspektiven: dem Blick auf hohe Einschaltquoten auf der einen Seite sowie dem Ziel, auch für Minderheiten Angebote zu liefern, auf der anderen. Das Bundesverfassungsgericht hat in den Rundfunkentscheidungen seine schützende Hand über den öffentlich-rechtlichen Rundfunk gehalten. Neben der Bestandsgarantie gibt es auch eine Entwicklungsgarantie mit Blick auf die neuen technischen Übertragungsmöglichkeiten und das Online-Engagement.

Abb. 10

Aufbau einer öffentlich-rechtlichen Rundfunkanstalt am Beispiel des WDR

Quelle: Erich Schmidt Verlag

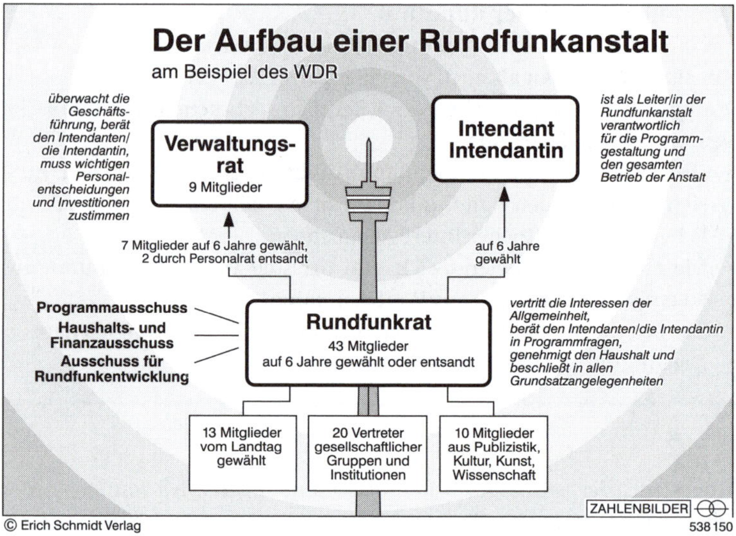

Parteipolitische Einflussnahme

Der öffentlich-rechtliche Rundfunk befindet sich in einem politischen Druckfeld: Die Parteien versuchen unmittelbaren und mittelbaren Einfluss auf die Arbeit der Sender auszuüben. Das Einfallstor für den Parteieinfluss bieten die Rundfunkräte der Sendeanstalten, in denen Vertreter der Parteien und der ihnen nahestehenden gesellschaftlichen Gruppen informelle Kreise bilden. Das Bemühen der Parteipolitik, Einfluss zu nehmen, zeigt sich insbesondere bei der Besetzung der wichtigen Positionen der Sendeanstalten. Insbesondere die Intendanten- wie auch die Chefredakteurwahlen sind stets ein »Politikum«.

Der bundesdeutsche Medienmarkt – Angebot und Nachfrage | 4.2

Das Mediensystem gleicht in vielerlei Hinsicht einem mehr oder weniger freien Markt: Es werden Produkte angeboten und nachgefragt. Das Angebot ist größer als die Verarbeitungsmöglichkeiten des einzelnen. Keiner ist zum Konsum bestimmter Medien gezwungen. Werfen wir einen Blick auf die beiden Seiten des bundesdeutschen »Medienmarktes«: Was wird bereit gestellt und was genutzt? Wie verhält sich das Angebot zur Nachfrage?

Angebot | 4.2.1

Zunächst zur Presse: Der Print-Bereich in der Bundesrepublik Deutschland ist wie erwähnt privatwirtschaftlich organisiert. Insgesamt zeigt sich eine Mannigfaltigkeit von regionalen sowie überregionalen Tageszeitungen. 2009 sind insgesamt 351 Tageszeitungen sowie 27 Wochenzeitungen und sechs Sonntagszeitungen in Deutschland hergestellt worden. Mit rund 880 Publikumszeitschriften, über 1.000 Fachzeitschriften sowie zusätzlich rund 1.380 Anzeigenblättern ist der Zeitschriftenbereich noch vielfältiger. Die »Parteipresse«, die in der Weimarer Republik noch eine wichtige Rolle spielte, hat in der Bundesrepublik kaum noch Bedeutung. Als ein Relikt dieser historischen Tradition überlebte gleichwohl die Medienholding der SPD mit ihren Anteilen im Presse- und Rundfunkbereich.

Vielfältige Presselandschaft

Hintergrund

Medienbeteiligungen der SPD

Als einzige politische Partei in Deutschland hat die SPD eine Medienholding, die »Deutsche Druck- und Verlagsgesellschaft« (dd_vg), die sich vollständig im Eigentum der Partei befindet. Die dd_vg hält zumeist Minderheitsbeteiligungen an mehr als 20 Zeitungsverlagen und Druckereien. Außerdem ist sie an Rundfunksendern beteiligt. Die Wurzeln für die Beteiligungen der SPD liegen in der frühen Arbeiterbewegung und dem damaligen Aufbau einer eigenen Verlags- und Druckstruktur. Die Medienbeteiligungen der SPD sind Gegenstand von (auch parteipolitisch geführten) Auseinandersetzungen gewesen. Ihre Kritiker sehen hierin eine wettbewerbsverzerrende Einflussmöglichkeit der SPD. Ihre Befürworter bestreiten die Bedeutung der Holding im Vergleich zu anderen Konzernen und sehen die parteipolitische Unabhängigkeit der betroffenen Medien nicht in Gefahr.

Zum Rundfunkangebot: Im Hörfunkbereich kamen die ersten privaten Anbieter Ende der siebziger Jahre ins Spiel. 2010 sind mehr als 350 Radioprogramme auf Sendung – darunter lokale und regionale, landesweite und bundesweite Angebote. Kabelnetze und digitale Übertragungswege (auch über das Internet) machen mittlerweile viele regionale Hörfunksender bundesweit empfangbar. Das tatsächlich zugängliche Angebot hat sich infolge enorm erweitert.

Duales Rundfunksystem

Im Fernsehsektor ist seit der Dualisierung Mitte der 1980er Jahre eine Reihe von Lizenzen und Frequenzen an private Anstalten vergeben worden. Das hat zu einer erheblichen Vergrößerung des Angebots geführt. Mittlerweile sind über 40 analoge Fernsehprogramme via Satellit oder Kabel frei zu empfangen. Haushalten mit digitalem Empfang stehen einige hundert Sender zur Verfügung.

Auf der einen Seite finden sich die öffentlich-rechtlichen Angebote, die ARD, das ZDF, die dritten Programme, Gemeinschaftsangebote wie Phoenix, Arte oder 3SAT bzw. Spartenkanäle wie EinsFestival. Auf der Seite der privaten Anbieter sind Pro7, RTL und RTL II sowie Sat.1 zu quotenstarken Konkurrenten der großen öffentlich-rechtlichen Anstalten geworden. Bislang sind aber nur wenige der privaten Sender in der Lage, schwarze Zahlen zu schreiben.

Schaut man sich die Angebotslage an, dann tut sich auf den ersten Blick eine bemerkenswert pluralistische Medienlandschaft auf. Es gibt unzählig viele unterschiedliche Quellen, aus denen man sich informieren kann oder die Unterhaltung bieten. Doch auf einer zweiten Ebene relativiert sich die Vielfalt wieder. Denn blickt man auf die Eigentumsstrukturen, die hinter den Medienangeboten stehen, zeigt sich ein anderes Bild.

Dominanz großer Medienkonzerne

Unter der oberflächlichen Ausweitung des Medienangebots finden Konzentrationsprozesse statt. Wenige große Medienkonzerne dominieren den Medienmarkt. Und das, obwohl die Konzentration durch kartellrechtliche Auflagen begrenzt ist, die eine Übermacht einzelner Unternehmen einzuhegen versuchen. Im Mediensektor gibt es klare Vorgaben, wie weit die Häufung von Markt- und Medienanteilen reichen darf, sowie spezielle Einrichtungen, die über die Einhaltung dieser Vorgaben wachen, z. B. die »Kommission zur Ermittlung der Konzentration auf dem Medienmarkt« (KEK).

Die großen Spieler im Medienbereich sind unter anderem der Axel-Springer-Verlag, die Bertelsmann AG (zu der auch die RTL-Group gehört) sowie die WAZ-Gruppe. Diese Konzerne beschränken sich nicht auf eine einzelne Mediengattung wie Zeitungen oder Rundfunk. Vielmehr engagieren sie sich gleichzeitig in einer Vielzahl unterschiedlicher Medienformate und Produktionsformen. Zudem bewegen sich die Aktivitäten dieser Unternehmen nicht nur auf dem nationalen Markt, sondern es handelt sich um »global players«, um international aufgestellte und agierende Konzerne.

Konzentrationsprozesse

Allerdings ist es gar nicht mehr so leicht, Eigentumsstrukturen im Medienbereich klar zu erkennen. Denn mittlerweile sind auch die Konzerne untereinander über Beteiligungen verflochten. In diesem Bereich spannt sich ein schwer überschaubares und verwobenes Spinnennetz auf – allerdings nicht von einer, sondern von mehreren »Spinnen« hergestellt.

Konzentrationsgrad bei Tageszeitungen – anteilige Auflage in %

Tab. 5

Verlagsgruppe	2010 Rang	2010 %	2008 Rang	2008 %	2006 Rang	2006 %	2004 Rang	2004 %	2002 Rang	2002 %
Axel Springer AG	1	19,6	1	22,1	1	22,5	1	22,7	1	23,6
Verlagsgruppe Stuttgarter Zeitung/ Die Rheinpfalz/Südwest Presse	2	8,6	2	8,5	3	5,2	3	5,0	3	4,9
Verlagsgruppe WAZ, Essen	3	5,8	3	6,0	2	5,6	2	6,0	2	6,1
Verlagsgruppe DuMont Schauberg, Köln	4	5,5	4	4,2	5	3,9	4	4,0	4	4,2
Ippen-Gruppe	5	4,2	5	4,0	4	4,1	5	3,9	5	3,8
Marktanteil der fünf größten Verlagsgruppen		43,7		44,8		41,3		41,6		42,3
Madsack, Hannover	6	4,0	8	2,5	9	2,5	9	2,5	10	2,2
Frankfurter Allgemeine Zeitung	7	3,1	7	3,0	7	3,0	7	3,1	7	2,9
ddvg, Hamburg	8	3,0	9	2,4	10	2,2	–	–	–	–
Holtzbrinck, Stuttgart	9	2,3	6	3,8	6	3,7	6	3,6	6	3,4
Rheinische Post	10	2,0	–	–	–	–	–	–	–	–
Marktanteil der zehn größten Verlagsgruppen	–	58,1	–	56,1	–	56,3	–	56,1	–	56,3

Quelle: Horst Röper: Zeitungen 2010: Rangverschiebungen unter den größten Verlagen, in: Media Perspektiven 2010, Heft 5, S. 218–234.

Schließlich noch einige Anmerkungen zur Angebotslage im Bereich der Online-Medien. Ob man das Internet überhaupt als »ein« Medium begreifen kann, ist fraglich. Denn die technische Plattform erlaubt eine Menge von Anwendungen wie E-Mailing, Surfen, Chatten etc. Die Kommunikationsmöglichkeiten sind sehr unterschiedlich – auch was ihre »politische Reichweite« betrifft.

Was auf dem »Netz der Netze« mittlerweile entstanden ist, kann als ein reichhaltiges Angebot eingestuft werden. Die Vielfalt ist in der Struktur des Internet angelegt. Es ist eine der zentralen Eigenschaften von Online-Kommunikation, unzählige »Frequenzen« zu haben. Für den Einzelnen ist es vergleichsweise unaufwendig und wird es immer leichter, als Sender im Internet tätig zu werden, also eine Website einzurichten, einen Chat anzuberaumen oder ein Weblog zu starten. Auch die traditionellen Medien sind online vertreten. So ist es kaum möglich, das Angebot im Bereich der Online-Kommunikation abzustecken, zumal das Internet die regionalen und nationalen Grenzen überwindet.

Sprunghaft wachsendes Online-Angebot

Das Anwachsen des Online-Angebots wird an zwei Zahlen deutlich: 1995 waren rund 100.000 Web-Seiten registriert. 2010, also 15 Jahre später, bereits 20 Milliarden. Deutschland verfügt im internationalen Vergleich über die meisten Websites pro Einwohner. Allein 14 Millionen ».de-Domains« sind registriert, das sind mehr als 150 Domains pro 1.000 Einwohner.

Durch verbesserte Datenübertragungstechniken ist die Netzkommunikation beschleunigt und ausgeweitet worden, wenngleich die wachsende Datenflut immer wieder an Grenzen der bestehenden Infrastruktur stößt. Auch die Endgeräte haben an Leistungsfähigkeit hinzugewonnen. Die Multimedialität, das Verschicken und Empfangen von Dateien mit riesigen Datenmengen ist zur Normalität geworden.

4.2.2 | Nachfrage

Ein Angebot lebt von der Nachfrage: Was wird von den Bürgern überhaupt wahrgenommen? Wichtig ist dabei zunächst einmal die Reichweite der jeweiligen Medien. Wie weit streuen die Angebote? Welche Auflage haben die Zeitungen? Wer verfügt über Empfangsgeräte für Rundfunkprogramme? Welche Medienprodukte werden konsumiert?

Zunächst zum Verbreitungsgrad der Zeitungen, verdeutlicht an den Zahlen für das erste Quartal 2010: Die Gesamtauflage aller Zeitungen in Deutschland liegt bei 22,7 Millionen pro Tag. Marktführer ist die Bild-Zeitung mit einer Auflage von 3 Millionen Exemplaren. Bei den so genannten überregionalen Qualitätszeitungen liegt die Süddeutsche Zeitung mit rund 446.000 Exemplaren vorne, gefolgt von der Frankfurter Allgemeinen Zeitung mit einer Auflage von 368.000.

Zeitungsauflagen rückläufig

Die Gesamtauflagenentwicklung ist in den vergangenen Jahren rückläufig. So betrug die Auflagenhöhe 2004 noch 26 Millionen, in den Jahren 1992 bis 1995 wurde sogar die 30 Millionen-Marke überschritten. Die 2010er Auflage von 22,7 Millionen ist die niedrigste seit der Deutschen Einheit.

Zum Verbreitungsgrad des Rundfunks: Im Bereich der elektronischen Rundfunkmedien, also von Fernsehen und Radio, lässt sich mittlerweile eine nahezu hundertprozentige Versorgung der Haushalte in Deutschland ausmachen. Mehr als 95 Prozent aller Rundfunkhaushalte sind entweder mit einer Satellitenschüssel verbunden oder ans Kabelnetz angeschlossen.

Starke Nutzung von Rundfunk und Fernsehen

Wie viel Zeit verbringen die Bürger mit den Medien? Hier leuchtet zum ersten Mal die dominante Rolle des Fernsehens deutlich auf. So beschäftigten sich laut ARD/ZDF-Langzeitstudie an einem durchschnittlichen Tag im Jahr 2010 nicht weniger als 86 Prozent der Bevölkerung irgendwann einmal mit Fernsehschauen, 79 Prozent mit Radiohören, 44 Prozent mit Zeitungslesen sowie 43 Prozent mit dem Internet.

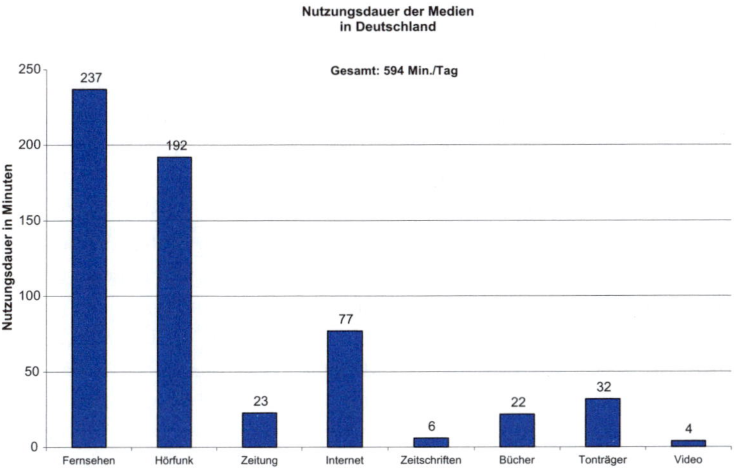

Abb. 11

Wie lange werden Medien täglich genutzt?

Quelle: Bayerischer Rundfunk Online, http://www.br-online.de/br-intern/medienforschung/.

Zehn Stunden Medienkonsum täglich

Der Rundfunk erreicht nicht nur viele, sondern nimmt im Tagesverlauf sehr viel Zeit für sich in Anspruch. Das Radio begleitet die Menschen durchschnittlich mehr als drei Stunden am Tag, das Fernsehen knapp vier Stunden. Für die Lektüre von Zeitungen und Zeitschriften werden zusammen gerade mal 30 Minuten aufgebracht. Die Zeit, die man insgesamt täglich dem Medienkonsum widmet, hat sich jedenfalls in den letzten Jahrzehnten gesteigert und liegt jetzt auf einem stabilen und hohen Niveau: bei knapp zehn Stunden.

Was wird im Fernsehen genutzt? Stark nachgefragt sind die großen Vollprogramme. Diese schöpfen einen Großteil der Zuschauer ab. Marktführer sind RTL, ARD, die Dritten Programme, ZDF und – ein wenig abgestuft – SAT.1. Während die quotenstarken Vollprogramme jeweils rund 13 Prozent Marktanteile haben, sieht es bei den – für die politische

Kommunikation besonders aufschlussreichen – Nachrichtensendern wie PHOENIX oder n-tv schon wesentlich magerer aus: Der Marktanteil des öffentlich-rechtlichen Dokumentations- und Nachrichtenkanals liegt bei rund 1,0 Prozent. Auch n-tv oder N24 können kein größeres Zuschauersegment gewinnen.

Online-Gemeinde

Wie steht es um die neuen Medien? Wie und von wem wird das Internet genutzt? Die Online-Gemeinde hat in den vergangenen Jahren quantitativ deutlich zugenommen. Mittlerweile geht man davon aus, dass knapp 70 Prozent der über 14-Jährigen zumindest gelegentlich online gehen. Zwar sind junge Menschen bis 29 Jahre nach wie vor überrepräsentiert, allerdings haben die so genannten »Silver Surfer«, also Onliner über 60 Jahre, in den vergangenen Jahren deutlich aufholen können. Die Nutzergemeinde ist – wie das Internet selbst – älter geworden.

Die anfänglichen Verzerrungen bei den Anteilsverhältnissen zwischen Frauen und Männern haben sich nach und nach aufgehoben. Zwar spiegelt die Zusammensetzung der Online-Gemeinde in dieser und anderen Hinsichten noch nicht die Bevölkerung, aber es hat erhebliche Angleichungsprozesse gegeben.

Im Übrigen: Eine Verdrängung des Konsums alter Medien durch das Aufkommen des Internet lässt sich nicht nachweisen. So hat die Verbreitung der Online-Kommunikation nicht zur Folge, dass erheblich weniger Fernsehen geschaut wird. Es scheint sich vielmehr das so genannte Riepl'sche Gesetz zu bestätigen: Neu aufkommende Medien verdrängen nicht die alten, sondern ergänzen diese. Die traditionellen Medien reagieren auf die neue »Konkurrenz« mit einer Überarbeitung ihres Angebots und aktuell konkret: mit dem Aufbau und Ausbau ihrer Präsenz in den neuen Medien.

Nebeneinander von alten und neuen Medien

»Onlinen« ist also zum Volkssport geworden. Was aber tut man, wenn man online ist? Welche Anwendungen werden hauptsächlich genutzt? An erster Stelle stehen das Versenden und Empfangen von E-Mails, gefolgt von der Suche nach bestimmten Angeboten. Aber auch das Surfen im Netz erfreut sich großer Beliebtheit. Deutlich zugenommen hat in den letzten Jahren die Nachfrage nach Homebanking und Online-Shopping.

Qualität und Quantität der Internet-Nutzung haben sich durch die Verbreitung von Breitbandanschlüssen und Internet-Flatrates fortentwickelt. Auch der außerhäusliche Medienkonsum gewinnt mehr und mehr an Bedeutung. Die Endgeräte werden mobil und begleiten die Nutzer auf ihrem Weg zur Arbeit oder in die Schule. Medienkonsum findet somit nicht nur in den eigenen vier Wänden, sondern zunehmend unterwegs statt.

Politik in der Mediengesellschaft | 4.3

Alles in allem nimmt der Konsum von Medien einen breiten Raum im Zeithaushalt der Bürger ein. Dies und andere Faktoren sprechen in der Tat dafür, die Bundesrepublik als eine »Mediengesellschaft« zu bezeichnen.

Definition

Merkmale einer Mediengesellschaft:

- Die publizistischen Medien haben sich quantitativ und qualitativ immer mehr ausgebreitet: Die Zahl der Medien und die Angebotsformen haben sich verändert. [...]
- Es haben sich neben den herkömmlichen Massenmedien neue Medienformen herausgebildet (Zielgruppenzeitschriften; Spartenkanäle; Netzmedien).
- Die Vermittlungsleistung und -geschwindigkeit von Informationen durch Medien hat zugenommen. So stehen uns z. B. durch das Netzmedium rund um die Uhr Nachrichten zur Verfügung.
- Die Medien durchdringen immer stärker und engmaschiger alle gesellschaftlichen Bereiche (»Medialisierung«). So müssen Organisationen mit einer ständigen Medienberichterstattung rechnen und sich auf eine entsprechende ständige Nachfrage einstellen.
- Die Medien erlangen aufgrund ihrer hohen Beachtungs- und Nutzungswerte gesamtgesellschaftliche Aufmerksamkeit und Anerkennung. So erfahren Mitglieder in Organisationen über wichtige Sach- oder Personalentscheidungen vielfach zuerst aus den Medien.«

Quelle: Otfried Jarren: Mediengesellschaft – Risiken für die politische Kommunikation, in: Aus Politik und Zeitgeschichte, B 41–42/2001, S. 10–19, hier S. 11f.

Die Politik, die in einer solchen Mediengesellschaft stattfindet, kann davon nicht unberührt bleiben. Auch und gerade das politische System stellt einen der gesellschaftlichen Bereiche dar, die von den Medien stark verändert werden. Dort findet »Medialisierung« oder »Mediatisierung«, also eine Durchdringung der Prozesse und Institutionen durch die Medien statt.

4.3.1 | »Mediatisierung der Politik«

Die »Mediatisierung der Politik« kann sich in verschiedenen Bereichen niederschlagen:

a) in der politischen Meinungsbildung der Bürger,
b) in der Struktur politischer Organisationen, sowie in der Zusammensetzung der politischen Elite,
c) im politischen Prozess,
d) im Wahlkampf.

4.3.1.1 | Politische Mediatisierung bei den Bürgerinnen und Bürgern

Medien als »Brücken in die Welt der Politik«

Die Massenmedien bilden für die Individuen die »Brücken in die Welt der Politik« (Hans-Dieter Klingemann/Katrin Voltmer). Somit gilt das, was der Soziologe Niklas Luhmann in seinem Buch »Die Realität der Massenmedien« gesagt hat (»Was wir über unsere Gesellschaft, ja über die Welt, in der wir leben, wissen, wissen wir durch die Massenmedien«), auch für die Politik: Was wir über das politische Geschehen in der Bundesrepublik wissen, wissen wir in der Regel aus den Massenmedien. Die Medien wirken maßgeblich an der Konstruktion der politischen Wirklichkeit mit. Sie prägen die Bilder von der Politik, sie setzen über laufende Themen in Kenntnis und zeigen Möglichkeiten und Grenzen auf, sich am politischen Prozess zu beteiligen. Zwar stellt die politische Kommunikation in den Medien nur ein Teilangebot dar; dominiert wird die Angebotspalette vielmehr von nicht-politischen Inhalten, insbesondere mit unterhaltendem Charakter. Die Nachfrage nach politischer Information und Kommunikation hält sich ebenso in Grenzen. Doch es bleibt dabei: Wenn es zur gesellschaftlichen Kommunikation und Information über Politik kommt, gelangen die Medien in eine starke Vermittlungsrolle.

Medien und Wahlverhalten

Wie sich diese Quasimonopolstellung auf das politische Verhalten der Bürger auswirkt, hat in der politischen Kommunikationsforschung viel Aufmerksamkeit erfahren. Dabei beschäftigt sich die Forschung insbesondere mit der Frage, ob und wie die Medien das Wahl- (oder Nichtwahl-)verhalten beeinflussen. Wie gewichtig der Beitrag der Massenmedien hier ausfällt, ist schwer zu tarieren. Die einschlägige Forschung geht so weit zu sagen, dass die Berichterstattung und der entsprechende Medienkonsum Parteipräferenzen verstärken können. Unter gewissen Umständen ist auch ein Wechsel der politischen Präferenzen auf den Einfluss der Medienberichterstattung zurückzuführen. Medien können jedenfalls durch ihre Themensetzung und die Art und Weise, in welchem Deutungsrahmen politische Probleme dargestellt werden (»framing«) die Stimmung und damit Meinungsbildung beeinflussen. Eine lange Tradition in der Medienwirkungsforschung hat die »Video-Malaise«-These. Diese besagt, dass Personen, die sich über Politik vorwiegend aus dem Fernsehen informieren, eher das Gefühl der politischen Entfremdung und Einflusslosigkeit entwickeln.

Zusammenhang zwischen Mediennutzung und politischer Einstellung

Die Zusammenhänge, die zwischen der Nutzung der Medien und den politischen Einstellungen und Aktivitäten der Bürger bestehen, sind komplexer Natur. Das beruht darauf, dass außer dem Medienkonsum viele Faktoren das politische Verhalten mitbestimmen und diese miteinander verkoppelt sind.

4.3.1.2 Mediatisierung politischer Organisation und der politischen Elite

Nicht nur bei den Bürgern, sondern auch bei den politischen Funktionseliten lassen sich Mediatisierungsspuren finden. So passen die politischen Akteure und Organisationen Teile ihrer Arbeit der Funktionslogik der Massenmedien an. Für die Verbände ist dies bereits angesprochen worden (→ Kapitel 3). Auch andere politische Organisationen, wie Parteien, Parlament, Regierung, richten ihre Arbeitsweise und Binnenstruktur daraufhin aus, dass sie in den Medien »gut« dastehen. Das bedeutet zweierlei: Zum einen geht es darum, überhaupt Gegenstand der Berichterstattung zu sein. Zum anderen soll, wenn über die politischen Akteure gesprochen wird, dies in einer für sie positiven Weise geschehen.

So haben alle politischen Organisationen Einheiten eingerichtet, die die Kommunikation mit den Massenmedien gestalten. Es gibt kein Ministerium, keine Partei, generell keinen relevanten politischen Akteur, der darauf verzichtet, eine »Pressestelle« oder ein »Pressereferat« zu unterhalten, also eine Einheit, welche die spezielle Funktion hat, die Kontakte zu den Journalisten herzustellen und zu pflegen. Die Professionalisierung des Kommunikationsmanagements zeigt sich auch in der zunehmenden Auslagerung von Aufgaben an externe Agenturen.

Professionalisierung des Kommunikationsmanagements

Aber nicht nur, wie sich die politische Elite verhält, sondern auch, wer überhaupt zum Mitglied der politischen Elite wird, kann seine Ursachen in den Medien haben. Gelegentlich ist vermutet worden, dass die »Telegenität« einer Person der Grund ihres politischen Aufstiegs gewesen sei. Insbesondere im Werdegang von Gerhard Schröder sah man einen Beleg für diese These (Stichwort: »Medienkanzler«). Beim Blick auf die Biographien bundesdeutscher Spitzenpolitiker (auch auf die Schröders) wird jedoch deutlich, dass der Weg über die interne Parteikarriere der entscheidende geblieben ist – wobei ein geschicktes Auftreten in den Medien bei der Durchsetzung inhaltlicher Punkte oder dem eigenen Reputationsaufbau durchaus behilflich sein kann.

4.3.1.3 Mediatisierung des politischen Prozesses

Inwiefern sind der politische Prozess und seine Ergebnisse »mediatisiert«, also von dem Vorhandensein der Massenmedien geprägt? Hier führen pauschale Antworten kaum weiter, vielmehr bedarf es einer differenzierten Bewertung.

Die erste Differenzierung betrifft die Phase der Entscheidungsfindung. Der Politikprozess läuft in verschiedenen Etappen ab: von der Problemartikulation (eine gesellschaftliche Problemlage wird »angesprochen«) über mehrere Stufen bis hin zur Implementation (die beschlossene Problemlösung wird in die Wirklichkeit umgesetzt). Mitunter schließt sich an die Umsetzung noch die Evaluation an, im Zuge derer man überprüft, ob und inwiefern es zu einer tatsächlichen Lösung des Problems gekommen ist. Der Einfluss der Medien variiert je nach Phase: Maßgeblich wirkt die Berichterstattung am Anfang eines politischen Prozesses, bei der Problemartikulation, also wenn entschieden wird, welchen Themen öffentliche Aufmerksamkeit zuteil wird, aus der dann in der Regel ein Handlungsdruck entsteht. In der Phase der Ausformulierung und der Umsetzung von Beschlüssen spielen die Massenmedien eine nur nachgeordnete Rolle. Ist eine Maßnahme umgesetzt worden, treten die Medien für den Fall wieder auf den Plan, dass es zu keiner befriedigenden Problemlösung gekommen ist. Dann kann es sein, dass sie das Thema erneut auf die Agenda setzen und der Politikzyklus von vorne beginnt.

Öffentliche Aufmerksamkeit bewirkt Handlungsdruck

Abb. 12

Phasen des politischen Prozesses und der jeweilige Medieneinfluss

Quelle: Otfried Jarren/Patrick Donges/Hartmut Weßler: Medien und politischer Prozeß. Eine Einleitung, in: Otfried Jarren/Heribert Schatz/Hartmut Weßler (Hg.), Medien und politischer Prozeß. Politische Öffentlichkeit und massenmediale Politikvermittlung im Wandel, Opladen, Westdeutscher Verlag 1996, S. 9–37, hier: S. 26.

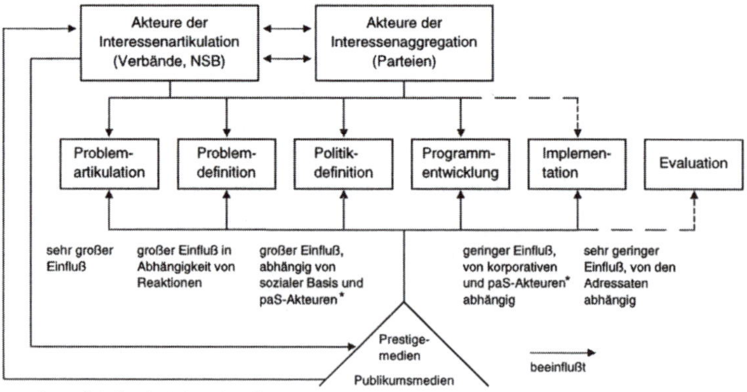

* paS = politisch-administratives System

Die zweite Differenzierung betrifft die Frage, welche inhaltliche Qualität das angesprochene Problem hat. Es kommt also auf das Politikfeld an. Bestimmte Themen und Ereignisse überschreiten mit Leichtigkeit die »Aufmerksamkeitsschwelle«, weil sie besondere Eigenschaften haben, z.B. für die Bürger eine unmittelbare Relevanz aufweisen (s.u. »Nachrichtenwerte«) oder weil bestimmte Interessengruppen durch eine intensive Öffentlichkeitsarbeit die Fragestellung in die Medienberichterstattung bringen. Daneben bleiben auch viele Themen in der Mediengesellschaft unartikuliert oder ungehört. Die Politikwissenschaft spricht hier von den »non-decisions«, also Entscheidungen, die niemals getroffen worden sind, weil die Probleme gar nicht erst das Licht des politischen Prozesses erblickt haben.

Mediatisierung im Wahlkampf | 4.3.1.4

Eine Hochzeit der Beziehung zwischen Medien und Politik ist der Wahlkampf. Unstreitig spielen die Massenmedien hier eine zentrale Rolle. Die Ausgaben der Parteien für die Medienwahlkämpfe sind beachtlich und in den letzten Jahrzehnten erheblich gestiegen. Obligatorisch ist mittlerweile auch ein aufwändiger Online-Wahlkampf geworden. Dieser reicht von der Selbstdarstellung der Partei und der Kandidaten bis hin zu Unterstützungskampagnen oder dem so genannten »negative campaigning«. Hierunter versteht man kommunikative Anstrengungen mit dem Ziel, die Inhalte und Personen der konkurrierenden Parteien in ein unvorteilhaftes Licht zu rücken.

Wahlkampf als zentrales Feld der Medien

Im Rahmen der bereits angesprochenen Professionalisierung des Kommunikationsmanagements richten alle großen Parteien Wahlkampfstäbe innerhalb oder in dichter Nähe zu ihren Organisationen ein. Des Weiteren beauftragen zumindest die zurzeit im Bundestag vertretenen Parteien externe Agenturen, die für sie die Werbung in Rundfunk, Presse und Internet konzipieren.

Seit der Bundestagswahl 2002 gehört ein weiteres prominentes Element zum Medienwahlkampf dazu: das TV-Duell. Hier hat ein Format Einzug in die Vorwahlöffentlichkeit gehalten, das seine Vorläufer im US-amerikanischen Präsidentschaftswahlkampf findet – und dies, obwohl es sich in Deutschland um die Wahl des Parlaments und nicht die Direktwahl des Bundeskanzlers handelt. Nach der Wiederaufnahme der Duell-Idee 2005 und 2009 ist davon auszugehen, dass die Auseinandersetzung zwischen den beiden »Kanzlerkandidaten« auf Bundesebene zu einem obligatorischen Bestandteil der Wahlkampföffentlichkeit geworden ist.

»TV-Duell«

Inwieweit die Bemühungen der Parteien um eine positive Medienpräsenz überhaupt einen effektiven Einfluss auf das Wahlergebnis nehmen (und welchen!), ist letzten Endes schwer zu beantworten. Jedenfalls ge-

Positive Wirkung durch Medienpräsenz?

hen die Parteistrategen davon aus, dass eine Präsenz in den Medien positive Wirkungen für ihre jeweilige Partei produziert. Gewinner sind bei diesem Vorgang, der aus wissenschaftlicher Perspektive mit vielen Fragezeichen versehen ist, die Medien sowie die beauftragten Werbeagenturen, die beide in ihrer Bedeutung aufgewertet werden und hieraus politische und wirtschaftliche Vorteile ziehen.

4.3.2 | Medien als »politische Akteure«

Eine These hat sich jedenfalls in der Forschung durchgesetzt: Medien sind mehr als Kanäle, die lediglich Informationen »eins zu eins« weiterreichen. Die Medien und die, die in ihnen und durch sie wirken, können als politische Akteure begriffen werden. Das bedeutet, dass sie aktiv Einfluss im politischen Prozess nehmen können, dass sie politisch »handeln«.

In welcher Art und Weise handeln die Medien? Zunächst durch den Prozess der Nachrichtenauswahl, also des »Agenda-Setting«. Aus einer Vielzahl von Ereignissen sortieren die Medien, genauer die Journalisten, diejenigen aus, über die dann berichtet wird. Diese Auswahl vollzieht sich nicht zufällig, sondern folgt bestimmten Kriterien. Eine Rolle spielen dabei die Formatbedingungen: Für das Fernsehen eignen sich Nachrichten dann, wenn sie Bildmaterial beinhalten, weil das die Vermittlung in diesem Medium vereinfacht. Ferner kommen noch die Nachrichtenwerte hinzu. Das sind Eigenschaften einer Information, die die Wahrscheinlichkeit erhöhen, dass aus dieser eine Nachricht wird. Schließlich: Wenn Medien berichten, kann dies auch das Ergebnis einer erfolgreichen Öffentlichkeitsarbeit eines Verbands oder einer Partei sein.

Wann ist ein Ereignis eine Nachricht?

Definition

Nachrichtenwerte nach Galtung und Ruge

1. Frequenz: Das Ereignis lässt sich von seinem zeitlichen Ablauf her gut darstellen.
2. Aufmerksamkeitsschwelle: Das Ereignis ist so intensiv, dass es Beachtung findet.
3. Eindeutigkeit: Das Ereignis ist überschaubar und leicht verständlich.
4. Bedeutsamkeit: Das Ereignis ist für das Publikum relevant.
5. Konsonanz: Das Ereignis entspricht den Erwartungen des Publikums.
6. Überraschung: Das Ereignis ist unvorhersehbar gewesen und/oder vergleichsweise selten.
7. Kontinuität: Über die Ereignisfolge ist bereits berichtet worden.

8. Komposition: Das Ereignis passt ins gesamte Nachrichtenbild.
9. Bezug zu Elite-Nationen: Das Ereignis bezieht sich auf »wichtige« Nationen.
10. Bezug zu Elite-Personen: Das Ereignis bezieht sich auf »wichtige« Personen.
11. Personalisierung: Das Ereignis lässt sich mit Personen verbinden.
12. Negativität: Das Ereignis hat negative Ursachen/Folgen.

Quelle: Johan Galtung/Mari Holmboe Ruge: The Structure of Foreign News, in: Journal of Peace Research, 2. Jg. (1965), Heft 1, S. 64–91.

Darüber hinaus greifen aber auch redaktionelle Kriterien. Jede Zeitungs- oder Rundfunkredaktion entscheidet aufgrund von expliziten oder impliziten Leitlinien, was sie für wichtig und für berichtenswert erachtet. Journalisten sind politisch denkende Individuen – nicht selten auch parteipolitisch klar orientiert; bei dem Aufstieg im öffentlich-rechtlichen Rundfunk kann wie erwähnt das »richtige« Parteibuch durchaus behilflich sein. Der (partei-)politische Standpunkt findet bei der Auswahl der Themen durch die Journalisten seinen Niederschlag.

Redaktionelle Leitlinien

Neben der Nachrichtenauswahl spielt die Bewertung von Vorgängen eine meinungsbildende und damit politisch relevante Rolle. In einer Reihe von Medienformaten werden politische Ereignisse ausdrücklich bewertet, z. B. auf den Kommentarseiten der Zeitungen oder in den Kommentarfenstern der Rundfunkmedien. Oft genug vermischen sich zum Beispiel durch das »Framing« (s.o.) Information und journalistische Meinung in einer für den Medienkonsumenten undurchschaubaren Art und Weise.

4.3.3 »Herrschaft der Medien«?

Wenn die Journalisten nun politische Akteure sind, heißt das auch, dass sie »herrschen«? Der Politikwissenschaftler Thomas Meyer hat in diesem Zusammenhang den Begriff der »Mediokratie« in die Debatte eingebracht. Andernorts spricht Meyer von einer »Kolonisierung der Politik durch die Massenmedien«: Die Politik sei von der Funktionslogik der Medien völlig durchdrungen worden. Die Vermutung einer wahlentscheidenden (Über-)Macht der Medien findet sich auch in der Theorie der Schweigespirale von Elisabeth Noelle-Neumann. Ist aus der bundesdeutschen Demokratie tatsächlich ein System der Medienherrschaft geworden? Sind die Medien mehr als nur eine »vierte Gewalt«, sind sie gar übermächtig?

Hintergrund

Schweigespirale

Die Kommunikationswissenschaftlerin und damalige Leiterin des Allensbacher Instituts für Demoskopie Elisabeth Noelle-Neumann hat den Begriff »Schweigespirale« in den siebziger Jahren geprägt. Er beschreibt, wie eine einheitliche Medienberichterstattung die Macht hat, aus einer Minderheitsmeinung einer Mehrheitsmeinung zu machen. Die Anhänger der anfänglichen Mehrheitsmeinung nehmen Abstand, ihre Meinung öffentlich zu bekunden, weil sie befürchten, sozial isoliert zu werden. Die in den Medien als Mehrheitsmeinung präsentierte faktische Minderheitsmeinung gewinnt die Oberhand. Noelle-Neumann illustriert die Schweigespirale am Wahlkampf 1976, als die Medien ihrer Wahrnehmung nach die Zustimmung für die SPD/FDP-Koalition stärker darstellten als sie war und somit die faktische Mehrheit für CDU/CSU kippte. Diese Theorie ist in der Kommunikations- und Medienwissenschaft äußerst umstritten.

Zweifelhafte These von der Übermacht der Medien

Die These von der »Mediokratie« und einer Übermacht der Medien ist in dreierlei Hinsicht brüchig.

1) Wechselseitigkeit statt einseitiger Abhängigkeit: Statt von einer einseitigen Abhängigkeit der Politik von den Medien muss wohl vielmehr von einer wechselseitigen, sehr komplexen und ausdifferenzierten Beziehung ausgegangen werden. Denn die Medien sind letzten Endes auch von der Politik abhängig, nämlich davon, möglichst exklusive Informationen zu erhalten oder besonders prominente Gesprächspartner zu gewinnen. Und wie dargestellt gibt es eine Vielzahl von Möglichkeiten seitens der politischen Organisationen, Einfluss auf die Medienberichterstattung zu nehmen. Die Beziehung zwischen politischen und journalistischen Akteuren ist deswegen treffender mit dem biologischen Konzept der »Symbiose« charakterisiert worden: als Zusammenleben zum wechselseitigen Nutzen. Beide Seiten sind aufeinander angewiesen und profitieren voneinander.
2) Medien sind nicht gleich Medien: Trotz der angesprochenen Konzentrationsprozesse gibt es in Deutschland eine heterogene Medienlandschaft. Eine so genannte »konsonante« Medienberichterstattung (von der auch die Theorie der Schweigespirale ausgeht), also dass in allen Medien dasselbe Thema mit einer gleichgerichteten Bewertung läuft, ist selten zu finden. Zudem bietet das Internet Räume für alternative Öffentlichkeiten. Das soll allerdings nicht heißen, dass die stattfin-

denden Konzentrationsvorgänge nicht weiterhin kritisch auf ihre Wirkung hin betrachtet werden müssen.

3) Politik im Schatten der Medienberichterstattung: Von einer Übermacht der Medien ist immer dann schnell die Rede, wenn man ausschließlich auf die Themen schaut, über die in den Medien berichtet wird. Aber jenseits dessen, was die Medien darstellen, vollzieht sich eine Vielzahl von relevanten Entscheidungsprozessen. So findet nur ein kleiner Teil der Gesetzgebungsarbeit des Parlaments Widerhall in der Medienberichterstattung. Auch ein Großteil der Verwaltungstätigkeit oder der Rechtsprechung bleibt völlig unbeachtet – zum einen, weil die Medien nur beschränkt an Informationen gelangen können, zum anderen, weil diese Vorgänge die Medienfilter aufgrund ihrer Eigenschaften nicht passieren.

Deutschland ist keine »Mediokratie«

Kurzum: Die Bundesrepublik ist keine bloße »Mediendemokratie« und schon gar keine »Mediokratie«. Aber die Medien spielen durchaus für die Demokratie und in der Demokratie eine wichtige Rolle. Politik und Medien sind miteinander verflochten. Es kommt zu einer »Medialisierung« oder »Mediatisierung« der Politik – zumindest in einigen Bereichen.

Die gelegentlich zu hörende These, die »Mediendemokratie« habe in Deutschland die »Parteiendemokratie« abgelöst, scheint jedenfalls überzogen. Wie robust Letztere ist, steht im Mittelpunkt des folgenden Kapitels.

Lernkontrollfragen

1 Welchen Beitrag zur Demokratie sollen die Medien – dem »Spiegel-Urteil« zufolge – erbringen? Sind sie dazu überhaupt in der Lage?
2 Was sind die Strukturmerkmale des öffentlich-rechtlichen Rundfunks?
3 Warum wird über den öffentlich-rechtlichen Rundfunk mittlerweile gestritten? Welche Argumente gibt es für und gegen die Bestandsgarantie des dualen Systems?
4 Was sind die Merkmale einer »Mediengesellschaft«?
5 Warum kann man die Medien, die Journalisten, als politische Akteure bezeichnen?
6 Warum ist die These von der »Mediokratie«, der absoluten Herrschaft der Medien über die Politik, fragwürdig?

Literatur

Mittlerweile liegen gute Einführungen in die politische Kommunikation vor, insbesondere *Otfried Jarren/Patrick Donges: Politische Kommunikation in der Mediengesellschaft. Eine Einführung, Wiesbaden, VS Verlag 2006*, sowie *Ulrich Sarcinelli: Politische Kommunikation in Deutschland, 3. Aufl., Wiesbaden, VS Verlag 2010*. Ebenfalls als Einführung geeignet: *Gerd Strohmeier: Politik und Massenmedien. Eine Einführung, Baden-Baden, Nomos 2004*. Theorie und Befunde der politischen Kommunikationsforschung sind in einem PVS-Sonderheft zusammengestellt worden: *Frank Marcinkowski/Barbara Pfetsch (Hg.): Politik in der Mediendemokratie, Politische Vierteljahresschrift Sonderheft 42/2009, Wiesbaden, VS Verlag 2009*. Einen fundierten Überblick in die bundesdeutsche Landschaft der Massenmedien bieten: *Hermann Meyn: Massenmedien in Deutschland. 3. Aufl., Konstanz, UVK 2004*, sowie *Wolfram Schrag: Medienlandschaft Deutschland, Konstanz, UVK 2007*. Als Handbuch mit Lexikonteil und umfassendes Nachschlagewerk ist der Sammelband *Otfried Jarren/Ulrich Sarcinelli/Ulrich Saxer (Hg.): Politische Kommunikation in der demokratischen Gesellschaft. Ein Handbuch, Opladen, Westdeutscher Verlag 1998*, empfehlenswert. Die These von der Mediokratie findet sich in: *Thomas Meyer: Mediokratie. Die Kolonisierung der Politik durch die Medien, Frankfurt a.M., Suhrkamp 2001*. Die Theorie der Schweigespirale wird in folgendem Buch dargelegt: *Elisabeth Noelle-Neumann: Die Schweigespirale. Öffentliche Meinung – unsere soziale Haut, München, Langen Müller 1980*.

Links

www.media-perspektiven.de
Auf dieser Seite der ARD finden sich die aktuelle Ausgabe und das Archiv der Zeitschrift MediaPerspektiven, die sich im Auftrag der öffentlich-rechtlichen Anstalten mit der Lage und Entwicklung der Massenmedien in Deutschland auseinandersetzt. In den MediaPerspektiven wird jährlich eine Studie über die Verbreitung der Internet-Nutzung in Deutschland veröffentlicht. Außerdem finden sich dort regelmäßig Informationen über die Konzentrationsprozesse auf dem deutschen Medienmarkt.

www.br-online.de/br-intern/medienforschung
Die Online-Redaktion des Bayrischen Rundfunks hält auf dieser Seite aktuelle Informationen über die Medienverbreitung und -nutzung bereit.

www.kek-online.de
Die Web-Seite der »Kommission zur Ermittlung der Konzentration auf dem Medienmarkt« informiert einerseits über ihre Arbeit, insbesondere über ihre Entscheidungen, bietet aber auch generelle Informationen über den bundesdeutschen Medienmarkt.

www.die-zeitungen.de
Auf dieser Seite der ZMG Zeitungs Marketing Gesellschaft finden sich Angaben über die aktuellen Auflagenzahlen der Zeitungen in Deutschland. Möglich ist unter anderem ein Vergleich zwischen verschiedenen Zeitungen.

www.bdzv.de
Der »Bundesverband Deutscher Zeitungsverleger e.V.« hat in seinem Online-Auftritt unter der Rubrik »Markttrends und Daten« Informationen über die Auflagenhöhe der Zeitungen eingestellt.

5 | Die Parteiendemokratie – Von Schildkröten, Kraken oder Dinosauriern

Inhalt

Parteien gehören zu den Organisationen, die von wissenschaftlichen Beobachtern gelegentlich mit Tieren verglichen werden: Da ist von Schildkröten, Kraken und sogar von Dinosauriern die Rede. Mit Hilfe dieser tierischen Vergleiche versucht man die Existenz und die Rolle der Parteien im politischen System zu beschreiben. Eines fällt dabei auf: Mit Eintagsfliegen oder sonstigen Lebewesen von kurzer Lebensdauer werden Parteien nicht in Verbindung gebracht. Es handelt sich den Vergleichen zufolge um alte und eingesessene politische »Lebewesen«. Nur unterscheiden sich mitunter die Einschätzungen ihrer weiteren Lebenserwartung.

Da Parteien zum Stamminventar moderner politischer Systeme gehören, ist ihnen vonseiten der Politikwissenschaft reichlich Aufmerksamkeit zuteil geworden. Viele der Buch- und Aufsatztitel (vor allem die englischsprachigen) gehen dabei spielerisch mit dem Parteienbegriff um: »Party is over«, »The party has just begun«, »Where is the party?« – dies ist nur eine Auswahl an Wortspielen rund um Parteien. Wie bereits bei den Tierbildern tauchen hier ebenfalls unterschiedliche Erwartungen hinsichtlich der Zukunftsfähigkeit der Parteien auf.

Dieses Kapitel wirft einen Blick auf die bundesdeutschen Parteien und das Parteiensystem – kurzum: auf den deutschen Parteienstaat. Zunächst geht es um die rechtlichen Grundlagen: Was regelt das Grundgesetz, was regeln andere Vorschriften bezüglich der Existenz und Rolle der Parteien? Dabei ist in den rechtlichen Vorgaben einiges an Vermutungen darüber zu finden, was den deutschen Parteienstaat ausmacht respektive ausmachen soll. Der sich anschließende Abschnitt befasst sich mit der Wirklichkeit der bundesdeutschen Parteiendemokratie: Wie hat sich das bundesdeutsche Parteiensystem entwickelt und welche Charakteristika weist dieses auf? Hat sich die Organisationsform der Parteien gewandelt und – wenn ja – in welche Richtung? Der Gegenwind, den die Parteien seit geraumer Zeit verspüren, ist anschließend Thema.

Denn die Parteien gehören zu den Akteuren im politischen System, die vergleichsweise viel Kritik aus Wissenschaft und Medien einstecken müssen. Auch in der Bevölkerung leiden sie unter einem Vertrauens- und Akzeptanzproblem. Das Schlagwort »Parteienverdrossenheit« fasst diese Stimmung plakativ zusammen. Auf die Kritik versuchen die Parteien zu reagieren – mit zahlreichen Ansätzen für Parteireformen. Der abschließende Abschnitt beleuchtet die Anstrengungen der Parteien, sich neu aufzustellen.

Am Ende des Kapitels gilt es, eine Grundspannung der »Parteiendemokratie« zu problematisieren und, wenn möglich, aufzulösen: die Spannung zwischen der geringen gesellschaftlichen Verankerung der Parteien auf der einen Seite und ihrer zentralen, gleichsam »krakenhaften« Rolle im politischen System auf der anderen Seite. Es bleibt die Frage, ob diese Spannung gelöst werden kann.

Rechtliche Grundlagen des bundesdeutschen Parteienstaats | 5.1

Parteien haben sich im Laufe der Zeit insbesondere dort, wo sich gewählte Parlamente verbreitet haben, etabliert. Sie spielen in demokratischen und auch in nicht-demokratischen Systemen (s. die Dominanz der SED in der DDR, → Kapitel 1) eine gewichtige Rolle.

Dabei kommt ihnen trotz ihrer unbestreitbar zentralen Stellung in liberalen Demokratien selten der Rang eines Verfassungsorgans zu, wie den Parlamenten oder den Regierungen. Vielmehr handelt es sich bei Parteien – so eine vorherrschende, wenn auch umstrittene Sichtweise – um gesellschaftliche Organisationen, die in den staatlichen Bereich hineinragen. Ihr Aufkommen und ihr »Eindringen«, freundlicher: ihre Etablierung im politischen Entscheidungsprozess, haben gleichwohl Regelungsbedarf erzeugt. Hierzu dienen in Deutschland insbesondere die Erwähnung der Parteien im Grundgesetz sowie ein eigenes Gesetz über die Parteien.

Parteien als gesellschaftliche Organisationen

5.1.1 | Die Erwähnung im Verfassungsrecht

Parteien mit eigenem Artikel im Grundgesetz

Die Parteien werden im Grundgesetz ausdrücklich angesprochen. Ihnen ist ein eigener Artikel, der »21er« gewidmet. Dieser Artikel regelt die Aufgaben und Strukturen der Parteien: Da ist von der »Mitwirkung« der Parteien am politischen Prozess die Rede oder dass Parteien demokratisch organisiert und ihre Finanzen transparent sein müssen.

Wortlaut

Art. 21 GG

»(1) Die Parteien wirken bei der politischen Willensbildung des Volkes mit. Ihre Gründung ist frei. Ihre innere Ordnung muß demokratischen Grundsätzen entsprechen. Sie müssen über die Herkunft und Verwendung ihrer Mittel sowie über ihr Vermögen öffentlich Rechenschaft geben.

(2) Parteien, die nach ihren Zielen oder nach dem Verhalten ihrer Anhänger darauf ausgehen, die freiheitliche demokratische Grundordnung zu beeinträchtigen oder zu beseitigen oder den Bestand der Bundesrepublik Deutschland zu gefährden, sind verfassungswidrig. Über die Frage der Verfassungswidrigkeit entscheidet das Bundesverfassungsgericht.

(3) Das Nähere regeln Bundesgesetze.«

Erwähnung der Parteien in Verfassung ungewöhnlich

Das Innovative an der Grundgesetzerwähnung ist vor allem, dass die Parteien überhaupt in der Verfassung ausdrücklich angesprochen werden. Dies ist nicht selbstverständlich: Das Grundgesetz ist die erste deutsche Verfassung, in denen die Existenz und Aufgabe von Parteien prominent in einem eigenen Artikel direkt nach dem Grundrechtekatalog und dem Artikel 20 (Staatsprinzipien) angesprochen werden. In der Weimarer Reichsverfassung wurden Parteien nur am Rande erwähnt. In den Verfassungen anderer Staaten finden sich Parteienartikel oder -paragrafen vergleichsweise selten, so etwa in der Verfassung der fünften französischen Republik.

Die Motivation, die hinter dem Artikel 21 steht, ist zum einen die ausdrückliche Würdigung der Aufgabe von Parteien in modernen politischen Systemen sowie ihr Existenzschutz. Immerhin waren die Teilnehmer des Parlamentarischen Rates selbst durchweg Mitglieder oder sogar hohe Funktionsträger in Parteien und standen somit dieser Organisationsform positiv gegenüber. Gerade die Erfahrungen rund um die Gleichschaltung des Parteiensystems im Nationalsozialismus haben die Schutzbedürftigkeit von freien Parteien nochmals unterstrichen.

Zum anderen schützt der Artikel 21 auch *vor* den Parteien, zumindest vor Parteien, die nicht demokratisch organisiert sind, aus obskuren Geldquellen finanziert werden und die gegen die Freiheitlich-demokratische Grundordnung agitieren. In diesen Fällen kann sich das politische System wehren. So erlaubt der Artikel 21 das Verbot von verfassungswidrigen Parteien – wenn auch nicht ohne Weiteres. Während alle anderen Vereinigungen, die gegen die Verfassung verstoßen, von dem jeweiligen Innenminister des Landes oder des Bundes verboten werden können, genießen die Parteien ein »Privileg«: Ein Verbot gegen sie kann nur das Bundesverfassungsgericht aussprechen. Insofern ist es relevant, ob es sich bei einer entsprechenden Gruppierung um eine Partei im Sinne des Parteiengesetzes (s. u.) handelt oder um eine andere Form der Vereinigung.

Umgang mit verfassungswidrigen Parteien

Hintergrund

Parteiverbot:

- Zur Beantragung des Verbotsverfahrens berechtigt sind: Bundestag, Bundesrat sowie die Bundesregierung (gem. § 43 Abs. 1 des Bundesverfassungsgerichtsgesetzes/BVerfGG). Für den Fall, dass sich die Aktivität der Partei nur auf ein Bundesland beschränkt, sind auch die jeweiligen Landesregierungen antragsberechtigt (gem. § 43 Abs. 2 BVerfGG).
- Verbietet das Bundesverfassungsgericht eine Partei wegen ihrer Verfassungswidrigkeit, dann verlieren die gewählten Abgeordneten der Partei ihre Mandate. Das Gericht kann das Parteivermögen einziehen. Die Gründung von Ersatzorganisationen ist unzulässig.
- In der Geschichte der BRD sind bislang vier Verfahren über ein Parteiverbot eröffnet worden. Zwei endeten mit einem Verbot.
- Im Jahre 1952 wurde die Sozialistische Reichspartei (SRP), eine Nachfolgeorganisation der NSDAP verboten. Vier Jahre später, 1956, folgte das Verbot der Kommunistischen Partei Deutschlands (KPD).
- Daneben gab es zwei Verfahren, die nicht mit einem Verbot endeten. Das Verfahren gegen die Freiheitliche Deutsche Arbeiterpartei (FAP) scheiterte daran, dass das Bundesverfassungsgericht der Gruppierung die Parteieigenschaft absprach. Das Verbot erfolgte daraufhin 1995 auf Grundlage des Artikel 9 Abs. 2 GG. Ein Verfahren gegen die Nationaldemokratische Partei Deutschlands (NPD) wurde 2003 vom Verfassungsgericht wegen unzulässiger Fehler in der Beweisführung der Antragsteller eingestellt.

»Opportunitätsprinzip« beim Parteiverbot

Von der Möglichkeit, ein Parteiverbot zu beantragen, ist bislang relativ zurückhaltend Gebrauch gemacht worden. Es gilt das »Opportunitätsprinzip«: Auch wenn die Antragsberechtigten der Überzeugung sind, dass eine Partei jenseits aller Zweifel verfassungswidrig und die Beweislage eindeutig ist, sind diese nicht verpflichtet, ein Verbotsverfahren beim Verfassungsgericht anzustrengen. Sie können diesen Weg beschreiten, wenn sie es als »opportun«, also der Sache dienlich, betrachten. Ihnen steht es frei, auf anderen Wegen zu versuchen, die Partei »politisch« zu bekämpfen; z. B. die Ursachen des Erfolgs einer solchen Formation zu analysieren und anzugehen.

Für eine »Abstinenz« in Sachen Verbotsantrag gibt es gute Argumente: Ein Parteiverbot, so gut es auch begründet sein mag, ist ein erheblicher Eingriff in die parlamentarische und freiheitliche Demokratie. Es schränkt die Wahl- und Beteiligungsmöglichkeiten der Bürger ein. Demokratisch gewählte Abgeordnete verlieren möglicherweise ihr Mandat. Auch die Frage der Effektivität spricht unter Umständen gegen ein Verfahren. Denn ein Verbot kann eine Partei in den »Untergrund« drängen und damit schwerer kontrollierbar machen. Schließlich raten die Erfahrungen zur Vorsicht: Das (aus prozeduralen, nicht aus inhaltlichen Gründen) gescheiterte NPD-Verfahren hat deutlich gemacht, wie behutsam man mit diesem Instrument der wehrhaften Demokratie umgehen sollte. Wenn eine Partei – aus welchen Gründen auch immer – am Ende eines Verfahrens nicht vom Bundesverfassungsgericht verboten wird, kann dies von der Partei als Ausweis ihrer (vermeintlichen) Grundgesetzestreue ausgeschlachtet werden.

5.1.2 | Das Parteiengesetz von 1967

Späte Verabschiedung des Parteiengesetzes

»Das Nähere regeln Bundesgesetze« – so endet der Artikel 21. Mit diesem so genannten »Gesetzesvorbehalt« werden die Artikel des Grundgesetzes dann versehen, wenn sie nur Grundlegendes ansprechen und die Details in einfacher Gesetzesform festgelegt werden sollen. Der Artikel 21 ruft also nach genaueren Regelungen, die der »Gesetzgeber«, der Bundestag gegebenenfalls in Zusammenarbeit mit dem Bundesrat, zu verabschieden hat. Diese detaillierten Regelungen haben jedoch lange auf sich warten lassen. Erst in der zweiten Hälfte der sechziger Jahre, also nachdem das Grundgesetz bereits weit mehr als 15 Jahre in Kraft war, kam ein »Parteiengesetz« (PartG) zustande. Der Druck, ein solches Gesetz zu verabschieden, war durch Entscheidungen des Bundesverfassungsgerichts aus den Jahren 1958 und 1966 unausweichlich geworden. Das oberste Gericht hatte die damalige Praxis der Parteienfinanzierung kritisiert und den Gesetzgeber aufgefordert, das Parteienwesen gemäß Art. 21 GG zu regeln.

Das Parteiengesetz tut dies und wendet sich dabei folgenden Fragen zu: Welche Aufgabe haben Parteien? Wie lässt sich eine Partei von anderen Organisationen abgrenzen? Wie muss eine Partei aufgebaut sein? Welche Regeln gelten bei der Finanzierung von Parteien?

Welche Aufgaben haben Parteien?

5.1.2.1

Umfassende gesellschaftliche Mitwirkung der Parteien

Während das Grundgesetz etwas unscharf von einer Mitwirkung der Parteien an der Willensbildung des Volkes spricht, geht das Parteiengesetz einen Schritt weiter. Dort ist nun die Rede von der Mitwirkung der Parteien »auf allen Gebieten des öffentlichen Lebens«. Weiterhin wird aufgelistet, auf welchen Wegen diese Mitwirkung stattfindet, nämlich indem die Parteien

- auf die Mitgestaltung der öffentlichen Meinung Einfluss nehmen,
- die politische Bildung anregen,
- die Beteiligung der Bürger am politischen Leben fördern,
- zur Übernahme öffentlicher Ämter befähigte Bürger heranbilden,
- an Wahlen teilnehmen,
- Einfluss auf die politische Entwicklung in Parlament und Regierung nehmen,
- ihre politischen Ziele in die staatliche Willensbildung einbringen,
- und »für eine ständige lebendige Verbindung zwischen dem Volk und den Staatsorganen sorgen«.

Parteien als »Sprachrohre« der Gesellschaft

Diese sehr weitreichenden Vorstellungen basieren auf der »Parteienstaatstheorie« von Gerhard Leibholz, der in den Parteien unverzichtbare Bausteine moderner Demokratien gesehen hat. Das Bundesverfassungsgericht (Leibholz gehörte ihm von 1951 bis 1971 an) hat dieses Verständnis von den Parteien als »Sprachrohre« der Gesellschaft übernommen. Diese Vorstellung taucht insbesondere in dem letzten Aufgabenfeld auf, bei dem es um die Verbindung zwischen Gesellschaft und Staat geht. Sie findet sich auch in der Formulierung des § 1 Abs. 1 PartG: Dort werden Parteien als »ein verfassungsrechtlich notwendiger Bestandteil der freiheitlichen demokratischen Grundordnung« proklamiert.

Wortlaut

Parteienstaatstheorie von Gerhard Leibholz

»Die Gegenüberstellung von Volk und Partei ist irreführend, weil es das Volk in dem zur politischen Wirklichkeit gewordenen massendemokratischen Parteienstaat liberaler Prägung überhaupt nicht gibt. Denn es sind gerade die Parteien, die in dieser Form der Demokratie erst das Volk aktivieren und handlungsfähig machen. Die Parteien sind das Sprachrohr, deren sich das organisierte Volk bedient, um sich artikuliert äußern und Entscheidungen fällen zu können. Ohne die Zwischenschaltung der Parteien würde das Volk nicht in der Lage sein, irgendeinen politischen Einfluß auf das staatliche Geschehen auszuüben und sich so selber zu verwirklichen.«

Quelle: Gerhard Leibholz: Strukturprobleme der modernen Demokratie, 3. Aufl., Karlsruhe, C.F. Müller 1967, S. 76.

5.1.2.2 | Wie lassen sich Parteien von anderen Organisationsformen abgrenzen?

Die Frage der Abgrenzung der Parteien von anderen politischen Akteuren ist alles andere als irrelevant. Denn mit dem Parteistatus kommt einer politischen Organisation eine Reihe von Privilegien zu, zum Beispiel dass sie wie erwähnt nur vom Bundesverfassungsgericht verboten werden kann oder Nutznießerin staatlicher Teilfinanzierung wird. Wichtig ist es somit vor allem, Vereine von Parteien zu unterscheiden.

Beteiligung an Wahlen

Das Parteiengesetz differenziert in einem zentralen Punkt: Um als Partei eingestuft zu werden, muss sich eine Organisation an Wahlen zum Bundestag oder zum Landtag beteiligen. Tut dies eine Vereinigung in einem Zeitraum von sechs Jahren nicht (so die Konkretisierung des Kriteriums), verliert sie den Parteienstatus. Des Weiteren verlangt das Gesetz die »Ernsthaftigkeit« ihrer Zielsetzungen. Dieses Kriterium ist jedoch diffuser und somit schwerer zu »messen«, als es eine Beteiligung an Wahlen ist.

Wortlaut

Parteiengesetz – § 2 Abs. 1 (Begriff der Partei)

»Parteien sind Vereinigungen von Bürgern, die dauernd oder für längere Zeit für den Bereich des Bundes oder eines Landes auf die politische Willensbildung Einfluss nehmen und an der Vertretung des Volkes im Deutschen Bundestag oder einem Landtag mitwirken wollen, wenn sie nach dem Gesamtbild der tatsächlichen Verhältnisse, insbesondere nach Umfang und Festigkeit ihrer Organisation, nach der Zahl ihrer Mitglieder und nach ihrem Hervortreten in der Öffentlichkeit eine ausreichende Gewähr für die Ernsthaftigkeit dieser Zielsetzung bieten. Mitglieder einer Partei können nur natürliche Personen sein.«

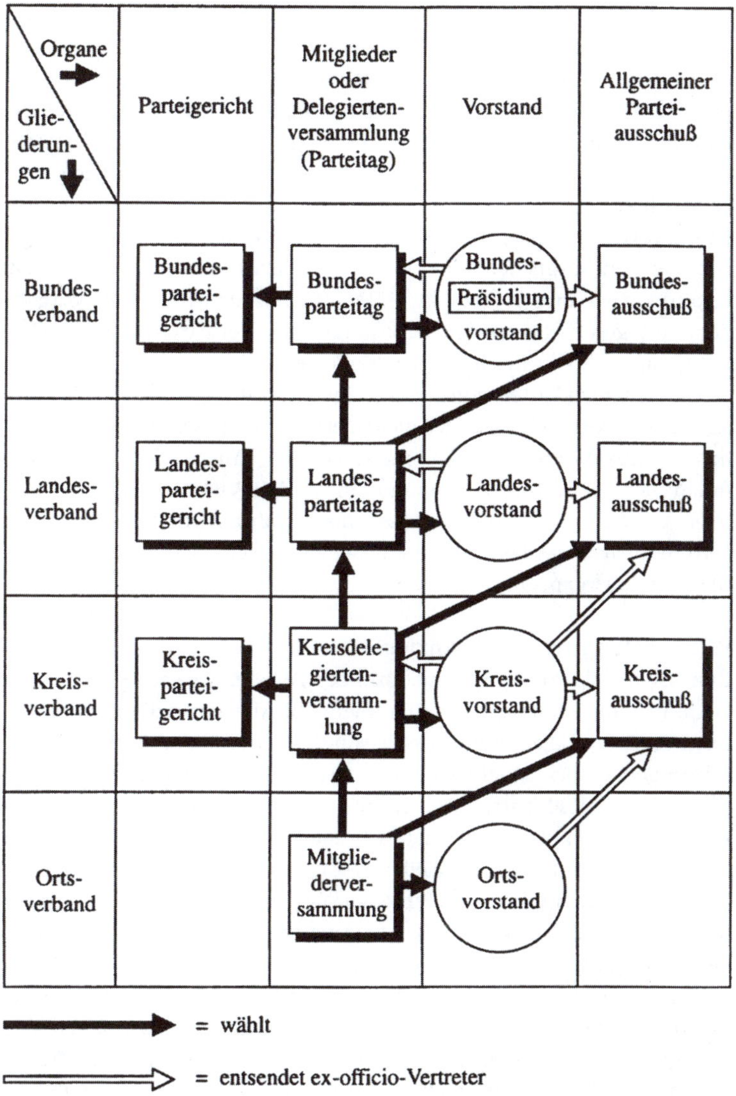

Abb. 13

Aufbau einer Partei

Quelle: Wolfgang Rudzio: Das politische System der Bundesrepublik Deutschland, 8. Aufl., Wiesbaden, VS Verlag 2011, S.144.

5.1.2.3 | Wie müssen Parteien aufgebaut sein?

Das Parteiengesetz schreibt eine Grundstruktur vor, entlang derer sich die Binnenorganisation aller Parteien zu orientieren hat. Es gilt zunächst einmal das Prinzip des regionalen Aufbaus. Die Parteien sind nach Gebietseinheiten aufgegliedert, wobei die unteren Verbände bestimmte Kompetenzen besitzen müssen. Des Weiteren sind Parteien vertikal strukturiert: d.h. ihr Gefüge basiert auf einer Delegations- und Willensbildungskette von unten, von der Mitgliedschaft, nach oben, zur Parteiführung. Dabei sind die regelmäßig zu wählenden Vorstände gegenüber den Mitglieder- und Delegiertenversammlungen (Parteitagen) verantwortlich und abberufbar. Unter anderem damit wird die Vorgabe des Grundgesetzes verwirklicht, das sagt: »Ihre [der Parteien] innere Ordnung muss demokratischen Grundsätzen entsprechen«.

Regionale und vertikale Struktur

Die einzelnen Parteimitglieder verfügen über diverse individuelle Rechte: Sie sind rechtlich einander gleichgestellt und geschützt in der Möglichkeit, ihre Meinung frei äußern zu können. Ihre Mitgliedschaft kann ihnen nicht ohne weiteres genommen werden. Vielmehr sieht das Parteiengesetz ein mehrstufiges »Ausschlussverfahren« vor. Für solche Fälle verfügen Parteien über eine eigene Schiedsgerichtsbarkeit auf den verschiedenen Organisationsebenen.

5.1.2.4 | Wie werden Parteien finanziert?

Den Impuls für die Verabschiedung des Parteiengesetzes haben – wie erwähnt – die Schieflagen und Probleme bei der Finanzierung der Parteien gegeben, die das Bundesverfassungsgericht moniert hatte. Die Ausführungen zu den Möglichkeiten für Parteien, Geldmittel zu erhalten (auch seitens des Staates), stellen somit einen wichtigen Bestandteil des Parteiengesetzes dar. Dabei hat sich der Regelungsstand im Laufe der letzten Jahrzehnte immer wieder gewandelt – nicht zuletzt aufgrund weiterer Entscheidungen des Bundesverfassungsgerichts. Die derzeit geltenden Bestimmungen sind 2002 letztmalig grundlegend geändert worden, gefolgt von kleineren Modifikationen 2004 und 2009.

Staatliche und private Parteienfinanzierung

Parteien beziehen ihre finanziellen Mittel auf zwei Wegen: in Form privater Gelder sowie als staatliche Bezuschussung. Zu den privaten Finanzquellen gehören die Beiträge von Mitgliedern und Mandatsträgern, Spenden, die Einnahmen aus Parteivermögen sowie sonstige Einnahmen. Staatliche Mittel gibt es in Form von Zuschüssen zu Wählerstimmen sowie zu den Beitrags- und Spendeneinnahmen. Bei Bundestags-, Europa- und Landtagswahlen erhalten die Parteien für die ersten vier Millionen Stimmen je 0,85€ und für jede weitere 0,70€. Zudem fließen den Parteien für jeden Euro aus privaten Beiträgen und Spenden (bis zu einem Betrag von 3.300€ pro natürliche Person und Jahr) 0,38€ aus den staatlichen Finanztöpfen zu. Private Spenden sind bis zu einem bestimmten Punkt steuerlich abzugsfähig. Ab einer bestimmten Spendenhöhe müssen die Spenden und Spender öffentlich gemacht werden.

Absolute Obergrenze staatlicher Mittel

Es gilt die Regel, dass die staatlichen Zuschüsse die Einnahmen aus privaten Quellen nicht übersteigen dürfen. Außerdem wurde eine Obergrenze eingeführt: Die staatlichen Gesamtausgaben für die Parteienfinanzierung dürfen eine festgelegte Summe nicht überschreiten (seit 2002 maximal 133 Millionen € im Jahr). In den Genuss der staatlichen Zuschüsse kommen Parteien dann, wenn sie bei der Bundestagswahl mindestens 0,5 Prozent der Zweitstimmen für sich gewinnen konnten, bzw. bei einer Landtagswahl ein Prozent.

Die relative Bedeutung der privaten und staatlichen Finanzquellen ist von Partei zu Partei unterschiedlich, abhängig davon, wie viele Mitglieder sie hat (die Beiträge zahlen) und wie gut sie Spenden akquirieren kann. Die staatlichen Mittel machen bei den im Parlament vertretenen Parteien rund ein Drittel der Einnahmen aus. Aus diesem Topf bestreiten die Parteien einen erheblichen Anteil ihrer Aufwendungen (Organisation, Wahlkampf etc.).

	Mitgliedsbeiträge	Mandatsträgerbeiträge	Spenden	Staatl. Finanzierung
CDU	28,1	12,2	14,3	29,5
SPD	29,7	13,2	7,8	26,0
Grüne	20,7	20,2	14,3	37,3
CSU	18,9	6,6	34,7	22,3
FDP	22,5	7,3	28,6	31,8
Linke	39,2	9,5	9,0	37,6

Tab. 6

Einnahmestrukturen der großen Parteien 2008 in %

Quelle: www.bundestag.de

Kritik an Parteienfinanzierung

Die staatliche Parteienfinanzierung gehört zu den umstrittenen Regelungen des Parteiengesetzes. Die Kritik reicht vom Generalvorwurf der Selbstbedienung seitens der etablierten Parteien bis hin zu detaillierten Fragen, beispielsweise wie die Buchführung gestaltet werden soll. Strittig sind auch die Einstufung der Mandatsträgerbeiträge sowie der staatlichen Gelder für die Bundestagsfraktionen und für die parteinahen Stiftungen.

5.2 | Parteiensystem und Parteien im Wandel

Das jetzige Parteiensystem hat sich in einem jahrzehntelangen Prozess herausgebildet. Es ist weit von der Konstellation des Jahres 1949 entfernt. Auch die Organisationsform der Parteien veränderte sich im Laufe der Zeit. Bei all dem Wandel ist das bundesdeutsche Parteiensystem im Vergleich zu dem anderer Staaten jedoch bemerkenswert stabil.

5.2.1 | Herausbildung der Parteien

Kontinuität und Neugründungen

In den Ruinen der Nachkriegszeit formierten sich vergleichsweise schnell wieder Parteien in Deutschland – lange bevor es zur Staatsgründung auf Bundesebene kam. Die Zeit des parteipolitischen Wiederaufbaus war von Kontinuität auf der einen und dem Neubeginn auf der anderen Seite geprägt. Kurzzeitig unterbrochene Kontinuität galt für Parteien, die in der Zeit des Nationalsozialismus verboten worden waren wie die Sozialdemokratische oder die Kommunistische Partei Deutschlands. Sie konnten nach 1945 ihre Arbeit wieder aufnehmen. Es gab allerdings auch Neuanfänge, beispielsweise mit der Gründung der Christlich Demokratischen Union, in der sich die katholischen und evangelischen parteipolitischen Strömungen der Weimarer Zeit neu verknüpften und die die führende »bürgerliche« deutsche Partei werden sollte. Die Freie Demokratische Partei, aus verschiedenen Parteigründungen nach 1945 auf regionaler Ebene hervorgegangen und überregional offiziell 1948 ins Leben gerufen, verband liberale Parteitraditionen, die in der Weimarer Republik noch getrennt waren.

Aus den Wahlen zum ersten Deutschen Bundestag resultierte eine vergleichsweise heterogene Zusammensetzung des Parlaments. Über zehn Parteien gelangten in das »Hohe Haus«, wobei es bereits deutliche Schwergewichte gab, nämlich die CDU und CSU, die SPD und die FDP. Diese Parteien konnten zusammen mehr als drei Viertel der Mandate auf sich vereinigen. Dies wurde als nachträgliche indirekte Zustimmung der Wahlbevölkerung zum gerade verkündeten Grundgesetz gewertet.

Konzentration auf ein Zweieinhalb-Parteiensystem

In den fünfziger Jahren verstärkte sich der bei der ersten Wahl bereits angedeutete Konzentrationsprozess. Hierzu beigetragen hat zum einen die Fünf-Prozent-Hürde, die erstmalig 1953 auf Landesebene und eine Wahl später auf Bundesebene griff. Zum anderen begünstigte die politische Kultur, insbesondere die Suche nach Stabilität, die Etablierung von Parteien der Mitte und die Abdrängung extremer Kleinstparteien. Überdies gelang es Parteien wie der CDU, der CSU oder der SPD, die Funktionäre und Abgeordneten der ihnen nahe stehenden Splitterparteien zum Übertritt zu bewegen und somit die Parteien faktisch zu fusionieren.

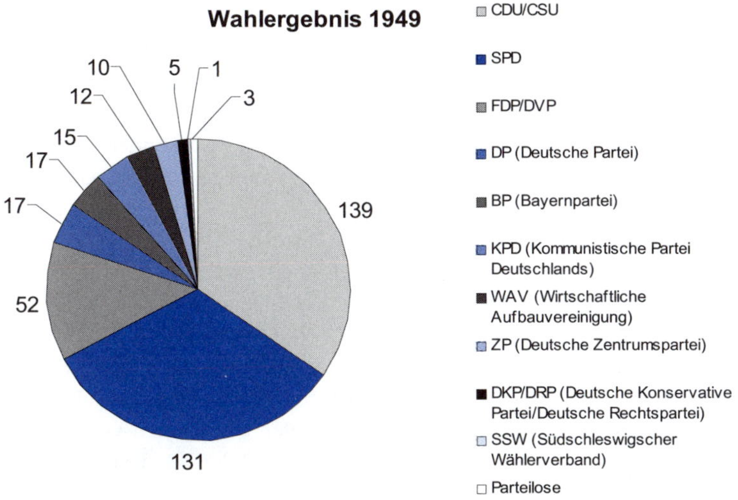

Abb. 14

Sitzverteilung nach der Bundestagswahl 1949

Quelle: Peter Schindler: Datenhandbuch zur Geschichte des Deutschen Bundestages 1949–1999, 3 Bände, Baden-Baden, Nomos 1999, Bd. 1, S. 164.

Es bildete sich ein System heraus, das über lange Zeit, bis in die achtziger Jahre hinein, einigermaßen stabil blieb: ein Zweieinhalb-Parteiensystem mit der CDU (sowie der CSU in Bayern) und der SPD als großen Volksparteien sowie der FDP als »Zünglein an der Waage«, als Partei, die im Laufe der Jahre als »Mehrheitsbeschafferin« fungierte und mit beiden anderen Parteien Koalitionen einging (Ausnahme: die »Große Koalition« von 1966–1969).

Die Grünen verändern das Parteiensystem

In den achtziger Jahren hat sich das Zweieinhalb-Parteiensystem maßgeblich verändert: Erstmalig 1983 gelangten die Grünen in den Bundestag. Diese Partei war Ende der siebziger Jahre aus Teilen der »Neuen Sozialen Bewegungen« (→ Kapitel 2) und kommunistischen Splittergruppen hervorgegangenen. Ihre ersten Erfolge hatte diese Gruppierung bei den Europawahlen 1979 sowie auf Landesebene erzielt, bevor sie sich 1980 in Karlsruhe als Bundespartei gründete.

Die neue Partei wurde zunächst von den anderen Parteien – auch von der SPD – isoliert. Die Isolation passte freilich ins Selbstverständnis der Grünen: Sie zog ihre Identität zu großen Teilen aus einer Anti-Establishment-Haltung. Nach und nach entwickelte sich die grüne Partei jedoch zu einer koalitions- und regierungswilligen, professionell geführten parlamentarischen Gruppierung, die ihre anfängliche Fundamentalopposition aufgab. Somit schälte sich Ende der achtziger Jahre ein Parteien»lager«-system heraus. Dieses umfasste zwei Formationen: eine »bürgerliche« mit CDU/CSU und FDP, und eine »linke« mit der SPD und den Grünen.

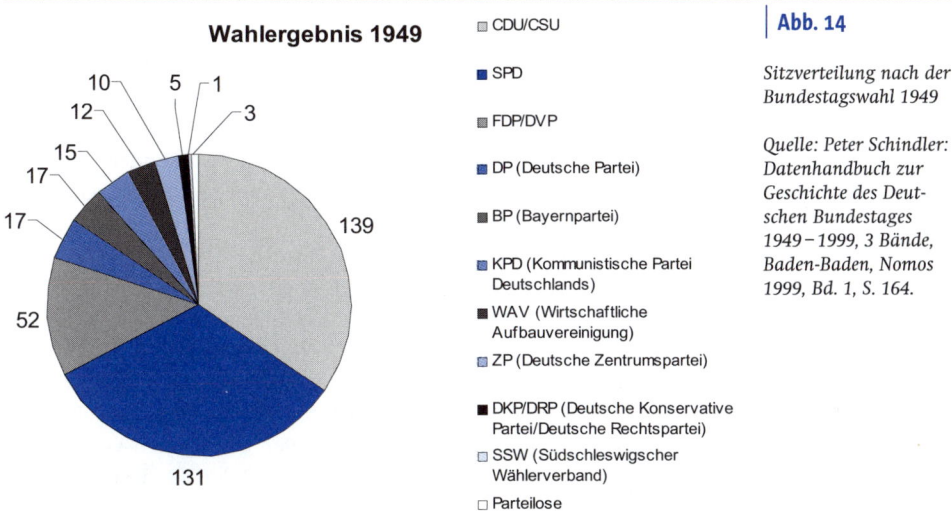

Wandel im Zuge der deutschen Einheit

Die deutsche Einheit sollte nochmals zu einem Wandel des bundesdeutschen Parteiensystems beitragen. Zunächst wurden die bestehenden Westparteien nach Osten hin ausgeweitet, was eine Reihe innerparteilicher Veränderungen mit sich brachte. Dabei stellte sich heraus, dass die Parteistrukturen im Osten Deutschlands nicht »eins zu eins« anschlussfähig waren. Bestimmte Gruppierungen, insbesondere aus dem Bereich der Bürgerrechtsbewegungen konnten im gesamtdeutschen Parteiensystem keine Heimat finden.

Als neue alte Kraft formierte sich die Partei des Demokratischen Sozialismus, die reformierte Sozialistische Einheitspartei der DDR, die sich – hier irrten einige Prognosen – im bundesdeutschen Parteiensystem hat etablieren können. Die Fusion mit der »Westpartei« WASG (»Wahlalternative Soziale Gerechtigkeit«, gegründet im Zusammenhang mit den Protesten gegen die Arbeitsmarktpolitik zu Beginn der 2000er Jahre) zur Partei »DIE LINKE« im Jahr 2007 steht für den gelungenen Versuch der Linkspartei, ihre marginale Stellung im Westen der Bundesrepublik zu beenden. Mit ihrer stabilen Präsenz nicht nur in den ostdeutschen Parlamenten hat die ehemalige PDS die linke Flanke im deutschen Parteienlagersystem erweitert. Auf Landesebene, aber bislang nicht auf Bundesebene, konnten schließlich noch rechtsextreme Parteien (DVU, NPD) Erfolge erzielen.

Wie Parteien und Parteiensysteme sich herausbilden und weiterentwickeln, wird in der Politikwissenschaft unter anderem mit so genannten »cleavage«-Ansätzen beschrieben. Die »cleavage«- Theorie ist von den Politikwissenschaftlern Seymour Martin Lipset und Stein Rokkan in den sechziger Jahren entwickelt worden. Sie erklärt das durch die Wahlen entste-

Abb. 15

Wertedimensionen des bundesdeutschen Parteiensystems

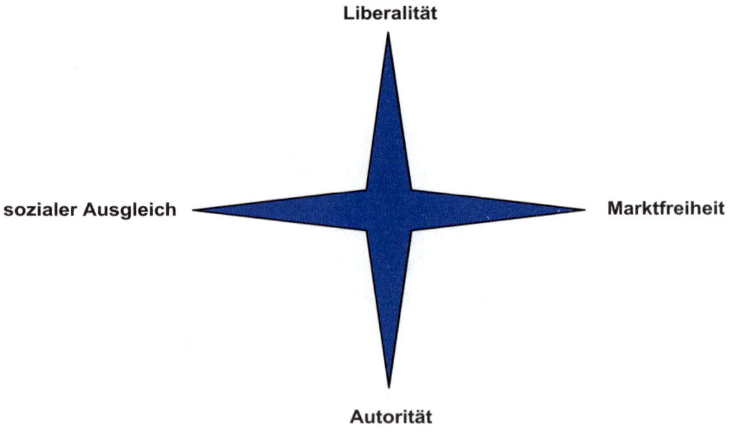

hende Parteiensystem entlang von dominanten Konfliktlinien in der Gesellschaft (»cleavage« = »Spaltung«). Die Etablierung neuer Parteien lässt sich folglich auf einen Wandel der Konfliktstrukturen zurückführen.

Umstrukturierung des Parteiensystems durch andere Konfliktstrukturen

War das Parteiensystem (und das Wahlverhalten) in den fünfziger und sechziger Jahren noch von der Frage geprägt, wie man es mit der Religion hält, oder von dem Gegensatz »Stadt – Land«, haben sich in den achtziger und neunziger Jahren neue Dimensionen herausgeschält, entlang derer sich Parteien unterscheiden. So wurde die Unterscheidung von »materialistischen« und »postmaterialistischen« Werten herangezogen, um den Aufstieg der grünen Parteien zu erklären.

Wertewandel

Üblicherweise werden heute zur Sortierung der Parteien zwei Dimensionen aufgespannt: (1) der Gegensatz zwischen Liberalität und Autorität (welche Rolle spielt der Staat gegenüber der Freiheit des Einzelnen), (2) der Gegensatz zwischen sozialem Ausgleich und Marktfreiheit (inwieweit sollen soziale Unterschiede nivelliert werden).

Definition

Postmaterialismus
Der Begriff wurde vom Sozialwissenschaftler Ronald Inglehart erstmalig verwendet. »Postmaterialismus« steht für eine Einstellung, die nicht mehr nur auf das Materielle fixiert ist, sondern abstrakte Güter anstrebt, zum Beispiel Freiheit, Gesundheit, Schutz der Natur. Postmaterialistische Bewegungen formierten sich in den westlichen Wohlstandsgesellschaften der siebziger und achtziger Jahre, in denen die materiellen Bedürfnisse breiter Bevölkerungsgruppen bereits befriedigt waren.

5.2.2 Wandel der Parteiorganisation

Nicht nur das Parteiensystem, also die Anzahl der Parteien und ihre Beziehungen zueinander, hat sich im Laufe der Jahrzehnte verändert. Vielmehr haben sich auch die Parteien selbst in ihrer Organisation und ihrem inneren Aufbau gewandelt. Klaus von Beyme hat drei Entwicklungstypen herausgearbeitet: (1) Massenparteien, (2) Volksparteien, (3) professionalisierte Wählerparteien.

Drei Typen der Parteiorganisation

(1) Massenparteien: Das Zeitalter der Massenparteien beginnt – von Beyme zufolge – nach dem Ersten Weltkrieg und reicht bis in die fünfziger Jahre hinein. Die Massenparteien zeichnen sich dadurch aus, dass sie entlang deutlich sichtbarer Klassenkonflikte und ideologischer Gegensätze aufgestellt waren. Ihre Organisations- und Finanz-

kraft leitete sich aus der Größe und Zusammensetzung ihrer Mitgliedschaft ab.

(2) Volksparteien: »Volksparteien« ist ein Label, das gerne von den Parteien selbst verwendet wird – auch heute noch. Von Beyme datiert das Zeitalter der Volksparteien von Ende der fünfziger Jahre bis Ende der Siebziger. In diesem Zeitraum treten die ideologischen Konflikte in den Hintergrund und die großen Parteien haben den Anspruch, die gesamte Bevölkerung zu repräsentieren. Die Parteifinanzen speisen sich zu einem erheblichen Teil aus staatlichen Zuschüssen.

(3) Professionalisierte Wählerparteien: Den modernsten Typ stellen die Wählerparteien dar, die nur noch wenig mit den Mitgliederorganisationen und noch weniger mit den Klassenkampfformationen zu tun haben. Seit Ende der 70er Jahre entwickelt sich – so von Beyme – dieser Typus im Kielwasser der Entstehung neuer Milieus und einer »politischen Klasse«. Auch die Mediatisierung der Politik, die Professionalisierung der politischen Kommunikation, hat ihren Beitrag zu dieser Entwicklung geleistet. Dieser neue Parteitypus zielt insbesondere auf die Maximierung von Stimmen bei Wahlen (Englisch: »vote seeking«).

Für die jüngste Parteivariante liegen verwandte Begriffe vor: Da ist von »professionellen Medienkommunikationsparteien« (Uwe Jun) oder von »professionellen Rahmenparteien« (Joachim Raschke) die Rede. Auffällig häufig taucht das Wort »professionell« in diesem Zusammenhang auf. Das hauptberufliche »Managen« der Parteien scheint immer wichtiger zu werden, das ehrenamtliche Engagement immer unwesentlicher, die mitgliedschaftliche Basis nur noch marginal.

Ende der Volkspartei?

Dass das Zeitalter der Volks- und Mitgliederparteien tatsächlich Vergangenheit ist, wird jedenfalls heftig bestritten. Eine Reihe von Beobachtern hält das Konzept der »Volkspartei« weiterhin hoch und proklamiert es als robustes Leitbild für die bundesdeutschen Parteien. Dass die Mitglieder (die »Basis«) in den professionalisierten Parteien keine Funktion mehr haben können und sollten, wird mit gutem Grund infrage gestellt.

»Lose verkoppelte Anarchien«

Als weiteres stabiles Kennzeichen der bundesdeutschen Parteienstruktur gilt die »lose verkoppelte Anarchie« (Peter Lösche). Die bundesdeutschen Parteien sind mitnichten in sich geschlossene Organisationen, sondern vielmehr Konglomerate von Teileinheiten. Parteien können also nicht wie ein Wirtschaftsunternehmen hierarchisch von oben geführt werden. Vielmehr bedeutet Parteimanagement auch immer, die unterschiedlichen innerparteilichen Gruppierungen zusammenzuhalten oder zusammenzuführen.

5.3 Parteienkritik und »Parteienverdrossenheit«

Die Kritik an den Parteien in Deutschland hat Tradition und zieht lange ideengeschichtliche und kulturelle Wurzeln. Schon frühzeitig findet sich in der deutschen Literatur die Wahrnehmung, Politik sei ein »schmutziges« Geschäft und das politisch Lied ein »garstig Lied«. Die Abneigung machte sich immer schnell an den Parteien fest, denen vorgeworfen worden ist, gemeinwohlschädliche Agenten von Einzelinteressen zu sein.

Im Laufe der Zeit haben sich die kritischen Blickwinkel verschoben, aber die radikale Anfechtung der Parteien und des Parteiensystems ist geblieben. Der zentrale Kern und ein immer wiederkehrender Tenor der bundesdeutschen Mainstream-Parteienkritik problematisiert eine Entwicklung des deutschen Parteiensystems, die der Politikwissenschaftler Wilhelm Hennis in den achtziger Jahren pointiert mit zwei Adjektiven markiert hat: »überdehnt und abgekoppelt«. Hennis – wie die Parteienkritik generell – stemmt sich vehement gegen die oben erwähnte Idee von Gerhard Leibholz, dass Parteien funktionierende »Sprachrohre« der Gesellschaft seien. Dem halten Hennis und mit ihm weitere Parteienkritiker entgegen, dass die Parteien ihre gesellschaftliche Basis verloren, zugleich aber viel staatliche Entscheidungsmacht angehäuft hätten.

Kritik: mächtige Parteien, abgekoppelt von der Basis

a) »überdehnt«: Der Vorwurf der Überdehnung der Parteien bezieht sich auf ihre expansive Rolle im politischen Prozess und in anderen gesellschaftlichen Handlungsfeldern. Die Parteien hätten im Laufe der Zeit ihren Einfluss auf eine Reihe von Bereichen ausgeweitet, in denen sie nicht zwangsläufig präsent sein müssten, zum Beispiel im Rundfunksektor, im Schulwesen, in der Wirtschaft, in der Verwaltung etc. Aus einer grundgesetzlich vorgeschriebenen »Mitwirkung« der Parteien sei eine omnipräsente Machtstellung in einer Vielzahl gesellschaftlicher Bereiche geworden.
b) »abgekoppelt«: Von einer Verkopplung der Parteien mit der Gesellschaft könne mitnichten mehr die Rede sein. Die Parteien hätten ihre Verankerung in der Bevölkerung verloren. Sie seien zu »Staatsparteien« verkommen und hätten den Bezug zur gesellschaftlichen Wirklichkeit eingebüßt.

Es ist gerade die Kombination aus Überdehnung und gleichzeitiger Abkopplung, welche die Kritik so schwerwiegend macht: Die Parteien gingen ihrer gesellschaftlichen Erdung verlustig; dies habe gleichwohl keinerlei substanzielle Konsequenzen auf ihre mittlerweile dominante Stellung im staatlichen und nicht-staatlichen Bereich gehabt. So wächst der Kritik zufolge das Missverhältnis zwischen den Privilegien auf der einen Seite und der fehlenden Legitimation der Parteien auf der anderen Seite.

Das Motiv der »überdehnten« Parteien wird von einigen Kritikern auf den Bereich der Parteienfinanzierung übertragen. Die abgekoppelten Parteien bedienten sich in einer koordinierten Aktion aus der Staatskasse. In einem Absprachenoligopol gestalteten sie die Regelungen im Parteiengesetz entlang ihrer Wünsche.

»Kartellparteien«

Apropos »Absprache«: In diesen Zusammenhang gehört der Begriff der »Kartellpartei«, der in den neunziger Jahren seine Runden gedreht hat. Diese Charakterisierung moderner Parteien ist von den Wissenschaftlern Richard S. Katz und Peter Mair in die Diskussion eingebracht worden. Eine Partei – so ihre These – sei in erster Linie daran interessiert, ihren Funktionären Ämter und Mandate zu verschaffen (Englisch: »office seeking«). Dafür verbündete sie sich mit den übrigen etablierten Parteien und gemeinsam schotteten sie ihr System gegenüber neu aufkommenden Kräften ab. Sie bilden ein »Kartell«, in dem sie sich durch Vereinbarungen und Garantien gegenseitige Vorteile verschafften. Die Qualifizierung moderner Parteien als »Kartellparteien« transportiert den Vorwurf, Parteien würden ihre Stellung und Macht ausschließlich für eigennützige Zwecke missbrauchen. Diese Vermutung ist alles andere als unumstritten. Die Kritiker der »Kartellpartei«-These hegen grundsätzliche Bedenken, die an der theoretischen Substanz und konzeptionellen Klarheit des Begriffs ansetzen. Sie fragen zudem immer wieder nach deutlichen empirischen Beweisen für diese unterstellte Entwicklung. Ein Konzept wie »Kartellpartei« zeigt, wie sich analytische und kritische Perspektiven überlagern können.

Ausweitung der Parteienkritik auf die »politische Klasse«

An diesem Punkt ist aus der Parteienkritik eine Kritik an der »politischen Klasse«, also an dem Kreis der politischen Funktionsträger geworden, die – so der Vorwurf – lediglich auf ihren eigenen persönlichen Vorteil achteten und den »Staat als Beute« (Hans Herbert von Arnim) ausschlachten. Jedoch steht die Vorstellung von einer geschlossenen »politischen Klasse« im Widerspruch zu den realen (Verteilungs-)Konflikten innerhalb dieser vermeintlich monolithischen Gruppe.

Schließlich wird den Parteien vorgeworfen, dem Verfassungsanspruch innerparteilicher Demokratie nicht gerecht zu werden. Das Führungsmanagement habe sich von der Basis abgekoppelt und leite die Partei »top-down«, also von oben nach unten. Die einzelnen Mitglieder seien gegenüber den hauptberuflichen Funktionären chancenlos und einflussfrei geworden. Die Abkopplung von Führungsschicht und Basis ist bereits 1911 von Robert Michels mit seinem »ehernen Gesetz der Oligarchie« angesprochen worden. Inwieweit Reformen diesen Prozess wieder rückgängig machen oder verhindern können, wird später zu diskutieren sein.

Die wissenschaftliche und publizistische Kritik an den Parteien findet ihre empirische Bestätigung und Entsprechung in der Haltung der

Definition

Ehernes Gesetz der Oligarchie (Robert Michels)
Der Parteientheoretiker Robert Michels entwickelte entlang seiner Beobachtungen des sozialdemokratischen Parteiwesens das »ewig währende« Gesetz der Oligarchie, d.h. der Herrschaft weniger. Dieses besagt, dass sich innerhalb von komplexen Organisationen wie den Massenparteien die Führungselite von der Mitgliedschaft abkoppelt und ihre eigenen Interessen verfolgt. Dabei verliert die Organisationsspitze die Anliegen der Gesamtorganisation und der Mitgliederbasis aus den Augen. Ein solcher Vorgang findet, so Michels, unvermeidbar in mitgliederstarken Organisationen wie den Massenparteien statt; deswegen bezeichnet er dieses Phänomen auch als ein »eisernes Gesetz«. Seine Erkenntnisse hat er publiziert in dem Werk: »Zur Soziologie des Parteiwesens in der modernen Demokratie. Untersuchungen über die oligarchischen Tendenzen des Gruppenlebens, Leipzig, Klinkhardt 1911«.

Hinweise auf Parteienverdrossenheit

Bevölkerung zu den Parteien. Es gibt eine Reihe von schlagkräftigen Hinweisen auf eine allgemeine »Parteienverdrossenheit«:

- die rückläufigen Mitgliederzahlen der Parteien (dies hat auch eine Überalterung der Parteien zur Folge, da weniger junge Menschen Parteimitglied werden und somit die bestehende Parteimitgliedschaft durchschnittlich immer älter wird),
- der sinkende Stammwähleranteil (der Prozentsatz der Wechselwähler nimmt zu, außerdem die Zahl derjenigen, die kurz vor den Wahlen noch nicht wissen, für welche Partei sie ihre Stimme abgeben werden),
- der abnehmende Konzentrationsgrad bei Bundestags- und Landtagswahlen (d.h. die kleinen und Kleinstparteien können merkliche Stimmengewinne verbuchen),
- der generelle Vertrauensverlust in die Parteien (wobei die Regierungs- wie auch die Oppositionsparteien gleichermaßen betroffen sind).

Die Parteien genießen in der Bevölkerung einen schlechten Ruf. Nur rund 23 Prozent sprechen ihnen »sehr großes« und »großes« Vertrauen aus. Damit liegen die Parteien weit unter den Vertrauenswerten für Parlament und Regierung und astronomisch entfernt von den Werten für das Bundesverfassungsgericht oder den Bundespräsidenten. Insgesamt sinkt nicht nur das diffuse Vertrauen in die Parteien, sondern auch das Vertrauen in die Fähigkeit der Parteien (aller Parteien!), die anstehenden Probleme lösen zu können.

Tab. 7

Entwicklung der Parteimitgliedschaften in Deutschland seit 1990

Quelle: Oskar Niedermayer: Die Entwicklung der Parteimitgliedschaften von 1990 bis 2009, in: Zeitschrift für Parlamentsfragen, 41. Jg. (2009), S. 421 ff.

	CDU	SPD	CSU	FDP	GRÜNE	PDS	Gesamt
1990	658.411	943.402	186.198	178.625	41.316	280.882	2.288.834
1991	751.163	919.871	184.513	137.853	38.873	172.579	2.204.852
1992	713.846	885.958	181.757	103.488	36.320	146.742	2.068.111
1993	685.343	861.480	177.289	94.197	39.761	131.406	1.989.476
1994	671.497	849.374	176.250	87.992	43.899	123.751	1.952.763
1995	657.643	817.650	179.647	80.431	46.410	114.940	1.896.721
1996	645.786	792.773	179.312	75.038	48.034	105.029	1.845.972
1997	631.700	776.183	178.457	69.621	48.980	98.624	1.803.565
1998	626.342	775.036	179.520	67.897	51.812	94.627	1.795.234
1999	638.056	755.066	181.873	64.407	49.488	88.594	1.777.484
2000	616.722	734.667	178.347	62.721	46.631	83.475	1.722.563
2001	604.135	717.513	177.036	64.063	44.053	77.845	1.684.645
2002	594.391	693.894	177.667	66.560	43.881	70.805	1.647.198
2003	587.244	650.798	176.950	65.192	44.052	65.753	1.589.989
2004	579.526	605.807	172.855	64.146	44.322	61.385	1.528.041
2005	571.881	590.485	170.084	65.022	45.105	61.270	1.503.880
2006	553.869	561.239	166.928	64.880	44.677	60.338	1.452.008
2007	536.668	539.861	166.392	64.078	44.320	71.711	1.423.030
2008	528.972	520.970	162.232	65.600	45.089	75.968	1.398.831
2009	521.149	512.520	159.198	72.116	48.171	78.496	1.391.650

Sinkendes Engagement der Parteimitglieder

Zur gesamtgesellschaftlichen Parteienverdrossenheit gesellen sich noch innerparteiliche Entfremdungsprozesse: Untersuchungen haben gezeigt, dass nur die Hälfte der einer Partei beitretenden Personen aktiv mitwirken möchte. Bezeichnenderweise sinkt der Anteil der zum Engagement Bereiten mit der Dauer der Mitgliedschaft. Effektiv kann nur weniger als ein Viertel der Mitglieder als engagiert eingestuft werden, wenn man hierunter die regelmäßige Teilnahme an Parteiveranstaltungen versteht. Als Kritik wird immer wieder vorgebracht, dass es in den Parteiversammlungen selten zu offenen inhaltlichen Diskussionen kommt, sondern die Entscheidungen im Vorfeld in kleinen geschlossenen Funktionärszirkeln getroffen werden. Robert Michels' »ehernes Gesetz« scheint sich zu bewahrheiten.

Vertrauen in öffentliche Einrichtungen und Organisationen »sehr groß« und »groß« (in Prozent)

Abb. 16

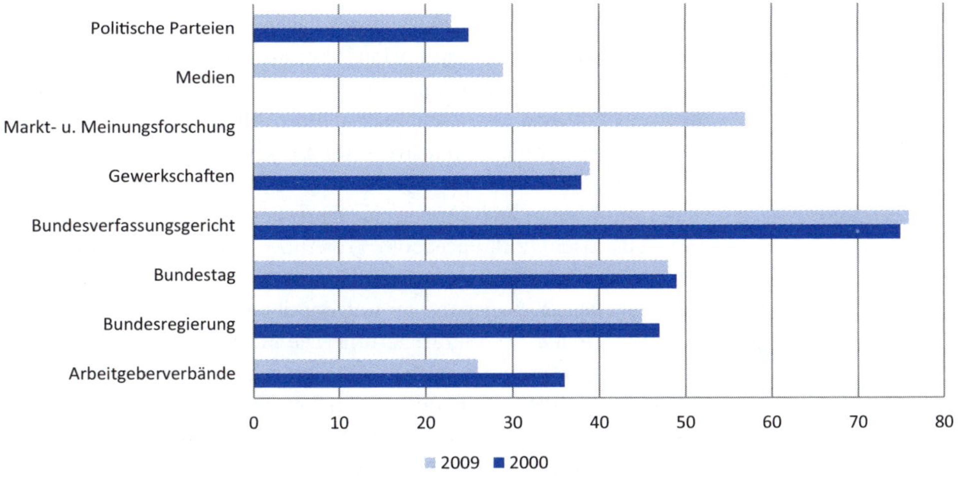

Quelle: Infratest dimap, März 2009, n = 1.000, eigene Darstellung

Reform und Zukunft der Parteien

5.4

Parteien reagieren auf Kritik mit Reformen

Die unüberhörbare und unübersehbare Parteienkritik und -verdrossenheit, insbesondere die Auswirkungen auf die Mitgliederzahlen und das Wahlverhalten, haben die Parteien zu Reformen motiviert. Zentrales Ziel ist es, das Engagement in den und für die Parteien wieder attraktiver zu machen. In den Reformdebatten spielen unter anderem die folgenden drei Maßnahmenbündel eine Rolle: (1) die Öffnung für neue Formen der Mitgliedschaft, (2) der Einsatz neuer Formen der Kommunikation, (3) die Stärkung innerparteilicher Demokratie.

(1) Neue Mitgliedschaftsformen: Die traditionelle ordentliche Parteimitgliedschaft ist von einigen Parteien durch unverbindlichere Formen der Beteiligung ergänzt worden. Dies trägt der Tendenz Rechnung, dass der Wunsch nach langfristiger Bindung an politische Organisationen, gerade bei jungen Menschen, abnimmt. Zu diesen lockeren Anbindungen gehören »Schnuppermitgliedschaften«, also die Möglichkeit, für einen begrenzten Zeitraum oder anlassbezogen an der Parteiarbeit mitzuwirken, ohne eingetragenes Mitglied zu sein. Weiterhin ist in einigen Parteien die Form des Gaststatus eingeführt worden, also einer Mitgliedschaft »light« mit nur eingeschränkten Rechten und Pflichten.

(2) Neue Kommunikationsformen: Die Kommunikationsgewohnheiten in der Bevölkerung haben sich gewandelt und die Parteien versuchen darauf zu reagieren – und das nicht nur in Form eines professionalisierten Medienwahlkampfs, der auch das Internet berücksichtigt. Für die innerparteiliche Organisation, aber auch für die Mitgliederwerbung oder die Spendenakquise haben die Parteien die Online-Kommunikation entdeckt. Parteien bieten ihren Mitgliedern in passwortgeschützten Intranets exklusive Kommunikation und Information an. Per E-Mail, SMS oder Twitter versuchen sie, ihre Mitglieder zu mobilisieren und junge Zielgruppen anzusprechen. Parteien sind auch im Web 2.0 präsent (z.B. »facebook«, »YouTube«). Solche Maßnahmen sollen den innerparteilichen Austausch erleichtern und die Mitarbeit in Parteien leichter, transparenter und damit auch attraktiver machen.

(3) Innerparteiliche Demokratisierung: Die Motivation, Mitglied einer Partei zu werden (oder zu bleiben), kann dann gesteigert werden, wenn die Mitgliedschaft mit merklichen Privilegien verbunden ist. Hierzu zählt vor allem ein unmittelbarer Einfluss auf Personalfragen und Sachfragen. Eine Reihe von Parteien hat in ihren Satzungen die Möglichkeit der Mitgliederbefragung ergänzt, also Elemente der »direkten« innerparteilichen Demokratie eingeführt. Eine Vielzahl von Abstimmungen sind bereits durchgeführt worden, z.B. bei der CDU NRW zur Regelung der Nachfolge des vormaligen Parteivorsitzenden Jürgen Rüttgers (2010) oder bei der Bundes-FDP zum Thema »Lauschangriff« (1995). Solche Befragungen stoßen bei der Mitgliedschaft auf große Resonanz. Ob es sich dabei letzten Endes um eine Aufhebung des »ehernen« Gesetzes handelt oder mehr um eine sporadische und symbolische Einbindung des »Parteivolks«, gesteuert durch die Parteieliten, muss von Fall zu Fall untersucht werden.

Inwieweit es den Parteien mit solchen Reformansätzen gelingen kann, ihre gesellschaftliche Abkopplung rückgängig zu machen und attraktiver für die Parteibuchinhaber und potenzielle Neumitglieder zu werden, ist fraglich.

Parteien leiden unter genereller Bindungsunwilligkeit

Parteien leiden darunter, dass es im Zuge der Aufsprengung traditioneller Milieus und der Individualisierung eine gesamtgesellschaftliche Tendenz gibt, sich nicht langfristig an politische Gruppierungen zu binden. Betroffen sind davon auch andere Großorganisationen wie die Gewerkschaften oder die Kirchen. Darüber hinaus trägt der Ruf der Parteien nicht dazu bei, Menschen zu gewinnen, die die Reformen tragen könnten – ein Teufelskreis.

»Demokratisierung« der Parteiendemokratie

Jedenfalls kann eine bloße Reform der internen Parteiorganisation keine hinreichende Maßnahme zur »Demokratisierung« der Parteiendemokratie sein. Vielmehr ist zu fragen, wo die Parteien zugleich Einschränkungen ihres Einflusses hinnehmen und wo Formen politischer

Beteiligung (z.B. direkte Demokratie) sinnvoll ohne Parteien etabliert werden könnten. Da die Parteien selbst darüber weitestgehend entscheiden, müssen sie imstande sein, sich im Interesse der Stabilität der (Parteien-)Demokratie selbst Opfer abzuverlangen.

Ansonsten ist nicht auszuschließen, dass zukünftig neue Formationen das Parteiensystem ergänzen werden. Der spontane Erfolg der Piratenpartei hat auf diese Möglichkeit plastisch aufmerksam gemacht. Denkbar sind zunehmende Erfolge von Kleinstparteien inklusive der Chance für einzelne Gruppierungen, sich längerfristig zu etablieren. Gleichermaßen möglich ist das Aufkommen von Parteien, die sich eng an neue gesellschaftliche Milieus binden (s. Seniorenparteien, Migrantenparteien). Auch die Gefahr des Aufkommens populistischer Parteien steht im Raum.

Parteien – welche auch immer – werden im politischen System Deutschlands auch zukünftig eine zentrale Rolle spielen. Zugleich stehen sie vor der Herausforderung, ihre Bestimmung im Rahmen der europäischen Integration zu finden. Womöglich werden europaweite Parteien irgendwann einmal auch für die bundesdeutsche Politik eine Rolle spielen – und nicht nur wie jetzt, in umgekehrter Richtung die nationalen Parteien in erster Linie für die europäische Politik (→ Kapitel 11). Aber das ist in der Tat Zukunftsmusik.

Jedenfalls werden Parteien überall dort unverzichtbar bleiben, wo es parlamentarische Körperschaften und damit Wahlen gibt: auf der europäischen, der kommunalen, der regionalen und auf der Bundesebene. Mit dem Parlament der Bundesebene, mit dem Deutschen Bundestag, setzt sich das folgende Kapitel auseinander.

Lernkontrollfragen

1 Welche Argumente sprechen dafür, welche dagegen, beim Bundesverfassungsgericht einen Verbotsantrag gegen eine Partei zu stellen, die verfassungswidrig ist?

2 Welche zentrale These steckt in der »Parteienstaats«-Theorie von Gerhard Leibholz?

3 In welchen Stufen hat sich das derzeitige deutsche Parteiensystem herausgebildet und welche Weiterentwicklung ist in der Zukunft zu erwarten?

4 Was sind die Kennzeichen einer »professionalisierten Wählerpartei«?

5 Woran lässt sich die Parteienverdrossenheit empirisch festmachen?

6 Mit welchen Strategien versuchen Parteien, sich für Mitglieder attraktiver zu gestalten, und haben diese Ansätze – Ihrer Einschätzung nach – Erfolgschancen?

Literatur

Es gibt zwei Einführungen in das bundesdeutsche Parteiensystem, die einen identischen Titel haben, aber das Thema mit leicht unterschiedlichen Schwerpunkten behandeln: *Ulrich von Alemann: Das Parteiensystem der Bundesrepublik Deutschland, 4. Aufl., Wiesbaden, VS Verlag 2010*, sowie *Karl-Heinz Niclauß: Das Parteiensystem der Bundesrepublik Deutschland. Eine Einführung, 2. Aufl., Stuttgart, UTB 2002*. Ein Sammelband zur bundesdeutschen Parteiendemokratie mit Aufsätzen zu den deutschen Parlamentsparteien sowie zu Querschnittsthemen bietet: *Oscar W. Gabriel/Oskar Niedermayer/Richard Stöss (Hg.): Parteiendemokratie in Deutschland, Wiesbaden, Westdeutscher Verlag 2002*. Kurzportraits auch der kleinen und Kleinstparteien finden sich in: *Frank Decker/Viola Neu (Hg.): Handbuch der deutschen Parteien, Wiesbaden, VS Verlag 2007*. Jüngere Analysen zu den Parteien und dem Parteiensystem Deutschlands bieten: *Oskar Niedermayer (Hg.): Die Parteien nach der Bundestagswahl 2009, Wiesbaden, VS Verlag 2011*. In die Parteiengeschichte führt ein: *Peter Lösche: Kleine Geschichte der deutschen Parteien, Stuttgart, Kohlhammer 1993*. Mit dem oben referierten Wandel der Parteiorganisation beschäftigt sich *Klaus von Beyme: Parteien im Wandel. Von den Volksparteien zu den professionalisierten Wählerparteien, Wiesbaden, Westdeutscher Verlag 2000*. Der Aufsatz von Wilhelm Hennis, der als Aufhänger im Abschnitt über die Parteienkritik gedient hat, lautet: *Überdehnt und abgekoppelt. An den Grenzen des Parteienstaates, in: Christian Graf von Krockow (Hg.), Brauchen wir ein neues Parteiensystem?, Frankfurt a.M., Fischer TB 1983, S. 28–46.*

Ansonsten folgen hier die Angaben für die übrige im Text angesprochene Literatur:

- *Seymour Lipset/Stein Rokkan: Cleavage Structures, Party Systems and Voter Alignments, in: Seymour Lipset/Stein Rokkan (Hg.), Party Systems and Voter Alignments: Cross-National Perspectives, New-York, The Free Press 1967, S. 1–64,*
- *Richard S. Katz/Peter Mair: Changing Models of Party Organization and Party Democracy. The Emergence of the Cartel Party, Party Politics, Jg. 1 (1995), Nr. 1, S. 5–28,*
- *Ronald Inglehart: The Silent Revolution. Changing Values and Political Style Among Western Publics, Princeton, Princeton University Press 1977.*

Schließlich noch der Hinweis auf eine wissenschaftliche Zeitschrift, die für die vergleichende Parteienforschung besonders relevant ist: die im Sage-Verlag erscheinende, englischsprachige *Party Politics*.

Links

http://bundesrecht.juris.de/partg/
Auf dieser Website des Bundesjustizministeriums findet sich das Parteiengesetz im Wortlaut in seiner jeweils aktuellen Fassung.

http://www.bundestag.de/bundestag/parteienfinanzierung/index.html
Der Bundestag gibt in diesem Bereich seines Netzangebotes Auskunft über die Parteienfinanzierung. Hier finden sich auch Informationen darüber, welche Partei in den vergangenen Jahren in welcher Höhe staatliche Mittel erhalten hat. Zudem wird über Spenden informiert, die zeitnah veröffentlichungspflichtig sind (Spenden an Parteien über 50.000 €).

http://www.bpb.de/themen/
Auf der »Themen«-Website der Bundeszentrale für politische Bildung ist in der Rubrik »Politische Grundfragen« ein Dossier »Parteien« mit weiterführenden Informationen über einzelne deutsche Parteien eingestellt.

www.pruf.de
Die Website des »Instituts für Deutsches und Europäisches Parteienrecht und Parteienforschung« an der Universität Düsseldorf präsentiert rechts- und politikwissenschaftliche Informationen rund um die Parteien.

6 | Die parlamentarische Demokratie – Der Bundestag im (nur?) formalen Zentrum

Inhalt

Das Parlament steht laut Grundgesetz im Zentrum des politischen Systems. Deutschland ist eine »parlamentarische Demokratie«. Vergleicht man die Bundesrepublik mit anderen Staaten, lässt sich das deutsche System als Regierungsform mit einem besonders starken Parlament einstufen.

Von der Verfassungstheorie her handelt es sich beim Bundestag somit um eine gewichtige Institution. Er wird nicht von ungefähr als erstes der fünf Staatsorgane im Grundgesetz erwähnt. Zugleich gibt es in der wissenschaftlichen Literatur, aber auch in den Medien, immer wieder die Aussage von einer »Entparlamentarisierung« der deutschen Politik, von einem Machtverlust des Parlaments im politischen Entscheidungsprozess. Gelegentlich ist sogar davon die Rede, dass der Bundestag nur noch als »Stempelkissen« für andernorts gefällte Entscheidungen fungiere. In den Analysen baut sich eine Spannung zwischen formaler Rolle und tatsächlicher Bedeutung der Volksvertretung auf.

Insofern haben wir mit dem Bundestag eine spannende Organisation vor uns, der das folgende Kapitel gewidmet ist. Der erste Abschnitt wirft einen Blick auf die Organisation und Arbeitsweise des deutschen Parlaments und beleuchtet seine verschiedenen Arbeitsebenen: Plenum, Fraktionen, Ausschüsse sowie die einzelnen Abgeordneten. Aufschlussreich ist die Konfliktlinie, die sich zwischen der Stellung des einzelnen Abgeordneten und der Bedeutung von Fraktionen abzeichnet. Der zweite Abschnitt wendet sich der Arbeitsweise des Bundestages zu und spricht zum einen – mit Verweis auf die Schlagwörter »Rede-« und »Arbeitsparlament« – die Beziehung zwischen öffentlicher Debatte und Fachberatung an. Zum anderen steht die Grundstruktur von »Regierungsmehrheit vs. Opposition« im Vordergrund. Der dritte Abschnitt behandelt die Funktionen des Bundestages. Die vier parlamentarischen Aufgaben, Wahl, Gesetzgebung, Kontrolle und Kommunikation, werden am Bundestag durchdekliniert. Am Ende des Kapitels über die parlamentarische Demokratie wird die Frage nach der Entparlamentarisierung nochmals aufgegriffen und diskutiert.

Organisation und Aufbau des Bundestages | 6.1

Das Grundgesetz beschäftigt sich in seinen Artikeln 38 bis 49 ausführlich mit dem Parlament. Dort wird Grundlegendes zum Wahlverfahren, zur Wahlperiode sowie zur Stellung der Abgeordneten gesagt. Zur Arbeitsweise und Organisation des Bundestages äußert sich die Verfassung gleichwohl kaum, allemal geht sie nicht ins Detail. Ausdrücklich erwähnt werden lediglich das Amt des Bundestagspräsidenten, die Untersuchungsausschüsse, die Ausschüsse für Auswärtiges und Verteidigung, der EU- sowie der Petitionsausschuss. Festgelegt sind ferner die Öffentlichkeit der Verhandlungen und die Entscheidungsfindung per Mehrheitsbeschluss.

Geschäftsordnungsautonomie

Dem Parlament wird durch das Grundgesetz eine »Geschäftsordnungsautonomie« zugestanden (Art. 40). Das heißt der Bundestag kann sich eine organisatorische Satzung geben, ohne dass eine weitere Instanz (der Bundespräsident oder die Bundesregierung) dieser zustimmen muss. So gibt sich jeder neu konstituierte Bundestag zu Beginn der Legislaturperiode eine Geschäftsordnung, wobei man zumeist auf das Regelwerk des Vorgängerbundestages zurückgreift. Neben der Geschäftsordnung gibt es noch eine Reihe von »ungeschriebenen Gesetzen«, welche die Struktur und Arbeitsweise des Parlaments reglementieren. Man spricht in diesem Zusammenhang von »parlamentarischen Gebräuchen« oder »Gewohnheitsrecht«. Diese informellen, nicht schriftlich fixierten Regeln können genauso verbindlich wirken wie die niedergeschriebenen.

Die Arbeit des Bundestages läuft auf unterschiedlichen Ebenen ab. Drei grundlegende Arbeitsplattformen lassen sich unterscheiden: (1) die Vollversammlung der Abgeordneten, (2) Zusammenschlüsse von Parlamentariern, (3) die individuellen Mitglieder des Bundestages (MdBs).

Eine Anmerkung zur Struktur des »Hohen Hauses«: Die deutsche Volksvertretung ist ein Parlament mit nur einer »Kammer«, nämlich dem Deutschen Bundestag. Staatsrechtlich ist es nicht korrekt, wenn der Bundesrat als »Zweite Kammer« bezeichnet wird, denn die Vertretung der Länder auf Bundesebene ist ein eigenständiges und unabhängiges Staatsorgan.

6.1.1 | Vollversammlung

Ist vom Bundestag die Rede, dann ist damit in der Regel das Plenum, die Vollversammlung der Abgeordneten, gemeint. Als Zusammenkunft aller rund 600 gewählten MdBs »konstituiert« sich der Deutsche Bundestag. Als Vollversammlung trifft das Parlament seine Entscheidungen. Die Plenararbeit steht oft auch im Mittelpunkt der öffentlichen Wahrnehmung.

Der Bundestagspräsident an der Spitze des Staatsorgans

An der Spitze der Vollversammlung steht der Bundestagspräsident. Der Bundestagspräsident wird vom Plenum gewählt. Dabei ist es ein ungeschriebener parlamentarischer Brauch, dass die stärkste Fraktion des Parlaments das Recht hat, den Präsidenten zu stellen. Er/sie vertritt das Parlament nach außen und hat das Hausrecht sowie die Befugnis zur Anordnung von Polizeigewalt in den Parlamentsgebäuden. Der Bundestagspräsident sitzt den Plenarverhandlungen vor und darf – wenn nicht gerade sitzungsleitend – an der Debatte und an den Abstimmungen teilnehmen. Er bleibt Mitglied seiner Partei und seiner Fraktion. Damit unterscheidet sich das Amt des Präsidenten von dem Amt des »Speaker« im britischen Unterhaus. Der »Speaker« gibt seine Fraktionsmitgliedschaft bei Amtsantritt auf und pflegt sich nicht an den Debatten zu beteiligen. Die Rolle des »Speaker« ist deutlich überparteilicher als die des Bundestagspräsidenten.

Tab. 8 | *Bundestagspräsidenten der Bundesrepublik Deutschland*

	Name	Partei	Amtszeit von...	bis...
1	Erich Köhler	CDU	7. September 1949	18. Oktober 1950
2	Hermann Ehlers	CDU	19. Oktober 1950	29. Oktober 1954
3	Eugen Gerstenmaier	CDU	16. November 1954	31. Januar 1969
4	Kai-Uwe von Hassel	CDU	5. Februar 1969	13. Dezember 1972
5	Annemarie Renger	SPD	13. Dezember 1972	14. Dezember 1976
6	Karl Carstens	CDU	14. Dezember 1976	31. Mai 1979
7	Richard Stücklen	CSU	31. Mai 1979	29. März 1983
8	Rainer Barzel	CDU	29. März 1983	25. Oktober 1984
9	Philipp Jenninger	CDU	5. November 1984	11. November 1988
10	Rita Süssmuth	CDU	25. November 1988	26. Oktober 1998
11	Wolfgang Thierse	SPD	26. Oktober 1998	18. Oktober 2005
12	Norbert Lammert	CDU	18. Oktober 2005	

Dem Bundestagspräsidenten zur Seite stehen Stellvertreter, zurzeit fünf, die gleichfalls vom Plenum gewählt werden. Aus den verschiedenen Fraktionen kommend bilden sie zusammen mit dem Präsidenten das Präsidium des Bundestages, das geschäftsführende Aufgaben übernimmt.

Bundestagsverwaltung

Der Bundestag als Vollversammlung der Abgeordneten wird von parlamentarischen Hilfsdiensten, der so genannten Bundestagsverwaltung unterstützt. An der Spitze dieser rund 2.800-köpfigen Behörde steht der »Direktor beim Deutschen Bundestag«. Die Leistungen der Hilfsdienste reichen von der Bereitstellung eines Fahrdienstes über die Organisation der Diätenauszahlungen bis hin zu den wissenschaftlichen Fachdiensten.

6.1.2 Zusammenschlüsse von Abgeordneten

Geht man eine Ebene tiefer, dann erscheint der Bundestag nicht mehr als ein »Organ«, sondern als vielgestaltige Organisation, in der sich die Abgeordneten zu zahlreichen, zum Teil überlappenden mehr oder weniger großen Gruppen zusammenschließen. Zu unterscheiden sind kurzfristige, sporadische Verbindungen von Abgeordneten von den langfristigen Assoziationen. Zwei solcher dauerhaften Zusammenschlüsse sind für das Verständnis der Arbeit des Bundestages besonders relevant: die Ausschüsse und die Fraktionen.

6.1.2.1 Ausschüsse

Politik ist in modernen Demokratien vielschichtig und komplex geworden. Die Vollversammlung der Abgeordneten könnte die zahlreichen anstehenden Aufgaben nicht alle selbst bewältigen. Deswegen gibt es in modernen Parlamenten, so auch im Deutschen Bundestag, ein Ausschusswesen, das der Vorbereitung der Plenararbeit dient. Hierzu gehören insbesondere die ständigen Fachausschüsse. Der Bundestag hat in der 17. Wahlperiode 22 solcher Gremien eingerichtet, die sich mit verschiedenen Politikfeldern beschäftigen. Die Verteilung der Zuständigkeiten über die Ausschüsse entspricht traditionellerweise der Ressortzuschneidung der Ministerien: der Auswärtige Ausschuss steht dem Auswärtigen Amt gegenüber, der Verteidigungsausschuss dem Verteidigungsministerium, der Ausschuss für Familie, Senioren, Frauen und Jugend dem gleichlautenden Ressort. Daneben existieren Ausschüsse, die sich mit Politikfeldern ohne dazugehörigem Bundesministerium befassen, wie der Ausschuss für Kultur und Medien oder der EU-Ausschuss.

Ständige Ausschüsse bereiten Plenararbeit vor

Tab. 9

Ausschüsse im 17. Deutschen Bundestag

Name des Ausschusses	Anzahl der Mitglieder
Ausschuss für Wahlprüfung, Immunität und Geschäftsordnung	13
Sportausschuss	18
Ausschuss für Wirtschaft und Technologie	37
Ausschuss für Familie, Senioren und Frauen und Jugend	34
Petitionsausschuss	26
Rechtsausschuss	37
Ausschuss für Ernährung, Landwirtschaft und Verbraucherschutz	34
Ausschuss für Gesundheit	37
Auswärtiger Ausschuss	37
Finanzausschuss	37
Ausschuss für Arbeit und Soziales	37
Ausschuss für Verkehr, Bau- und Stadtentwicklung	37
Innenausschuss	37
Haushaltsausschuss	41
Verteidigungsausschuss	34
Ausschuss für Umwelt, Naturschutz und Reaktorsicherheit	34
Ausschuss für Menschenrechte und humanitäre Hilfe	18
Ausschuss für wirtschaftliche Zusammenarbeit und Entwicklung	24
Ausschuss für Angelegenheiten der Europäischen Union	35 + 16 Mitglieder des Europaparlaments
Ausschuss für Bildung, Forschung und Technikfolgenabschätzung	34
Ausschuss für Tourismus	18
Ausschuss für Kultur und Medien	24

Jenseits der Politikfeld-Ausschüsse übernehmen weitere ständige Gremien wichtige Aufgaben:

- Der bedeutsame Haushaltsausschuss kontrolliert die Ausgaben des Bundes in allen Ressorts.

- Der Geschäftsordnungsausschuss setzt sich mit Fragen des Parlamentsrechts auseinander und ist in seiner Funktion als Wahlprüfungsausschuss für die Beurteilung von Einsprüchen gegen die Bundestagswahl zuständig.
- Der Petitionsausschuss verarbeitet die Bürgereingaben nach Art. 17 des Grundgesetzes.
- Der Ältestenrat mit seinen 29 Mitgliedern ist schließlich kein Fachausschuss, sondern ein ständiges Leitungsgremium, das über das Sitzungsprogramm der Vollversammlung der Abgeordneten berät und beschließt. Er hat die Macht über die Tagesordnung des Bundestages.

In den Ausschüssen sind die Fraktionen entsprechend ihrer Stärke im Parlament vertreten. Die Posten der Vorsitzenden in den Ausschüssen werden über die Fraktionen gemäß ihrer Stärke verteilt. Üblicherweise hat ein Abgeordneter der Opposition den Vorsitz im Haushaltsausschuss inne. In einigen Ausschüssen sind Unterausschüsse eingerichtet worden.

Als nicht-ständige Ausschüsse kann der Bundestag Untersuchungsausschüsse einsetzen, die im Grundgesetz ausdrücklich angesprochen werden (Art. 44 GG). Über diese wird noch ausführlicher im Zusammenhang mit der Kontrollfunktion des Bundestages zu sprechen sein. Das Parlament hat überdies die Möglichkeit, Enquete-Kommissionen einzurichten. Diese dienen dazu, Themen mit langfristiger Perspektive zu bearbeiten. In solchen Enquete-Kommissionen sind neben den Abgeordneten auch parlaments-externe Experten vertreten. Schließlich kann der Bundestag noch Sonderausschüsse einsetzen; dies geschah beispielsweise im Rahmen der deutschen Einheit.

Vielfalt parlamentarischer Zusammenschlüsse

Diese Vielfalt der ständigen und nicht-ständigen Ausschüsse wird ergänzt durch eine Menge an kleinen Zusammenschlüssen von Abgeordneten, die ein spezielles Interesse teilen, z.B. das Engagement für eine Region in der Welt.

6.1.2.2 Fraktionen

Neben den sachpolitischen Zusammenschlüssen von Abgeordneten spielen die parteipolitischen Formationen, die Fraktionen, eine bedeutende Rolle. Mit den Fraktionen sind wir bei den wohl wichtigsten parlamentarischen Einheiten im modernen Parlamentarismus angekommen. Nicht umsonst bezeichnen einige Wissenschaftler moderne Volksvertretungen auch als Fraktionen- oder Gruppenparlamente.

Fraktionen als wichtigste parlamentarische Handlungseinheiten

Die Regelungen zur Bildung von Fraktionen finden sich in der Geschäftsordnung des Bundestages. Eine Gruppe von mindestens fünf Prozent aller Abgeordneten hat das Recht, sich zu einer Fraktion zusammenzuschließen. In der parlamentarischen Wirklichkeit sind nahezu alle MdBs in solchen Zusammenschlüssen organisiert. Die Abgeordneten werden quasi-automatisch Fraktionsmitglieder, sobald ihre Partei über die Fünf-Prozent-Hürde geklettert ist und somit hinreichend viele Parlamentarier zur Gründung einer Fraktion im Bundestag hat.

Direkt gewählte Mitglieder des Bundestages, deren Partei die Fünf-Prozent-Hürde nicht überspringen konnte, gehören zunächst keiner Fraktion an. Desgleichen sind auch MdBs, die freiwillig ihre Fraktionszugehörigkeit aufgegeben haben oder denen die Mitgliedschaft in einem parteipolitischen Zusammenschluss entzogen worden ist, »fraktionslos«. Solche »frei schwebenden« Abgeordneten können sich einer anderen Fraktion anschließen oder sich zu einer »Gruppe« zusammenfinden. Gruppen genießen nur eingeschränkte Rechte und erhalten weniger Finanzmittel als die Fraktionen.

Teilautonome Organisationen mit Privilegien und Ressourcen

Die parteipolitischen Zusammenschlüsse sind zu den zentralen Handlungseinheiten im Bundestag geworden: Sie verfügen über Privilegien und Ressourcen, die sie in den Mittelpunkt der parlamentarischen Willensbildungs- und Entscheidungsprozesse rücken. Zahlreiche parlamentarische Rechte im Gesetzgebungsprozess, bei der Kontrolle der Regierung oder bei parlamentsinternen Abläufen sind in Wirklichkeit zu Fraktionsrechten geworden – oder zu den Rechten von »fraktionsstarken« Zusammenschlüssen von Parlamentariern, die aus unterschiedlichen parteipolitischen Ecken kommen können.

Hintergrund

Fraktionsrechte, eine Auswahl

- Gesetzesinitiativrecht
- Antragsrecht auf Aktuelle Stunde
- Antragsrecht auf Kleine oder Große Anfragen
- Antragsrecht auf namentliche Abstimmungen
- Antragsrecht auf Vertagung von Sitzungen
- Zitierrecht
- Recht zur Benennung von Mitgliedern für Ausschüsse und Kommissionen
- Recht auf Anrufung des Vermittlungsausschusses

Die Fraktionen sind teilautonome Organisationen: Sie haben eine Leitungsspitze (ein »Management«), sie teilen sich auf in Arbeitsgruppen oder -kreise, sie geben sich Geschäftsordnungen und werden von einem eigenen Mitarbeiterstab unterstützt. Die Vorsitzenden und die parlamentarischen Geschäftsführer der Fraktionen gehören zu den zentralen

Figuren im Bundestag – und mit zu den wichtigsten Akteuren des gesamten Regierungssystems.

Die individuellen Abgeordneten

6.1.3

Die kleinste Organisationseinheit im Bundestag sind die einzelnen Abgeordneten. Diese sind nicht nur Bestandteile von irgendwelchen Zusammenschlüssen oder gar bloße Rädchen in der großen Parlamentsmaschine, sondern als Individuen autonome »Systeme« mit eigenen Mitarbeiterstäben, mit unveräußerlichen Rechten und einem geschützten Status.

So werden die Abgeordneten zunächst vor willkürlicher Verfolgung in Schutz genommen. MdBs verfügen über »Immunität«, d.h. sie dürfen nicht ohne weiteres wegen einer mit Strafe bedrohten Handlung rechtlich verfolgt werden. Dieser Schutz kann nur auf Beschluss des Bundestages aufgehoben werden. Sie sind zudem Nutznießer des »Indemnitätsrechtes«, d.h. sie können aufgrund ihrer Äußerungen und ihrer Abstimmungen im Parlament auch später nicht mehr strafrechtlich belangt werden (Ausnahme: verleumderische Beleidigungen).

Abgeordnete genießen Immunität und Indemnität

Das Grundgesetz legt im Artikel 38 noch einen weiteren Grundstein für die Rechtsstellung der Parlamentarier: das freie Mandat. Abgeordnete sind – so die Formulierung – »Vertreter des ganzen Volkes, an Aufträge und Weisungen nicht gebunden und nur ihrem Gewissen unterworfen« (Abs. 1 Satz 2). Diese – nicht unumstrittene (s.u.) – Wendung betont ausdrücklich die Unabhängigkeit der Bundestagsabgeordneten von Beeinflussungsversuchen, die aus der Mitte des Parlaments oder von außerhalb an sie herangetragen werden. Schließlich werden Abgeordnete nicht nur vor Verfolgung und Beeinflussung geschützt, sondern auch mit Rechten ausgestattet: Sie können als Individuen auf ein Repertoire an parlamentarischen Antrags- und Rederechten zurückgreifen.

Hintergrund

Verfahrensrechte einzelner Parlamentarier, eine Auswahl

- Stimmrecht
- Rederecht
- Informations- und Fragerecht
- Recht zur Abgabe von Erklärungen
- Recht zur Teilnahme an Ausschusssitzungen
- Recht zur Einbringung von Gesetzesänderungsanträgen in der 2. Lesung

Zur Absicherung ihrer finanziellen Unabhängigkeit erhalten die Abgeordneten für ihre Mandatsausübung eine »Entschädigung« (auch »Diäten«). Allerdings ist aus dem einstmalig dürftigen »Tagegeld« ein existenzsicherndes Einkommen geworden, das versteuert werden muss. Parlamentarier sind keine Feierabendpolitiker mehr, sondern sie können von der Politik leben – wenngleich viele von ihnen noch »Nebentätigkeiten« nachzugehen pflegen, die offengelegt werden müssen.

MdBs repräsentieren nicht den Bevölkerungsdurchschnitt

Die Bundestagsabgeordneten sind nicht repräsentativ für die Bevölkerung, zumindest bezogen auf ihre demografischen Daten: Das trifft auf die Altersverteilung und auf den Anteil von Frauen und Männern, auf die Bildungsstruktur und auf die im Bundestag vertretenen Berufsgruppen zu. Plakativ zusammengefasst ist der Bundestagsabgeordnete älter sowie formal höher gebildet als der Bevölkerungsdurchschnitt. Männer sind überrepräsentiert. Angehörige des öffentlichen Dienstes bilden eine verhältnismäßig starke Gruppe.

Tab. 10

Berufe der Abgeordneten vor ihrem Eintritt in den Bundestag (17. Wahlperiode) – die zehn häufigsten Berufsklassen

Quelle: http://www.bundestag.de/bundestag/abgeordnete17/mdb_zahlen/Berufe.html

	Anzahl	in %
Rechts-, wirtschafts- und steuerberatende Berufe (selbstständig)	101	16,2
Handwerk, Handel, Gewerbe, Industrie (unselbstständig)	55	8,8
Lehrer (Beamte)	44	7,1
Bildung, Lehre, Forschung (angestellt)	39	6,3
Parteien und Funktionen (unselbstständig)	35	5,6
Verwaltung (Beamte)	33	5,3
Handwerk, Handel, Gewerbe, Industrie (selbstständig)	32	5,1
Verwaltung (angestellt)	30	4,8
Gewerkschaft, Arbeitnehmerorganisationen (unselbstständig)	24	3,6
Publizistische Berufe, Berufe in den Medien, Kulturberufe (freie Berufe)	17	2,7

Diese defizitäre Repräsentativität ist typisch für zeitgenössische Parlamente – und durchaus plausibel. Der klassische Weg in den Bundestag führt über eine Parteikarriere. Die hier greifenden Auswahlmechanismen bevorzugen bestimmte Bevölkerungsgruppen, zum Beispiel solche mit hohem Bildungsgrad. Zudem steigt die Anzahl derer, die bereits vor ihrem Einzug in den Bundestag von der Politik gelebt haben (z.B. als Mitarbeiter von Abgeordneten oder als hauptberufliche Funktionsträger in einer Partei). Bundestagsabgeordnete sind Berufspolitiker – vor, während und zunehmend auch im Anschluss an ihre Mandatszeit. Sie kehren immer seltener in ihre nicht-politischen Ausgangsberufe zurück, so sie denn überhaupt solche gehabt haben.

Abgeordnete sind Berufspolitiker

Gruppenparlament oder Individualparlament? | 6.1.4

Kritische Sicht auf die Fraktionsdisziplin

Trotz all der formalen Unabhängigkeit der Mitglieder des Bundestages: Die parlamentarische Arbeit wird gelegentlich dafür kritisiert, dass die Gewissensfreiheit des einzelnen Abgeordneten in der Praxis keine Rolle mehr spiele. Die Fraktionsdisziplin – hier und dort wird vom »Fraktionszwang« gesprochen – beherrsche die Arbeit des Bundestages und enge die Freiheit der Parlamentarier erheblich ein. Sie widerspreche der Idee des autonomen Abgeordneten.

In der Tat: Im Prozess der parlamentarischen Meinungsbildung und Entscheidungsfindung dreht sich vieles um die Fraktionen. Dort wird verabredet, wie sich die Mitglieder bei Abstimmungen verhalten sollen. Eine Reihe von Rechten ist von der Ebene des einzelnen Abgeordneten auf die Ebene der Fraktionen überführt worden. Der Bundestag wird zu Recht als Gruppen- oder Fraktionenparlament eingestuft.

Für den Beobachter mag sich hier ein Widerspruch zu dem in Art. 38 des Grundgesetzes verankerten freien Mandat auftun: Sind die Abgeordneten in der Wirklichkeit also doch an Weisungen gebunden, nämlich an die Weisungen der jeweiligen Fraktionen bzw. deren Spitze?

Zunächst einmal gilt: Die Abgeordneten haben stets die Möglichkeit, nach ihrem Gewissen zu entscheiden. Sie können nicht in die Fraktionslinie gezwungen werden – also ist »Fraktionszwang« das falsche Wort. Auch wenn sie abweichend votieren, müssen sie nicht damit rechnen, unmittelbar ihr Mandat zu verlieren. Noch nicht einmal, wenn sie aus der Partei austreten, für die sie kandidiert haben oder über deren Landesliste sie gewählt wurden, droht ihnen ein Mandatsverlust.

»Fraktionszwang« missverständlich

Aber es gibt andere Formen von Sanktionen. Diese können von einer Ermahnung seitens der Fraktionsführung über den Entzug einer der begehrten Ausschusspositionen bis hin zum Ausschluss aus der Fraktion reichen. Gegebenenfalls werden sie von ihrer Partei bei der nächsten Wahl nicht mehr oder lediglich auf aussichtslosen Listenplätzen als Kandidaten aufgestellt.

Mitglied einer Fraktion zu sein, engt die Abgeordneten aber nicht zwangsläufig und ausschließlich in ihren Spielräumen ein. Die Zugehörigkeit zu einer Fraktion kann die Gestaltungs- und Einflussmöglichkeiten des Einzelnen sogar erheblich weiten. Wenn sich ein Parlamentarier innerhalb der eigenen Fraktion mit einer Position oder einem Thema durchsetzen kann, dann ist diese Angelegenheit plötzlich nicht mehr nur die »Mission« eines einzelnen Abgeordneten. Vielmehr wird sie damit zur Sache einer der großen parlamentarischen Kräfte. Ihre Durchsetzungschance erhöht sich.

Ohnehin ist Politik so komplex geworden, dass sich nicht mehr jeder einzelne Abgeordnete in jede Fragestellung hinreichend einarbeiten kann. Deswegen ist die arbeitsteilige Willensbildung in den Fraktionen effizient. Man verlässt sich bei Abstimmungen auf das, was die jeweiligen sachkundigen Fraktionskollegen als Position erarbeitet haben.

Effiziente arbeitsteilige Willensbildung

Als parlamentarische »Sternstunden« werden zuweilen Debatten bezeichnet, in denen die Abstimmung seitens der Fraktionen »freigegeben« ist. Dies wird zumeist dann praktiziert, wenn es sich um ethische Fragen handelt (z.B. Schwangerschaftsabbruch, Sterbehilfe), bei denen die einzelnen Fraktionen keine einheitliche Position entwickeln können oder wollen. Diese ergebnisoffenen parlamentarischen Debatten sind die Ausnahme im parlamentarischen Alltag und müssen es sogar sein. Ein reines »Sternstundenparlament« wäre nicht arbeitsfähig. Es stünde im Widerspruch zur Idee der »parlamentarischen Regierung« (→ Kapitel 7).

6.2 | Arbeitsweise des Parlaments

Der Bundestag arbeitet anders als alle anderen politischen Organisationen, etwa Regierungen, Parteien oder Verwaltungen. Kennzeichnend für die parlamentarische Arbeitsweise sind die öffentliche Debatte sowie der Schutz von Minderheitenrechten bei gleichzeitigem Mehrheitsprinzip.

6.2.1 | Zwischen Rede- und Arbeitsparlament

»Der Bundestag verhandelt öffentlich« – so will es der Artikel 42 des Grundgesetzes. Das Parlament ist ein Ort der öffentlichen Aussprache, der gesellschaftlichen Auseinandersetzung. Diese Aussprache findet im Rahmen der Plenarversammlung statt. Wenn die Abgeordneten im Sitzungssaal des Reichstagsgebäudes zusammenkommen, dann können, sollen und wollen sie beobachtet werden: von den Zuschauern auf den Besuchertribünen, von den Journalisten auf der Pressegalerie und vor

Öffentliche Plenardebatte

allem über die Medien, die Ton und Bild der Debatten aufzeichnen oder live übertragen.

Definition

Rede- und Arbeitsparlament (Winfried Steffani)
Redeparlament: Der Anspruch des Redeparlaments ist, »das wichtigste Forum der öffentlichen Meinung, die offizielle Bühne aller großen, die Nation bewegenden politischen Diskussionen zu sein«. Die entscheidende Arena des parlamentarischen Betriebs ist das Plenum. *Arbeitsparlament*: Parlamente dieser Kategorie haben den »Charakter einer betont politisch interessierten Spezialbürokratie«. Der Hauptteil parlamentarischer Arbeit findet in den Fachausschüssen statt.
Quelle: Winfried Steffani (Hg.), Parlamentarische und präsidentielle Demokratie. Strukturelle Aspekte westlicher Demokratien, Opladen, Westdeutscher Verlag 1979, S. 96 f.

Die Plenardebatte mutet wie ein »öffentliches Ringen« um die beste Lösung an. Rede und Gegenrede prägen den Debattenverlauf. Am Ende steht gegebenenfalls eine Abstimmung. Schaut man allein auf die Plenardebatten, dann erscheint der Bundestag wie ein klassisches »Redeparlament«. Man könnte den Eindruck gewinnen, die parlamentarische Willensbildung liefe überwiegend im Halboval des Plenarsaals ab. Die Praxis sieht jedoch anders aus. Das, was im Plenarsaal der Öffentlichkeit präsentiert wird, sind die Ergebnisse einer in der Regel bereits abgeschlossenen Meinungsbildung. Die Debatte im Plenum dient der öffentlichen Begründung und Rechtfertigung von vorher gefällten Entscheidungen und nicht dazu, die Gegenseite zu überzeugen. Denn das Plenum entscheidet über »Beschlussvorlagen«: Das heißt die Vollversammlung der Abgeordneten befindet über Vorentscheidungen, die in den Ausschüssen gefällt worden sind. Gesetzesvorlagen leitet man nach der ersten Beratung im Plenum an die zuständigen Ausschüsse weiter. Dort werden die Vorlagen detailliert diskutiert, Änderungsvorschläge eingebracht und gegebenenfalls eingebaut.

Plenardebatte als öffentliche Begründung vorher gefällter Entscheidungen

In den Ausschüssen stoßen die Fachleute der Fraktionen aufeinander. Zuvor ist bereits innerhalb der parteipolitischen Arbeitskreise und -gruppen eine Linie erarbeitet worden. Mit dieser Position gehen die Fachvertreter der Fraktionen in die Ausschussberatungen hinein. Die Vorarbeiten in den Fachausschüssen und in den Fraktionsgremien sind ein unverzichtbarer Bestandteil der parlamentarischen Tätigkeit. Damit

Ausschüsse bereiten Plenarentscheidungen vor

weist der Bundestag auch deutliche Merkmale eines »Arbeitsparlaments« auf. Die Praxis des Bundestages liegt somit zwischen den beiden Typen »Rede-« und »Arbeitsparlament«.

Den Bundestag nur über seine Plenartätigkeit wahrzunehmen, wäre jedenfalls falsch. Vielmehr ist es ein generelles Kennzeichen von Parlamenten, dass sie eine Vielzahl von unterschiedlichen Handlungsräumen in ihren Strukturen einschließen. Dort finden kooperative oder konfliktreiche, öffentliche oder vertrauliche Prozesse statt.

6.2.2 | Regierungsmehrheit vs. Opposition

Die Arbeit des Bundestages wird geprägt von einer Konfliktlinie, die sich durch nahezu alle Gremien und Entscheidungsprozesse des Parlaments zieht: die Auseinandersetzung zwischen parlamentarischer Regierungsmehrheit und Opposition. Die Mehrheitsfraktionen bilden diejenigen, die den Bundeskanzler oder die Bundeskanzlerin gewählt haben und diese/n tragen. Zur Opposition gehören alle anderen Fraktionen oder Mitglieder des Parlaments.

Mehrheitsfraktionen am Entscheidungshebel

Die Mehrheitsfraktionen sitzen am Entscheidungshebel. Denn in der Regel reicht die Mehrzahl der anwesenden Abgeordneten, um eine Entscheidung des Staatsorgans herbeizuführen: »Zu einem Beschlusse des Bundestages ist die Mehrheit der abgegebenen Stimmen erforderlich« (Art. 42 GG). Nur in vom Grundgesetz ausdrücklich erwähnten Sonderfällen ist eine Kanzlermehrheit notwendig (d.h. mehr als die Hälfte der Mitglieder des Bundestags), z.B. bei der Wahl des Kanzlers, bei Vertrauensfragen oder dem Misstrauensvotum (→ Kapitel 7). Bei Verfassungsänderungen gilt das Erfordernis einer Zwei-Drittel-Zustimmung.

Obwohl die Mehrheitsregel gilt: Im Bundestag werden zugleich die Rechte der Minderheiten, die Rechte der Opposition geschützt. Widerstand und Kritik gelten in vielen Situationen und Organisationen als problematisch und verzichtbar. Im Parlament hingegen kommt der Opposition eine wichtige und unentbehrliche Aufgabe zu. Sie kontrolliert und kritisiert die Regierung, stellt Alternativen vor und übernimmt somit substanzielle demokratische Aufgaben. Kontrolle und Kritik laufen nicht mehr in erster Linie zwischen Gesamtparlament und Regierung ab, wie dies von der klassischen Gewaltenteilungslehre noch gedacht war. Vielmehr stehen sich die Handlungseinheit von Bundestagsmehrheit und Regierung auf der einen Seite und die parlamentarische Opposition auf der anderen Seite gegenüber. Man spricht in parlamentarischen Demokratien wie der Deutschlands von einer »funktionalen Gewaltenteilung«.

Funktionale Gewaltenteilung zwischen Regierung und Opposition

Das Parlamentsrecht umfasst folglich eine Menge an Rechten, die von der Opposition genutzt werden können. Dies trifft insbesondere auf die Instrumente der Regierungskontrolle wie Anfragen oder das Einrichten von Untersuchungsausschüssen zu. Aber auch im Gesetzgebungsprozess hat die Opposition die Möglichkeit, ihre Position einzubringen und den Willensbildungsprozess mitzugestalten – wenngleich bei der (Nicht-)Verabschiedung eines Gesetzes letzten Endes die Mehrheit den Ausschlag gibt.

In der Konstellation einer Großen Koalition stellt sich die Frage nach den demokratischen Minderheitenrechten neu: Inwieweit ist eine »Kleine Opposition« überhaupt in der Lage, die kontrollierenden Aufgaben der parlamentarischen Minderheit effektiv zu übernehmen? So kamen beispielsweise in der 16. Legislaturperiode des Bundestages die drei oppositionellen Fraktionen (FDP, Bündnis '90/Grüne, Linkspartei) zusammen auf nur 27 Prozent der Abgeordneten. Deswegen war ihnen ein Oppositionsrecht verbaut, für das sich mindestens ein Drittel der Abgeordneten zusammenfinden muss, nämlich die Normenkontrollklage beim Bundesverfassungsgericht (→ Kapitel 9).

Schwäche der »Kleinen Opposition«

Funktion und Aufgaben des Bundestages | 6.3

Welche Aufgaben und Kompetenzen der Bundestag in der parlamentarischen Demokratie Deutschlands hat, soll entlang der klassischen vier Parlamentsfunktionen erörtert werden: (1) Wahl-/Abwahlfunktion, (2) Gesetzgebungsfunktion, (3) Kontrollfunktion, (4) Kommunikationsfunktion.

Wahl-/Abwahlfunktion | 6.3.1

Der Bundestag wählt eine Reihe von Personen, zum Beispiel interne Funktionsträger wie den Bundestagspräsidenten oder externe wie den Präsidenten des Rechnungshofes oder die Hälfte der Bundesverfassungsrichter. Vor allem aber wählt der Bundestag zu Beginn seiner Legislaturperiode den Bundeskanzler/die Bundeskanzlerin.

Bundeskanzlerwahl

Bislang liefen die Bundeskanzlerwahlen relativ überraschungsfrei und unkompliziert ab, obgleich die Mehrheiten in einigen Situationen reichlich knapp waren. Der jeweils vom Bundespräsidenten vorgeschlagene Kandidat ist stets im ersten Wahlgang von mehr als der Hälfte der Mitglieder des Bundestages gewählt worden. In gegebenenfalls erforderlichen weiteren Wahlgängen könnte der Vorschlag aus der Mitte des Parlaments kommen. Finden auch diese Kandidaten keine »Kanzlermehrheit«, dann gibt es nach Ablauf von 14 Tagen einen abschließenden Wahlgang. Erhält der Kandidat auch dann nur eine einfache, aber keine absolute Mehrheit der Mitglieder, kann der Bundespräsident den Bundestag auflösen und Neuwahlen anberaumen. Der Bundespräsident hat aber auch die Option, den mit der einfachen Mehrheit gewählten Kandidaten zum Kanzler einer Minderheitsregierung zu ernennen. Aber wie erwähnt: Zu dieser Situation ist es bislang noch nicht gekommen.

Dass die Kanzlerwahl generell mit einer gewissen Spannung verbunden ist, hängt damit zusammen, dass die Wahl mit »verdeckten Stimmzetteln« erfolgt. So lässt sich das Stimmverhalten des einzelnen Abgeordneten nicht nachvollziehen. Abweichler bleiben unentdeckt (und unbestraft).

Abb. 17 | *Verfahren der Kanzlerwahl*

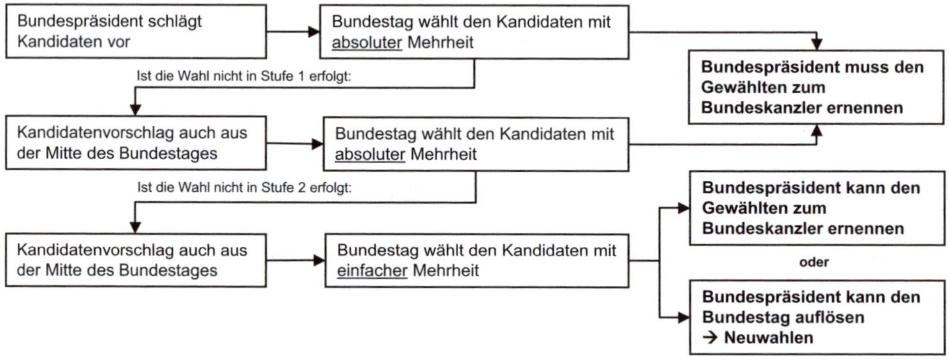

Konstruktives Misstrauensvotum als Abwahlkompetenz des Parlaments

Der Bundestag bringt also den Bundeskanzler oder die -kanzlerin ins Amt. Aber erst das Recht des Parlaments, den Regierungschef des Amtes zu entheben, macht aus Deutschland eine »parlamentarische« Demokratie, in der die Regierung dem Parlament gegenüber verantwortlich bleibt. Der Bundestag verfügt über eine solche Abwahlkompetenz durch den Artikel 67 des Grundgesetzes (»konstruktives Misstrauensvotum«, → Kapitel 7). Das deutsche Parlament kann einen Bundeskanzler abwählen, aber nur dann, wenn zugleich mit der erforderlichen Mehrheit ein neuer Regierungschef gewählt wird. Eine Abwahl durch eine negative Mehrheit, die eine »Regierungslücke« zur Folge hätte, ist von den Müttern und Vätern des Grundgesetzes ganz bewusst unmöglich gemacht worden.

Gesetzgebungsfunktion

| 6.3.2

Bundestag als Gesetzgeber

Der Bundestag wird in der Sprache der Juristen als der »Gesetzgeber« bezeichnet. Das Gesetzgeben ist in der Tat diejenige Aufgabe, die der klassischen Gewaltenteilung zufolge dem Parlament zugewiesen wird. Das Grundgesetz zementiert diese Idee im Artikel 77 Abs. 1: »Die Bundesgesetze werden vom Bundestage beschlossen«. Das Bundesverfassungsgericht hat diese Festlegung um die »Wesentlichkeitstheorie« ergänzt. Diese besagt, dass der Bundestag dasjenige Organ ist, das »grundlegende und wesentliche Entscheidungen« treffen muss. Es darf seine Entscheidungskompetenz in wichtigen Belangen nicht an andere, z. B. die Regierung, abtreten.

Die parlamentarische Gesetzgebung läuft in einem mehrstufigen Verfahren ab. Im Plenum finden drei Lesungen statt (bei völkerrechtlichen Verträgen nur zwei). Diese sind allerdings nicht immer mit einer »Aussprache« verbunden. Zwischen den Plenarlesungen befassen sich die Fachausschüsse mit der Gesetzesvorlage. In der zweiten Plenarverhandlung können von einzelnen Abgeordneten Änderungsanträge eingebracht werden, über die die Vollversammlung abstimmt. In der dritten Lesung dürfen Änderungsanträge nur noch von Fraktionen eingespeist werden und auch nur, wenn sie sich auf Änderungen aus der zweiten Lesung beziehen. Am Ende entscheidet der Bundestag mit der Mehrheit der abgegebenen Stimmen über die gegebenenfalls geänderte Vorlage.

Bundesregierung bringt die meisten Gesetze ein

Das Recht, eine Gesetzesvorlage einzubringen (Initiativrecht), teilt sich der Bundestag (mindestens ein fraktionsstarker Zusammenschluss) mit der Bundesregierung und dem Bundesrat. Ein Großteil der verabschiedeten und vom Bundespräsidenten ausgefertigten Gesetze beruht freilich auf Vorlagen, die seitens der Regierung eingebracht worden sind: 78,2 Prozent bis zum Ende der 16. Legislaturperiode. Dies macht darauf aufmerksam, wie weit reichend die Regierung (eigentlich die »Exekutive«) an der Gesetzgebung (der »Legislative«) beteiligt ist.

Ein beachtlicher Anteil der Bundesgesetze wird mit Zustimmung aller Fraktionen verabschiedet. Die Konfliktlinie Regierungsmehrheit vs. Opposition schlägt sich in der Gesetzgebungsarbeit nieder – aber nicht immer und nicht überall.

Tab. 11 | *Anzahl der legislativen Akte in den vergangenen Legislaturperioden bis 2009*

Vom Bundespräsidenten ausgefertigt und verkündigte Gesetzesvorlagen	1.–11. Wahlperiode 1949–1990	12. 1990–1994	13. 1994–1998	14. 1998–2002	15. 2002–2005	16. 2005–2009	Summe	Prozent
der Bundesregierung	3431	373	418	412	290	505	5429	78,2
aus der Mitte des Bundestages	790	93	96	114	80	87	1260	18,1
des Bundesrates	136	27	37	22	16	19	257	3,7
Gesetzesvorlagen insgesamt	4357	493	551	548	386	611	6946	

Quelle: http://www.bundesrat.de

6.3.3 | Kontrollfunktion

Demokratie bedeutet, dass die Macht verteilt ist und sich die staatlichen Institutionen gegenseitig kontrollieren. Gegenstand der parlamentarischen Kontrolle ist in erster Linie die Bundesregierung, die dem Parlament gegenüber verantwortlich ist. Der Bundestag verfügt über ein großes Arsenal an Instrumenten, die Regierungsarbeit einer kritischen Beobachtung zu unterziehen. Zunächst stehen ihm die so genannten »interpellativen Verfahren« zur Verfügung, mit denen das Parlament die Bundesregierung öffentlich zur Rede stellen und Informationen gewinnen kann. Je nach Anzahl der Antragsteller kommen unterschiedliche Verfahren zum Einsatz.

Parlamentarische Kontrollmöglichkeiten

Kontrollieren können die Parlamentarier ferner im Rahmen der Fachausschüsse oder über eine Klage beim Bundesverfassungsgericht, z. B. in Form eines Normenkontroll- oder Organstreitverfahrens (→ Kapitel 9). Wird das Bundesverfassungsgericht angerufen, überträgt der Bundestag seine Kontrollaufgabe den obersten Richtern.

Mit Unterstützung eines weiteren Bundesorgans – des Bundesrechnungshofs – findet die parlamentarische Kontrolle bei den Haushaltsausgaben statt. Dieser stellt dem Parlament jährlich einen Bericht über die Solidität der Mittelverwendung durch die Bundesbehörden zur Verfügung.

Untersuchungsausschüsse als schärfstes Kontrollinstrument

Als schärfstes Kontrollinstrument des Bundestages gilt die Einsetzung eines parlamentarischen Untersuchungsausschusses. Untersuchungsausschüsse dienen der Klärung von Sachverhalten und dem Aufdecken von Missständen. In ihrer Arbeit ähneln sie Gerichten: Sie vernehmen Zeugen und können Beweise erheben lassen.

Große Anfragen können von einer Fraktion oder einem fraktionsstarken Zusammenschluss schriftlich eingebracht werden. Die Bundesregierung ist zur Antwort und auf Verlangen der Fragesteller zur Diskussion im Plenum verpflichtet.	**Kleine Anfragen** können ebenfalls von fünf Prozent der Abgeordneten eingereicht werden. Frage und Antwort sind schriftlich. Es schließt sich keine Plenarberatung an.
Fragerecht des einzelnen Abgeordneten: Jeder Abgeordnete des Bundestages hat das Recht, kurze Einzelfragen (mündlich oder schriftlich) an die Bundesregierung zu stellen. Einzelanfragen von MdBs können von der Regierung im Rahmen der Fragestunde beantwortet werden.	**Aktuelle Stunde:** In einer Aktuellen Stunde können einerseits Themen von allgemeinem aktuellen Interesse diskutiert werden. Andererseits kann sie zur Klärung noch offener Fragen im Anschluss an die wöchentliche Fragestunde dienen. Das Antragsquorum liegt bei fünf Prozent der Abgeordneten.

Tab. 12

Spielarten interpellativer Verfahren im Deutschen Bundestag

In der überwiegenden Mehrzahl sind die Untersuchungsausschüsse bislang von der parlamentarischen Minderheit beantragt worden. Ihre Arbeit und ihre Ergebnisse spiegeln zumeist die Auseinandersetzung zwischen Regierungsmehrheit und Opposition: Die beteiligten Abgeordneten versuchen Punkte für ihre jeweilige Partei zu machen respektive Schaden von ihr abzuwenden. Am Ende solcher Untersuchungsausschüsse stehen folglich selten gemeinsam getragene Schlussfolgerungen, sondern oft mehrere Berichte, jeweils aus der Perspektive der Regierungsmehrheit und aus der Perspektive der Oppositionsfraktionen.

Definition

Parlamentarische Untersuchungsausschüsse

- rechtliche Basis: Art. 44 GG und das Gesetz zur Regelung des Rechts der Untersuchungsausschüsse des Deutschen Bundestages vom 19. Juni 2001, zuletzt geändert am 05.05.2004,
- Antragsquorum: 25 Prozent der Mitglieder des Bundestages,
- Beweiserhebung findet öffentlich statt,
- die Vorschriften der Strafprozessordnung finden Anwendung,
- Besetzung erfolgt gemäß der Fraktionsstärken im Bundestag,
- die Minderheitenfraktionen haben geschützte Rechte im Verfahren,
- der Ausschuss legt am Ende einen Bericht oder mehrere Berichte vor,
- bisherige Gesamtzahl: 39 (Stand 2/2011),
- jüngere Beispiele: Gorleben-Untersuchungsausschuss (2010), Kundus-Untersuchungsaussschuss (2009).

Opposition und Mehrheit kontrollieren

Ein Großteil der parlamentarischen Kontrollrechte wird von den Oppositionsfraktionen und ihren Abgeordneten in Anspruch genommen. Aber auch die Mehrheitsfraktionen kontrollieren ihre Regierung. Diese kritische Beobachtung dient jedoch weniger dazu, die Arbeit von Kanzler und Kabinett öffentlich zu beanstanden und ihnen damit Schaden zuzufügen. Vielmehr handelt es sich bei der Kontrolle innerhalb der Handlungseinheit Regierung und Bundestagsmehrheit um etwas, was als konstruktive »Mitsteuerung« bezeichnet wird. Diese Mitsteuerung findet – im Gegensatz zur Kontrolle durch die Opposition – zu einem großen Teil hinter verschlossenen Türen statt.

6.3.4 | Kommunikationsfunktion

Der Bundestag hat als »Volksvertretung« kommunikative Aufgaben, nämlich zwischen den Bürgern auf der einen Seite und dem staatlichen Entscheidungsbereich auf der anderen Seite zu »vermitteln«.

So ist es eine zentrale Funktion von Parlamenten, die Interessen der Bevölkerung wahrzunehmen und in den politischen Prozess einzubringen. Die Abgeordneten werden unmittelbar von den Bürgern gewählt und sollen auch danach in einem dichten Kontakt mit ihren Wählern stehen. Hierzu dienen auf der Ebene der einzelnen Abgeordneten beispielsweise Wahlkreissprechstunden oder andere Foren der Begegnung in den Heimatwahlkreisen oder am Parlamentssitz. Große Teile der Kommunikation finden hierbei im informellen Rahmen statt.

Petitionsverfahren bringt Bürgeranliegen ins Parlament

Das Petitionsverfahren bietet eine formale Möglichkeit, Bürgeranliegen in den parlamentarischen Prozess einzuspeisen. Laut Grundgesetz (Art. 17) hat jeder das Recht, beim Bundestag eine Petition einzureichen. Die Geschäftsordnung des Bundestages regelt die weitere Verarbeitung: Der Petitionsausschuss berät über die Eingaben und berichtet dem Plenum, der Öffentlichkeit und dem Petenten hierüber. Neuerdings besteht auch die Möglichkeit, Petitionen online einzureichen. Der Anteil der online eingereichten Petitionen hat deutlich zugenommen (2007: 2.139 von 16.260; 2008: 3.710 von 18.096; 2009: 6.724 von 18.861).

Wortlaut

Art. 17. GG
»Jedermann hat das Recht, sich einzeln oder in Gemeinschaft mit anderen schriftlich mit Bitten oder Beschwerden an die zuständigen Stellen und an die Volksvertretung zu wenden.«

Der Bundestag nimmt aber nicht nur Kommunikation auf – im Sinne eines »Hörrohrs«. Vielmehr hat das Parlament auch eine »Sprachrohr«-Funktion. Die von der Volksvertretung gefällten Entscheidungen, die unterschiedlichen Meinungen hierzu, die in Beratung stehenden Themen – all dies gilt es, der Bevölkerung gegenüber darzustellen. Dazu dienen in erster Linie die Plenardebatte und die Medienberichterstattung hierüber. Ohne Presse, Hörfunk und Fernsehen könnte das Parlament seine Kommunikationsaufgabe nicht erfüllen. Das Parlament unterstützt die Vermittlungstätigkeiten der Medien durch eine professionelle Öffentlichkeitsarbeit und bietet selbst für Journalisten, aber auch für Nicht-Journalisten frei zugängliche Informationen offline sowie online an. Auf seiner Internet-Seite bietet der Bundestag eine Mediathek mit Videoaufnahmen von Plenar- und öffentlichen Ausschussberatungen an.

»Sprachrohr«-Funktion des Parlaments

Die trotz des Aufbaus unmittelbarer Kommunikationskanäle bleibende Abhängigkeit von den Massenmedien birgt Gefahren in sich: nämlich sich als Parlament den Gesetzen der massenmedialen Öffentlichkeit übermäßig anpassen zu müssen und dabei das parlamentarische »Gesicht« zu verstellen. Zumindest droht die Arbeit des Bundestages aufgrund der Auswahlkriterien der Medien verzerrt wiedergegeben zu werden (→ Kapitel 4).

6.4 Entparlamentarisierung?

Der Bundestag steht – formal betrachtet – im Zentrum des deutschen Regierungssystems. Das war die Idee der Eltern des Grundgesetzes, das ist die Verfassungstheorie. Die Verfassungswirklichkeit, so meinen viele Beobachter, habe sich indes weit davon entfernt. »Entparlamentarisierung« oder »Deparlamentarisierung« sind Schlagwörter, die eine Kluft zwischen Theorie und Praxis benennen. Hinter den Begriffen steht die These, dass das Parlament nicht mehr die zentrale Instanz im politischen System sei. Dies lasse sich, so die entsprechenden Analysen, vor allem an der Gesetzgebung festmachen. Der eigentliche »Gesetzgeber«, der Bundestag, sei zum »Stempelkissen« andernorts gefällter Entscheidungen geworden. Aber auch die übrigen parlamentarischen Funktionen könnten vom Parlament nur noch bedingt ausgeübt werden.

Kritik an einer »Entmachtung« des Bundestages

Welche Entwicklungen werden für die Entmachtung des Bundestages verantwortlich gemacht? Wer nimmt dem Parlament die Macht, die ihm zusteht? Der kritische Blick fällt zunächst auf eine Reihe innenpolitischer Akteure, die zum Teil bereits angesprochen worden sind: Verbände seien im Gesetzgebungsprozess übermächtig geworden. Die Medien, nicht mehr das Parlament, stellten die Orte der politischen Auseinandersetzung dar und bestimmten über die Themen der öffentlichen Agenda. Vorabsprachen in Koalitionsgremien setzten Fakten, die von den Parlamentariern nur noch zur Kenntnis genommen werden könnten. Auch andere Staatsorgane grenzten die gesetzgeberischen Möglichkeiten des Bundestages weiter ein: die Regierung durch ihre Dominanz bei der Gesetzesinitiative, das Bundesverfassungsgericht durch seine Rechtsprechung (→ Kapitel 9), der Bundesrat durch seine Mitsprachemöglichkeiten. Apropos Bundesrat: Der föderal-kooperativen Struktur der Bundesrepublik Deutschland wird immer wieder die schwindende Macht des Bundestages (und der Landesparlamente!) geschuldet (→ Kapitel 10).

Europäisierung und Globalisierung bewirken Entparlamentisierung

Neben den innenpolitischen Faktoren werden auch die Europäisierung und Globalisierung für die Entparlamentarisierung verantwortlich gemacht (→ Kapitel 11). Die Verlagerung von Entscheidungen auf die Ebene der Europäischen Union führe zu einem Kompetenzverlust des Bundestages. Das Parlament sei – im Gegensatz zur Regierung – an der Rechtsetzung in der Europäischen Union nicht beteiligt. Die Regierung könne über den Umweg der Europäischen Union das nationale Parlament ausspielen. Ähnlich engten die Prozesse der Globalisierung, zum Beispiel die Zunahme internationaler Abkommen, die Spielräume des Parlaments ein. Auf viele relevante Entscheidungen könne der Bundestag keinen Einfluss mehr nehmen.

Der Befund vom machtlosen Parlament ist in seiner Pauschalität gleichwohl nicht stichhaltig. Zunächst: Der Bundestag ist kein bloßes Stempelkissen. So finden im Parlament in vielen Fällen eine intensive Beratung und eine Veränderung von Gesetzesvorlagen statt. Es gilt in der Tat das Wort: Kaum ein Gesetz kommt aus dem Bundestag so heraus, wie es als Entwurf hineingekommen ist. Zudem sind Parlamentsakteure an den vor- und außerparlamentarischen Entscheidungsprozessen mitbeteiligt. So sind Regierungsvorlagen, die in den parla-mentarischen Prozess eingebracht werden, in der Regel bereits im Vorfeld mit den Fraktionsspitzen abgeklärt worden. Die Regierungsfraktionen steuern also frühzeitig mit. Auch in den Koalitionsgremien, die oftmals als »Beweis« für die Entmachtung der MdBs ins Feld geführt werden, sind neben den Regierungsvertretern und Parteispitzen desgleichen die Fraktionsspitzen vertreten und repräsentieren so unmittelbar die Parlamentsabgeordneten der Regierungsfraktionen (→ Kapitel 12).

Parlamentarier steuern mit

Das heißt nicht, dass es keine Fälle gibt, in denen das Parlament machtpolitisch umgangen worden ist. Aber hier muss differenziert werden: Streng genommen müsste für jedes Politikfeld, ja für jeden einzelnen Entscheidungsfall die tatsächliche Macht des Parlaments tariert werden. Ohnehin betrifft die tatsächliche Entparlamentarisierung weniger die Regierungsfraktionen als die Opposition – allemal in Zeiten »Großer Koalitionen«. Hierauf ist das Augenmerk zu lenken.

Auf einige entparlamentarisierende Entwicklungen hat der Bundestag erfolgreich reagieren können, z.B. in Form verstärkter Mitspracherechte anlässlich der Verlagerung von Entscheidungen auf die Ebene der Europäischen Union. Hier sind in den vergangenen Jahren verbindliche Vereinbarungen zwischen der Regierung und dem Bundestag getroffen worden: Das Parlament muss nun frühzeitig über Initiativen auf Europaebene in Kenntnis gesetzt werden.

Entparlamentarisierung ist jedenfalls kein Schicksal: Die Abgeordneten können durch Parlamentsreformen entsprechende Entwicklungen, wenn nicht verhindern, so zumindest abbremsen. Der Bundestag hat die Mittel zu seiner Stärkung in der eigenen Hand. Es bedarf selbstbewusster Parlamentarier und einer kritisch begleitenden Öffentlichkeit, damit die bundesdeutsche Demokratie ihre »parlamentarischen« Facetten bewahrt und ausbaut. Das Selbstbewusstsein muss insbesondere bei den Abgeordneten der Regierungsfraktionen Raum greifen, denn Parlamentsreformen benötigen Mehrheiten. Diese »Emanzipation« ist aufgrund der »Schicksalsgemeinschaft« von Bundesregierung und Parlamentsmehrheit schwierig, aber nicht unmöglich.

Parlamentsreformen als Gegenmittel

Mit dem zweiten Partner dieser »Schicksalsgemeinschaft«, der Regierung, wird sich das folgende Kapitel auseinandersetzen. Es bringt neben den zahlreichen Schnitt- auch die (Soll-)Bruchstellen zwischen parlamentarischer Mehrheit und Regierung zur Sprache.

Lernkontrollfragen

1 Welche sind die wichtigsten parlamentarischen Arbeitseinheiten und warum?
2 Worin liegt der Konflikt zwischen dem »freien Mandat« nach Art. 38 GG und dem »Gruppenparlamentarismus«?
3 Was spricht dafür, den Bundestag als »Redeparlament«, was dafür, den Bundestag als »Arbeitsparlament« zu bezeichnen?
4 Warum und wie wird die parlamentarische Opposition geschützt?
5 Warum wird der Untersuchungsausschuss als das »schärfste Schwert« parlamentarischer Kontrolle bezeichnet?
6 Welche Faktoren werden für die Entparlamentarisierung verantwortlich gemacht?

Literatur

Das Standardwerk zum Deutschen Bundestag aus politikwissenschaftlicher Sicht hat mittlerweile in zweiter Auflage Wolfgang Ismayr vorgelegt: *Wolfgang Ismayr: Der deutsche Bundestag im politischen System der Bundesrepublik Deutschland, 2 akt. Aufl., Wiesbaden, VS Verlag 2001*. Aus verschiedenen Perspektiven beleuchtet ein Sammelband das deutsche Parlament: *Uwe Andersen (Hg.): Der Deutsche Bundestag, Schwalbach/Ts., Wochenschau Verlag 2007*. Eine Einführung in den Parlamentarismus in Deutschland auf den verschiedenen Ebenen (Bund, Länder, Europa) bietet *Gotthard Breit/Peter Massing (Hg.): Parlamentarismus in der Bundesrepublik Deutschland. Eine Einführung, Schwalbach Ts., Wochenschau Verlag 2003*. Wenn auch nicht mehr ganz aktuell, bleibt aus politikwissenschaftlicher und juristischer Perspektive ein großer Sammelband unverzichtbar, der ausführlich die wichtigsten Parlamentsfragen anreißt und kompetent beantwortet: *Hans-Peter Schneider/Wolfgang Zeh (Hg.): Parlamentsrecht und Parlamentspraxis in der Bundesrepublik Deutschland, Berlin/New York, de Gruyter 1989*. Die Geschäftsordnung inklusive einem Kommentar zu den parlamentsrechtlichen Regelungen findet sich in der jährlich aktualisierten Loseblattsammlung *Heinrich G. Ritzel/Joseph Bücker/Hermann J. Schreiner: Handbuch für die parlamentarische Praxis, inklusive Kommentar zur Geschäftsordnung des Deutschen Bundestages, Frankfurt, Luchterhand*. Eine unverzichtbare Datenquelle über den Deutschen Bundestag für den Zeitraum bis 1999 bietet: *Peter Schindler: Datenhandbuch zur Geschichte des Deutschen Bundestages 1949–1999, 3 Bände, Baden-Baden, Nomos 1999*; diese Datensammlung ist erfreulicherweise fortgeschrieben worden: *Michael F. Feldkamp: Datenhandbuch zur Geschichte des Deutschen Bundestages 1994 bis 2003. Ergänzungsband, Baden-Baden, Nomos 2005* (eine aktualisierte Neuauflage ist in Vorbereitung). Der Ergänzungsband ist auch online über die Website des Bundestages zugänglich (s.u.). Aus der eigenen Werkstatt stammt ein einführendes Werk in den Parlamentarismus und seine vergleichende Erforschung: *Stefan Marschall: Parlamentarismus. Eine Einführung, Baden-Baden, Nomos 2005*. Schließlich sei nochmals an die *Zeitschrift für Parlamentsfragen* erinnert, die sich regelmäßig um rechts- und politikwissenschaftliche Fragen rund um den Bundestag und den Parlamentarismus kümmert (online: www.zparl.de), sowie an die Zeitschrift *Das Parlament*, die vom Bundestag herausgegeben wird und in der unter anderem Berichte über die parlamentarischen Tätigkeiten im Plenum und in den Ausschüssen zu finden sind (online: www.das-parlament.de).

Links

www.bundestag.de
Auf der sehr gut gepflegten Homepage des Bundestages finden sich umfassende Informationen rund um das Parlament sowie Datenbanken zu den laufenden Gesetzgebungsverfahren. Einige Klicks weiter stößt man auf die Geschäftsordnung des Deutschen Bundestages. Auch das Datenhandbuch zur Geschichte des Deutschen Bundestags (1990–2010) ist auf der Seite abrufbar.

www.kgparl.de
Die »Kommission für Geschichte des Parlamentarismus und der politischen Parteien e.V.« stellt auf dieser Seite ihre Projekte und Publikationen vor.

www.bundesrechnungshof.de
Hier informiert die oberste unabhängige Bundesbehörde über ihre Kontrollarbeit. Dort finden sich auch die Jahresberichte und sonstige Analysen aus der Prüfungstätigkeit der Institution, die dem Bundestag unterbreitet werden.

www.ipu.org
Die Seite der Interparlamentarischen Union bietet Informationen und Links zu Parlamenten weltweit. Sie bietet einen guten Ausgangspunkt für vergleichende Parlamentsanalysen.

7 | Die Kanzlerdemokratie – Regierungschef, Minister und Verwaltung

Inhalt

»Auf den Kanzler kommt es an« – mit diesem Slogan warb in einem der vergangenen Bundestagswahlkämpfe eine der großen Parteien. Dieser lapidar erscheinende Werbespruch hat es in sich: Im Bundestagswahlkampf verwendet, macht er zum einen auf die enge Verkopplung von Bundestag und Bundesregierung aufmerksam. Bundestagswahlen entscheiden über die Zusammensetzung des Parlaments und damit indirekt über die nächste Regierung, deren Kanzler vom neu konstituierten Bundestag gewählt wird. Zum anderen behauptet genannter Slogan, dass es einen Unterschied macht, wer Bundeskanzler ist, wer also an der Spitze der Bundesregierung steht. Wenn es auf den Kanzler ankommt, ist Deutschland dann eine »Kanzlerdemokratie«? Diese Charakterisierung des bundesdeutschen Regierungssystems taucht immer wieder in Wissenschaft und Medien auf. Das Wort von der »Kanzlerdemokratie« legt nahe, dass das deutsche System viel mehr, als es die Mütter und Väter des Grundgesetzes wollten, zu einer Regierungsform geworden ist, in welcher die Kanzler im Mittelpunkt stehen.

Unter diesem Rubrum setzen sich die folgenden Abschnitte mit Kanzlern, Ministern und Ministerialbürokratie auseinander. Zunächst geht es um die parlamentarische Qualität der Regierung: Regierungsmehrheit und Regierung befinden sich in einer »funktionalen Handlungseinheit«. Diese Einheit ist geprägt von Verflechtungen (z.B. Parlamentarische Staatssekretäre), aber auch von Bruchstellen (z.B. konstruktives Misstrauensvotum). Der sich anschließende Abschnitt wendet sich der Regierung und ihren Teilen zu: dem Kanzler und den Ministern. Im Mittelpunkt steht die Frage, wie die Beziehungen zwischen dem Chef und den sonstigen Mitgliedern der Regierung aussehen. Im Anschluss ist die These von der Kanzlerdemokratie wieder aufzugreifen und durchzudeklinieren. Abschließend sind die Ministerialbürokratie, ihre Arbeitsprinzipien und ihr politischer Einfluss das Thema.

Die »parlamentarische Regierung« | 7.1

Die »exekutive« und die »legislative« Gewalt – zwei in der klassischen Gewaltenteilungslehre getrennte Bereiche – sind in der deutschen Demokratie miteinander verschränkt (→ Kapitel 6). Die Regierung (»Exekutive«) im parlamentarischen System Deutschlands geht aus dem Bundestag, aus der »Legislative«, hervor und bleibt mit dieser im weiteren Verlauf einer Wahlperiode eng verbunden.

Personelle Verflechtungen | 7.1.1

Der Bundeskanzler wird unmittelbar nach der Konstituierung des Bundestages von der absoluten Mehrheit der Volksvertretung gewählt (→ Kapitel 6). Zwar muss der Kanzler oder die Kanzlerin nicht Mitglied des Bundestages sein; dies ist aber bei fast allen bisherigen Regierungschefs der Fall gewesen. Bundeskanzler kommen üblicherweise aus der »Mitte des Hauses« (Ausnahme: Kurt Georg Kiesinger).

Kompatibilität in der parlamentarischen Demokratie

Bei den Ministern gilt dasselbe wie beim Kanzler. Sie müssen nicht Mitglieder des Bundestages sein, sie können es aber, und sind es in der Mehrzahl auch. Man spricht in diesem Zusammenhang von der »Kompatibilität«, der Vereinbarkeit von Regierungsamt und Parlamentsmandat. In der Tat: Im zweiten Kabinett Angela Merkel waren bei Regierungsantritt im Herbst 2009 14 der insgesamt 15 Minister zugleich Mitglieder des Deutschen Bundestages.

Die Bundeskanzler sind rechtlich unabhängig in der Entscheidung, wen sie für ein Ministeramt vorschlagen; der Bundestag hat kein formales Mitspracherecht. Letzten Endes müssen die Kanzler mit ihrem Personaltableau jedoch ihre parlamentarische Basis zufriedenstellen und mit Regierungspositionen versorgen. Der »Versorgung« und Befriedung der Regierungsfraktionen dient nicht nur die Vergabe von Ministerämtern. Ebenfalls stehen den Kanzlern die Posten der »Parlamentarischen Staatssekretäre« zur personalpolitischen Verfügung.

Parlamentarische Staatssekretäre – Ausdruck der Verflechtung zwischen Regierung und Parlament

Bei den Parlamentarischen Staatsekretären handelt es sich um eine besondere Variante der Verflechtung zwischen Regierung und Parlament. Das Amt in dieser Form ist 1974 eingeführt worden und hat die Beamteten Staatssekretäre ergänzt, die an der Spitze von Ministerien stehen (s.u.). Die Position des Parlamentarischen Staatssekretärs sollte eine »Schule«, ein Ausbildungsplatz für spätere Minister werden.

Die Parlamentarischen Staatssekretäre sind zum einen Mitglieder des Bundestages. Zum anderen sind sie Teil der Ministeriumsspitze, somit Angehörige der Regierung. Nur einer der Staatsministerposten im Kanzleramt kann auch von einem Nicht-Parlamentarier besetzt werden. In der Regierung Merkel gab es zu Beginn der 17. Legislaturperiode insgesamt 30 Parlamentarische Staatssekretäre.

Wortlaut

Gesetz über die Rechtsverhältnisse der Parlamentarischen Staatssekretäre vom 24. Juli 1974, zuletzt geändert am 15.02.2009

»*§ 1*

(1) Mitgliedern der Bundesregierung können Parlamentarische Staatssekretäre beigegeben werden; sie müssen Mitglieder des Deutschen Bundestages sein, bei der Ernennung eines Parlamentarischen Staatssekretärs beim Bundeskanzler kann von diesem Erfordernis abgesehen werden.

(2) Die Parlamentarischen Staatssekretäre unterstützen die Mitglieder der Bundesregierung, denen sie beigegeben sind, bei der Erfüllung ihrer Regierungsaufgaben.

[...]

§ 2

Die Parlamentarischen Staatssekretäre werden vom Bundespräsidenten ernannt. Der Bundeskanzler schlägt dem Bundespräsidenten die Ernennung im Einvernehmen mit dem Bundesminister vor, für den der Parlamentarische Staatssekretär tätig werden soll.«

Die »Parlamentarischen« – wie sie im Ministeriums-Jargon genannt werden – haben im Gegensatz zu den Beamteten Staatssekretären weniger administrative Lenkungsaufgaben zu erfüllen, sondern fungieren als Mittler zwischen Parlament und Ministerien. Zum Beispiel vertreten sie üblicherweise ihre jeweiligen Minister in den Fragestunden des Bundestages.

Koalitionsregierungen

7.1.2

Kanzlermehrheiten sind Koalitionsmehrheiten

Der Bundeskanzler muss eine Mehrheit im Deutschen Bundestag finden und zwar eine »Kanzlermehrheit«. Dies ist allerdings unter den Bedingungen des bundesdeutschen Verhältniswahlrechts nicht immer leicht. Bislang hat nur einmal eine Fraktion (nicht eine Partei) die absolute Mehrheit der Sitze im Parlament gehabt: die gemeinsame Fraktion der CDU und CSU zwischen 1957 und 1961.

Ansonsten waren die »Kanzlermehrheiten« bislang stets Koalitionsmehrheiten. Der FDP fiel bis in die neunziger Jahre hinein über weite Strecken die Rolle der parlamentarischen »Mehrheitsbeschafferin« exklusiv zu. Mit ihrem Abschied von der Fundamentalopposition ist auch die grüne Partei zu einem potenziellen Partner in kleinen Koalitionen geworden. In der Legislaturperiode von 1966 bis 1969 sowie zwischen 2005 und 2009 sind Große Koalitionen gebildet worden.

Je nach Koalition konnten die Bundeskanzler auf mehr oder weniger komfortable Mehrheiten im Parlament bauen. Die Spanne reicht von mehr als 90 Prozent bei der ersten Großen Koalition bis zu äußerst knappen Mehrheiten, beispielsweise in der ersten Amtsperiode Adenauers oder in der zweiten von Gerhard Schröder. Gleichwohl ist bei Großen Koalitionen die Gruppe der Abweichler in der Regel umfangreicher, sodass die entsprechenden Kanzler (Kiesinger, Merkel) bei ihren Wahlen weit weniger Stimmen erhielten, als die beiden Koalitionspartner an Mandaten einbrachten.

Was bedeutet das Regieren in Koalitionen für die Kanzler? Die parlamentarische Basis, auf die sich die Regierungschefs stützen können, ist zwar breit, aber auch uneinheitlich – man könnte sagen »uneben«. Die einzelnen Parteien ziehen nicht mit Koalitionswahlprogrammen in den Bundestag ein, sondern versuchen sich im Wahlkampf auch gegenüber potenziellen Bündnispartnern zu profilieren. Entsprechend schwierig kann es sein, eine gemeinsame Regierungsplattform zu finden. Diese Probleme können sich bei einer »Großen Koalition« nochmals verschärfen, wenn zuvor gegensätzliche Parteien eine gemeinsame Arbeitsbasis finden müssen.

Suche nach gemeinsamer Regierungsplattform

Für den Bundeskanzler wird folglich die Zusammenstellung des Kabinetts komplizierter. Neben den Ansprüchen der verschiedenen Teilgruppen der eigenen Partei müssen ebenso die Wünsche (oder Bedingungen) des Koalitionspartners berücksichtigt werden.

Die Koalitionsfraktionen schließen üblicherweise zu Beginn der Legislaturperiode eine Vereinbarung ab, einen so genannten »Koalitionsvertrag«. Um einen Vertrag im zivilrechtlichen Sinne handelt es sich dabei allerdings nicht, sondern um juristisch unverbindliche, politisch aber relevante Zielvereinbarungen. Die Abgeordneten sind an die Vorgaben des Koalitionsvertrags formal nicht gebunden.

Tab. 13

Kanzler, Koalitionen und Bundestagsmehrheiten seit 1949

Kanzler	Koalition	Mehrheit im Bundestag (zu Beginn der Legislaturperiode)
Konrad Adenauer		
I. Kabinett (1949–1953)	CDU/CSU + FDP + DP	208 von 402 Mandaten
II. Kabinett (1953–1957)	CDU/CSU + FDP + DP + GB/BHE	333 von 487 Mandaten
III. Kabinett (1957–1960)	CDU/CSU + DP	287 von 497 Mandaten
IV. Kabinett (1960–1961)	CDU/CSU ohne Koalition	279 von 497 Mandaten
V. Kabinett (1961–1963)	CDU/CSU + FDP	309 von 499 Mandaten
Ludwig Ehrhardt		
I. Kabinett (1963–1965)	CDU/CSU + FDP	309 von 499 Mandaten
II. Kabinett (1965–1966)	CDU/CSU + FDP	294 von 496 Mandaten
Kurt Georg Kiesinger		
I. Kabinett (1966–1969)	CDU/CSU + SPD	447 von 496 Mandaten
Willy Brandt		
I. Kabinett (1969–1972)	SPD + FDP	254 von 496 Mandaten
II. Kabinett (1972–1974)	SPD + FDP	271 von 496 Mandaten
Helmut Schmidt		
I. Kabinett (1974–1976)	SPD + FDP	271 von 496 Mandaten
II. Kabinett (1976–1980)	SPD + FDP	253 von 496 Mandaten
III. Kabinett (1980–1982)	SPD + FDP	271 von 497 Mandaten
Helmut Kohl		
I. Kabinett (1982–1983)	CDU/CSU + FDP	279 von 497 Mandaten
II. Kabinett (1983–1987)	CDU/CSU + FDP	278 von 498 Mandaten
III. Kabinett (1987–1991)	CDU/CSU + FDP	269 von 497 Mandaten
IV. Kabinett (1991–1994)	CDU/CSU + FDP	398 von 662 Mandaten
V. Kabinett (1994–1998)	CDU/CSU + FDP	341 von 672 Mandaten
Gerhard Schröder		
I. Kabinett (1998–2002)	SPD + Bündnis '90/Grüne	345 von 669 Mandaten
II. Kabinett (2002–2005)	SPD + Bündnis '90/Grüne	306 von 603 Mandaten
Angela Merkel		
I. Kabinett (2005–2009)	CDU/CSU + SPD	448 von 614 Mandaten
II. Kabinett (ab 2009)	CDU/CSU + FPD	332 von 622 Mandaten

Das Koalitionsmanagement läuft üblicherweise in offiziell eingesetzten »Koalitionsausschüssen« oder »Koalitionsrunden« ab, in denen die Regierungs-, Fraktions- und Parteispitze vertreten sind (→ Kapitel 12). Oft spielen noch kleinere Zirkel (z. B. der Kreis der Parteivorsitzenden) eine entscheidende Rolle bei einer etwaig notwendigen Krisenbewältigung. Dem Kanzler oder der Kanzlerin kommt dabei in erster Linie die Aufgabe zu, aufkommende Kontroversen zu moderieren und die Perspektive der Regierung einzubringen. Die Koalitionsforen sind letzten Endes auf Konsensfindung und Konfliktbeilegung ausgelegt.

Krisenbewältigung in Koalitionsgremien

7.1.3 Die »Handlungseinheit« und ihre Sollbruchstellen

Nicht nur bei der Wahl zu Beginn der Legislaturperiode, auch im weiteren Verlauf ist der Kanzler auf die zuverlässige Unterstützung durch das Parlament angewiesen. Die Logik der deutschen parlamentarischen Demokratie geht davon aus, dass es eine stabile Regierungsmehrheit im Bundestag gibt. Müsste ein Kanzler für jede Initiative eine neue Mehrheit organisieren, könnte dies eine Lähmung der parlamentarischen Regierung zur Folge haben.

Eine gewählte Minderheitsregierung auf Bundesebene hat es in der Geschichte der Bundesrepublik bislang nicht gegeben. Das Grundgesetz lässt jedoch eine solche Konstellation als Ausnahmefall zu. So besteht für den Bundespräsidenten die Möglichkeit, einen Kanzler nach dem dritten Wahlgang zu ernennen, auch wenn dieser nur die relative Mehrheit der Stimmen auf sich vereinigen konnte (→ Kapitel 6). Desgleichen führt eine gescheiterte Vertrauensfrage nicht zwangsläufig zur Entlassung des Regierungschefs. Ein Minderheitskanzler kann sogar mithilfe des Bundespräsidenten unter Umgehung des Bundestages Gesetze vom Bundesrat verabschieden lassen. Allerdings sind solche »Notstands«-Regelungen in der Tat nur für den äußersten Fall gedacht und zeitlich befristet (→ Kapitel 8).

Konstruktives Misstrauensvotum als Möglichkeit der Amtsenthebung

Nun ist es aber durchaus denkbar, dass die parlamentarische Mehrheit für den Bundeskanzler im Laufe der Legislaturperiode bröckelt oder sich völlig auflöst, beispielsweise weil der Koalitionspartner abspringt. Das Parlament hat in diesem Fall die Möglichkeit, den Regierungschef mitten in der Wahlperiode des Amtes zu entheben.

Dazu bietet das Grundgesetz das »konstruktive Misstrauensvotum« an. Bei einem Misstrauensvotum entzieht die Mehrheit der Parlamentarier im Rahmen einer Abstimmung dem Regierungschef das Vertrauen und enthebt ihn damit des Amtes. Über eine solche Abwahlmöglichkeit verfügen Abgeordnete in allen parlamentarischen Demokratien. Die im Grundgesetz verankerte Variante ist aber eine besondere, weil sie »konstruktiv« ist: Der Bundestag kann den amtierenden Kanzler nur dann des Amtes entheben, wenn zugleich ein neuer Kanzler gewählt wird – und zwar mit der Mehrheit der Mitglieder des Hauses.

Hintergrund

Konstruktives Misstrauensvotum

Rechtliche Grundlage: Art. 67 GG

»(1) Der Bundestag kann dem Bundeskanzler das Misstrauen nur dadurch aussprechen, dass er mit der Mehrheit seiner Mitglieder einen Nachfolger wählt und den Bundespräsidenten ersucht, den Bundeskanzler zu entlassen. Der Bundespräsident muss dem Ersuchen entsprechen und den Gewählten ernennen.

(2) Zwischen dem Antrage und der Wahl müssen achtundvierzig Stunden liegen.«

Anwendungsfälle

25. April 1972: Antrag der Fraktion CDU/CSU, dem Bundeskanzler Willy Brandt (SPD) das Misstrauen auszusprechen und den Bundestagsabgeordneten Rainer Barzel als dessen Nachfolger zu wählen; Abstimmung am 27. April, der Antrag verfehlte knapp die notwendige Mehrheit.

28. September 1982: Antrag der Bundestagsfraktionen von CDU/CSU und FDP, dem Bundeskanzler Helmut Schmidt (SPD) das Misstrauen auszusprechen und den Abgeordneten Helmut Kohl zum neuen Bundeskanzler zu wählen; Abstimmung am 1. Oktober, der Antrag erhielt die erforderliche Mehrheit.

Misstrauensvotum mit verdeckten Stimmzetteln

Die Misstrauensvoten von 1972 (gescheitert) und 1982 (geglückt) zeigen die Grenzen und Möglichkeiten des Instruments auf. Genau wie die Kanzlerwahl findet das Misstrauensvotum mit verdeckten Stimmzetteln statt. Somit ist das Ergebnis schwer vorhersehbar und im Nachhinein nicht im Detail nachvollziehbar. Beim 1972er Misstrauensvotum wurden – wie später bekannt geworden ist – Parlamentarierstimmen »gekauft«.

Das Misstrauensvotum verhindert jedenfalls gemäß der Idee der parlamentarischen Regierung, dass der Bundestag eine Minderheitsregierung (er-)tragen muss. »Befreien« davon können sich die Abgeordneten allerdings nur, wenn sie in der Lage sind, eine neue Mehrheit zu organisieren.

Eine Frage des Vertrauens

7.1.4

Der Kanzler verfügt ebenso über eine »Reißleine«, die gezogen werden kann, wenn die Beziehung zwischen ihm und der parlamentarischen Mehrheit löchrig wird: die Vertrauensfrage nach Artikel 68 des Grundgesetzes. Spricht die Mehrheit des Hauses dem Regierungschef auf dessen Antrag hin nicht das Vertrauen aus, dann kann der Bundespräsident den Bundestag auflösen – er muss es aber nicht.

Zwei Formen der Vertrauensfrage lassen sich unterscheiden: Eine Vertrauensfrage in Verbindung mit einer Gesetzesinitiative und eine abstrakte Vertrauensfrage. Die sachbezogene Vertrauensfrage ist bislang nur einmal gestellt worden: 2001. Abstrakte Vertrauensfragen hat es bislang viermal gegeben: 1972, 1982 zweimal und 2005. In drei Fällen kam es infolge zur Auflösung des Bundestages.

Vertrauensfrage kann Bundestagsauflösung nach sich ziehen

Hintergrund

Vertrauensfrage

Rechtliche Grundlage: Art. 68 Abs. 1 GG

»Findet ein Antrag des Bundeskanzlers, ihm das Vertrauen auszusprechen, nicht die Zustimmung der Mehrheit der Mitglieder des Bundestages, so kann der Bundespräsident auf Vorschlag des Bundeskanzlers binnen einundzwanzig Tagen den Bundestag auflösen. Das Recht zur Auflösung erlischt, sobald der Bundestag mit der Mehrheit seiner Mitglieder einen anderen Bundeskanzler wählt.«

Anwendungsfälle

22. September 1972: Bundeskanzler Willy Brandt stellt die Vertrauensfrage nach den Unsicherheiten infolge des konstruktiven Misstrauensvotums und der drohenden Erosion des Regierungslagers; der Bundestag entzieht dem Kanzler das Vertrauen und wird aufgelöst.

5. Februar 1982: Bundeskanzler Helmut Schmidt stellt die Vertrauensfrage, um sich der Koalitionstreue der FDP zu versichern; die Mehrheit des 9. Deutschen Bundestages spricht ihm ihr Vertrauen aus.

17. Dezember 1982: Bundeskanzler Helmut Kohl stellt die Vertrauensfrage, um nach der Übernahme des Amtes durch das konstruktive Misstrauensvotum Neuwahlen des Bundestages herbeizuführen; die Vertrauensfrage wurde negativ beschieden und der Bundestag infolge aufgelöst.

16. November 2001: Bundeskanzler Gerhard Schröder stellt die Vertrauensfrage in Verbindung mit einer Gesetzesvorlage zur Entsendung von Bundeswehreinheiten nach Afghanistan; Vorlage und Vertrauensfrage finden eine Mehrheit des Bundestages.

1. Juli 2005: Bundeskanzler Gerhard Schröder stellt die Vertrauensfrage, um nach der Niederlage bei einer Landtagswahl Neuwahlen herbeizuführen; die Mehrheit des Bundestages versagt ihm das Vertrauen und es kommt zu einer Auflösung des Parlaments.

Bislang ist die Vertrauensfrage nach Art. 68 in unterschiedlichen Situationen aus unterschiedlichen Gründen zum Einsatz gekommen. Ihrer ursprünglichen Idee nach am nächsten war womöglich der Fall 1982 (Helmut Schmidt) und 2001 (Gerhard Schröder).

Echte Vertrauensfragen

- 1982 sah sich der damalige Bundeskanzler Schmidt mit Absetzbewegungen des kleinen Koalitionspartners FDP konfrontiert. Er nutzte die Vertrauensfrage, um die FDP zum Schwur zu nötigen. Die Abgeordneten – auch die der FDP – sprachen dem Bundeskanzler das Vertrauen aus. Der endgültige Bruch der Koalition erfolgte dann einige Monate später.
- 2001 stand Gerhard Schröder vor der Situation, dass eine wichtige Regierungsentscheidung, die Entsendung von Soldaten nach Afghanistan, in seiner eigenen Koalition keine hinreichende Zustimmung finden könnte. Die Verbindung mit der Vertrauensfrage zwang eine Gruppe von »Abweichlern« in der Regierungskoalition, den Antrag passieren zu lassen und die Entsendung zu billigen.

Die drei übrigen Vertrauensfragen, 1972 (Willy Brandt), 1982 (Helmut Kohl) und 2005 (Gerhard Schröder) dienten in erster Linie dazu, den Bundestag aufzulösen – aus unterschiedlichen Gründen.

- 1972 war die Mehrheitslage im Parlament unklar geworden. Es gab eine Reihe von Fraktionsübertritten zur Opposition und somit keine stabile parlamentarische Basis für den Bundeskanzler mehr.
- 1982 war Helmut Kohl durch ein Misstrauensvotum zum Kanzler gewählt worden. Die Vertrauensfrage sollte dazu dienen, Neuwahlen anzuberaumen. Die frisch gewählte Regierung wollte die so genannte »geistig-moralische Wende« durch ein Wählervotum legitimieren lassen.
- 2005 wollte Gerhard Schröder nach der für die SPD gescheiterten Landtagswahl in Nordrhein-Westfalen Neuwahlen herbeiführen, um über seine Reformpolitik abstimmen zu lassen – wohl auch um potentielle innerparteiliche Kritik abzuwenden.

Unechte Vertrauensfragen als Machtmittel der Kanzler

Es handelte sich somit bei diesen, insbesondere bei den letzten beiden Fällen, um »unechte« Vertrauensfragen. Denn es ging den Kanzlern nicht um die Absicherung ihrer parlamentarischen Basis, sondern um die Auflösung des Bundestages. Die Vertrauensfragen von Herbst 1982 und 2005 waren deswegen verfassungsrechtlich höchst umstritten. Der berechtigte Vorwurf wurde geäußert, die Bundeskanzler hätten in diesen beiden Fällen trotz stabiler eigener Mehrheit den Art. 68 GG instrumentalisiert, um Neuwahlen herbeizuführen. In der Tat waren die Abstimmungen im Bundestag »manipuliert«. Die Regierungsparlamentarier sprachen dem Bundeskanzler – auf dessen Wunsch hin! – nicht das Vertrauen aus, sondern enthielten sich absprachegemäß.

Instrumentalisierung der Vertrauensfrage verfassungsgemäß

Sowohl 1982/83 als auch 2005 hat sich das Bundesverfassungsgericht mit diesem Vorgang befassen müssen. In beiden Fällen haben die Richter mehrheitlich das Vorgehen und die Entscheidung des Bundespräsidenten, den Bundestag aufzulösen, als verfassungsgemäß eingestuft – allerdings mit deutlichen Ermahnungen, was die zukünftige Verwendung von Art. 68 GG betrifft. Dennoch hat letzten Endes das Bundesverfassungsgericht den Weg der Auflösung des Parlaments durch eine Vertrauensfrage als legal und legitim eingestuft. Damit ist die »unechte« Vertrauensfrage zu einem regulären Machtmittel der Kanzler gegenüber dem Bundestag geworden.

Die Instrumentalisierung der Vertrauensfrage hat kurzzeitig Forderungen laut werden lassen, ein Selbstauflösungsrecht des Bundestages in die Verfassung einzubauen. Eine Ergänzung des Grundgesetzes um dieses Recht ist bereits zuvor in den Verfassungsreformdiskussionen angesprochen worden, ohne dass es zu einer entsprechenden Änderung des Grundgesetzes gekommen wäre. Auch dieses Mal sind die Forderungen ohne Konsequenz verhallt.

Kanzler, Minister, Kabinett | 7.2

»Die Bundesregierung besteht aus dem Bundeskanzler und den Bundesministern« – so lässt es uns der Artikel 62 des Grundgesetzes wissen. Kanzler und Minister begegnen sich im »Kabinett«. Eine Analyse der Beziehung zwischen diesen drei Regierungsbausteinen (Kanzler, Minister, Kabinett) hilft bei der Frage weiter, inwiefern Deutschland eine Kanzlerdemokratie ist.

Organisationsgewalt des Kanzlers – Theorie und Praxis | 7.2.1

Nachdem er oder sie zum Bundeskanzler gewählt worden ist, schlägt der frisch gewählte Regierungschef dem Bundespräsidenten seine Minister zur Ernennung vor und weist ihnen ihre Zuständigkeitsbereiche zu. Das Grundgesetz lässt ihm oder ihr beim Zuschnitt der Ressorts und, was die Anzahl der Minister angeht, freie Hand. In diesem Zusammenhang spricht man von der »Organisationsgewalt« des Kanzlers. Nur ein weiteres Regierungsmitglied wird ausdrücklich im Grundgesetz erwähnt: der Bundesminister der Verteidigung, der nach Art. 65a die Befehls- und Kommandogewalt über die Streitkräfte hat.

Enge Spielräume in der Organisationsgewalt

In der Realität sind den Bundeskanzlern bei der Organisation ihrer Regierung die Hände weitgehend gebunden. Natürlich muss ein neuer Regierungschef die bereits vorhandenen Ministeriumsstrukturen zur Kenntnis nehmen und sich fragen, welche Veränderungen (die zeitliche wie finanzielle Ressourcen kosten) durchgesetzt werden können und müssen. Es gibt auch ein Repertoire an Regierungsaufgaben, das sich in der Struktur der Ministerien immer wieder finden muss. Der Zuschnitt der Ressorts kann schließlich auch in den Koalitionsvereinbarungen zementiert worden sein.

Welche Ministerien es gibt, sagt etwas über die Schwerpunkte der Regierung aus, aber auch über den Wandel gesellschaftlicher Probleme. So sind das Ministerium für Vertriebene, Flüchtlinge und Kriegsgeschädigte und das Ministerium für innerdeutsche Beziehungen (vormals für »Gesamtdeutsche Fragen«) als eigenständige Einheiten historisch erledigt worden. Das Postministerium hat sich durch die Privatisierung von Postwesen und Telekommunikation erübrigt. In den achtziger Jahren konnte sich hingegen das Umweltministerium neu etablieren.

Hintergrund

Ressorts im Kabinett Merkel

- Arbeit und Soziales
- Auswärtiges Amt
- Inneres
- Justiz
- Finanzen
- Wirtschaft und Technologie
- Ernährung, Landwirtschaft und Verbraucherschutz
- Verteidigung
- Familie, Senioren, Frauen und Jugend
- Gesundheit
- Verkehr, Bau und Stadtentwicklung
- Umwelt, Naturschutz und Reaktorsicherheit
- Bildung und Forschung
- Wirtschaftliche Zusammenarbeit und Entwicklung
- Besondere Aufgaben (Kanzleramtschef)

Vier Schlüsselministerien

Als Schlüsselministerien werden die Ressorts Auswärtiges, Finanzen, Inneres und Wirtschaft eingestuft. Diese Ministerien haben sich über die Jahre als Grundstruktur etabliert, wobei es auch hier immer wieder Modifikationen gegeben hat. Zum Beispiel wurde in der zweiten Regierung Schröder das Wirtschafts- und Arbeitsministerium miteinander verschmolzen.

In der Gesamtschau schwankten bislang Umfang und Zuschnitt der Ministerien stark. Die geringste Anzahl an Ministern hatte das Kabinett Schröder 2002–2005 mit 13 Ressortchefs. In den fünfziger und sechziger Jahren umfasste die Ministerriege oftmals mehr als zwanzig Personen.

Kanzler-, Ressort- und Kabinettsprinzip | 7.2.2

Formale Abhängigkeit der Minister

Welche Rolle spielen die Minister? Wie selbständig sind sie? Auf den ersten Blick scheint es, als ob der Regierungschef seine Minister dominieren müsste. Der Bundeskanzler kann als einziges Mitglied der Regierung auf eine Legitimation durch den demokratisch gewählten Bundestag bauen. »Seine« Minister werden von ihm zur Ernennung oder Entlassung vorgeschlagen. Er hat somit rein rechtlich betrachtet eine uneingeschränkte Personalhoheit über das Kabinett. Dass die Minister an dem jeweiligen Kanzler »hängen«, zeigt sich auch an folgender Bestimmung: Ihr Amt endet, sobald der Kanzler, auf dessen Vorschlag sie ernannt worden sind, sein Amt verliert oder aufgibt – unbeschadet davon, ob mit dem Ende der Kanzlerschaft eine Beendigung der Legislaturperiode des Bundestages verknüpft ist.

Wie bereits erwähnt, werden diese formale Abhängigkeit der Minister und die Personalhoheit des Bundeskanzlers durch realpolitische Notwendigkeiten relativiert. Aber auch das Grundgesetz macht klar, dass die Minister im Kabinett durchaus eine »Rolle« spielen. Diese Rolle reicht über die eines »Sekretärs« des Kanzlers (»Secretaries« werden Minister in präsidentiellen Systemen wie den USA genannt) hinaus.

Wortlaut

Art. 65 GG
»Der Bundeskanzler bestimmt die Richtlinien der Politik und trägt dafür die Verantwortung. Innerhalb dieser Richtlinien leitet jeder Bundesminister seinen Geschäftsbereich selbständig und unter eigener Verantwortung. Über Meinungsverschiedenheiten zwischen den Bundesministern entscheidet die Bundesregierung. Der Bundeskanzler leitet ihre

Geschäfte nach einer von der Bundesregierung beschlossenen und vom Bundespräsidenten genehmigten Geschäftsordnung.«

Richtlinienkompetenz des Kanzlers

Der Artikel 65 des Grundgesetzes beschreibt die Aufgaben- und Machtverteilung innerhalb der Bundesregierung. Dort wird mit dem ersten Satz das »Kanzlerprinzip« bekräftigt, wonach der Bundeskanzler »die Richtlinien« der Politik bestimmt und für die Arbeit der Regierung Verantwortung trägt. Das vom Grundgesetz geforderte »Tragen von Verantwortung« drückt sich in der geschilderten unmittelbaren parlamentarischen Abhängigkeit des Kanzlers aus. Die ausdrückliche Erwähnung einer »Richtlinienkompetenz« unterstreicht: Der Bundeskanzler ist es, der über die politischen Zielsetzungen seiner Regierung entscheidet. Die Geschäftsordnung der Bundesregierung ergänzt die Richtlinienkompetenz noch um einen weiteren Punkt, der den Kanzler gegenüber den Ministern stärkt: »Neben der Bestimmung der Richtlinien der Politik hat der Bundeskanzler auch auf die Einheitlichkeit der Geschäftsführung in der Bundesregierung hinzuwirken« (§ 2).

Ressortprinzip markiert Spielräume der Ministerien

Der zweite Satz des Art. 65 markiert die Spielräume der Minister: Diese können nämlich ihre Ressorts selbständig und eigenverantwortlich führen – allerdings nur entlang der grundlegenden Vorgaben des Bundeskanzlers. Dieses »Ressortprinzip« besagt, dass ein Bundeskanzler nicht ohne weiteres in die internen Entscheidungsprozesse eines Ministeriums »hineinregieren« kann, z.B. in den Bereich der Personalentwicklung. Für Missstände in einem Ministerium zeichnet in erster Linie der jeweilige Ressortchef verantwortlich. In der Geschichte der Bundesrepublik hat es zahlreiche Ministerrücktritte infolge von »Skandalen« in den jeweiligen Ressorts gegeben.

Drittens spielt aber auch die Regierung als Kollektivorgan eine mitentscheidende Rolle (»Kabinettsprinzip«). Konflikte zwischen Kanzler und Ministern werden von der »Bundesregierung« beigelegt, d.h. von der Gesamtheit der Mitglieder des Kabinetts. Das Kabinett als Ganzes beschließt über die Initiativen, die als Regierungsvorlagen in die Gesetzgebung eingebracht werden. In den Willensbildungsprozessen des Kabinetts kommen dem Bundesfinanzminister (zur Prüfung von Vorlagen auf ihre Auswirkungen auf den Haushalt hin) sowie dem Bundesinnenminister und -justizminister (zur Prüfung von Vorlagen auf ihre Rechtsförmigkeit hin) eine privilegierte Stellung zu.

Hintergrund

Kabinettssitzungen
An den in der Regel am Mittwochvormittag stattfindenden Kabinettssitzungen nehmen neben dem Kanzler und den Ministern noch der Leiter des Bundespräsidialamtes und der Chef des Bundespresseamtes teil, sowie der Persönliche Referent des Bundeskanzlers und Schriftführer. Den Vorsitz hat der Bundeskanzler und im Falle seiner Abwesenheit der Stellvertreter des Bundeskanzlers inne. Das Beschlussverfahren erfolgt in der Regel konsensual, auch wenn Mehrheitsabstimmungen möglich sind. Zur effizienteren Abarbeitung der Tagesordnungspunkte werden diese in interministeriellen Gremien und Kabinettsausschüssen weitreichend vorbereitet. Die Kabinettssitzungen sind vertraulich.

All das, was für die Arbeit der Regierung im Detail geklärt werden muss, ist in zwei Geschäftsordnungen niedergeschrieben: in der bereits erwähnten Geschäftsordnung der Bundesregierung (GOBReg) und der Gemeinsamen Geschäftsordnung der Bundesministerien (GGO). Die GOBReg regelt die Zusammenarbeit zwischen Ministerien und Kanzler/Kanzleramt, den Ablauf von Kabinettssitzungen sowie die Stellvertretung des Kanzlers. Die GGO klärt die Organisation innerhalb der Ministerien sowie das Vorgehen bei der Kommunikation zwischen den Ministerialbürokratien. Auch legt die GGO das Vorgehen bei der Erarbeitung von Regierungsentwürfen für den Gesetzgebungsprozess fest.

7.3 Eine deutsche Kanzlerdemokratie?

Der Verfassungstext stellt den Bundestag in das Zentrum der staatlichen Willensbildung und Entscheidung. In der Verfassungswirklichkeit hingegen – so sieht es eine Reihe von Beobachtern – ist die ohnehin starke Position des Regierungschefs noch ausgebaut worden. Aus der bundesdeutschen Demokratie sei eine »Kanzlerdemokratie« geworden.

Verfassungswirklichkeit bestätigt starke Position des Kanzlers

Der Politikwissenschaftler Karlheinz Niclauß hat sich eingehend mit diesem Konzept beschäftigt. Er geht davon aus, dass sich bereits in der Regierungspraxis der Kanzlerschaft Konrad Adenauers das Profil einer Kanzlerdemokratie herausgeschält hat. Diese habe folgende fünf Merkmale:

(1) Das Kanzlerprinzip wird verwirklicht, d.h. die Machtchancen, die in der Verfassung angelegt sind, werden vom Amtsinhaber genutzt.

(2) Der Kanzler nimmt in der größten Regierungspartei eine Spitzenposition ein.
(3) Zwischen dem parlamentarischen Regierungs- und dem Oppositionslager besteht ein deutlicher Gegensatz (Polarität).
(4) Der Kanzler engagiert sich erheblich in der Außenpolitik.
(5) Die Rolle des Kanzlers wird durch die Tendenz zur Personalisierung von und in den Medien hervorgehoben.

Unterschiede zwischen den »Kanzlerdemokratien«

Die so umrissene »Kanzlerdemokratie« ist von Kanzler zu Kanzler(in) unterschiedlich stark ausgeprägt. Nicht jeder Kanzler ist gleichermaßen in der Partei verankert und nicht jeder Kanzler gleichermaßen außenpolitisch aktiv gewesen. Auch haben sich die Machtressourcen im Laufe der Zeit verändert. So wandelten sich beispielsweise die gesellschaftliche Rolle der Medien und mit ihr die damit zusammenhängenden Personalisierungstendenzen.

Die Merkmalliste einer Kanzlerdemokratie geht jedenfalls davon aus, dass die Kanzler sich in verschiedenen Handlungsräumen bewegen und dort Macht gewinnen können. Karl-Rudolf Korte und Manuel Fröhlich haben drei solcher Arenen ausgemacht:
(1) die parlamentarische Arena: Der Kanzler kann in seiner parlamentarischen (Koalitions-)Mehrheit eine starke Machtbasis finden – oder einen schwierigen Partner.
(2) die parteipolitische Arena: Eine gute Aufstellung innerhalb der eigenen Partei kann dem Kanzler Spielräume eröffnen – oder, wenn die parteipolitische Verankerung fehlt, Gestaltungsräume einengen.
(3) die Medienarena: Mit seinen Anliegen an die (Medien-)Öffentlichkeit zu treten, kann dem Kanzler nützen – aber der Regierungschef könnte auch in eine problematische Abhängigkeit von den Medien geraten.

Mit diesen Machtressourcen sind zugleich potenzielle Führungsherausforderungen oder gar -probleme markiert, die eine Kanzlerschaft prägen können. Beim Blick auf die einzelnen Amtsinhaber wird erkennbar, dass sie unterschiedlich erfolgreich aus der einen oder anderen Ressource schöpften. Defizite in dem einen Bereich sind durch bewusstes Aufspüren von Reserven in einem anderen Bereich kompensiert worden. So hat man beispielsweise Bundeskanzler Schröder immer wieder attestiert, er habe seine vergleichsweise schwache Parteiverankerung mit einer ausgebauten Medienarbeit kompensieren müssen und bis zu einem bestimmten Punkt auch können (Stichwort: »Medienkanzler«).

Bundeskanzleramt – wichtige organisatorische Machtquelle der Kanzler

Einig sind sich alle »Kanzler-Analytiker« darin, dass es eine wichtige organisatorische Machtquelle der Regierungschefs gibt, nämlich das Bundeskanzleramt. Diese oberste Bundesbehörde findet im Grundgesetz zwar keine ausdrückliche Erwähnung, ist aber unmittelbar mit der ersten Kanzlerschaft Adenauers 1949 eingerichtet und im Laufe der Jahr-

Zeitraum	Kanzler	Kanzleramtschef	Rang
1949–1950	Adenauer	Franz-Josef Wuermeling (CDU)	Staatssekretär
1951–1953	Adenauer	Otto Lenz (CDU)	Staatssekretär
1953–1963	Adenauer	Hans Globke (CDU)	Staatssekretär
1963–1966	Erhard	Ludger Westrick (CDU)	Staatssekretär, ab 1964 Bundesminister
1966–1967	Kiesinger	Werner Knieper	Staatssekretär
1968–1969	Kiesinger	Karl Carstens (CDU)	Staatssekretär
1969–1972	Brandt	Horst Ehmke (SPD)	Bundesminister
1972–1974	Brandt	Horst Grabert (SPD)	Staatssekretär
1974–1980	Schmidt	Manfred Schüler (SPD)	Staatssekretär
1980–1982	Schmidt	Manfred Lahnstein (SPD)	Staatssekretär
1982	Schmidt	Gerhard Konow	Staatssekretär
1982–1984	Kohl	Waldemar Schreckenberger	Staatssekretär
1984–1989	Kohl	Wolfgang Schäuble (CDU)	Bundesminister
1989–1991	Kohl	Rudolf Seiters (CDU)	Bundesminister
1991–1998	Kohl	Friedrich Bohl (CDU)	Bundesminister
1998–1999	Schröder	Bodo Hombach (SPD)	Bundesminister
1999–2005	Schröder	Frank-Walter Steinmeier (SPD)	Staatssekretär
2005–2009	Merkel	Thomas de Maiziére (CDU)	Bundesminister
seit 2009	Merkel	Ronald Pofalla (CDU)	Bundesminister

Tab. 14

Kanzleramtschefs seit 1949

zehnte ausgebaut worden. Die Einrichtung einer solchen Stabsstelle ist Ausdruck der Organisationsgewalt der Kanzler.

Das Kanzleramt hat die Aufgabe, die Regierungspolitik zu koordinieren, und dient gleichsam als »Sekretariat« der Exekutive. Das Amt verleiht dabei dem Regierungschef Möglichkeiten, seine Führungsrolle zur Entfaltung zu bringen.

Insofern ist es von Belang, wer an der Spitze des Kanzleramtes steht und wie dessen Beziehung zum Regierungschef ausgestaltet ist. Von Fall zu Fall unterschiedlich ist die personalrechtliche Stellung des Kanzleramtschefs gehandhabt worden, also ob er einen Ministerrang (mit den entsprechenden Vorrechten, s.o.) oder »nur« den Rang eines Staatssekretärs bekleidet. Gelegentlich ist vom Chef des Kanzleramtes als der »grauen Eminenz« der Regierung die Rede. An dieser Bezeichnung wird deutlich, dass dessen Bedeutung nicht von seiner Präsenz in den Medien abhängt, sondern vielmehr von einer stillen und effektiven Arbeit im Hintergrund.

Kurzum: Die Kanzler verfügen durchaus über beachtliche Ressourcen, die sie zu zentralen Spielern im politischen System werden lassen können. Ob die Amtsinhaber in der Lage sind, überhaupt und tief aus den Machtquellen zu schöpfen, hängt von mitunter nicht-beeinflussbaren äußeren Umständen ab – etwa ob historische Schlüsselereignisse in den Zeitraum der Kanzlerschaft fallen oder welcher Regierungskoalition die Kanzler vorstehen.

Personen machen einen Unterschied

Nicht unerheblich für die konkrete Amtsausübung sind das persönliche Führungsverhalten und die jeweilige Führungsphilosophie des Regierungschefs. Die bisherigen Kanzler haben unterschiedliche politische Erfahrungen und Persönlichkeiten mit ins Amt gebracht und verschiedene »Stile« entwickelt. Die Frage nach der deutschen »Kanzlerdemokratie« muss also für jeden Amtsinhaber und jede Amtsinhaberin immer wieder aufs Neue beantwortet werden; aber auch innerhalb der Kanzlerschaften kann es unterschiedliche Phasen geben.

7.4 | Die Ministerialbürokratie

Vielschichtig gegliederte Bundesverwaltung

Die Bundesregierung besteht aus dem Kanzler und den Ministern. Aber die »Exekutive«, also der Teil staatlicher Gewalt, der die Gesetze ausführt, umfasst einen erheblich größeren Apparat: auf der Bundesebene ist das die so genannte »Bundesverwaltung«. Diese Verwaltung stellt sich als eine vielschichtige Struktur mit obersten und oberen Bundesbehörden sowie Mittel- und Unterbehörden dar.

Unmittelbar an die Mitglieder des Kabinetts angeschlossen sind als oberste Bundesbehörden die Ministerien. Jeder Minister steht einer Verwaltungseinheit von unterschiedlicher Personalstärke vor. Die Spanne reicht laut Haushaltsplan von 2.000 Beschäftigten in den großen Ministerialbürokratien (Verteidigung, Finanzen oder Auswärtiges) bis zu nur 500 Planstellen in den kleinen Ministerialbehörden (Gesundheit oder Familie, Senioren, Frauen und Jugend). Insgesamt arbeiten ca. 22.000 Beschäftigte in der Ministerialverwaltung des Bundes, davon zwei Drittel Beamte. Nimmt man die nachgeordneten Bereiche (Bundesämter, Bundespolizei etc.) hinzu, fallen die Gesamtzahlen deutlich höher aus.

Der Aufbau der Ministerien ist in der Gemeinsamen Geschäftsordnung der Bundesministerien geregelt und folgt somit einer Grundstruktur. An der Spitze stehen der Minister oder die Ministerin sowie die

Staatssekretäre, die beamteten und die parlamentarischen. Dem Minister unmittelbar zugeordnet sind Stabsstellen, z. B. das Ministerbüro, das Kabinettsreferat und die Pressestelle. Die nächst tieferliegende Ebene unter der Spitze bilden die Abteilungen, die von Ministerialdirektoren geleitet werden. Eine der Abteilungen hat in der Regel organisationsinterne Aufgaben (Personalfragen, Infrastruktur etc.) zu erledigen (die »Zentralabteilung«). Bei den anderen handelt es sich um Fachabteilungen. Die Abteilungen können wiederum noch in Unterabteilungen gegliedert sein, denen Ministerialdirigenten vorstehen.

Die kleinste Organisationseinheit sind die Referate. Diese – so sagt die GGO – bilden die »tragenden Einheiten« der Ministerialverwaltung. Hier findet die inhaltliche Hauptarbeit statt. Die übergeordneten Ebenen (Unter-/Abteilungen) haben einen vorwiegend koordinierenden Auftrag. Insofern sind die Leiter der Fachreferate, aber auch die mit einzelnen Themen beschäftigten Referenten, wichtige Akteure im Berliner Regierungsbetrieb.

Vom Referentenentwurf zur Kabinettsvorlage

Eines der Leitprinzipien für die Arbeit innerhalb der Ministerien ist der so genannte Dienstweg: Die Vorlagen aus den Referaten haben die verschiedenen Ebenen zu passieren, bevor sie in den Leitungsbereich des Ministeriums gelangen und dann eventuell das Ministerium verlassen, z. B. um zu einer Kabinettsvorlage zu werden. Eine Vielzahl von Gesetzesvorlagen, die im Bundestag beraten und verabschiedet werden, hat als so genannter »Referentenentwurf« das Licht der Welt erblickt – also als ein Dokument, das in einer der »tragenden Einheiten« der Ministerialverwaltung entwickelt worden ist und, eventuell modifiziert, über den langen »Dienstweg« ins Parlament gelangt ist. Die Gestaltungsmacht der Referate (und die dort versammelte Expertise) ist demnach nicht zu unterschätzen, auch dann, wenn die Referenten auf Weisung von oben reagieren müssen. Hier wird ein weiteres Mal deutlich, dass die Verwaltung mehr als nur exekutive Aufgaben hat.

Beamtentum prägt die Verwaltungsarbeit

Das Personal der Ministerien besteht aus verschiedenen Beschäftigungstypen: aus Beamten, Angestellten und Arbeitern. Insbesondere das Prinzip des Beamtentums prägt die Arbeit der Ministerialverwaltung. Beamte sind Amtsträger, die in einem besonderen rechtlichen Dienst-, Treue- und Fürsorgeverhältnis stehen. Sie sind mit der unparteiischen Wahrnehmung hoheitlicher Aufgaben betraut; sie dürfen nicht streiken und unterliegen einer besonderen Pflicht zu Gesetzestreue und Gehorsam gegenüber ihrem Dienstherrn. Dieselben Aufgaben, die von Beamten ausgeübt werden, werden mitunter auch von den Angestellten im Öffentlichen Dienst verrichtet. Die Angestellten unterliegen ebenfalls besonderen Verpflichtungen – insbesondere der Treue zur Verfassung.

Abb. 18 | *Grundstruktur eines Bundesministeriums*

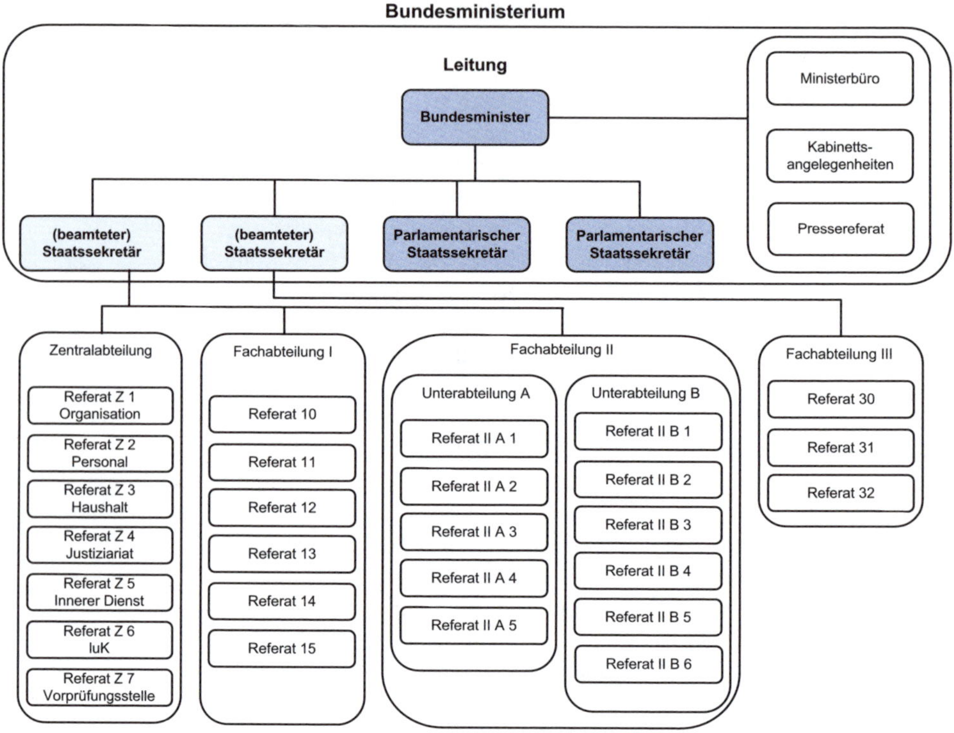

»Politische Beamte«

Eine besondere Personalgruppe bilden die »politischen Beamten«. Bis hinunter zum Abteilungsleiter (Ministerialdirektor) haben diese Amtsinhaber Leitungsfunktionen, die sie dicht mit der (partei-)politischen Spitze des Ministeriums verknüpfen. Deswegen können sie ohne Angabe von Gründen entlassen werden – bei Fortzahlung ihrer Bezüge. Ein solcher Austausch der »politischen« Spitzenbeamten vollzieht sich bis zu einem gewissen Grad bei Regierungsneubildungen.

Alles in allem ist die bundesdeutsche Exekutive also vielschichtig und komplex. Zur Exekutive wird üblicherweise auch das Staatsoberhaupt, der Bundespräsident, gezählt. In der Tat hat dieser auch ausführende Funktionen. Dabei ist er jedoch nicht Teil der Bundesregierung, sondern ein eigenständiges Verfassungsorgan. Mit diesem Amt, seinen Funktionen und den Personen, die es bislang bekleidet haben, beschäftigt sich das folgende Kapitel.

Lernkontrollfragen

1 Inwiefern widerspricht das Amt der Parlamentarischen Staatssekretäre der klassischen Gewaltenteilung?
2 Inwieweit engen Koalitionsregierungen die Spielräume des Kanzlers oder der Kanzlerin ein?
3 Welche der bislang beantragten Vertrauensfragen wurden als »unecht« bezeichnet und warum?
4 Welche drei Prinzipien (Art. 65) gestalten die Beziehung zwischen Kanzler und Minister – mit welchem Ergebnis?
5 Was sind die Merkmale einer »Kanzlerdemokratie« und wovon hängt es ab, wie ausgeprägt diese Merkmale in einer Kanzlerschaft sind?
6 Inwiefern spielen die Basiseinheiten der Ministerialverwaltung, die Referate, eine wichtige Rolle in der Gesetzgebung?

Literatur

Zwei Einführungen in das politische System Deutschlands liegen vor, die stärker auf die Frage von (exekutiver) Führung ausgerichtet sind: *Karl-Rudolf Korte/Manuel Fröhlich: Politik und Regieren in Deutschland. Strukturen, Prozesse, Entscheidungen, 3. Aufl., Stuttgart, UTB 2009*, sowie *Ludger Helms: Regierungsorganisation und politische Führung in Deutschland, Wiesbaden, VS Verlag 2005*. Aus der Sicht eines Insiders aus dem Bundeskanzleramt führt folgende Publikation in die Arbeitsweise der Bundesregierung ein: *Volker Busse: Bundeskanzleramt und Bundesregierung. Aufgaben – Organisation – Arbeitsweise, 5. Aufl., Heidelberg, C.F. Müller 2010*. Das Konzept der Kanzlerdemokratie sowie auf dieser Folie Portraits der bisherigen Kanzlerschaften (bislang noch ohne das von Angela Merkel) bietet *Karlheinz Niclauß: Kanzlerdemokratie. Regierungsführung von Konrad Adenauer bis Gerhard Schröder, Paderborn, UTB 2004*. Ein wenig in die Jahre gekommen, aber immer noch lesenswert ist folgende Reihe: *Hans-Hermann Hartwich/Göttrik Wewer (Hg.): Regieren in der Bundesrepublik, 5 Bände, Opladen, Leske+Budrich 1990–1993*. Ergebnisse der Koalitionsforschung präsentiert: *Sabine Kropp/Roland Sturm: Koalitionen und Koalitionsvereinbarungen. Theorie, Analyse und Dokumentation, Opladen, Leske+Budrich 1998*. Die wissenschaftliche Auseinandersetzung mit der Verwaltung ist zu einem eigenständigen Lehr- und Forschungszweig geworden. Über diese Disziplin, ihre Forschungsfragen und Befunde informiert: *Jörg Bogumil/Werner Jann: Verwaltung und Verwaltungswissenschaft in Deutschland. Einführung in die Verwaltungswissenschaft, 2. Aufl., Wiesbaden, VS Verlag 2008.*

Links

www.bundeskanzler.de oder www.bundeskanzlerin.de
Dieser Link führt unmittelbar zu der personenbezogenen Seite des amtierenden Bundeskanzlers.

www.bundesregierung.de
Diese offizielle Seite der Regierung informiert über die Aufgaben des Staatsorgans. Von dort aus gelangt man zu den Web-Angeboten der einzelnen Ministerien. Die Geschäftsordnung der Bundesregierung in ihrer aktuell gültigen Fassung findet sich ebenfalls dort.

www.bund.de
Gibt man diese Webadresse ein, kommt man zur zentralen Homepage der Bundesverwaltung. Diese bündelt die Informationen und Online-Leistungen der einzelnen Verwaltungseinheiten auf Bundesebene.

www.olev.de/g/ggo-bund.pdf
Auf dieser Seite findet sich die Gemeinsame Geschäftsordnung der Bundesministerien (GGO) in ihrer aktuell gültigen Version.

http://bundesrecht.juris.de/parlstg_1974/
Diese vom Bundesjustizministerium betriebene Seite hält das vergleichsweise kurze »Gesetz über die Rechtsverhältnisse der Parlamentarischen Staatssekretäre« in seiner aktuellen Fassung zum Download bereit.

Die unpräsidiale Demokratie – der schwache, aber nicht ohnmächtige Bundespräsident

8

Inhalt

An der Spitze der Bundesrepublik Deutschland steht – formal betrachtet – der Bundespräsident. Aber wer das Oberhaupt eines Staates ist, muss deswegen noch lange nicht der mächtigste Akteur sein. So sind auch die Königinnen und Könige in den zahlreichen europäischen Monarchien keine »Herrscher« mehr, wenngleich sie unterschiedlich starken Einfluss auf die Politik ausüben können. Die Väter und Mütter des Grundgesetzes haben sich bewusst und ausdrücklich für ein schwaches Staatsoberhaupt, für einen vergleichsweise machtlosen Präsidenten einerseits, sowie für ein starkes Parlament und eine machtvolle parlamentarische Regierung andererseits entschieden.

Andere Demokratien wie die USA gehen einen alternativen Weg – den »präsidentiellen«: Das direkt gewählte Staatsoberhaupt ist zugleich der Regierungschef und damit neben dem Parlament die zentrale Figur im politischen Spiel. Eine dritte Gruppe von Demokratien hat zwar ähnlich wie Deutschland eine doppelköpfige Exekutive mit einem Präsidenten und einem Regierungschef, wobei der Ministerpräsident oder Premierminister vom Vertrauen des Parlaments abhängig ist. Aber der Präsident in Systemen wie dem französischen wird – im Gegensatz zum deutschen Staatsoberhaupt – direkt vom Volk gewählt und verfügt über weitreichende Kompetenzen. In der Politikwissenschaft werden solche Systeme als »semi-präsidentiell« bezeichnet.

Definition

Semi-präsidentielle Systeme (Maurice Duverger)

(1) die Regierung ist doppelköpfig, d.h. sie besteht aus einem Präsidenten und einem Regierungschef (Premierminister, Kanzler, Ministerpräsident o.ä.),
(2) der Präsident wird direkt vom Volk gewählt,
(3) der Präsident verfügt über beachtliche Kompetenzen,

(4) der Regierungschef ist auf das Vertrauen des Parlaments angewiesen.

Beispiele für solche Systeme: Frankreich, Russland. Die vergleichende Politikwissenschaft unterscheidet noch weitere Unterformen, z.B. parlamentarisch-präsidentielle oder präsidentiell-parlamentarische Varianten.

Die formale Schwäche des deutschen Bundespräsidenten schlägt sich in der politikwissenschaftlichen Literatur nieder. Während Regierung und Parlament intensiv erforscht und beschrieben worden sind, fristet der Präsident in der wissenschaftlichen Beachtung ein Schattendasein. In Einführungen ins politische System der Bundesrepublik werden dem Staatsoberhaupt üblicherweise nur wenige Seiten gewidmet.

Auch die folgende Darstellung der Rolle des Präsidenten ist dem Amt und seiner relativen Machtlosigkeit angemessen. Allerdings verdient der Bundespräsident allein deswegen ein eigenes Kapitel, weil sich an seinem Amt Verschiedenes verdeutlichen lässt: wie sich die Weimarer Erfahrungen konkret im politischen System niedergeschlagen haben, welchen personalpolitischen Einfluss die Parteien auf der Bundesebene ausüben und welche unterschiedlichen Ausprägungen ein Amt – je nach Lage der Dinge – haben kann. Schließlich lässt sich an einer solchen politischen Funktion die generelle Frage »Do persons matter?« (»Machen Personen einen Unterschied?«) erörtern.

8.1 | Der Weimarer Reichspräsident als negative Blaupause

Wenn über die Defizite der Weimarer Reichsverfassung gesprochen wird, dann ist schnell von der – so die Wahrnehmung – verheerenden Rolle des Reichspräsidenten die Rede. Bei der ersten deutschen Demokratie handelte es sich zwar nicht um eine präsidentielle Regierungsform, sondern vom Verfassungstext her um ein System mit starken parlamentarischen Zügen (→ Kapitel 1). Immerhin legte die Verfassung der

Weimarer Republik erstmalig in der deutschen Geschichte die Parlamentsverantwortlichkeit der Regierung fest, nachdem bereits 1918 der Kaiser – die militärische Niederlage vor Augen – per Erlass die Parlamentarisierung der Reichsregierung angeordnet hatte. Und dennoch konnte sich das Prinzip der parlamentarischen Regierung in der Praxis nicht durchsetzen. Stattdessen etablierte sich in der Verfassungswirklichkeit – allemal in den letzten Jahren der Weimarer Republik – ein »präsidiales« Regime.

Machtaufstieg des Reichspräsidenten

Was waren die Fundamente für diesen von der Verfassungsidee nicht vorgesehenen Machtaufstieg des Staatsoberhauptes? Zunächst verschaffte die Volkswahl dem Präsidenten eine günstige Ausgangsposition. Das Parlament war somit nicht das einzige demokratisch direkt legitimierte Organ auf der Reichsebene. Zudem wurde das Staatsoberhaupt der Weimarer Republik für immerhin sieben Jahre gewählt, also für einen längeren Zeitraum als der Reichstag, dessen Wahlperiode vier Jahre betrug.

Parlament und Präsident hätten auf dieser Grundlage wenigstens ebenbürtig sein können. Aber darüber hinaus waren die Machtpotenziale noch zugunsten des Staatsoberhauptes verteilt: So verfügte der Reichspräsident über das Recht, den Reichstag aufzulösen. Auch waren die Ernennung und die Entlassung des Reichskanzlers Aufgabe des Staatsoberhauptes. Das Weimarer Parlament war hieran zwar beteiligt, aber konnte vom Präsidenten übergangen werden. Im Falle der Eskalation drohte dem Reichstag die Auflösung. Schließlich war der Präsident noch oberster Befehlsherr der Streitkräfte.

Besondere Brisanz kam jedoch einer Bestimmung zu, die legendär geworden ist: dem Artikel 48 der Weimarer Reichsverfassung. Dort war geregelt, welche Maßnahmen im Falle eines nationalen Notstands zu treffen seien. Mit Hilfe dieses Artikels waren ab 1930 durchweg Minderheitsregierungen im Amt, deren Gesetzesvorlagen als »Notverordnungen« unter Umgehung des Reichstags erlassen wurden. Die Reichkanzler waren letztlich nur noch von des Reichspräsidenten Gnaden abhängig, der durch die Ausrufung des permanenten Notstands das System weitestgehend »entparlamentarisierte«.

Entparlamentarisierung durch Ausrufung des permanenten Notstands

Wortlaut

Artikel 48 der Weimarer Reichsverfassung

»(2) Der Reichspräsident kann, wenn im Deutschen Reiche die öffentliche Sicherheit und Ordnung erheblich gestört oder gefährdet wird, die zur Wiederherstellung der öffentlichen Sicherheit und Ordnung nötigen Maßnahmen treffen, erforderlichenfalls mit Hilfe der bewaffneten Macht einschreiten. Zu diesem Zwecke darf er vorübergehend die in den

Artikeln 114, 115, 117, 118, 123, 124 und 153 festgesetzten Grundrechte ganz oder zum Teil außer Kraft setzen.

(3) Von allen gemäß Abs. 1 oder Abs. 2 dieses Artikels getroffenen Maßnahmen hat der Reichspräsident unverzüglich dem Reichstag Kenntnis zu geben. Die Maßnahmen sind auf Verlangen des Reichstags außer Kraft zu setzen.«

»Demokratie ohne Demokraten«

Was das Reichspräsidentenamt letzten Endes zum Untergang der Weimarer Republik beitrug, welche spezifische Rolle die beiden Amtsinhaber spielten (Friedrich Ebert, aber vor allem Paul von Hindenburg) – all dies sperrt sich der schnellen Beantwortung. Nur soviel: Hätte es eine konstruktive demokratische Parteienkultur gegeben, wäre die Macht des Präsidenten nicht derart zur Entfaltung gekommen.

Für die Ausgestaltung der Bundespräsidentenrolle durch die Verfasser des Grundgesetzes waren die Weimarer Erfahrungen jedenfalls prägend. So wirkt das Staatsoberhaupt der zweiten deutschen Demokratie in vielerlei Hinsicht wie ein bewusstes Gegenbild zum Weimarer Präsidenten.

8.2 | Die Wahl des Bundespräsidenten – Verfahren und Ergebnisse

Der erste Unterschied findet sich im Wahlverfahren. Das bundesdeutsche Staatoberhaupt wird nicht direkt vom Volk gewählt, sondern von einem hierzu eigens einberufenen Bundesorgan, der Bundesversammlung. Die Modalitäten der Wahl stehen im Grundgesetz (Art. 54) und im »Gesetz über die Wahl des Bundespräsidenten durch die Bundesversammlung«.

8.2.1 | Das Wahlverfahren – die Bundesversammlung

Bundesversammlungsmitglieder sind Wahlleute

Die Bundesversammlung ist ein ungewöhnliches Staatsorgan. Sie tritt ausschließlich zur Wahl des Bundespräsidenten zusammen und danach erst wieder, wenn ein Nachfolger gewählt werden muss (oder der Amtsinhaber wiedergewählt wird). Es ist keine ständige Einrichtung. Die Mitglieder der Bundesversammlung haben somit nur die eine Rolle: die von Wahlleuten, so wie sie uns etwa aus dem System der USA bekannt sind.

Läuft alles »nach Plan«, konstituiert sich die Bundesversammlung alle fünf Jahre. Die reguläre Amtszeit der Bundespräsidenten ist somit um zwei Jahre kürzer als es die der Reichspräsidenten war und ein Jahr länger als es die des Bundestages ist. Bundespräsidenten können nur einmal unmittelbar wiedergewählt werden.

Größe der Bundesversammlung

Die Bundesversammlung setzt sich unter Leitung des Bundestagspräsidenten wie folgt zusammen: (1) aus den Mitgliedern des Deutschen Bundestages, (2) aus einer gleich großen Anzahl von Personen, die von den Landtagen gewählt worden sind. Somit hängt die Größe der Bundesversammlung vom aktuellen Umfang des Bundestages ab, auch von der jeweiligen Anzahl an Überhangmandaten. Entsprechend schwankt die tatsächliche Größe des Staatsorgans.

Mitgliederstärke der bisherigen Bundesversammlungen **Tab. 15**

Jahr	1949	1954	1959	1964	1969	1974	1979	1984	1989	1994	1999	2004	2009	2010
Umfang	804	1018	1038	1042	1036	1036	1036	1042	1038	1324	1338	1205	1224	1244

Quelle: www.bundestag.de

Die »Gesandten« der Landtage kommen nicht zwangsläufig aus der Gruppe der Parlamentarier. Mitunter werden prominente Schauspieler, Sportler oder Künstler nominiert. Die Fraktionen der Landesparlamente entscheiden autonom darüber, wer die ihnen nach einem Proportionalverfahren zugewiesenen Plätze in der Versammlung erhält.

Fraktionenbildung in der Bundesversammlung

In der Bundesversammlung bilden die Vertreter der Parteien »Fraktionen«, in denen die Abgeordneten und Delegierten der jeweiligen Parteien zusammenkommen. Diese Fraktionen treffen sich kurz vor den Wahlen, um Meinungsbilder zu erstellen (ggf. durch Probeabstimmungen) und das weitere Vorgehen zu koordinieren. Sind mehrere Wahlgänge vonnöten, ziehen sich die Fraktionen zwischen den Abstimmungen zu Besprechungen zurück.

Es können maximal drei Wahlgänge erforderlich sein. Müssen die Kandidaten bei den ersten beiden Wahlgängen noch die absolute Mehrheit der Mitglieder der Bundesversammlung für sich gewinnen, reicht bei der dritten Abstimmung eine relative Mehrheit.

Koalitionen in der Bundesversammlung

Wie im Bundestag gibt es auch in der Bundesversammlung nicht nur »Fraktionen«, sondern auch »Koalitionen«. Da in der Regel keine Partei über eine absolute Mehrheit in der Bundesversammlung verfügt, ist es erforderlich, Mehrheiten quer zu den Parteien zu organisieren. Zumeist entsprechen die Koalitionen in der Bundesversammlung den Parteienlagern im Bundestag.

Kandidaten für das Amt des Bundespräsidenten (Mindestalter: 40 Jahre, deutsche Staatsbürgerschaft) können von Mitgliedern der Bundesversammlung benannt werden. Üblicherweise haben sich im Vorfeld der Wahl einzelne Parteien oder Parteikoalitionen auf Kandidaten geeinigt. Die Fraktionen der Landtage entsenden ihre Delegierten in der Regel mit einem deutlichen Auftrag, für den jeweiligen Parteikandidaten zu votieren. Insofern müsste es angesichts der bekannten Mehrheitsverhältnisse in der Bundesversammlung eigentlich vorhersagbar sein, wer als Sieger aus der Präsidentenwahl hervorgeht.

Geheime Abstimmung

Doch es gibt eine verfahrensbedingte Unwägbarkeit: Die Abstimmung findet mit verdeckten Stimmzetteln statt. Keiner kann nachhalten, wer wie abgestimmt hat. Somit sind die Mitglieder der Bundesversammlung letzten Endes doch frei in ihrer Entscheidung – zumindest können sie nicht sanktioniert werden, wenn sie von ihrem »Auftrag« abweichen.

Trotz des formal »freien Mandats« ihrer Mitglieder gilt: Die parteipolitische Zusammensetzung der Bundesversammlung prägt das Erscheinungsbild und die Arbeitsweise des Staatsorgans. Einerseits ermöglicht sie klare Wahlergebnisse, denn Mehrheiten sind leichter parteipolitisch organisierbar. Sie bringt andererseits die oft kritisierte Dominanz machtpolitischer und parteitaktischer Kalküle bei der Auswahl der Kandidaten mit sich.

8.2.2 | Die Wahlergebnisse

Ein Blick auf die Daten zu den bisherigen Bundespräsidentenwahlen verrät einiges über die Prinzipien, die bei dieser Wahl eine Rolle spielen.

Zunächst zur Frage, wer bislang als Kandidat aufgestellt worden ist und letzten Endes erfolgreich war. Alle bisherigen Bundespräsidenten gehörten einer der etablierten, im Bundestag vertretenen Parteien als Mitglied an. Alle zehn Amtsinhaber hatten eine zum Teil jahrelange politische Karriere absolviert, die sie nicht zuletzt ihrem Engagement in einer der parlamentarischen Parteien zu verdanken hatten. Dies gilt auch für den Fall Horst Köhler, dem bei seiner Nominierung der Nimbus des »Quereinsteigers« angehängt wurde. Tatsächlich war Köhler vor seinen internationalen Tätigkeiten (u. a. Direktor des Internationalen Währungsfonds von 2000 bis 2004) auch einmal Staatssekretär im Finanzministerium der CDU/FDP-Regierung und bereits seit 1981 Mitglied der CDU. Richard von Weizsäcker, der als Bundespräsident heftig gegen den Einfluss der Parteien polemisierte, hatte seinen Aufstieg ebenfalls der Stärke einer dieser Parteien zu verdanken.

Bundespräsidenten stets mit parteipolitischem Hintergrund

Tab. 16

Ergebnisse der Wahlen in den Bundesversammlungen seit 1949

	Wahlgang 1	Wahlgang 2	Wahlgang 3	Gewählt	Gegenkandidat/in
1949	46,9%	51,7%	–	Theodor Heuss	K. Schumacher, R. Amelunxen u. a.
1954	85,6%	–	–	Theodor Heuss	A. Weber
1959	49,8%	50,7%	–	Heinrich Lübke	C. Schmid, M. Becker
1964	68,1%	–	–	Heinrich Lübke	E. Bucher
1969	49,6%	49,3%	49,4%	Gustav Heinemann	G. Schröder
1974	51,2%	–	–	Walter Scheel	R. v. Weizsäcker
1979	51,0%	–	–	Karl Carstens	A. Renger
1984	80,0%	–	–	Richard v. Weizsäcker	L. Rinser
1989	84,9%	–	–	Richard v. Weizsäcker	–
1994	45,9%	47,2%	52,8%	Roman Herzog	J. Rau, H. Hamm-Brücher, J. Reich, H. Hirzel
1999	49,1%	51,6%	–	Johannes Rau	D. Schipanski, U. Ranke-Heinemann
2004	50,1%	–	–	Horst Köhler	G. Schwan
2009	50,1%	–	–	Horst Köhler	G. Schwan, P. Sodann, F. Rennicke
2010	48,2%	49,4%	50,2%	Christian Wulff	J. Gauck, L. Jochimsen, F. Rennicke

Bislang gehörten sechs Bundespräsidenten der CDU und je zwei der SPD sowie der FDP an. Welcher Parteikandidat letzten Endes erfolgreich war, darüber entschieden die jeweiligen Mehrheitsverhältnisse in der Bundesversammlung. Diese stimmten gleichwohl nicht immer mit den Kräfteverhältnissen im Bundestag überein. So sind die Bundespräsidenten Carstens und Köhler in einer Zeit gewählt worden, in der »ihre« Partei auf den Oppositionsbänken im Bundestag saß. Allerdings hatte die CDU/CSU in den Landtagen eine derart deutliche Mandatsmehrheit, dass es in der Bundesversammlung für eine Wahl reichte.

Opposition kann Bundespräsidenten stellen

Die Konstellation, dass die parlamentarische Opposition das Staatsoberhaupt »stellen« kann, ist durchaus prekär. Denn ein Vertreter des Bundespräsidenten, ein Staatssekretär aus dem Mitarbeiterstab des Staatsoberhauptes, nimmt an allen Kabinettssitzungen als Beobachter

Tab. 17

Die Bundespräsidenten und ihre parteipolitische Provenienz

Bundespräsident	Parteizugehörigkeit	Letztes Amt vor Kandidatur	Weitere politische Spitzenposition u. a.
Theodor Heuss 1949–1959	FDP	Mitglied des Parlamentarischen Rats und des Landtags Württemberg-Baden	1948–1949: Vorsitzender der FDP in Westdeutschland und Berlin
Heinrich Lübke 1959–1969	CDU	Bundesminister für Ernährung, Landwirtschaft und Forsten	1947–1952: Minister für Ernährung, Landwirtschaft und Forsten in Nordrhein-Westfalen
Gustav W. Heinemann 1969–1974	SPD	Bundesminister der Justiz in der Regierung Kiesinger/Brandt	1949–1950: Innenminister der ersten Regierung Adenauer, 1958: Mitglied des Parteivorstands der SPD
Walter Scheel 1974–1979	FDP	Bundesminister des Auswärtigen	1968–1974: Bundesvorsitzender der FDP
Karl Carstens 1979–1984	CDU	Präsident des Deutschen Bundestages	1973–1976: Vorsitzender der CDU/CSU-Fraktion im Deutschen Bundestag
Richard von Weizsäcker 1984–1994	CDU	Regierender Bürgermeister von Berlin	1973–1979: Stellvertr. Vorsitzender der CDU/CSU-Fraktion im Deutschen Bundestag
Roman Herzog 1994–1999	CDU	Präsident des Bundesverfassungsgerichts	1980–1983: Mitglied des Landtages und Innenminister von Baden-Württemberg
Johannes Rau 1999–2004	SPD	Ministerpräsident des Landes Nordrhein-Westfalen	1982–1999: Stellvertretender Vorsitzender der SPD
Horst Köhler 2004–2010	CDU	Geschäftsführender Direktor des Internationalen Währungsfonds	1990–1993: Staatssekretär im Bundesfinanzministerium (Kabinett Kohl)
Christian Wulff 2010–	CDU	Ministerpräsident des Landes Niedersachsen	1998–2010: Stellvertr. Bundesvorsitzender der CDU

teil und erfährt somit ansonsten Vertrauliches aus den Zirkeln der Regierungspolitik (→ Kapitel 7). Auch in den seltenen, aber durchaus weichenstellenden Situationen, in denen der Bundespräsident substanzielle Entscheidungen treffen kann, hat diese Konstellation einige Brisanz. Allerdings sind die Bundespräsidenten angehalten, ihr Amt überparteilich wahrzunehmen. Ihre Parteimitgliedschaft lassen sie deswegen in ihrer Zeit als Staatsoberhaupt üblicherweise ruhen.

Bei bislang nur drei Bundespräsidentenwahlen mussten drei Wahlgänge durchgeführt werden (Heinemann, Herzog, Wulff). Nur ein einziger Aspirant, nämlich Gustav Heinemann, ist mit einer bloß relativen Mehrheit gewählt worden. Bundespräsidenten wiederum, die für eine zweite Amtszeit kandidierten, wurden mit einer großen Mehrheit wiedergewählt (Heuss, Lübke, von Weizsäcker). Das könnte ein Hinweis darauf sein, dass sich die Präsidenten üblicherweise in ihrer Amtsausübung so bewähren, dass ihre Wiederwahl zur reinen Formsache wird. Der Verzicht von Johannes Rau und Gustav Heinemann auf eine zweite Amtszeit legt jedoch noch eine weitere Logik nahe: Präsidenten kandidieren nur dann ein zweites Mal, wenn sie sich einer hinreichenden Unterstützung in der Bundesversammlung sicher sein können. So muss die Beobachtung präzise genommen lauten: Bis heute ist es noch nie zu einer »Abwahl« (genauer: Kandidatur und Nicht-Wiederwahl) des amtierenden Bundespräsidenten gekommen.

Bei Wiederwahl große Zustimmung

Was lässt sich zu den unterlegenen Kandidaten sagen? Da die Mehrheitsverhältnisse in der Bundesversammlung vor den Präsidentenwahlen in der Regel klar sind, haben die Gegenkandidaten zumeist nur eine symbolische Aufgabe: Sie sollen eine Alternative deutlich machen und die Schwächen des Mehrheitskandidaten pointieren. Während die Bundespräsidenten durchweg parteipolitisch geprägt sind und politische Ämter innehatten, finden sich bei den Gegenkandidaten auch Persönlichkeiten von außerhalb der Politik, etwa Wissenschaftler oder Künstler. Seit 1979 hat man auch immer wieder Frauen nominiert – aber bislang stets ohne klare Gewinnaussichten.

Gegenkandidaten mit Symbolwirkung

Einmal gewählt, sind die Bundespräsidenten nicht ohne Weiteres des Amtes zu entheben. Für den äußersten und sehr unwahrscheinlichen Fall, für den »worst case«, ist gleichwohl vorgesorgt: Sollte ein Bundespräsident gegen geltendes Recht verstoßen, gewährt das Grundgesetz die Möglichkeit, den Präsidenten seines Amtes zu entheben: gemäß Art. 61 in Form der Präsidentenanklage. Klageberechtigt sind Bundestag und Bundesrat, die Entscheidung fällt das Bundesverfassungsgericht. Schließlich hat der Bundespräsident selbst die Möglichkeit, seine Amtszeit vorzeitig zu beenden: durch einen Rücktritt (bisher einziger Fall: Horst Köhler im Mai 2010).

Wortlaut

Art. 61 GG

»(1) Der Bundestag oder der Bundesrat können den Bundespräsidenten wegen vorsätzlicher Verletzung des Grundgesetzes oder eines anderen Bundesgesetzes vor dem Bundesverfassungsgericht anklagen. Der Antrag auf Erhebung der Anklage muss von mindestens einem Viertel der Mitglieder des Bundestages oder einem Viertel der Stimmen des Bundesrates gestellt werden. Der Beschluss auf Erhebung der Anklage bedarf der Mehrheit von zwei Dritteln der Mitglieder des Bundestages oder von zwei Dritteln der Stimmen des Bundesrates. Die Anklage wird von einem Beauftragten der anklagenden Körperschaft vertreten.

(2) Stellt das Bundesverfassungsgericht fest, dass der Bundespräsident einer vorsätzlichen Verletzung des Grundgesetzes oder eines anderen Bundesgesetzes schuldig ist, so kann es ihn des Amtes für verlustig erklären. Durch einstweilige Anordnung kann es nach der Erhebung der Anklage bestimmen, dass er an der Ausübung seines Amtes verhindert ist.«

8.3 | Die Rolle des Bundespräsidenten

Von der einen Rolle des Bundespräsidenten kann man nicht sprechen. Das Amt zeichnet sich durch eine Vielfalt von unterschiedlichen Aufgaben und Kompetenzen aus – abhängig von der jeweiligen Situation. Dabei ist das Staatsoberhaupt auf Unterstützung angewiesen: Bei der Ausübung seines Amtes hilft dem Bundespräsidenten eine oberste Bundesbehörde, das Bundespräsidialamt mit seinen rund 160 Mitarbeiterstellen, die in einem Gebäude neben dem Berliner Amtssitz des Staatsoberhaupts, dem Schloss Bellevue, untergebracht ist.

8.3.1 | Der Bundespräsident als oberster Repräsentant und »Staatsnotar«

Völkerrechtliche Vertretung der Bundesrepublik

Zunächst erfüllt der Bundespräsident die »üblichen« Aufgaben eines Staatsoberhauptes: die Repräsentation nach außen und innen. Der Präsident vertritt die Bundesrepublik Deutschland völkerrechtlich. Er ist es, der Verträge mit anderen Staaten unterzeichnet, die von der Regierung politisch ausgehandelt worden sind. Er nimmt die Akkreditierung der Botschafter vor und empfängt Staatsgäste mit militärischen Ehren. Nach innen hat er das Begnadigungsrecht, er verleiht Orden und Ehrenzeichen, z.B. das Bundesverdienstkreuz in mehreren Stufen. Der Bundespräsident kann die Verwendung der Staatssymbole (Nationalhymne, Flagge, Wappen etc.) sowie Staatsakte und Staatsbegräbnisse anordnen – allerdings muss in diesen Fällen ein Mitglied der Bundesregierung gegenzeichnen.

Bundespräsident als »Staatsnotar«

Einen Großteil der Aufgaben des Bundespräsidenten kann man als »notariell« bezeichnen. Das heißt, dem Bundespräsidenten obliegt es, bestimmte Vorgänge zu »beglaubigen« oder zu »unterzeichnen«, ohne dass er auf die dahinter stehenden Entscheidungen Einfluss nehmen kann. Dies trifft beispielsweise auf folgende Personalfragen zu:

- Ernennung von Richtern an Bundesgerichten,
- Ernennung von Bundesbeamten und Soldaten höherer Ränge,
- Ernennung des Bundeskanzlers nach dessen Wahl durch den Bundestag,
- Ernennung und Entlassung der Minister auf Vorschlag des Bundeskanzlers.

Bei diesen Personalfragen kann der Bundespräsident die Unterschrift nur dann verweigern, wenn es maßgebliche Gründe dafür gibt. So haben die beiden ersten Bundespräsidenten Ministerernennungen von ehemaligen Nationalsozialisten abgelehnt.

Besiegelung von Gesetzen

Neben den Personalentscheidungen muss der Bundespräsident auch die Gesetze per Unterschrift »besiegeln«. Dieser Vorgang, der Teil der »Ausfertigung« ist, stellt den vorletzten und einen unverzichtbaren Schritt im Gesetzgebungsprozess dar, bevor das Gesetz im Bundesgesetzblatt verkündet wird und damit in Kraft treten kann. Inwieweit dem Bundespräsidenten bei der Gesetzesausfertigung oder in anderen Situationen die Rolle eines Verfassungshüters zukommt, ist umstritten.

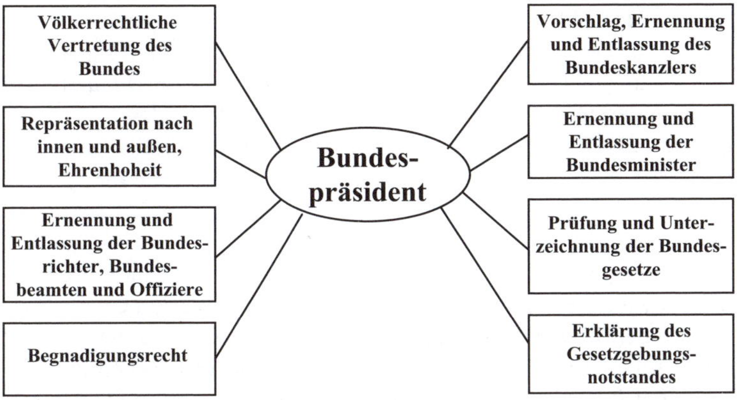

Abb. 19

Funktionen des Bundespräsidenten

8.3.2 | Der Bundespräsident als »Hüter der Verfassung«?

Der Reichspräsident der Weimarer Republik fungierte als »Hüter der Verfassung«. Er sollte den Geist der Weimarer Reichsverfassung vor Angriffen von innen und außen schützen. Hierzu waren ihm die entsprechenden Instrumente an die Hand gegeben worden. Dass sich der vermeintliche Hüter als Problem der Verfassung herausstellte, ist eine der Paradoxien der Weimarer Republik.

Einbindung in das System von »checks and balances«

Inwieweit fungiert nun der Bundespräsident als »Hüter des Grundgesetzes«? Das deutsche Staatsoberhaupt ist als Bundesorgan – wie die anderen Staatsorgane auch – Teil eines Systems von »checks and balances«, eines Geflechts von gegenseitiger Kontrolle und Machtverteilung. Jedes Staatsorgan hat die Verpflichtung, dort wo es in einem Entscheidungsprozess eingebunden ist, auf die Einhaltung der Verfassung seitens der anderen Institutionen zu achten. Dies zeigt sich unter anderem in der Möglichkeit der »Organklage« vor dem Bundesverfassungsgericht (→ Kapitel 9). Im Rahmen einer Organklage hat ein jedes Staatsorgan das Recht, ein anderes vor dem Karlsruher Gericht wegen verfassungswidrigen Verhaltens anzuklagen.

Durch die Beteiligung am Gesetzgebungsprozess verfügt der Bundespräsident über einen zusätzlichen Hebel, die Beachtung der Verfassung nachzuhalten. Zwei Formen der Prüfung auf Verfassungsmäßigkeit von Gesetzen lassen sich dabei unterscheiden: die formelle und materielle Kontrolle. Eine sachbezogene Überprüfung (Handelt es sich um ein erforderliches, ein effektives und/oder effizientes, kurzum: ein gutes Gesetz?) darf der Bundespräsident nicht vornehmen.

Definition

Formelle und materielle Überprüfung
Bei einer formellen Überprüfung wird das verfassungsgemäße verfahrensrechtliche Zustandekommen des Gesetzes begutachtet: Hat es den vom Grundgesetz vorgesehenen »formalen« Prozess durchlaufen? Bei einer materiellen Überprüfung wird kontrolliert, ob das Gesetz mit Inhalten des Grundgesetzes (mit seiner »Materie«) in Konflikt steht.

Der Bundespräsident, genauer das Bundespräsidialamt, nimmt deswegen vor jeder Gesetzesausfertigung eine Begutachtung vor, die mehr als nur eine Formsache ist. Es hat in der Geschichte der Bundesrepublik einige Fälle gegeben, in denen der Bundespräsident nach Prüfung die Unterschrift unter ein Gesetz verweigert hat. Bei zwei Gesetzgebungs-

Unterzeichnung von Gesetzen abgelehnt

verfahren (Ingenieurgesetz und Architektengesetz) in den sechziger Jahren stellte Bundespräsident Heinemann infrage, dass der Bund hier die Regelungskompetenz habe. In zwei weiteren Fällen wurde vom Staatsoberhaupt moniert, dass der Bundesrat hätte zustimmen müssen: 1952 beim Gesetz zur Durchführung des Art. 108 GG (Theodor Heuss), 1976 beim Gesetz zur Wehrdienstverweigerung (Walter Scheel). In all diesen Fällen bezogen sich die Einwände auf formale Aspekte.

Aber es kam auch zu materiell begründeten Einsprüchen: So lehnte Heinrich Lübke 1962 ein Gesetz über den Belegschaftshandel ab, da es seiner Wahrnehmung nach gegen das Grundrecht auf freie Berufswahl verstoßen hätte. Richard von Weizsäcker blockierte 1991 ein Gesetz, das die Flugsicherung privatisieren sollte. Diese Aufgabe gehörte – so die Einschätzung – laut Grundgesetz zu den hoheitsrechtlichen Angelegenheiten und könnte von daher nicht entstaatlicht werden. Genau mit dergleichen Begründung versagte Horst Köhler einem Gesetz zur Flugsicherung im Jahre 2006 seine Unterschrift. Im gleichen Jahr fertigte Bundespräsident Köhler ein Gesetz zur Verbraucherinformation nicht aus, weil es seines Erachtens nach dem durch die Föderalismusreform geänderten Grundgesetz materiell nicht entsprochen hätte.

Zurückhaltende Prüfungstätigkeit

Jedoch: Angesichts der Zahl von Gesetzen, die vom Bundesverfassungsgericht kassiert worden sind (→ Kapitel 9), scheint die Prüfungstätigkeit der Präsidenten von Zurückhaltung geprägt zu sein. Insofern war das Vorgehen des Bundespräsidenten Johannes Rau beim Zuwanderungsgesetz aus dem Jahre 2002 exemplarisch. Es hatte erhebliche Zweifel an dem verfassungsmäßigen Zustandekommen des Gesetzes gegeben. Der Bundespräsident fertigte die Vorlage dennoch aus. Zugleich forderte er aber die Antragsberechtigten ausdrücklich auf, von der Möglichkeit der verfassungsrechtlichen Prüfung durch das Bundesverfassungsgericht Gebrauch zu machen. Freilich darf über eine stärkere Kontrolltätigkeit des Bundespräsidenten nachgedacht werden, wenn die Opposition in Zeiten »Großer Koalitionen« nicht das Quorum für eine Klage beim Bundesverfassungsgericht erreicht und diese Kontrolloption folglich entfällt.

Wortlaut

Erklärung von Bundespräsident Johannes Rau zur Ausfertigung des Zuwanderungsgesetzes am 20. Juni 2002 im Schloss Bellevue in Berlin – Auszüge

»Das Recht und die Pflicht des Bundespräsidenten, ein Gesetz vor der Ausfertigung verfassungsrechtlich zu überprüfen, steht in Konkurrenz und bedarf der sinnvollen Abgrenzung zur Aufgabe des Bundesverfassungsgerichts. [...] Nach unserer Verfassungsordnung ist es nicht Aufga-

be des Bundespräsidenten, über solche verfassungsrechtlichen Zweifelsfragen eine endgültige Entscheidung zu treffen. Die verbindliche Entscheidung über die Auslegung des Grundgesetzes ist dem Bundesverfassungsgericht vorbehalten. Wer von den Antragsberechtigten im vorliegenden Fall eine solche Entscheidung für notwendig hält, dem steht der Weg dazu jetzt offen.«
Quelle: http://www.bundespraesident.de/dokumente/-,2.85177/Rede/dokument.htm

BVerfG als Hüterin der Verfassung

Kurzum: Bundespräsidenten sind bei der verfassungsrechtlichen Überprüfung von Gesetzgebungsvorgängen und -ergebnissen alles in allem zurückhaltend, wenngleich es tendenzielle Unterschiede zwischen den Amtsinhabern gegeben hat. Die Aufgabe, die Verfassung vor Verletzungen zu schützen, wird in der Praxis der bundesdeutschen Demokratie in erster Linie dem Bundesverfassungsgericht überantwortet. Dem Gericht sind im Falle einer Klage auch diejenigen Entscheidungen unterworfen, die der Bundespräsident als Ausfluss seiner »Reservemacht« treffen darf.

8.3.3 | Der Bundespräsident und seine »Reservemacht«

Jenseits des staatsnotariellen Alltags kann der Bundespräsident in eine Lage geraten, in denen seine Entscheidungen durchaus einen Unterschied machen und zwar einen gewichtigen. Man spricht dann von der »Reservemacht« des Staatsoberhauptes. Solche Fälle sind bereits angesprochen worden (→ Kapitel 6 und 7): wenn sich unmittelbar nach einer Bundestagswahl keine Kanzlermehrheit formiert oder ein Regierungschef nicht mehr das Vertrauen einer parlamentarischen Mehrheit genießt.

(1) Bundeskanzlerwahl: Findet bei der Wahl des Bundeskanzlers ein Vorschlag aus der Mitte des Parlaments beim dritten Wahlgang nicht die Mehrheit der Mitglieder des Bundestages, sondern nur eine relative Mehrheit, kann der Präsident frei zwischen zwei Optionen entscheiden: Entweder löst er den Bundestag auf und beraumt Neuwahlen an oder er ernennt den mit relativer Mehrheit gewählten Kandidaten zum Minderheitskanzler.

(2) gescheiterte Vertrauensfrage: Findet der Bundeskanzler bei einer Vertrauensfrage nach Artikel 68 GG keine parlamentarische Zustimmung und schlägt er infolge die Auflösung des Bundestages vor, hat

der Bundespräsident zwei Alternativen: Entweder löst er den Bundestag auf oder er entspricht dem Vorschlag des Regierungschefs nicht. Wenn der Bundespräsident von einer Parlamentsauflösung Abstand nimmt und den Regierungschef im Amt belässt, kann der Minderheitskanzler auch am Bundestag vorbei Gesetze auf den Weg bringen – auf der Grundlage des Art. 81 (»Gesetzgebungsnotstand«).

Abb. 20

Phasen des Gesetzgebungsnotstands (Art. 68 und 81 GG)

Stufe 1:
Der Kanzler stellt die Vertrauensfrage nach Art. 68 und findet keine Mehrheit. Er schlägt die Auflösung des Parlaments vor.

⇩

Stufe 2:
Der Bundespräsident löst den Deutschen Bundestag nicht auf. Der Regierungschef bleibt als Minderheitskanzler im Amt.

⇩

Stufe 3:
Der Kanzler scheitert mit einer Gesetzesvorlage im Bundestag. Der Regierungschef stellt den Antrag, den Gesetzgebungsnotstand zu erklären.

⇩

Stufe 4:
Der Bundespräsident erklärt den Gesetzgebungsnotstand. Für die Verabschiedung der Gesetzesvorlage und weiterer ist die Mehrheit des Bundesrates hinreichend.

Reservemacht im Falle einer Systemkrise

Die »Reservemacht« wird somit nur im Falle einer Systemkrise aktiviert, falls ein zentrales Prinzip des Grundgesetzes nicht (mehr) funktioniert: das Prinzip der parlamentarischen Regierung, also einer Regierung, die im Bundestag eine stabile Basis findet. Zu einer präsidialen Herrschaft in einer Weimar-ähnlichen Form kann es jedoch auch in solchen krisenhaften Gemengelagen kaum kommen: So ist die Dauer des Gesetzgebungsnotstands auf höchstens ein halbes Jahr beschränkt. In dieser Phase können die Regelungen des Grundgesetzes weder geändert noch außer Kraft und Anwendung gesetzt werden.

Bislang keine wirkliche Systemkrise

Derartige Systemkrisen hat es in der politischen Geschichte der Bundesrepublik bislang nicht gegeben: Bei der Kanzlerwahl ist es nie zu einem dritten Wahlgang gekommen. Noch nicht einmal ein zweiter ist bis dato erforderlich gewesen. Gescheiterte Vertrauensfragen gab es zwar schon dreimal. Bei den drei Fällen handelte es sich jedoch nicht durchweg um Krisensituationen im Sinne des Grundgesetzes. Wie dargestellt, hatten die Bundeskanzler mitunter durchaus stabile Mehrheiten im Bundestag (→ Kapitel 7).

Bei allen gescheiterten Vertrauensfragen hat der Bundespräsident dem Vorschlag des Bundeskanzlers, den Bundestag aufzulösen, entsprochen. In zwei Fällen ist er dabei zum Gegenstand einer Klage vor dem Bundesverfassungsgericht geworden. Das Bundesverfassungsgericht hat die Entscheidungen der Präsidenten beide Male als verfassungsgemäß eingestuft.

Daran zeigt sich Folgendes: In den wenigen Situationen, in denen dem Bundespräsidenten eine Entscheidungsmacht zukommt, haben sich die Amtsinhaber »erwartungsgemäß« verhalten und sich dem Willen der parlamentarischen Mehrheit respektive des Bundeskanzlers nicht entgegengestellt. Damit eröffneten sie zugleich den Weg für eine verfassungsrechtliche Prüfung durch das Bundesverfassungsgericht. Die abschließende Begutachtung und Billigung des Vorgehens fand in »Karlsruhe« statt.

8.3.4 | Die Macht des Wortes und der symbolischen Tat

Ein Amt wie das eines Staatoberhauptes lässt sich nicht auf seine formalen Kompetenzen und Funktionen reduzieren. Der Politikwissenschaftler Theodor Eschenburg hat hier die Unterscheidung zwischen »potestas« und »auctoritas« eingebracht: Jenseits der institutionalisierten Herrschaftsgewalt (»potestas«) habe der Bundespräsident vor allem eine nicht in der Verfassung niedergelegt Macht (»auctoritas«). Diese Autorität speist sich insbesondere aus dem öffentlichen Auftreten der Präsidenten.

Viel beachtete öffentliche Auftritte

Gelegenheit zu Auftritt und Rede hat das Staatoberhaupt zur Genüge. Der Präsident ist besonders gefragt als Redner bei öffentlichen Anlässen, obligatorisch bei Staatsakten. Er tritt regelmäßig im Fernsehen auf, zum Beispiel mit seiner jährlich zur besten Sendezeit ausgestrahlten Weihnachtsansprache. Roman Herzog hat überdies das Format der »Berliner Rede« ins Leben gerufen: Dabei handelt es sich um programmatische Vorträge des Bundespräsidenten zu ausgewählten Themen.

»Berliner Reden«

Das, was der Bundespräsident vorträgt, wird in der politischen Öffentlichkeit wahrgenommen, mitunter aufgegriffen und weiterdiskutiert. Wellen schlagend war die Rede von Bundespräsident von Weizsäcker anlässlich des 40. Jahrestages des Kriegsendes 1985. Diese Wortmeldung des Staatsoberhaupts stellte einen wichtigen Beitrag in einer kontroversen Auseinandersetzung um die Bewertung dieses Tages dar. Große Aufmerksamkeit hat auch die so genannte »Ruck«-Rede von Bundespräsident Herzog aus dem Jahr 1997 erhalten, in der er eine gesellschaftliche und politische Reformanstrengung angemahnt hat. Johannes Rau hat mit seiner Rede zur Integration im Jahre 2000 Schlagzeilen gemacht. Horst Köhler nahm sich in seiner Berliner Rede 2008 angesichts der Finanzkrise dem Thema »Glaubwürdigkeit der Freiheit« an.

Inwieweit von diesen öffentlichen Auftritten ein nachhaltiger Einfluss ausgeht, ist schwer zu ermitteln. Aber die Präsidenten haben jedenfalls die Möglichkeit, Themen zu setzen und zu pointieren. Ihr Wort wird wahrgenommen – und dies umso mehr, desto (partei-)politischer sie argumentieren. Insbesondere wenn sie sich zu zwischen den Parteien kontroversen tagesaktuellen Fragen äußern, kommt ihren Worten große Aufmerksamkeit zu. Wenn sie sich so verhalten, bedienen sie die Nachfrage in der »Mediengesellschaft«.

Wie bereits thematisiert, kommt der Presse, dem Rundfunk und dem Internet eine wichtige Rolle bei der Vermittlung von Politik zu (→ Kapitel 4). Darauf haben auch die Bundespräsidenten reagiert: Ihre Öffentlichkeits- und Pressearbeit hat sich den Vermittlungsbedingungen einer massenmedial geprägten Öffentlichkeit angepasst. Im Bundespräsidialamt ist das »Presse- und Öffentlichkeitsreferat« eigens zuständig für die »Public Relations« der Präsidenten. Es hält den Kontakt zu Journalisten und sorgt für die Verbreitung der Worte des Staatsoberhauptes. Die Modernisierung der Öffentlichkeitsarbeit findet ihren Niederschlag in der Website des Bundespräsidenten, auf der die Reden des Staatsoberhauptes eingestellt sind sowie ausführlich über die Person des Bundespräsidenten und die Aufgaben des Amtes informiert wird.

Modernisierung der Präsidial-PR

Teil des »going public« der Präsidenten sind nicht nur ihre Worte, sondern auch ihre Taten, das »symbolische Handeln«. Indem sie Preise ausschreiben und vergeben, indem sie ausgesuchte Länder bereisen, indem sie bestimmte Einrichtungen besuchen, Gäste empfangen oder Schirmherrschaften übernehmen, können die Bundespräsidenten symbolisch Schwerpunkte setzen und die öffentliche Aufmerksamkeit auf bestimmte Themen lenken.

»First Ladies«

Wie in solchen Positionen üblich, nimmt auch der Ehepartner des Amtinhabers eine repräsentative Funktion wahr. Die Präsidentengattinnen setzen ihre eigenen Marken, indem sie ausgewählte Schirmherrschaften – in der Regel für karitative Initiativen – übernehmen und zu ausgesuchten Anlässen Reden halten. Auf der Website des Bundespräsidenten werden die Aktivitäten der »First Lady« ausführlich dokumentiert.

8.4 | »Do Persons Matter?« – Chancen und Grenzen des Amtes

Ein »Amt« ist ein Rahmen, der von unterschiedlichen Personen unterschiedlich ausgefüllt werden kann. Die konkrete Amtsausübung hängt somit auch davon ab, wer die Position bekleidet. Daraus leiten sich die jeweilige Autorität und damit die Möglichkeit zu gestalten und zu beeinflussen ab.

Was spielt dabei eine Rolle? Zum einen die Frage, welche Funktionen der Amtsinhaber vorher hatte, welche Reputation er mit ins »Schloss« bringt, in welcher Beziehung er zur parlamentarischen Mehrheit, zur Regierung und ihrem Chef steht. Schließlich spielen Persönlichkeitsfaktoren maßgeblich in die Amtsausübung hinein.

Die Amtsinhaber können sich innerhalb dieses Rahmens bewegen und dabei einen eigenen Stil entwickeln. Sie können freilich auch den Rahmen sprengen oder sich auf Grenzlinien bewegen. Einige Bundespräsidenten haben die Grenzen ausgetestet. Beispielsweise ist die Amtsausübung des Bundespräsidenten Horst Köhler in die Diskussion gekommen, als er vor der Bundestagswahl 2005 sehr deutlich Position für eine wirtschaftsorientierte Reformpolitik bezogen hat oder sich 2006 zu Fragen des Sozialversicherungssystems geäußert hat und sich dabei den Standpunkt seiner Partei zu eigen machte. Es ist umstritten, ob sich der Bundespräsident derart in das politische Tagesgeschäft oder in den Wahlkampf einmischen darf. Einerseits ist es das Recht des Staatsoberhauptes, sich frei zu gesellschaftlichen Themen zu äußern. Andererseits muss der Amtsinhaber berücksichtigen, was dies für die Reputation des Amtes bedeuten kann. Der Nimbus der Überparteilichkeit trägt zur »auctoritas« der Institution Bundespräsident bei. Die Integrationskraft des Amtes nimmt Schaden, wenn sich der Amtsinhaber zum Spielball in der parteipolitischen Auseinandersetzung machen lässt. Dann droht auch die parteipolitische Provenienz des Amtsträgers wieder in den Blickpunkt zu rücken. Da sie alle eine klare Parteizuordnung haben, wird gerade die politische Gegenseite das Handeln der Präsidenten genau auf seine Überparteilichkeit hin überprüfen. In ihrer Amtsführung bewegen

Parteilichkeit beschädigt Reputation des Amtes

sich die Präsidenten deswegen stets unter Beobachtung, gelegentlich wird auch Kritik geäußert. Solche Kritik hat Horst Köhler 2010 zum Rücktritt veranlasst, wobei diese Reaktion selbst wiederum als Überzogen kritisiert worden ist. Ansonsten ist es jedoch verbreiteter Konsens in der Bundesrepublik, die Person und das Amt des Bundespräsidenten aus dem parteipolitischen Streit herauszuhalten. Dieser Konsens sollte freilich von den Amtsinhabern selbst nicht herausgefordert werden.

In der Gesamtschau haben die Bundespräsidenten bislang zu dem guten Ruf dieses Verfassungsorgans beigetragen. Durch ihre Amtsführung ist es ihnen weitestgehend gelungen, breite Akzeptanz in den Eliten, aber vor allem in der Bevölkerung zu finden. Dem Amt gegenüber wird generell ein hohes Vertrauen ausgesprochen. Die Institution des Bundespräsidenten gehört zu den vergleichsweise unkontroversen Komponenten der bundesdeutschen Demokratie. Damit trägt sie zur Stabilität der Bundesrepublik bei. Ähnliches kann man zur Institution sagen, die im folgenden Kapitel im Mittelpunkt steht: das Bundesverfassungsgericht.

Hohe Vertrauenswerte für den Bundespräsidenten

Lernkontrollfragen

1 Was sind die zentralen Unterschiede zwischen der Stellung des Reichspräsidenten in der Weimarer Reichsverfassung und der Stellung des Bundespräsidenten im Grundgesetz?
2 Was haben alle bislang erfolgreichen Kandidaten für das Amt des Bundespräsidenten gemeinsam?
3 Welche Prüfungskompetenzen hat der Bundespräsident bei der Ausfertigung von Gesetzen?
4 In welchen Krisensituationen kann der Bundespräsident auf seine »Reservemacht« zurückgreifen?
5 Ist eine präsidiale Herrschaft unter Umgehung des Parlaments in Deutschland denkbar?
6 Was meint Theodor Eschenburg, wenn er von der »auctoritas« der Präsidenten spricht?

Literatur

Mehrere Standardwerke behandeln die Rolle von Präsidenten im Vergleich der Systeme. Die Zwischenform des »semi-präsidentiellen« Systems sowie die Realität präsidentieller Herrschaft werden in zwei Werken von Maurice Duverger thematisiert: *Maurice Duverger: A New Political System Model: Semi-Presidential Government, in: European Journal of Political Research,*

8. Jg. (1980), S. 165–187; Maurice Duverger: Le système politique français, Paris, Presses Universitaires de France 1985. Ein weiteres Standardwerk, das sich systemvergleichend mit der Beziehung zwischen Präsidenten und Versammlungen (Parlamenten) auseinandersetzt, ist: *Matthew S. Shugart/John M. Carey: Presidents and Assemblies. Constitutional Design and Electoral Dynamics, Cambridge, Cambridge University Press 1992.* Ebenfalls vergleichend (allerdings mit weniger Fällen und in vielen Hinsichten nicht mehr aktuell) geht die Publikation *Jürgen Hartmann/Udo Kempf: Staatsoberhäupter in westlichen Demokratien, Opladen, Westdeutscher Verlag 1988,* vor. Zur Rolle des Bundespräsidenten liegen drei wichtige Publikationen vor, die allerdings in die Jahre gekommen sind: *Werner Kaltefleiter: Die Funktionen des Staatsoberhauptes in der parlamentarischen Demokratie, Köln u. a., Westdeutscher Verlag 1970; Heinz Rausch: Der Bundespräsident, 2. Aufl., München, Landeszentrale für politische Bildung 1984; Hans-Joachim Winkler: Der Bundespräsident – Repräsentant oder Politiker?, Opladen, Leske+Budrich 1967.* Die Amtszeiten und Amtsführung der verschiedenen Präsidenten werden in zwei Büchern illustriert: *Eberhard Jäckel/Horst Möller/Hermann Rudolph (Hg.): Von Heuss bis Herzog – die Bundespräsidenten im politischen System der Bundesrepublik, Stuttgart, DVA 2002; Günther Scholz/Martin E. Süskind: Die Bundespräsidenten. Von Theodor Heuss bis Horst Köhler, Stuttgart, DVA 2004.* Lesenswert ist schließlich der Grundgesetzkommentar des ehemaligen Bundespräsidenten Herzog zur verfassungsrechtlichen und -politischen Rolle des Staatsoberhauptes: *Roman Herzog: Kommentar zu Art. 54–61, in: Maunz/Dürig/Herzog/Scholz, Kommentar zum Grundgesetz, München, Beck, Loseblattsammlung (Stand Oktober 2010).*

Links

www.bundespraesident.de
Die Homepage des Bundespräsidenten und des Bundespräsidialamtes bietet Informationen über den amtierenden Präsidenten inklusive einer Dokumentation seiner öffentlichen Reden. Überdies wird generell über das Amt und seine bisherigen Inhaber informiert.

http://www.bundestag.de/bundestag/aufgaben/weitereaufgaben/bundesversammlung
Auf dieser Unterseite des Bundestagswebangebots finden sich umfassende Dokumentationen aller bisherigen Bundesversammlungen.

http://bundesrecht.juris.de/bpr_swahlg/index.html
Unter dieser Adresse findet man den Wortlaut des »Gesetzes über die Wahl des Bundespräsidenten«, das die Zusammensetzung und das Verfahren der Bundesversammlung im Detail regelt.

9 | Die gehütete Demokratie – Die politische Macht des Bundesverfassungsgerichts

Inhalt

Die Judikative, die rechtsprechende Gewalt, gehört zu den Elementarteilen eines politischen Systems. Und dennoch werden Gerichte und Richter gelegentlich ausgeblendet oder zumindest unterbelichtet, wenn Regierungssysteme dargestellt werden. Womöglich hängt dies damit zusammen, dass das eigentliche »Politische« ohne die Beteiligung von Richtern stattzufinden scheint. Schaut man nur auf die Produktion von Gesetzen oder Verordnungen und zieht als Grenze das Inkrafttreten einer Entscheidung, dann sind die Gerichte – formal betrachtet – keine Mitspieler.

Aber mit der Verabschiedung eines Gesetzes oder dem Erlass einer Verordnung sowie deren Inkrafttreten ist der politische Prozess noch lange nicht abgeschlossen. Vielmehr kann ein bereits verabschiedetes Gesetz noch vor Gericht zu Fall gebracht werden. Richter urteilen, sie »entscheiden«. Letztlich ist jede Form von Rechtsprechung stets eine Interpretation innerhalb von Spielräumen. Die Rechtsprechung setzt Recht, indem sie Unkonkretes konkretisiert oder Rechtsgüter abwägt. Zudem können Gerichte – ohne formal eingebunden zu sein – bereits in den frühen Phasen der Entscheidungsfindung »beteiligt« sein. Kurzum: Richter sind im weiten Sinne ebenfalls politische Akteure; sie können erheblichen Einfluss auf politische Entscheidungen haben.

Das bundesdeutsche Gerichtswesen ist in verschiedene Fachgerichtsbarkeiten ausdifferenziert. Auf der Bundesebene sind die Obersten Gerichtshöfe angesiedelt, deren Richter von dem jeweils zuständigen Bundesminister gemeinsam mit einem Richterwahlausschuss bestellt werden (Art. 95 GG). Dieser Richterwahlausschuss besteht zu gleichen Teilen aus Landesfachministern und Mitgliedern des Bundestages.

Eine besondere Stellung nimmt das Bundesverfassungsgericht ein, auf das im Weiteren verstärkt eingegangen wird. Im vorigen Kapitel ist bereits angesprochen worden, dass sich die Rolle eines »Hüters der Verfassung« weniger beim Bundespräsidenten als beim Bundesverfassungsgericht verorten lässt. Dies ist von der Anlage des Grundgesetzes her durchaus gewollt. Das Bundesverfassungsgericht wird ausdrücklich und ausführlich in der Verfassung erwähnt. Es ist eines der fünf Staatsorgane. Seine Gründung erfolgte 1951, also kurz nach dem Inkrafttreten des Grundgesetzes. Im internationalen Vergleich hat das Bundesverfassungsgericht umfassende Kompetenzen, die Grundsätze der Verfassung zu schützen und dadurch den politischen Prozess mitzugestalten.

Wenn dieses Kapitel den Blick auf das Bundesverfassungsgericht wirft, dann muss es also um seine »politische« Bedeutung gehen, auch um seine parteipolitische. Denn sein Einfluss lässt das Gericht zum Spieler in einem Machtspiel werden, an dem insbesondere die Parteien beteiligt sind. Die politischen Facetten des Gerichts gilt es zunächst entlang der Frage auszuloten, wie die Richter gewählt werden. Welches Verfahren kommt zur Anwendung und zu welchen Ergebnissen führt das Vorgehen? Im Anschluss stehen die Organisation und die Zuständigkeiten des Verfassungsorgans im Mittelpunkt. Der dritte und vierte Abschnitt diskutieren die politische Rolle des Gerichts: Wann und wie können die Richter den politischen Prozess mitgestalten? Es schließt sich die Frage an, ob das Bundesverfassungsgericht zu einem »Ersatzgesetzgeber« geworden ist und dem Parlament seinen Rang als eigentliche Legislative abgelaufen hat. Nach einer kritischen Diskussion geht es am Ende nochmals um einen substanziellen Beitrag des Gerichts: auf die Fähigkeit, durch seine Existenz und Reputation zur Stabilität der deutschen Demokratie beizutragen.

Die Wahl der Bundesverfassungsrichter: Verfahren und Ergebnisse | 9.1

Richter fallen nicht vom Himmel. Wer als Richter in das Bundesverfassungsgericht gelangt, darüber entscheiden (partei-)politische Akteure. Das Grundgesetz regelt: »Die Mitglieder des Bundesverfassungsgerichtes werden je zur Hälfte vom Bundestage und vom Bundesrate gewählt« (Art. 94 Abs. 1 Satz 2 GG).

Wahl der Verfassungsrichter durch Bundesrat und Bundestag

Der Bundesrat wählt »seine« Richter in unmittelbarer Wahl. Das Plenum stimmt über einen entsprechenden Vorschlag ab. Im Bundestag findet hingegen die Wahl der Verfassungsrichter indirekt statt. Im Parlament ist für die Entscheidungsfindung der so genannte Wahlausschuss zuständig. Der Bundestag wählt zwölf von den Parlamentsfraktionen vorgeschlagene Abgeordnete in das Gremium. Bei der Verteilung der Sitze in diesem Ausschuss werden die Fraktionsstärken berücksichtigt. Der Wahlausschuss tritt zusammen, sobald die Notwendigkeit der Richterwahl durch den Bundestag besteht. Er tagt hinter verschlossenen Türen.

Dieses Vorgehen, einen Ausschuss mit der Wahl zu betreuen und nicht das Plenum, wird in der Literatur als problematisch eingestuft. In der Tat: Eine mittelbare Wahl ist vom Grundgesetz nicht vorgesehen und wird von der zweiten wählenden Instanz, dem Bundesrat, auch nicht praktiziert.

Abb. 21 | *Zusammensetzung des Bundesverfassungsgerichts*

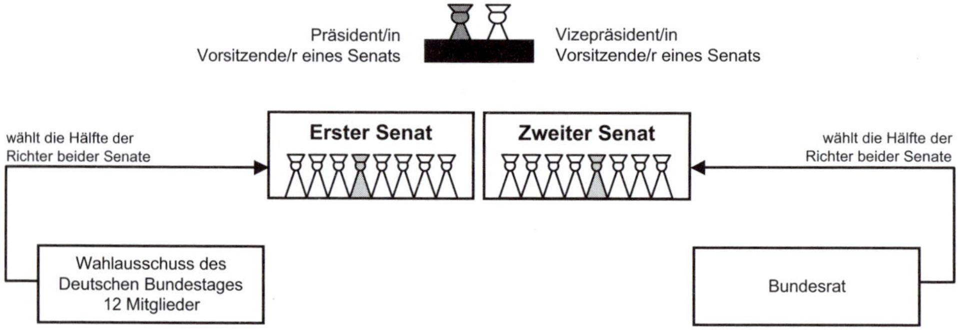

Wahl zum BVerfG und Parteipolitik

Das so konkretisierte Wahlverfahren bedeutet zunächst einmal, dass zwei Staatsorgane (Bundestag und Bundesrat) über die Zusammensetzung eines weiteren (Bundesverfassungsgericht) entscheiden können. Sowohl im Bundestag als auch im Bundesrat sitzen Personen mit machtpolitischen und mitunter entgegengesetzten Interessen. Die Arbeit in beiden Körperschaften, insbesondere im Bundestag, steht unter dem Stern parteipolitischer Auseinandersetzung und Mehrheitsfindung (→ Kapitel 6). Kann somit eine Partei(en)mehrheit über die Zusammensetzung des Bundesverfassungsgerichts bestimmen? Wird die Wahl zwangsläufig zum Spielball der Parteipolitik?

So einfach ist es jedoch nicht: Zum einen wird durch die Beteiligung der Ländervertretung die Abhängigkeit von der konkreten parlamentarischen Mehrheit relativiert. Dies gilt insbesondere dann, wenn im Bundesrat die Parteien dominieren, die im Bundestag in der Opposition sind. Zum anderen reicht eine einfache Mehrheit der Stimmen nicht aus. Wer Verfassungsrichter werden will, benötigt zwei Drittel der Stimmen des Bundesrates respektive acht der zwölf Stimmen des Bundestagswahlausschusses.

Parteien »verteilen« Verfassungsrichterposten unter sich

Dieses Zwei-Drittel-Erfordernis führt indes nicht dazu, dass nur überparteiliche Konsenskandidaten eine Chance hätten. Die Konsequenz der Zwei-Drittel-Hürde ist vielmehr, dass die etablierten Parteien das Nominierungsvorrecht unter sich aufgeteilt haben. Jeder Richterstuhl ist einer Partei zugeordnet. Wenn also ein »CDU-Platz« vakant wird, haben die Vertreter der CDU im Bundestag oder im Bundesrat das Privileg, einen Kandidaten oder eine Kandidatin zu nominieren. Entsprechend sieht das Verfahren für die »SPD-Richter« aus. Über lange Zeit hatten die beiden großen Parteien die Verfassungsgerichtsposten hälftig unter sich aufgeteilt. Mittlerweile ist FDP und Bündnis '90/GRÜNE das Nominierungsrecht für einzelne Sitze zugestanden worden. Die »LINKE« ist (noch) nicht am Verteilungssystem beteiligt.

Da das Bundesverfassungsgericht für den politischen Prozess so wichtig werden kann, sind die Parteien daran interessiert, Richter zu ernennen, deren Rechtsprechung, soweit dies absehbar ist, den Grundsätzen der nominierenden Partei entsprechen wird. Das führt zunächst dazu, dass die Richter in der Regel eine deutliche parteipolitische Zuordnung haben, zum Beispiel Mitglied in der nominierenden Partei sind oder sich in wichtigen Fragen im Sinne der ausschlaggebenden Partei aufgestellt haben.

Grenzen des Parteieinflusses

Es gibt allerdings Einschränkungen, was die Nominierungsfreiheit der Parteien betrifft. Die erste ist rein formal: Die Kandidaten müssen über die Befähigung zum Richteramt verfügen oder Professor für Rechtswissenschaft an einer deutschen Universität sein. Zudem dürfen sie nicht jünger als 40 Jahre alt sein und nach ihrer Ernennung weder dem Bundestag noch dem Bundesrat angehören. Eine andere Einschränkung besteht darin, dass in jedem Senat drei ehemalige Richter von Obersten Bundesgerichten vertreten sein sollen.

Auf Grund der Zwei-Drittel-Erfordernis können andere Parteien ein Veto einlegen, wenn es sich aus ihrer Sicht um eine fragwürdige Nominierung handelt. So sind immer wieder Vorschläge zurückgewiesen worden. Beispielsweise wollte in den neunziger Jahren die SPD-Bundestagsfraktion Herta Däubler-Gmelin, die spätere Bundesjustizministerin, in das Bundesverfassungsgericht berufen. Die CDU-Fraktion legte jedoch ihr Veto ein, da die Kandidatin ihrer Wahrnehmung nach zu »parteipolitisch« war. Ebenso scheiterte 2008 der Versuch, den Rechtsprofessor Horst Dreier auf dem

Tab. 18

Präsidenten des Verfassungsgericht seit 1951

Präsident des Bundesverfassungsgerichts	Amtszeit	Parteimitgliedschaft, politische Tätigkeit (u. a.)
Hermann Höpker-Aschoff	1951–1954	FDP-Mitglied, 1949–1951 MdB
Josef Wintrich	1954–1958	CSU-Mitglied
Gebhard Müller	1958–1971	CDU-Mitglied, 1953 MdB, 1953–1958 Ministerpräsident in Baden-Württemberg
Ernst Benda	1971–1983	CDU-Mitglied, 1957-1971 MdB, 1968–1969 Bundesinnenminister
Wolfgang Zeidler	1983–1987	SPD-Mitglied
Roman Herzog	1987–1994	CDU-Mitglied, 1978–1980 Minister für Kultur und Sport in Baden-Württemberg, 1980–1983 Innenminister in Baden-Württemberg
Jutta Limbach	1994–2002	SPD-Mitglied, 1989–1994 Justizsenatorin in Berlin
Hans-Jürgen Papier	2002–2010	CSU-Mitglied
Andreas Voßkuhle	2010–	parteilos

SPD-Ticket in das Gericht zu wählen. Seine Nominierung wurde angesichts inhaltlicher Einwände von CDU/CSU zurückgezogen.

Schließlich werden in dem Verfahren auch die amtierenden Bundesverfassungsrichter gehört: Sie können eine Stellungnahme zur Kandidatenliste abgeben. Wenngleich die Stellungnahme der potentiellen Kollegenschaft nicht verbindlich ist, kann sie den anderen Parteien argumentative Munition liefern, um eine Nominierung zu blockieren oder zumindest öffentlich zu kritisieren.

Unabhängigkeit der Richter

Einmal im Amt, sorgen zwei Regelungen dafür, dass die Verfassungsrichter unabhängig von den Wahlorganen, auch unabhängig von der Partei, die sie vorgeschlagen hat, entscheiden können: Eine Wiederwahl von amtierenden Senatsmitgliedern ist seit 1971 ausgeschlossen. Das heißt, die Richter müssen sich nicht mit ihren Entscheidungen bei einer Partei »beliebt machen«, um wieder aufgestellt zu werden.

Außerdem dauert die Amtszeit beachtliche zwölf Jahre. Die definitive Altershöchstgrenze liegt bei 68 Jahren. In der Regel schließt sich an die Amtszeit als Bundesverfassungsrichter keine weitere parteipolitisch geprägte Laufbahn mehr an. Es mag Ausnahmen geben – wie zum Beispiel Roman Herzog, der Kandidat der CDU/CSU-Fraktion für das Bundespräsidentenamt wurde, oder Paul Kirchhof, der vor den Wahlen 2005 in das »Schattenkabinett« von Angela Merkel eintrat.

Üblicherweise ist aber die Position am Bundesverfassungsgericht der Endpunkt einer Karriere. Vor diesem Hintergrund bringt ein Andienen an die eine oder andere Partei während der Amtszeit keine persönlichen Vorteile, sondern wirkt sich eher schädlich auf die fachliche Reputation des Richters aus.

Begrenzte Einflussmöglichkeiten der Parteien

Die Unabhängigkeit der Richter zeigt sich am deutlichsten in ihrem Entscheidungshandeln. Es ist immer wieder beobachtet worden, dass die Mitglieder des Bundesverfassungsgerichts auch gegen ihre parteipolitische Provenienz votiert haben. Die Möglichkeit der Parteien, über das Richterwahlverfahren auf die Rechtsprechung des Karlsruher Gerichts Einfluss zu nehmen, ist somit vorhanden, aber schwer berechenbar.

Organisation und Verfahrensarten | 9.2

Um die Organisation und die Verfahren des Bundesverfassungsgerichts zu regeln, ist 1951 ein eigenes Gesetz verabschiedet worden, das so genannte »Bundesverfassungsgerichtsgesetz« (BVerfGG). Es konkretisiert die Punkte, die vom Grundgesetz offen gelassen worden sind. Im BVerfGG findet sich beispielsweise die rechtliche Grundlage für die Arbeit des Wahlausschusses des Bundestages. Zudem legt es die genauen Arbeitsweisen und die Strukturen des Gerichts fest.

Aufbau des Bundesverfassungsgerichts | 9.2.1

Zwei Senate

Das Bundesverfassungsgericht besteht aus zwei Senaten mit jeweils acht Richtern (bis 1963: 12 Richter pro Senat). Der Vorsitzende eines Senats ist zugleich Präsident des Bundesverfassungsgerichts, der Vorsitzende des anderen fungiert als Vizepräsident des Gerichts.

Die Senate gehen arbeitsteilig vor und teilen die Verfahren nach inhaltlichen Kriterien auf. Der erste Senat konnte früher als »Grundrechtssenat« bezeichnet werden. Er hat sich mit der Auslegung der Artikel 1 bis 17 GG beschäftigt. Der zweite Senat wurde als »Staatsrechtssenat« eingestuft, der u.a. bei Streitigkeiten unter den Verfassungsorganen und in den Parteiverbotsverfahren zu entscheiden hatte. Diese rigide Einteilung ist in den vergangenen Jahren einem flexibleren Vorgehen gewichen, das die Expertiseschwerpunkte der einzelnen Richter quer zur Senatsstruktur berücksichtigt. Üblicherweise liegt die Bearbeitung einer Klage in den Händen eines einzelnen Richters, der den anderen Bericht erstattet. Die endgültige Entscheidung wird von allen Mitgliedern eines Senats mit Mehrheitsbeschluss

Entscheidungsfindung per Mehrheitsbeschluss

gefällt. Stimmen Richter nicht mit der Beurteilung der Mehrheit überein, können sie ihre Argumente in den »abweichenden Meinungen« darlegen, die den Entscheidungen seit 1971 angehängt werden können.

In den Senaten sind zur Arbeitsentlastung »Kammern« eingerichtet worden, die aus je drei Richtern bestehen. Diese Untereinheiten haben die Aufgabe, anstelle der Senate Entscheidungen bei Verfassungsbeschwerden oder konkreten Normenkontrollverfahren zu fällen.

Schließlich stehen den Bundesverfassungsrichtern eine Verwaltung und Mitarbeiterstäbe zur Seite, die wie die beiden Senate ihren Sitz im Gerichtsgebäude am Schloss in Karlsruhe haben. Den wissenschaftlichen Mitarbeitern der Richter kommt bei der Entscheidungsvorbereitung eine nicht zu unterschätzende Bedeutung zu.

Tab. 19

Zentrale Verfahrenstypen beim Bundesverfassungsgericht

Verfahrensarten	Antragsberechtigte	Gegenstand des Verfahrens
Verfassungsbeschwerde	»jedermann«	Verletzung von Grundrechten durch die öffentliche Gewalt
Konkrete Normenkontrolle	jedes Gericht	Prüfung der Vereinbarkeit förmlicher Gesetze mit dem Grundgesetz
Abstrakte Normenkontrolle	• Bundesregierung • Landesregierung • Bundestag (1/3 der Mitglieder)	Prüfung der Vereinbarkeit von Bundesrecht und Landesrecht mit dem • Grundgesetz • sonstigem Bundesrecht
Organstreitigkeit	• Bundespräsident • Bundestag • Bundesrat • Bundesregierung • Teile dieser Organe • Parteien	Kompetenzverletzung oder Gefährdung durch • Maßnahmen • Unterlassung
Bund-Länder-Streitigkeit	• Bundesregierung • Landesregierung	z. B. bei Meinungsverschiedenheiten über Rechte und Pflichten des Bundes und der Länder (insbesondere bei der Ausführung von Bundesrecht durch die Länder und bei der Ausübung der Bundesaufsicht)
Parteiverbot	• Bundestag • Bundesrat • Bundesregierung • ggf. Landesregierung	Verfassungswidrigkeit einer Partei
Verwirkung von Grundrechten	• Bundestag • Bundesregierung • Landesregierung	Individuen, die Freiheitsrechte zum Kampf gegen die Freiheitlich-demokratische Grundordnung missbrauchen

Zuständigkeiten

9.2.2

Die Kompetenzen des Bundesverfassungsgerichts sind beschränkt auf die Felder, die ihm vom Grundgesetz oder im Detail vom Bundesverfassungsgerichtsgesetz zugewiesen worden sind. Die Zuständigkeiten erstrecken sich über diverse Verfahrenstypen. Die Verfahrensarten unterscheiden sich zum einen in der Natur des Gegenstands, über den eine Entscheidung herbeigeführt werden soll, zum anderen darin, wer berechtigt ist, ein solches Verfahren anzustrengen.

Die Verfahren unterscheiden sich überdies noch in der Anzahl, in der sie beim Bundesverfassungsgericht einlaufen. Die Statistik des Gerichts verdeutlicht: Die häufigste Verfahrensart stellt die Verfassungsbeschwerde dar. Jeder, der sich durch das staatliche Handeln in seinen vom Grundgesetz geschützten Rechten verletzt sieht, kann eine Verfassungsbeschwerde ein-

Verfassungsbeschwerde als häufigste Verfahrensart

Anhängig wurden insgesamt:	188.810 davon:	182.121	(96,47 %)	Verfassungsbeschwerden,
		3.641	(1,93 %)	abstrakte und konkrete Normenkontrollverfahren,
		8	(0,01 %)	Parteiverbotsverfahren,
		2.985	(1,58 %)	andere Verfahren, z. B. Bund-, Länderstreitigkeiten, Organ- und andere Verfassungsstreitigkeiten in Bund und Ländern,
		25	(0,01 %)	frühere Verfahren, die bis 1960 geführt wurden
Erledigt sind insgesamt:	185.827 davon:	179.528	(96,46 %)	Verfassungsbeschwerden; davon *4.308 erfolgreich = 2,4 %*
		3.583	(1,93 %)	abstrakte und konkrete Normenkontrollverfahren,
		8	(0,01 %)	Parteiverbotsverfahren,
		2.953	(1,59 %)	andere Verfahren,
		25	(0,01 %)	frühere Verfahren, die bis 1960 geführt wurden
Noch anhängig sind:	2.983 davon:	2.893	(96,98 %)	Verfassungsbeschwerden,
		58	(1,94 %)	abstrakte und konkrete Normenkontrollverfahren,
		32	(1,08 %)	andere Verfahren

Tab. 20

Verfahrensstatistik des Bundesverfassungsgerichts (7. September 1951 bis 31. Dezember 2010)

Quelle: www.bundesverfassungsgericht.de

reichen. Voraussetzung für die Zulässigkeit ist, dass der Rechtsweg bereits vollständig ausgeschöpft wurde, also die ordentliche oder Fachgerichtsbarkeit dem Klageführer nicht recht gegeben hat. Ein Großteil der eingereichten Verfassungsbeschwerden wird als nicht-zulässig abgewiesen und ein nur sehr geringer Teil ist erfolgreich – bis Ende 2010 bloße 2,4 Prozent.

Konkrete und abstrakte Normenkontrolle

Die zweithäufigste Verfahrensart ist die Normenkontrolle: Hierbei wird ein bereits verabschiedetes Gesetz auf seine Verfassungsmäßigkeit hin überprüft, also eine geltende »Norm« kontrolliert. Zu unterscheiden ist zwischen der konkreten und der abstrakten Normenkontrolle; die Einordnung hängt davon ab, wer aus welcher Situation heraus den Antrag auf verfassungsrechtliche Überprüfung eines Gesetzes stellt:

(1) Bei der »konkreten« Variante leitet ein ordentliches oder ein Fachgericht die Normenkontrolle ein, wenn es in einem bei ihm anhängigen Verfahren auf die Unvereinbarkeit eines Gesetzes mit der Verfassung meint gestoßen zu sein.
(2) Bei der »abstrakten« Variante kann das Verfahren entweder auf Antrag der Bundesregierung, einer Landesregierung oder auf Antrag von mindestens einem Drittel der Abgeordneten des Deutschen Bundestages eingeleitet werden – also auch von der Opposition, vorausgesetzt sie umfasst so viele MdBs.

Organstreit und Bund-, Länderstreitigkeiten

Bei einem Organstreit, einer weiteren Verfahrensart, geht es – wie der Name schon sagt – um die Beilegung eines Konflikts zwischen zwei Staatsorganen respektive Teilen von ihnen. Auch den Parteien wird die Eigenschaft eines »Organs« zugesprochen. Somit sind diese gleichermaßen klageberechtigt. Bei den zu schlichtenden Streitigkeiten handelt es sich in der Regel um die unterstellte Beschneidung von Kompetenzen des klagenden Organs durch ein weiteres. Sollte es zu einer Anklage gegen den Bundespräsidenten kommen – was bislang nie der Fall war –, müsste desgleichen das Bundesverfassungsgericht entscheiden.

Konflikte sind in einem Bundesstaat zudem zwischen den Interessen der Bundes- und der Länderebene denkbar, vertreten durch die jeweiligen Regierungen. Dabei kann es sich beispielsweise um Streitfälle handeln, die bei der Anwendung von Bundesrecht durch die Länder entstehen. Auch in diesem Fall übernimmt das Verfassungsgericht die Schiedsrichterrolle.

Die Zuständigkeit des Bundesverfassungsgerichts bei Parteiverbotsverfahren wird im Artikel 21 Abs. 2 des Grundgesetzes zementiert (s. weitere Informationen zu diesem Verfahren in Kapitel 5). Diese Antragsart spielt mengenmäßig keine bedeutsame Rolle, weist aber eine besondere Brisanz auf (→ Kapitel 5).

Wie das Parteiverbotsverfahren ist auch das Verfahren nach Artikel 18 GG (Verwirkung von Grundrechten) ein Instrument der wehrhaften

Demokratie. Antragsberechtigt sind hierbei Bundestag, Bundesrat und Bundesregierung. Bis dato hat es lediglich vier Anträge nach Artikel 18 GG gegeben, die alle abgewiesen wurden.

Wortlaut

Art. 18 GG
»Wer die Freiheit der Meinungsäußerung, insbesondere die Pressefreiheit (Artikel 5 Abs. 1), die Lehrfreiheit (Artikel 5 Abs. 3), die Versammlungsfreiheit (Artikel 8), die Vereinigungsfreiheit (Artikel 9), das Brief-, Post- und Fernmeldegeheimnis (Artikel 10), das Eigentum (Artikel 14) oder das Asylrecht (Artikel 16a) zum Kampfe gegen die freiheitliche demokratische Grundordnung missbraucht, verwirkt diese Grundrechte. Die Verwirkung und ihr Ausmaß werden durch das Bundesverfassungsgericht ausgesprochen.«

Schließlich fungiert das Bundesverfassungsgericht noch als zweite Instanz bei Einsprüchen gegen die Gültigkeit der Bundestagswahl. Die erste Instanz bildet der Bundestag selbst mit seinem Wahlprüfungsausschuss. Einwände gegen die Wahl, die das Parlament zurückgewiesen hat, können dem Verfassungsgericht zur abschließenden Entscheidung vorgelegt werden.

Das Bundesverfassungsgericht als politischer Akteur | 9.3

Das Zuständigkeitsprofil veranschaulicht: Das Bundesverfassungsgericht kann tief in den politischen Prozess, in die Auseinandersetzung zwischen parteipolitischen Akteuren eingreifen und zugunsten der einen oder anderen Seite entscheiden. In solchen Fällen wird das Gericht unvermeidlich selbst zu einem »Akteur« – allerdings immer mit der gewichtigen Einschränkung, dass es nie auf eigene Initiative hin aktiv werden kann, sondern darauf warten muss, von einem Antragsberechtigten angerufen zu werden. Es kann also nicht aus sich selbst heraus Dinge anstoßen oder Entscheidungen blockieren. Stattdessen gilt: Wo kein Kläger, da kein Richter.

BVerfG kann nicht auf eigene Initiative hin tätig werden

Bei all seinem Entscheidungshandeln ist das Bundesverfassungsgericht die »letzte Instanz«. Seine Beschlüsse können keiner weiteren Überprüfung mehr unterzogen werden. Dennoch nimmt das Gericht keine

Letzte Instanz ohne absolute Machtstellung

absolute Machtstellung ein, denn sein Einfluss beruht auf Gesetzen, die wiederum von anderen Akteuren gestaltet werden können. Das Bundesverfassungsgerichtsgesetz ist ein solches veränderbares Fundament. Sogar die Regelungen im Grundgesetz, die die Arbeit des Bundesverfassungsgerichts betreffen, könnten mit einer entsprechenden Mehrheit verändert werden. Zudem stehen dem Bundesverfassungsgericht mit dem Europäischen Gerichtshof (→ Kapitel 11) und dem Europäischen Gerichtshof für Menschenrechte in einiger Hinsicht übergeordnete Instanzen gegenüber.

9.3.1 | Parteipolitisch brisante Verfahren

Das Entscheidungshandeln der Richter kann sich nachhaltig in drei Dimensionen des Politischen niederschlagen: im Verfassungsrahmen, im politischen Prozess und in den Inhalten.

(1) Als Hüterin der Verfassung hat das Gericht die Substanz des Grundgesetzes zu bewahren und wo dieses erforderlich weiterzuentwickeln.

(2) Das Bundesverfassungsgericht kann mitentscheiden, wer mit welcher Macht wann im politischen Prozess teilhat und nach welchen Spielregeln die Entscheidungsfindung abläuft. Im Fall des Konflikts zwischen politischen Akteuren hat es die Kompetenz, im Sinne der einen oder der anderen Position zu entscheiden.

(3) In einigen Politikfeldern vermag das Bundesverfassungsgericht das materielle Recht weitgehend mitzugestalten, wenn es auf Grundlage einer Verfassungsinterpretation gesetzliche Regelungen verwirft und den Gesetzgeber auffordert, Recht nach Vorgaben des Gerichts zu schaffen.

Parteiverbotsverfahren selten

Welche der oben dargestellten Verfahren haben eine besondere machtpolitische Relevanz – vor allem mit Blick auf die Parteienkonkurrenz? Hier sticht zunächst einmal das Parteiverbotsverfahren ins Auge: Das Gericht hat die Möglichkeit, durch ein Verbot das vorhandene Parteienspektrum der Bundesrepublik zu verändern. Dies setzt allerdings zunächst voraus, dass die Berechtigten von ihrem Antragsrecht Gebrauch machen. Die bisherige Praxis hat gezeigt, dass das Gericht nur selten vor diese Entscheidungsfrage gestellt worden ist. Die Erfahrungen mit dem NPD-Verfahren haben dazu beigetragen, dass von dieser Möglichkeit auch zukünftig nur zurückhaltend Gebrauch gemacht werden wird (→ Kapitel 5).

Von der Idee her gibt es noch ein weiteres Verfahren, dessen parteipolitische Bedeutsamkeit offensichtlich ist: das abstrakte Normenkontrollverfahren. Wie bei der konkreten Normenkontrolle geht es hierbei darum, ein Gesetz auf seine Verfassungswidrigkeit hin zu überprüfen. Die Brisanz liegt in dem Kreis der Antragsberechtigten: Hierzu gehört neben der Bundes- und einer Landesregierung auch ein Drittel der Abgeordneten des Bundestages. Das bedeutet nichts anderes, als dass die Opposition (so sie mehr als ein Drittel der Bundestagsmandate aufbringt) die Chance hat, jedes von der Parlamentsmehrheit verabschiedete Gesetz nach Karlsruhe zu bringen. Gegebenenfalls kann sich die Bundestagsopposition auch einer ihr nahestehenden Landesregierung als Antragstellerin bedienen.

Opposition kann Gesetze vom BVerfG prüfen lassen

Normenkontrollverfahren beim Bundesverfassungsgericht bis Ende 2010

Tab. 21

Normen-kontrolle	bis 2000	2001	2002	2003	2004	2005	2006	2007	2008	2009	2010	gesamt
auf Antrag von Verfassungsorganen	141	4	3	4	1	8	1	1	–	2	–	165
auf Vorlage der Gerichte	3.147	27	36	15	25	26	74	27	33	47	19	3.476

Quelle: www.bundesverfassungsgericht.de

Tatsächlich wird einem solchen Normenkontrollverfahren nur ein Bruchteil aller verkündeten Gesetze und Verordnungen unterzogen: So hat es bis Ende 2010 insgesamt nur 165 Normenkontrollen auf Antrag von Verfassungsorganen gegeben, während die *konkrete* Variante wesentlich häufiger beantragt worden ist. Klaus von Beyme hat in einer Analyse festgestellt, dass es sich bei einem Großteil der von der Opposition nach Karlsruhe getragenen Gesetze um »Schlüsselentscheidungen« handelt. »Kassiert« wurde wiederum nur eine geringe Anzahl der beanstandeten Normen, wie die Gesamtstatistik des Gerichts zeigt.

BVerfG kassiert nur einen Bruchteil der beanstandeten Normen

So ist das Normenkontrollverfahren zwar ein Schwert in den Händen der Opposition, aber eines mit dem effektiv nur wenig geschlagen wird und das nicht immer so scharf ist, wie es die Antragsteller gerne hätten. Wie das Gericht letzten Endes entscheidet, bleibt schwer abzuschätzen. Damit sind einer Instrumentalisierung des Bundesverfassungsgerichts durch die Opposition Grenzen gezogen.

Schließlich bieten Verfahren zu individuellen Verfassungsbeschwerden den Richtern Gelegenheit, politische Fußspuren zu hinterlassen – insbesondere dann, wenn sich das Gericht aus der Unzahl der Beschwerden die Fälle aussucht, in denen es aus welchen Gründen auch immer einen besonderen Entscheidungsbedarf erkennt.

Tab. 22

Normen, die vom Bundesverfassungsgericht kassiert wurden

Quelle: www.bundesverfassungsgericht.de

Zeitraum		Gesetz/ Verordnung ganz	teilweise	Einzelnorm ganz	teilweise	insgesamt
1951 bis 1991	Bund	23	15	89	164	291
	Länder	12	1	52	63	128
1992 bis 2003	Bund	3	2	54	43	102
	Länder	3	1	22	3	29
2004	Bund	1	–	6	8	15
	Länder	2	–	–	–	2
2005	Bund	1	–	–	8	9
	Länder	–	–	1	4	5
2006	Bund	1	–	1	4	6
	Länder	1	–	–	–	1
2007	Bund	–	–	4	1	5
	Länder	–	–	3	–	3
2008	Bund	–	–	–	8	8
	Länder	–	–	1	6	7
2009	Bund	–	2	3	–	5
	Länder	–	–	3	–	3
Insgesamt	Bund	29	19	157	236	441
	Länder	18	2	82	76	178

9.3.2 | Das Damoklesschwert »Karlsruhe«

Lange, bevor es zur Eröffnung eines Verfahrens in Karlsruhe kommt, hat das Bundesverfassungsgericht bereits seine Wirkungen entfaltet – als »Damoklesschwert« im politischen Prozess. Denn bei der Ausarbeitung einer Verordnung oder bei der Formulierung einer Gesetzesvorlage, bei ihrer Diskussion im Kabinett und im Parlament wird stets ein Thema sein, dass diese Norm nach ihrer Verabschiedung dem Karlsruher Gericht vorgelegt werden könnte. In streitigen Fragen arbeitet gerade die Opposition im frühen Stadium des Gesetzgebungsprozesses gerne mit der Drohung, den Rechtsakt nach der Verabschiedung zum Bundesverfassungsgericht zu tragen, um ihn dort prüfen und – das heißt im Sinne der Opposition – kassieren zu lassen.

Drohung mit »Karlsruhe«

Wie wirkt sich diese Drohkulisse auf den Gang der Gesetzgebung aus? Zunächst wird bei der Formulierung von Gesetzesentwürfen immer wieder auf die bisherige Rechtsprechung des Bundesverfassungsgerichts geschaut, die sich mit dem Thema befasst hat. Man wird also eine genaue Analyse der vorliegenden Gerichtsentscheidungen vornehmen. Diese Analyse stößt freilich an Grenzen, wenn sich die Zusammensetzung des Gerichts seit der letzten Entscheidung geändert hat. Dann ist nicht auszuschließen, dass die Verfassungsrichter eine neue Linie einschlagen werden.

Es gibt weitere Wege, die Robustheit einer Vorlage zu tarieren: Dazu dienen mitunter Anhörungen ehemaliger Verfassungsrichter. Auch wird auf Signale aus Karlsruhe geachtet, so nimmt man öffentliche Äußerungen von Richtern genauestens zur Kenntnis. Im Zweifelsfalle wird frühzeitig ein Rechtsgutachten in Auftrag gegeben, das eine Verfassungsmäßigkeit bestätigt. Ohnehin durchlaufen alle Gesetzgebungsvorhaben der Regierung eine Prüfung auf Rechtsförmigkeit im Bundesjustiz- und Bundesinnenministerium.

Abklärung von Gesetzesvorlagen auf Verfassungsmäßigkeit

Diese verständliche Antizipation eines etwaigen späteren Verfahrens beim Bundesverfassungsgericht ist nicht durchweg unproblematisch. So ist die Fixierung auf eine »gerichtsfeste« Vorlage möglicherweise innovationshemmend; sie gibt den juristischen Experten eine mächtige Position in der Politikgestaltung. Anstehende Entscheidungen könnten verzögert werden, weil man auf Urteile in anhängenden Sachen wartet. Eine drohende Blockademöglichkeit motiviert wiederum dazu, dass man bei der Suche nach einer adäquaten Problemlösung frühzeitig auch die Opposition einbindet, um zu verhindern, dass diese später den Gang nach Karlsruhe wählt. Dies verstärkt den Konsenscharakter der Politikherstellung in Deutschland (→ Kapitel 12).

9.4 Das Bundesverfassungsgericht als »Ersatzgesetzgeber«?

Alles in allem kann das Bundesverfassungsgericht erheblichen Einfluss auf die allgemein verbindlichen Entscheidungen und auf den Prozess ihrer Herstellung ausüben. Die Mitgestaltungsmöglichkeiten der Richter sind beträchtlich, auch wenn das Gericht erst dann seine Tätigkeit aufnimmt, wenn die Normen bereits einen (vorläufig) allgemein verbindlichen Charakter gewonnen haben. Tatsächlich übt das Bundesverfassungsgericht jedoch schon früher Einfluss aus, da, wie angesprochen, die

Drohung, Karlsruhe anzurufen, beim Prozess der Normensetzung von Anfang an präsent ist.

Ob die Bundesverfassungsrichter diese beträchtliche politische Macht verantwortungsvoll gebrauchen oder aber missbrauchen, darum dreht sich eine kontroverse Diskussion: die Debatte um den »Ersatzgesetzgeber« Bundesverfassungsgericht. »Ersatzgesetzgeber« zu sein, klingt nicht unbedingt wie ein Vorwurf, ist aber einer. Andere Formulierungen wie »Richter machen Politik« (so ein Buchtitel aus den siebziger Jahren) oder »Regieren durch Richter« (Manfred G. Schmidt) pointieren den kritischen Standpunkt deutlicher.

Normensetzung statt Normenkontrolle?

Hinter diesen Schlagwörtern steht der Vorwurf, das Verfassungsgericht würde seine genuine Zuständigkeit für die Normenkontrolle in den Bereich der Normensetzung ausweiten und dabei seine Funktion überdehnen. Denn die Normensetzung sei in modernen Demokratien die Aufgabe des direkt gewählten Parlaments, des »Gesetzgebers«. Wenn die Verfassungsgerichtsbarkeit sich über die Maßen in den Bereich der Gesetzgebung hinein bewege, grenze sie die Spielräume der demokratisch legitimierten Volksvertretung ein. So trage sie zur »Entparlamentarisierung« der deutschen Demokratie bei (→ Kapitel 6).

Diese Kritik wirft eine grundsätzliche Frage auf. Lässt sich Normenkontrolle klar von der Normensetzung unterscheiden? Selbst in der klassischen Gewaltenteilungslehre von Montesquieu wird die Trennung von Exekutive, Legislative und Judikative nicht streng durchgehalten. Allemal in parlamentarischen Demokratien kann von der traditionellen Gewaltenteilung keine Rede mehr sein. Die Verflechtung zwischen Regierung und Parlament ist solchen Systemen genuin (→ Kapitel 6 und 7).

Wie sieht es nun mit der Unterscheidbarkeit zwischen der Gesetzgebung und der Gesetzeskontrolle aus? Es gibt gute Argumente, die Trennschärfe in Frage zu stellen. Analytisch prägnant hat dies beispielsweise die ehemalige Präsidentin des Bundesverfassungsgerichts, Jutta Limbach, dargelegt – unter anderem anlässlich einer Rede an der Berliner Humboldt-Universität im Jahre 1996. Ihre zentrale Thesen: Rechtsprechung ist immer zugleich Rechtsetzung – und dies ist unvermeidlich. Denn die Natur gerade des Verfassungsrechts (lückenhaft, widersprüchlich, sprachlich uneindeutig, zeitgebunden) macht aus einer Verfassungsentscheidung schnell den Akt einer Rechtsschöpfung, die immer auch eine »politische Dimension« hat.

Rechtssprechung ist immer auch Rechtsetzung

Wortlaut

Jutta Limbach zum Thema »Das Bundesverfassungsgericht als politischer Machtfaktor« (Berlin 1996, Auszüge)

»Der Satz von Montesquieu, daß der Richter der Mund sei, der die Gesetzesworte ausspricht, wird zwar immer noch gern zitiert. Aber nur um einen wohlfeilen Angriffspunkt für Zweifel zu verorten. Schon im vorigen Jahrhundert haben aufgeklärte Juristen die Ansicht zurückgewiesen, daß die richterliche Tätigkeit eine »reine Verstandestätigkeit wie jedes andere Urteilen wäre: Eine logische Operation, für welche die gesetzliche Bestimmung den Obersatz, der abzuurteilende Tatbestand den Untersatz bildet«. Wäre das richtig, so brauchte der Richter nichts anderes »als eine zuverlässige Ausgabe des Gesetzes, die Kunde des Lesens, Sorgfalt und gesunden, klaren Menschenverstand«. Doch weder ist die Rechtsordnung lückenlos, widerspruchsfrei, sprachlich eindeutig noch gegenüber dem sozialen Wandel erhaben. Das gilt in besonderem Maße für das Verfassungsrecht, das sich durch eine geringe Regelungsdichte auszeichnet und nicht den Anspruch auf Lückenlosigkeit erhebt.

Allerdings delegieren nicht nur Generalklauseln, sondern eine Vielzahl von unbestimmten Rechtsbegriffen die eigentliche Normsetzung auf den Richter. Sie eröffnen semantische Spielräume, die nicht nur die eine richtige Entscheidung zulassen. Richterliches Entscheiden ist nicht nur Erkenntnis, sondern immer auch Rechtsgewinnung. Der Richter schafft in dem Prozess der Entscheidungsfindung Recht. Rechtsprechung hat insoweit auch eine politische Dimension«.

Quelle: www.humboldt-forum-recht.de/deutsch/12-1996/beitrag.html

In diesem Sinne hat das Verfassungsgericht bereits in einer seiner ersten Entscheidungen von einem unvermeidlichen »Hinübergreifen der richterlichen Gewalt in die gesetzgeberische Sphäre« gesprochen (BVerfGE 1, 396 (409)) – ohne hierin ein substanzielles Problem zu sehen.

Aber jenseits dieser vielleicht unvermeidlichen normensetzenden Tätigkeit eines Verfassungsgerichts läuft eine Debatte darüber, ob die Richter nicht übermäßig in die »gesetzgeberische Sphäre« hinübergreifen. Kritisch ist von einem »richterlichen Aktivismus« die Rede, den Klaus von Beyme in seinem Buch »Der Gesetzgeber« an drei Tendenzen deutlich macht:

»Richterlicher Aktivismus«?

(1) Das Bundesverfassungsgericht habe Verfahren zu Detailfragen zum Anlass genommen, um Rechtsgebiete umfassend neu zu regeln.
(2) Das Bundesverfassungsgericht habe nicht nur die Verfassungsmäßigkeit, sondern auch die Zweckmäßigkeit zum Entscheidungsmaßstab

erhoben. Es werde mitunter nicht nur gefragt, ob es sich um ein verfassungsmäßiges, sondern auch ob es sich um ein »gutes« und von der Sache her sinnvolles Gesetz handele.

(3) Das Bundesverfassungsgericht habe in so genannten »Appellentscheidungen« den Gesetzgeber in seinen Spielräumen übermäßig eingeengt.

Definition

Appellentscheidung

Bei Appellentscheidungen handelt es sich um Entscheidungen des Bundesverfassungsgerichts, die das Parlament zu gesetzgeberischem Handeln auffordern. Dem Bundestag wird in der Regel eine Frist gesetzt, innerhalb derer das Parlament die monierten Missstände beseitigen soll. Das Gericht setzt dabei inhaltliche Vorgaben, entlang derer der Gesetzgeber tätig werden soll.

Unterschiedlicher Aktivismus des BVerfG

Von einem gesetzgeberischen Aktivismus des Bundesverfassungsgerichts kann aber nicht bei jeder Entscheidung und nicht jederzeit gesprochen werden. Vielmehr hängt die Reichweite des »Hinübergreifens« in die gesetzgeberische Sphäre unter anderem davon ab, welche inhaltliche Problematik berührt wird. So ist der Aktivismus des Gerichts in außenpolitischen Fragen tendenziell gering; dies kann man hingegen von familien- und medienpolitischen Verfahren nur bedingt sagen.

Es gibt noch eine weitere Facette des richterlichen »Aktivismus«, die kritisch zu sehen ist, nämlich die Bereitschaft der Richter, sich außerhalb der Gerichtsverhandlungen zu politischen Entwicklungen öffentlich zu äußern. Die Bundesverfassungsrichter beziehen gerne und oft in Medien oder auf Tagungen Positionen zu aktuellen Themen, die zu dem Zeitpunkt nicht unbedingt zur Entscheidung beim Bundesverfassungsgericht anstehen. Für die politischen Akteure kann dies hilfreich sein. Denn diese Meinungsäußerungen bieten eine Grundlage, auf der sich abschätzen lässt, wie das Gericht mit den entsprechenden legislativen Produkten umgehen würde.

Richter in den Medien

Mit der Rolle des Gerichts ist ein solches Verhalten gleichwohl nur schwer in Einklang zu bringen. Öffentliche Meinungsäußerungen von Richtern geraten schnell zu einem inadäquaten Eingreifen in die gesetzgeberische Freiheit des Parlaments zu einem Zeitpunkt, in dem die Entscheidungen weder verabschiedet noch dem Gericht vorgelegt worden sind. Das Bundesverfassungsgericht selbst hat in der oben erwähnten Entscheidung (BVerfGE 1, 396) gesagt, dass ein Hineinwirken des Gerichts in den Gesetzgebungsprozess noch vor dessen parlamentarischem Ende unziemlich sei. Hier wäre richterliche Zurückhaltung angezeigt, auch um die Integrationskraft des Gerichts nicht zu gefährden.

Das Bundesverfassungsgericht und seine Integrationsfunktion | 9.5

Das Bundesverfassungsgericht gehört zu den Einrichtungen der Bundesrepublik, die in der Bevölkerung ein vergleichsweise hohes Ansehen genießen. In einer Umfrage von Infratest dimap aus dem März 2009 rangierte es bei der Frage, welche Institutionen vertrauenswürdig seien, weit vorne: Rund 76 Prozent der Befragten sprachen dem Verfassungsgericht ein »sehr großes/großes Vertrauen« aus (im Vergleich: Bundestag: 48 Prozent, Parteien: 23 Prozent).

Institution mit Vertrauensbonus

Warum »lieben« die Deutschen ihr Verfassungsgericht, warum jedoch nicht ihr Parlament? Genau zu dieser Frage hat Werner J. Patzelt 2004 eine Umfrage durchgeführt und kam zu folgenden Ergebnissen: Das Bundesverfassungsgericht profitiere von der Qualität seiner Arbeit, die sich nicht in den »Niederungen des Politischen« bewegt. Die allgemeine Zufriedenheit mit dem Rechtsstaat und der Verfassung strahle auf die Hüterin der Verfassung aus. Unzufriedenheit mit der ökonomischen Situation richtet sich wiederum gegen das Parlament. Es bestehe zudem eine vergleichsweise hohe Unkenntnis über die Arbeit des Gerichts, was dem Staatsorgan offensichtlich nicht zum Nachteil gereicht.

In dem Zusammenhang ist zu fragen, inwieweit das medienvermittelte Erscheinungsbild einer Institution auf ihr Image wirkt. So fällt die Berichterstattung über das Parlament in Rundfunk und Presse kritischer aus als die über das Bundesverfassungsgericht. Der Bundestag erscheint als Ort des (parteipolitischen) Streits, während das Bundesverfassungsgericht in der Art seiner Darstellung Konflikte verdeckt.

Das BVerfG-Image – Richter in den roten Roben

Alleine die Bilder, die vom Gericht produziert und verteilt werden, sorgen für ein entsprechendes Image. Die Richter in den roten Roben, im Karlsruher Gerichtssaal, die Entscheidung verlesend – das ist der visuelle Eindruck, der über das Fernsehen vom Bundesverfassungsgericht transportiert wird, welches Autorität, Überparteilichkeit und Geschlossenheit vermittelt. Und das, obwohl das Gericht durchaus von parteipolitischen Facetten geprägt wird (beispielsweise in seiner Zusammensetzung)! Und das, obwohl es vor den Urteilsfindungen durchaus Kontroversen gibt, was sich in den abweichenden Meinungen niederschlägt! Aber dieser Streit findet hinter verschlossenen Türen statt und die Diskussion über die Entscheidungen oft nur in der Fachöffentlichkeit. Nur wenn Entscheidungen auf massenmedial getragene Kritik und auf Unverständnis stoßen (z. B. »Kruzifix-Urteil«, »Soldaten sind Mörder«-Beschluss), dann droht dem Gericht ein (kurzfristiger) Ansehensverlust.

Gerade wegen seiner hohen Anerkennung in der Bevölkerung ist das Bundesverfassungsgericht eine zentrale Einrichtung der deutschen Verfassung. Als ihre Hüterin stärkt es das (diffuse) Vertrauen der Bevölkerung in das System. Das Verfassungsgericht erscheint als die Instanz, die notfalls für Gerechtigkeit sorgt, den Einzelnen schützt und den (Partei-)Politikern Grenzen aufzeigt. Insofern tragen seine Existenz und Arbeit zur Stabilisierung der deutschen Demokratie bei.

BVerfG schafft Systemvertrauen

Und damit ist es ein wichtiges Staatsorgan. Von diesen sind nun vier vorgestellt worden (Bundestag, Bundesregierung, Bundespräsident, Bundesverfassungsgericht). Um das fünfte, den Bundesrat, geht es im nächsten Kapitel, wenn der deutsche Föderalismus zur Diskussion steht.

Lernkontrollfragen

1 Wo liegen die Grenzen des Einflusses der Parteien auf die Zusammensetzung des Bundesverfassungsgerichts?
2 Welches sind die wichtigen Verfahrensarten beim Bundesverfassungsgericht und wie unterscheiden sie sich hinsichtlich der Antragsberechtigten und des Verfahrensgegenstandes?
3 Warum ist das »abstrakte Normenkontrollverfahren« ein Verfahren, das (partei-)politisch besonders brisant sein kann?
4 Inwiefern wirkt ein denkbares späteres Verfahren beim Bundesverfassungsgericht als »Damoklesschwert« im Gang der Gesetzgebung?
5 Woran macht sich die Diagnose vom »richterlichen Aktivismus« fest?
6 Was sind denkbare Gründe für das große Vertrauen, das dem Bundesverfassungsgericht seitens der Bevölkerung entgegengebracht wird?

Literatur

Die Entscheidungen des Bundesverfassungsgerichts werden in einer Reihe veröffentlicht, die in Bibliotheken zu finden ist: *Mitglieder des Bundesverfassungsgerichts (Hg.): Entscheidungen des Bundesverfassungsgerichts, Tübingen, Mohr Siebeck 1953 ff.* Eine bewährte Einführung in das Bundesverfassungsgericht bietet in Form eines juristischen Kurzlehrbuchs: *Klaus Schlaich:*

Das Bundesverfassungsgericht. Stellung, Verfahren, Entscheidungen. Ein Studienbuch, 8. Aufl., München, Beck 2010. Bei der Bundeszentrale für politische Bildung erhältlich ist die Einführung: *Horst Säcker: Das Bundesverfassungsgericht, 6. Aufl., Bonn, Bundeszentrale für politische Bildung 2003.* Kurz und prägnant stellt die ehemalige Präsidentin des Bundesverfassungsgerichts in der Reihe »Wissen« diese Institution vor: *Jutta Limbach: Das Bundesverfassungsgericht, 2. Aufl., München, Beck 2010.* Ein Sammelband führt rund 30 Beiträge zur Rolle des Gerichts im politischen System aus unterschiedlichen Perspektiven zusammen: *Robert Chr. van Ooyen/Martin H.W. Möllers (Hg.): Das Bundesverfassungsgericht im politischen System, Wiesbaden, VS Verlag 2006.* Mit der Macht des Gerichts und seiner politischen Rolle beschäftigen sich die Beiträge in: *Hans Vorländer: Die Deutungsmacht der Verfassungsgerichtsbarkeit, Wiesbaden, VS Verlag 2006.* Mit den Möglichkeiten der Opposition, das Bundesverfassungsgericht zu instrumentalisieren, setzt sich in einer empirischen Analyse auseinander: *Klaus Stüwe: Die Opposition im Bundestag und das Bundesverfassungsgericht. Das verfassungsrechtliche Verfahren als Kontrollinstrument der parlamentarischen Minderheit, Baden-Baden, Nomos 1997.* Die These vom »Ersatzgesetzgeber« findet sich in: *Christine Landfried: Bundesverfassungsgericht und Gesetzgeber. Wirkungen der Verfassungsrechtsprechung auf parlamentarische Willensbildung und soziale Realität, Baden-Baden, Nomos 1984.* Klaus von Beyme diskutiert die These vom richterlichen Aktivismus in seinem Buch über den Bundestag: *Klaus von Beyme: Der Gesetzgeber. Der Bundestag als Entscheidungszentrum, Opladen, Westdeutscher Verlag 1997.* Der Debatte um den richterlichen Aktivismus hat sich auch ein Sammelband Ende der neunziger Jahre gewidmet: *Bernd Guggenberger/Thomas Würtenberger (Hg.): Hüter der Verfassung oder Lenker der Politik? Das Bundesverfassungsgericht im Widerstreit, Baden-Baden, Nomos 1998.* Die Angaben zu dem im Text erwähnten Aufsatz über die Beliebtheit des Bundesverfassungsgerichts lauten: *Werner J. Patzelt: Warum verachten die Deutschen ihr Parlament und lieben ihr Verfassungsgericht? Ergebnisse einer vergleichenden demoskopischen Studie, in: Zeitschrift für Parlamentsfragen, 36. Jg. (2005), H. 3, S. 517–538.*

Links

www.bundesverfassungsgericht.de
Das Bundesverfassungsgericht ist im Internet mit einer eigenen Seite präsent und bietet Informationen über seine Arbeitsweise und über die Richter an. Eine ausführliche Verfahrensstatistik wird dort gepflegt. Zudem können dort die Volltexte der Entscheidungen seit 1998 abgeru-

fen werden. Über aktuelle Entscheidungstätigkeiten wird überdies in Form von Online-Pressemitteilungen informiert.

www.fallrecht.de
Die Universität Bern bietet auf dieser Seite die Volltexte der für Forschung und Lehre wichtigsten Entscheidungen des Bundesverfassungsgerichts seit 1951 an.

www.gesetze-im-internet.de/bverfgg/index.html
Auf dieser vom Bundesjustizministerium gepflegten Seite findet sich das Bundesverfassungsgerichtsgesetz in seiner aktuellen Version.

Die föderale Demokratie – Bund, Länder und Kommunen

10

Inhalt

In den bisherigen Kapiteln hat sich das politische System Deutschlands überwiegend als »einschichtig« dargestellt. Der Blick richtete sich größtenteils auf die Horizontale des Bundes mit ihren Institutionen und Prozessen. In diesem und dem folgenden Kapitel geht es darum, diese Perspektive zu erweitern. Dass es noch eine wichtige vertikale Dimension gibt, ist zwar bereits an mehreren Stellen angesprochen worden, zum Beispiel als vom föderalen Aufbau der Parteien oder von der Rolle der Länder bei der Gründung der Bundesrepublik die Rede war. Nun gilt es, dieses Thema ausführlicher zu behandeln.

Politik in Deutschland findet in einer »Mehrebenenkonstellation« statt. Dieses Kapitel schaut auf die Politik, die unterhalb der Bundesebene gemacht wird, das Kapitel 11 auf die Ebenen oberhalb des Nationalstaates. Das Kapitel 10 thematisiert nicht nur die Rolle der deutschen Länder, sondern darüber hinaus auch die kommunale Ebene, die eine besondere Stellung im politischen System Deutschlands einnimmt.

Beim Blick auf die »subnationalen« Ebenen gilt es zu verstehen, wie das, was dort gemacht wird, auf die Bundespolitik zurückwirkt. Dass die verschiedenen Politikebenen miteinander verflochten sind, ist eine der zentralen Eigenschaften des deutschen politischen Systems.

Wie ist das Kapitel aufgebaut? Im ersten Abschnitt steht die Tradition des deutschen Bundesstaates im Mittelpunkt. Die föderale Struktur Deutschlands wurzelt tief in der Geschichte und ist Ergebnis von historischen Weichenstellungen. Der zweite Abschnitt spricht die Tatsache an, dass es nicht nur auf Bundesebene, sondern auch in den sechzehn deutschen Ländern eigene politische Systeme gibt. Das Grundgesetz legt nur einen groben Rahmen für deren Ausgestaltung fest. Mit dem Bundesrat wird im darauffolgenden Abschnitt eine der umstrittensten Institutionen der deutschen Verfassung abgehandelt. Der Bundesrat ist ein Baustein der »Politikverflechtung« in Deutschland. Weitere Komponenten dieser Verflechtung werden im sich anschließenden Abschnitt diskutiert, darunter auch die »Fallensituation«, in die sich ein politikverflochtenes System hineinmanövrieren kann. Im letzten Abschnitt stehen mit der Kommunalpolitik die politischen Graswurzeln im Mittelpunkt. Hier geht es um die Frage, ob es sich bei dieser Ebene überhaupt um eine originär »politische« oder vielleicht doch eher um eine bloße Verwaltungsebene handelt und welche Rolle Kommunalpolitik für den »Bund« spielt.

Mit diesem Kapitel rückt der Begriff des »Bundesstaates«, der uns schon an mehreren Stellen begegnet ist, ins Zentrum – und mit ihm die Theorie des Föderalismus. Die Konzepte »Bundesstaatlichkeit« oder »Föderalismus« kennzeichnen Systeme, in denen sich der Staat aus einer Anzahl von Gliedstaaten zusammensetzt. Diese Gebietskörperschaften – das ist eine weitere Voraussetzung, um von einem Bundesstaat zu sprechen – müssen über eigene Zuständigkeiten und über einen eigenen Haushalt verfügen. Weder die Bundes- noch die Landesebene darf die alleinige Kompetenz haben, die Rechte der jeweils anderen Ebene einzuschränken. Zudem müssen die Gliedstaaten die Chance haben, sich an Entscheidungen auf der Bundesebene beteiligen zu können. Typische Fälle von Bundesstaaten sind die USA, Deutschland, Belgien, Österreich und die Schweiz. Allerdings unterscheiden sich die gerade genannten föderalen Systeme darin, wie stark »unitarisiert« sie sind, also wie dominant der Bund gegenüber der Gruppe der einzelstaatlichen Gebietskörperschaften ist, ob die jeweilige Vereinigung von Gliedstaaten mehr in Richtung »Einheitsstaat« oder mehr in Richtung »Allianz/Staatenbund« tendiert.

Abb. 22 | *Föderalismus im Spannungsverhältnis (nach Rainer-Olaf Schultze)*

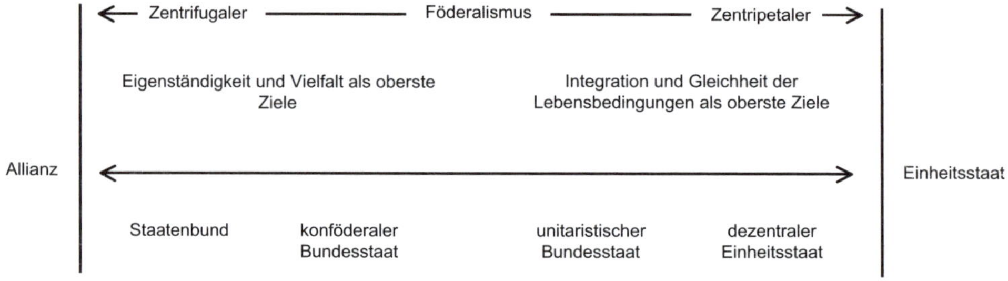

Eine weitere wichtige Unterscheidung ist die zwischen einem trennföderalen Föderalismus auf der einen und einem kooperativen oder Verbundföderalismus auf der anderen Seite. In trennföderalen Systemen (wie den USA) handeln die beiden Ebenen in vielerlei Hinsicht unabhängig voneinander. Im kooperativen oder Verbundföderalismus (wie in der Bundesrepublik) gibt es eine Reihe von Verschränkungen zwischen der Bundesebene und den Gliedstaaten, auf die bei der Darstellung des deutschen Falls einzugehen sein wird.

Der deutsche Bundesstaat – Pfadentwicklung | 10.1

Dass Deutschland ein ausgeprägter Bundesstaat ist, lässt sich nur mit Verweis auf die besondere deutsche Geschichte verstehen – also mit Blick auf den »Pfad«, auf den das politische System zurückblicken kann. Die deutsche Geschichte ist über die Jahrhunderte geprägt von der bedeutsamen Rolle der Fürstentümer und Kleinstaaten, gefördert durch die konfessionelle Spaltung nach der Reformation und den Konflikt zwischen dem Kaiser und den Reichsständen. Im Vergleich zu anderen europäischen Nationen hat die Formierung eines deutschen »Nationalstaates« verzögert stattgefunden, was zu dem Schlagwort von der »verspäteten Nation« (Helmuth Plessner) geführt hat. Als der deutsche Nationalstaat unter der Führung Preußens 1871 gegründet worden ist, so war dies nicht Ergebnis einer revolutionären Erhebung des »deutschen Volkes«. Vielmehr erfolgte die Gründung von »oben« in Form einer Einigung der Territorialfürsten, die auf mitunter kriegerische Weise vorbereitet worden war. Frühere – von »unten« ansetzende – Versuche der Schaffung eines nationalen Einheitsstaates (z.B. 1848) waren erfolglos geblieben. Folglich spielten in der staatlichen Konstruktion des deutschen Kaiserreiches die Landesfürsten immer noch eine wichtige Rolle.

Späte Gründung des Nationalstaats von oben

Die Weimarer Republik behielt die föderale Grundstruktur samt der strukturellen Hegemonie Preußens bei, bis der Nationalsozialismus die

Länder gleichzuschalten versuchte. Aber auch im Dritten Reich blieben sie formal als staatliche Gebietskörperschaften erhalten, wurden aber von der Gau-Einteilung der NS-Organisationen überlagert und faktisch entmachtet.

Starker föderaler Charakter der Bundesrepublik

Nach dem Zweiten Weltkrieg führten mehrere Entwicklungen dazu, dass in der zweiten deutschen Demokratie ein starker föderaler Zug enthalten war: unter anderem a) dass die Länder bereits existierten, als die Bundesrepublik ins Leben gerufen wurde, und Ländervertreter an der Staatsgründung maßgeblich beteiligt waren, sowie b) dass die Vorgaben der Alliierten für die Schaffung eines westdeutschen Staates ausdrücklich ein föderales System vorsahen.

a) Ländergründung vor Bundesgründung: Die Verwaltungsstruktur Deutschlands lag nach dem Zweiten Weltkrieg am Boden. Zur Administration der besetzten Gebiete begannen die Alliierten in ihren Zonen mit der Schaffung von Verwaltungseinrichtungen und dem Aufbau von sehr begrenzt souveränen Regierungssystemen auf Landesebene. Die ersten Ländergründungen erfolgten 1946 mit der Bildung der Länder Nordrhein-Westfalen, Schleswig-Holstein, Niedersachsen und Hamburg in der britischen Besatzungszone.

   In dieser (Wieder-)Geburtsstunde der deutschen Länder kam es zu einigen Innovationen. Traditionelle Zusammenhänge wurden aufgespalten und vormals Getrenntes fusioniert. Das Zusammenlegen ehedem unverbundener Territorien zeigt sich nicht zuletzt an den »Doppelnamen«, die einige Länder tragen. So setzte sich beispielsweise »Nordrhein-Westfalen« zunächst aus den nördlichen Gebieten der ehemaligen preußischen Rheinprovinz, der Provinz Westfalen und ab 1947 noch aus dem Land Lippe-Detmold zusammen. Bedingt durch die Präsenz zweier Alliierter entstand das heutige Baden-Württemberg erst 1952 aus einer Fusion der zwischenzeitlichen Gebietskörperschaften Württemberg-Baden (amerikanische Zone) sowie Württemberg-Hohenzollern und Baden (beide französische Zone).

   Es waren dann die Vertreter der bereits existierenden (westdeutschen) Länder, die den Auftrag erhielten, im Bereich der westlichen Besatzungszonen einen neuen Staat zu gründen (→ Kapitel 1). Diese brachten ihre Perspektive und Interessen nicht nur als deutsche Politiker, sondern als Vertreter der Länder ein. So wurde das politische System Deutschlands von den Repräsentanten der Gliedstaaten geformt. Auf den ersten Blick erinnert dieser Vorgang an die klassische Gründung von Bundesstaaten, in denen Vertreter von Einzelstaaten sich auf die Schaffung eines Bundes einigen, wie dies beispielsweise in den USA oder der Schweiz der Fall war. Allerdings war das »unklassische« an der deutschen Situation, dass man dabei auf einen starken »Impuls« von außen, nämlich auf die Vorgaben der Besatzungsmächte reagierte.

Länderrepräsentanten formten das System der Bundesrepublik

b) Föderalismus als »Auftrag« der Alliierten: In den Londoner Konferenzen und den Frankfurter Dokumenten von 1948 wurden die Richtlinien festgelegt, denen der neue Staat zu folgen hatte (→ Kapitel 1). Eines der »essentials« war, dass der deutsche Weststaat eine föderale Struktur aufweisen solle. Die Dokumente folgten damit zum einen der Verfassungstradition der Vereinigten Staaten, die diesen Punkt eingebracht hatten. Mit der föderalen Struktur hoffte man zum anderen, den neuen Staat zähmen zu können. So war vor allem die britische Regierung für die »Zerschlagung« Preußens und den Aufbau einer neuen Gliedstaatenarchitektur zu begeistern. Die Alliierten schrieben in diesem Sinne eine vertikale Gewaltenteilung in Form der Verteilung der Macht auf Bund und Länder sowie die gegenseitige Machtbeschränkung beider Ebenen vor.

Föderales System als Vorgabe der Alliierten

Wortlaut

Frankfurter Dokumente – Regelungen zur föderalen Struktur des neuen Staates

Dokument Nr. I

»Die Verfassungsgebende Versammlung wird eine demokratische Verfassung ausarbeiten, die für die beteiligten Länder eine Regierungsform des föderalistischen Typs schafft, die am besten geeignet ist, die gegenwärtig zerrissene deutsche Einheit schließlich wieder herzustellen, und die Rechte der beteiligten Länder schützt, eine angemessene Zentral-Instanz schafft und die Garantien der individuellen Rechte und Freiheiten enthält.«

Dokument Nr. II

»Die Ministerpräsidenten sind ersucht, die Grenzen der einzelnen Länder zu überprüfen, um zu bestimmen, welche Änderungen sie etwa vorzuschlagen wünschen. Solche Änderungen sollten den überlieferten Formen Rechnung tragen und möglichst die Schaffung von Ländern vermeiden, die im Vergleich mit anderen Ländern zu groß oder zu klein sind.«

Quelle: http://www.hdg.de/lemo/html/dokumente/Nachkriegsjahre_erklaerungFrankfurterDokumente/index.html

Insofern kam der Antrieb für eine bundesstaatliche Demokratie von »außen« und von »innen«. Es entstand ein im europäischen Vergleich stark föderales System, welches freilich immer wieder reformiert worden ist – zuletzt im Rahmen der Föderalismusreform I und II in den 2000er Jahren.

Hintergrund

Föderalismusreform

In den 2000er Jahren wurde der deutsche Föderalismus in zwei Schritten reformiert. Die Föderalismusreform I, die 2006 in Kraft trat, änderte die Mitwirkungsrechte des Bundesrates bei der Gesetzgebung und die Zuordnung der Gesetzgebungskompetenzen von Bund und Ländern. Zudem wurde die Finanzverantwortung neu organisiert. Die Föderalismusreform II, die 2009 wirksam wurde, zielte in erster Linie auf die Begrenzung der Kreditaufnahme von Bund und Ländern. Hierzu wurde eine Schuldenregel im Grundgesetz (Art. 109 Abs. 3) eingeführt, die ab 2016 für den Bund und ab 2020 für die Bundesländer unter normalen Bedingungen die Aufnahme neuer Kredite verbietet (»Neuverschuldungsverbot«).

10.2 | Die Länder als politische Systeme

Bevor es auf Bundesebene zu einer Staatengründung kam, gab es bereits politische Systeme auf Landesebene. Das später in Kraft getretene Grundgesetz legte im Artikel 28 nachträglich den Rahmen fest, innerhalb dessen sich die Länderverfassungen bewegen dürfen.

Wortlaut

Art. 28 Abs. 1 GG

»Die verfassungsmäßige Ordnung in den Ländern muss den Grundsätzen des republikanischen, demokratischen und sozialen Rechtsstaates im Sinne dieses Grundgesetzes entsprechen. In den Ländern, Kreisen und Gemeinden muss das Volk eine Vertretung haben, die aus allgemeinen, unmittelbaren, freien, gleichen und geheimen Wahlen hervorgegangen ist.«

Demokratisch, sozial- und rechtsstaatlich verfasste Länder

Gemeinsam ist allen Landessystemen der Charakter einer demokratischen, sozial- und rechtstaatlichen Grundverfasstheit. Über die Einhaltung der Verfassungsvorschriften wachen die Verfassungsgerichte der Länder. Das Demokratieprinzip setzt voraus, dass das »Volk« in den Gliedstaaten durch eine gewählte Vertretung repräsentiert wird. In der Verfassungspraxis der Länder läuft dies auf eine parlamentarische Regierungsform

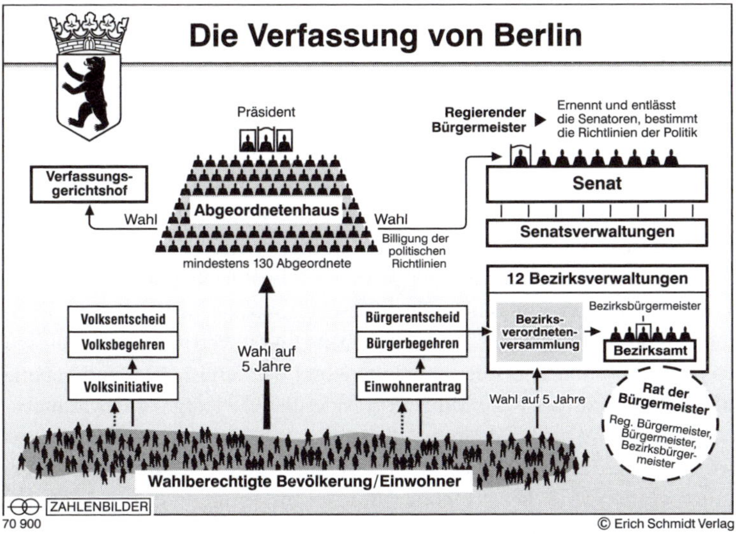

Abb. 23

Beispiel für politische Systeme der Länder (Berlin)

Quelle: Erich Schmidt Verlag

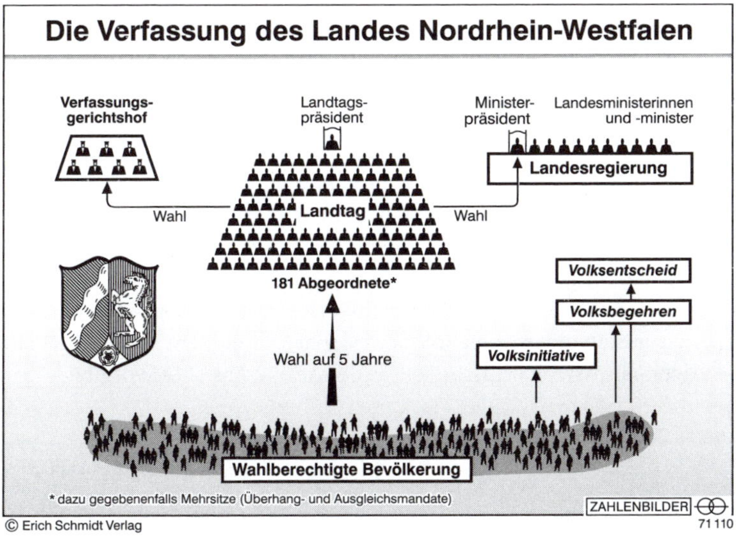

Abb. 24

Beispiel für politische Systeme der Länder (NRW)

Quelle: Erich Schmidt Verlag

hinaus: Die Bürgerinnen und Bürger wählen in demokratischen Wahlen ihre Landesparlamente (Landtage, Bürgerschaft, Abgeordnetenhaus). Die Landesparlamente wiederum wählen die jeweiligen Regierungschefs der Länder (Ministerpräsident, Bürgermeister, Erster Bürgermeister, Regierender Bürgermeister). Die Chefs der Landesregierungen sind dem jeweiligen Parlament gegenüber verantwortlich. Kein Bundesland kennt die Direktwahl des Ministerpräsidenten.

Unterschiedlich geregelt ist wiederum, ob die Landesparlamente auch über die Zusammensetzung der Regierung abstimmen dürfen, wie dies beispielsweise in Bremen der Fall ist oder bis 2006 in Berlin der Fall war. Ein Sturz der Regierung setzt in einigen Ländern – vergleichbar der Bundesebene – eine konstruktive Mehrheit voraus, in anderen reicht eine negative Mehrheit. Weiterhin gibt es Unterschiede in der Einbindung des Regierungschefs in das Kollegium der Minister oder Senatoren.

Verfahren direkter Demokratie in den Ländern

In vielerlei Hinsicht ähneln die politischen Systeme der Länder dem System des Bundes – nur dass auf Bundesebene für die Vertretung nach außen das Amt des Bundespräsidenten eingerichtet worden ist. Auf Landesebene übernehmen zumeist die Ministerpräsidenten die Aufgabe des »Landesoberhauptes«. Was des Weiteren die Landes- von der Bundesebene unterscheidet, ist, dass in allen Ländern Verfahren direkter Demokratie eingeführt worden sind. Bei der konkreten Ausgestaltung, z.B. bei der Frage wann und worüber mit welchen Mehrheiten abgestimmt werden darf, gibt es freilich erhebliche Unterschiede zwischen den Landesverfassungen.

Haushaltsautonomie der Länder

Die Länder verfügen über eigene Haushalte. Diese Budgets speisen sich aus unterschiedlichen Quellen. Zunächst fließen den Ländern eigene Steuereinnahmen zu. Hierzu gehören in Folge der Föderalismusreform II die Erbschafts- und Schenkungssteuer, die Biersteuer sowie die Rennwett-, Lotterie- und Sportwettsteuer. Darüber hinaus erhalten die Länder Anteile aus den Gemeinschaftssteuern, die zwischen Bund, Ländern und zum Teil den Gemeinden aufgeteilt werden.

Länderfinanzausgleich zur Bewahrung »gleichwertiger Lebensverhältnisse«

Eine weitere Finanzierungsquelle der Länder (wenn auch nicht für alle) ist der so genannte »Länderfinanzausgleich«. Hinter dem Mechanismus steht die Idee, dass die Lebensverhältnisse in Deutschland nicht zu weit auseinandergehen sollten; es geht um die Bewahrung »gleichwertiger Lebensverhältnisse«, wie es der Art. 72 Abs. 2 GG vorgibt.

Tab. 23

Aufteilung der Gemeinschaftssteuern nach Artikel 106 Grundgesetz

Quelle: Finanzreport des Bundesministeriums für Finanzen 2010

	Bund	Länder	Gemeinden
Lohn-/Einkommenssteuer	42,5 %	42,5 %	15,0 %
Nicht veranlagte Steuern vom Ertrag	50,0 %	50,0 %	0,0 %
Umsatzsteuer	47,5 %	43,4 %	2,0 %
Zinsabschlagssteuer	44,0 %	44,0 %	12,0 %
Körperschaftssteuer	50,0 %	50,0 %	0,0 %
Gewerbesteuerumlage	23,1 %	76,9 %	0,0 %

Der Finanzausgleich nimmt zwei Formen an:

(1) der horizontale Ausgleich zwischen den Ländern: Hierbei handelt es sich um Ausgleichszahlungen von reicheren Ländern an ärmere Bundesländer. Die Berechnung erfolgt mithilfe einer komplizierten Formel, in der die durchschnittlichen Einnahmen der Einwohner eines Landes sowie die Gesamteinnahmen des Landes in die Kalkulation einfließen.

(2) der vertikale Ausgleich zwischen Bund und Ländern. Finanzschwache Länder erhalten von der Bundesebene »Bundesergänzungszuweisungen«, wenn die Finanzkraft eines Landes trotz sonstiger Ausgleichsverfahren unter einer bestimmten Schwelle bleibt.

Der Finanzausgleich wird heftig kritisiert und ist auch Gegenstand höchstrichterlicher Rechtsprechung geworden. Insbesondere die horizontale Variante bestrafe – so heißt es seitens der Geberländer – den wirtschaftlichen Erfolg einiger Länder und nehme anderen die Motivation, struk-

Tab. 24

Bundesergänzungszuweisungen und Länderfinanzausgleich 2008 und 2009

Quelle: Statistisches Bundesamt, http://www.destatis.de/

	Ausgleichsberechtigte Länder		**Ausgleichspflichtige Länder**		**Bundesergänzungszuweisungen**	
	2008	2009*	2008	2009*	2008	2009*
	Angaben in Millionen Euro					
Ausgleichsvolumen	8 263	6 907	8 263	6 970	14 784	13 554
Baden-Württemberg	–	–	2 499	1 508	–	–
Bayern	–	–	2 923	3 370	–	–
Brandenburg	621	506	–	–	1 957	1 816
Hessen	–	–	2 470	1 919	–	–
Meck.-Vorpommern	538	457	–	–	1 467	1 365
Niedersachsen	317	114	–	–	163	18
Nordr.-Westfalen	54	–	–	61	–	–
Rheinland-Pfalz	374	295	–	–	240	204
Saarland	116	93	–	–	121	111
Sachsen	1 158	921	–	–	3 458	3 194
Sachsen-Anhalt	627	520	–	–	2 094	1 945
Schleswig-Holstein	177	171	–	–	149	146
Thüringen	637	502	–	–	1 940	1 793
Berlin	3 140	2 893	–	–	2 970	2 759
Bremen	505	434	–	–	224	203
Hamburg	–	–	371	49	–	–

* vorläufiges Ergebnis.

turelle Probleme anzugehen. Dies widerspreche der Idee eines produktiven Wettbewerbs zwischen den Bundesländern. Wegen der Kritik und richterlicher Entscheidungen ist das konkrete Verfahren bereits mehrfach verändert worden und hat mittlerweile verstärkt Anreize zur Selbsthilfe aufgenommen.

GG regelt Kompetenzverteilung

Was können die Länder mit den ihnen zufließenden Mitteln (und darüber hinaus) gestalten? Wo liegen ihre Kompetenzbereiche? Die Frage der Zuständigkeit wird ausdrücklich vom Grundgesetz angesprochen. Es erwähnt, welche Kompetenzen welcher Ebene zustehen. Im Bereich der ausschließlichen Landesgesetzgebung liegen die Polizeiangelegenheiten, die Schul- und Hochschulpolitik, Kultur- und Medienfragen sowie das Recht zur Festlegung der Gemeindeordnung.

Abb. 25

Gesetzgebungskompetenzen von Bund und Ländern nach Föderalismusreform I

Bund (ausschließlich) GG Art. 71, 73	**Länder (ausschließlich)** GG Art. 70
Beispiele: • auswärtige Angelegenheiten • Verteidigung • Währungs-, Geld-/Münzwesen, Maße, Gewichte, Zeit • Zollwesen, intern. Waren- und Zahlungsverkehr, Grenzschutz • Staatsangehörigkeit • Luftverkehr **neu:** • Terrorismusabwehr • Waffen-/Sprengstoffrecht • Pass-/Melde-/Ausweiswesen • Kernenergierecht • Schutz von Kulturgut gegen Abwanderung ins Ausland	Beispiele: • Bildung • Kultur • Gemeinde-/Kreisrecht • Polizeiwesen • Ordnungsrecht • Denkmalschutz • Rundfunk- und Medienwesen • außerschulische Jugendbildung **neu:** • Hochschulwesen • Hochschulbau • Versammlungsrecht • sozialer Wohnungsbau • Ladenschluss • Gaststättenrecht • Strafvollzug • Messewesen /Ausstellungen • Flurbereinigung • Presserecht

Bund/Länder (neu) Abweichung der Länder möglich Rahmengesetzgebung entfällt GG Art. 72 (3)	**Bund/Länder (konkurrierend)** Bund hat Vorrang GG Art. 72 (1,2,4), 74
Beispiele: • Jagdwesen • Umweltgesetzgebung • Naturschutz/Landschaftspflege • Hochwasserschutz • Bodenverteilung • Raumordnung • Wasserhaushalt • Hochschulzulassung/ Hochschulabschluss	Beispiele: • Wohnungswesen • Schifffahrt • Straßenverkehr • Abfallwirtschaft • Luftreinhaltung, Lärmschutz • Vereinsrecht • Arbeitsrecht • Ausbildungs- und Forschungsförderung • Seuchen • Zulassungen im mediz. Bereich • Lebensmittel, Futter, Pflanzenschutz, Tierschutz

Die Föderalismusreform 2006 hat den Ländern eine Reihe von Zuständigkeiten neu zugewiesen: zum Beispiel das Besoldungs- und Versorgungsrecht für Landes- und Kommunalbeamte, den Strafvollzug, das Gaststätten- oder das Versammlungsrecht. Der Bund ist unter anderem für die auswärtigen Angelegenheiten, das Währungswesen, den Luftverkehr sowie seit 2006 für die Terrorismusabwehr und das Waffenrecht alleine zuständig.

Konkurrierende Gesetzgebung

Neben den getrennten Zuständigkeitsbereichen gibt es noch die konkurrierende Gesetzgebung, beispielsweise beim Arbeits- oder Vereinsrecht. Hier klingt es zunächst so, als ob die Länder im Vorteil seien. Denn der Artikel 72 sagt ausdrücklich, dass die Länder die Gesetzgebungskompetenz haben, wenn der Bund die seinige nicht nutzt. Das hat der Bund jedoch durchweg und intensiv getan, sodass den Ländern hier nur wenig Gestaltungsspielraum geblieben ist.

Die Föderalismusreform 2006 führte noch eine neue Variante der konkurrierenden Gesetzgebung ein (Art. 72 Abs. 3). In einigen Politikfeldern (z.B. bei der Umweltgesetzgebung) können die Länder von einem seitens des Bundes gesetzten Rahmen abweichen. Die frühere Rahmengesetzgebung ist mit der Reform abgeschafft worden (s.u.).

10.3 Der Bundesrat als »Ländervertretung«?

Die Länder haben also einen autonomen Gestaltungsbereich, der im Laufe der Jahrzehnte zusammengeschmolzen und durch die jüngsten Reformen wieder leicht ausgedehnt worden ist. Darüber hinaus eröffnet ihnen das Grundgesetz noch eine weitere Möglichkeit der Mitgestaltung: Die Länder können an der Gesetzgebung des Bundes mitwirken. Hierzu dient ihnen ein Verfassungsorgan, der Bundesrat – von Anfang an einer der umstrittensten Bausteine des politischen Systems Deutschlands.

10.3.1 Das Bundesratsmodell

Zu den kontroversen Punkten in den Beratungen des Parlamentarischen Rates gehörte die Frage nach Zusammensetzung und Funktion der »Zweiten Kammer« – also welche Institution neben dem Bundestag in welcher Art und Weise in die Gesetzgebung eingebunden werden sollte. Zwei Modelle standen sich gegenüber: das Senatsmodell und das Bundesratsmodell.

Senatsmodell versus Bundesratsmodell

(1) das Senatsmodell: Dieses orientierte sich an der Rolle und Struktur des US-amerikanischen Senats, in dem jeder Bundesstaat unabhängig

von seiner Größe jeweils die gleiche Anzahl Senatoren stellt. Der deutsche Senat sollte – wie sein US-Vorbild – von den Bevölkerungen der Länder direkt gewählt werden sowie über weitreichende Kompetenzen verfügen. Dieser Vorschlag wurde insbesondere von den SPD-Vertretern im Parlamentarischen Rat getragen.

(2) das Bundesratsmodell: Im Gegensatz zum Senatstyp sah das Bundesratsmodell nicht die Wahl seiner Mitglieder vor. Das neue Staatsorgan sollte sich aus den Vertretern der Landesregierungen zusammensetzen und eine nur eingeschränkte Rolle in der Gesetzgebung spielen. Diese Variante favorisierten die CDU- und FDP-Mitglieder des Parlamentarischen Rates.

Bundesrat ist autonomes Staatsorgan

Letzten Endes setzte sich das zweite Modell durch. Das Grundgesetz schuf mit dem Bundesrat ein autonomes Staatsorgan, keine echte zweite Kammer. Die Verfassung erwähnt die Ländervertretung auf Bundesebene gleich hinter dem Bundestag in den Artikeln 50 bis 53.

Der Bundesrat besteht aus Vertretern der sechzehn Landesregierungen. Dabei leitet sich die Größe der jeweiligen Delegation von dem Bevölkerungsanteil des Landes ab – jedoch nicht streng proportional. Vielmehr werden verschiedene »Gewichtsklassen« gebildet. Die bevölkerungsstärksten Länder mit über sechs Millionen Einwohnern können

Tab. 25

Delegationsgröße der Länder im Deutschen Bundesrat

Bundesland	Mitglieder im Bundesrat
Nordrhein-Westfalen	6
Bayern	6
Baden-Württemberg	6
Niedersachsen	6
Hessen	5
Sachsen	4
Rheinland-Pfalz	4
Berlin	4
Schleswig-Holstein	4
Brandenburg	4
Sachsen-Anhalt	4
Thüringen	4
Hamburg	3
Mecklenburg-Vorpommern	3
Saarland	3
Bremen	3

beispielsweise sechs Delegierte entsenden, die bevölkerungsschwächsten jeweils drei. Somit setzt sich der Bundesrat aus insgesamt 69 Mitgliedern zusammen.

Die Delegationen können ihre Stimmen nur einheitlich abgeben. Die einzelnen Mitglieder des Bundesrates haben kein freies Mandat und kein individuelles Stimmrecht. In der Regel gibt der jeweilige Delegationsleiter die Stimmen für sein Land ab. In der Geschichte des Bundesrates ist es zweimal vorgekommen, dass eine Landesdelegation keine klare Stimmabgabe geleistet hat. Es handelt sich dabei um einen äußerst seltenen, zudem regelwidrigen Vorgang, der in einem Fall sogar vor dem Bundesverfassungsgericht verhandelt worden ist.

10.3.2 Der Bundesrat und die Gesetzgebung des Bundes

Bundesrat kann Gesetzesentwürfe einbringen

Der Bundesrat ist an der Gesetzgebung des Bundes beteiligt. Er hat gemeinsam mit Bundestag und Bundesregierung das legislative Initiativrecht, das heißt der Bundesrat kann Gesetzesentwürfe einbringen. Alle Bundesgesetze müssen vor ihrer Ausfertigung auch die Ländervertretung passiert haben. Inwieweit der Bundesrat ein Gesetzgebungsvorgang bremsen oder gar blockieren kann, hängt von einer wichtigen Unterscheidung ab: ob es sich um ein zustimmungsbedürftiges oder ein nicht-zustimmungsbedürftiges Gesetz handelt.

a) zustimmungsbedürftige Gesetze: Handelt es sich um einen solchen Gesetzentwurf, dann ist auf jeden Fall die Zustimmung des Bundesrates erforderlich, damit aus der Vorlage ein Gesetz werden kann. Nach der Abstimmung über den Entwurf im Bundestag kommt es zu einer Beratung der Vorlage im Bundesrat. Erhält der Entwurf bei der Abstimmung nicht die absolute Mehrheit der Stimmen des Bundesrates (Enthaltungen werden faktisch als Nein-Stimmen gewertet), kann das Gesetz nicht verabschiedet werden. Es besteht allerdings die Möglichkeit, ein Vermittlungsverfahren einzuleiten (s. u.).
b) nicht-zustimmungsbedürftige Gesetze: Bei diesen Gesetzen hat der Bundesrat nur eine eingeschränkte Blockademöglichkeit. Nach der dritten Lesung und Verabschiedung des Entwurfs im Bundestag verhandelt und votiert der Bundesrat über diesen. Im Falle, dass die Vorlage keine Mehrheit im Bundesrat erhält, kann der Bundestag das ablehnende Votum der Ländervertretung mit gleichlaufender Mehrheit überstimmen. Das heißt: Stimmt der Bundesrat mit der absoluten Mehrheit seiner Mitglieder gegen den Entwurf, reicht die absolute Mehrheit des Bundestages um den Einspruch aufzuheben. Stimmt der Bundesrat mit einer Zwei-Drittel-Mehrheit gegen ein Gesetz,

Abb. 26

Verhältnis zwischen zustimmungs- und nicht-zustimmungsbedürftigen Gesetzen 1949–2009

Quelle: Deutscher Bundestag, www.bundestag.de/

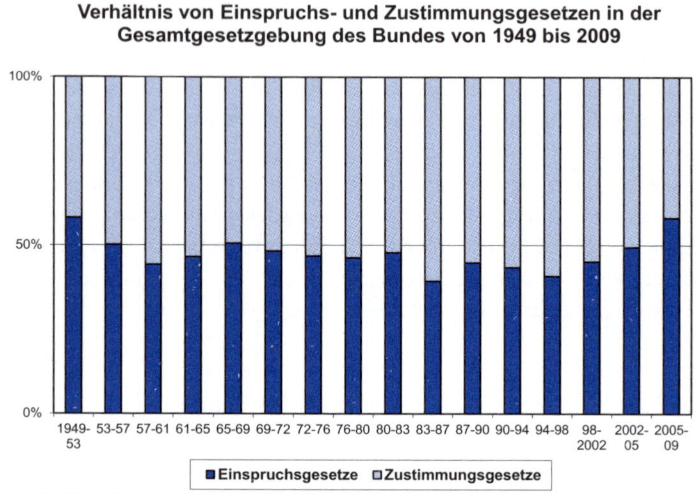

»Einspruchsgesetze«

dann ist zur Aufhebung der Bundesratsblockade eine Zwei-Drittel-Mehrheit im Parlament erforderlich. Auch in einer solchen Auseinandersetzung kann ein Vermittlungsverfahren anberaumt werden (s. u.). In der Literatur wird dieser Typ nicht ganz treffgenau als »Einspruchsgesetz« bezeichnet. Der »Einspruch« der Ländervertretung hat jedoch nur einen (zeitlich) aufschiebenden Charakter und eben keinen blockierenden – es sei denn, der Bundestag vermag das Votum des Bundesrates nicht aufzuheben.

Kriterien für Zustimmungsbedürftigkeit

Wie entscheidet sich, ob ein Gesetz zustimmungsbedürftig ist oder nicht? Das Grundgesetz erwähnt für einige Fälle ausdrücklich diese Eigenschaft. Ansonsten galt bis 2006 als Kriterium, dass durch das jeweilige Bundesgesetz die Verwaltung der Länder betroffen zu sein hatte. Dann war die Zustimmung der Länder obligatorisch. Die Föderalismusreform I brachte eine Veränderung mit sich. Seitdem ist ausschlaggebend, ob das Gesetz den Ländern Kosten verursacht. Mit der Veränderung des Kriteriums war die Hoffnung verbunden, dass folglich ein geringerer Anteil der Gesetzgebung des Bundes einer Zustimmung des Bundesrates bedürfe. In der Tat ist der Anteil der zustimmungsbedürftigen Gesetze an der Gesamgesetzgebung in der 16. Legislaturperiode des Bundes um ca. neun Prozent gesunken.

Die Qualifizierung eines Gesetzes als zustimmungsbedürftig oder nicht kann durchaus streitig sein. Für die Erfolgschancen eines Gesetzesentwurfs mag die Einstufung durchaus von Belang sein – vor allem in Phasen, in denen im Bundesrat eine der parlamentarischen Mehrheit gegenläufige parteipolitische Konstellation vorherrscht. Bei Uneinigkeit über die Einstufung kann das Bundesverfassungsgericht angerufen werden. Schließlich wird auch versucht inhaltliche Aspekte eines Gesetzes von den verfahrenstechnischen Aspekten zu trennen und somit die zustimmungsbedürftigen Teile von denen, die einer Zustimmung des Bundesrates nicht bedürfen, zu separieren.

Vermittlungsverfahren und Vermittlungsausschuss | 10.3.3

Für den Fall, dass der Bundesrat einer Vorlage nicht zustimmt, kann es zu einem Vermittlungsverfahren kommen. Sowohl Bundestag als auch Bundesrat haben die Möglichkeit, ein solches Mediationsverfahren zu beantragen, in dessen Zentrum ein eigens für diesen Zweck eingerichteter Ausschuss steht: der Vermittlungsausschuss von Bundestag und Bundesrat. Dieses 32-köpfige Gremium setzt sich je zur Hälfte aus Mitglie-

Struktur des Vermittlungsverfahrens | **Abb. 27**

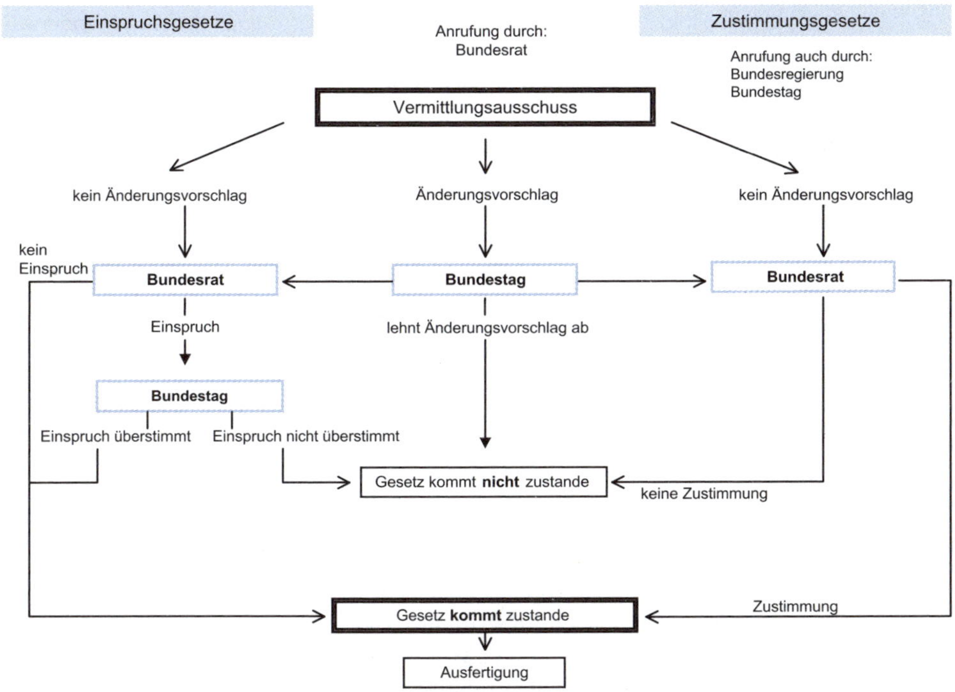

dern des Parlaments (proportional zur Fraktionsstärke) und des Bundesrates (ein Vertreter pro Land) zusammen. Er wird gemeinsam von einem Bundestagsabgeordneten und von einem Ländervertreter geleitet.

Machtfülle des Vermittlungsausschusses

Auf die große Bedeutung und Machtfülle dieser Einrichtung des deutschen Föderalismus ist immer wieder hingewiesen worden. Worin liegen die erheblichen Einflusspotenziale des Vermittlungsausschusses und seiner Mitglieder?

Im Falle des (vorläufigen) Scheiterns eines Gesetzgebungsverfahrens kommt dem Ausschuss eine vergleichsweise gestaltungsmächtige Aufgabe zu. Er zieht die gescheiterte Vorlage heran und versucht Änderungen vorzunehmen, die die jeweiligen Widerstände aufbrechen könnten. Dabei verhandelt er – dies ist nicht zu unterschätzen – unter Ausschluss der Öffentlichkeit. Die Mitglieder sind nicht weisungsgebunden. Entscheidungen werden mit Mehrheitsvotum gefällt. Die Macht der Ausschussmitglieder liegt insbesondere darin begründet, dass das von ihnen zugebundene Paket sich nicht mehr aufschnüren lässt. Sowohl Bundestag als auch Bundesrat können dem Vermittlungsergebnis entweder als ganzem zustimmen oder es komplett ablehnen; gegebenenfalls muss nochmals über die ursprüngliche Version abgestimmt werden. In derselben Sache kann der Vermittlungsausschuss jedoch nur einmal angerufen werden. Ein Vermittlungsverfahren kann auch bei Auseinandersetzungen über nicht-zustimmungsbedürftige Gesetze anberaumt werden. Allerdings bleibt es hier bei der Möglichkeit für den Bundestag, den Einspruch des Bundesrates zu überstimmen.

Vermittlungsausschuss stärkt Konsenscharakter des politischen Systems

Der Vermittlungsausschuss ist ein wichtiger Bestandteil des kooperativen Föderalismus in Deutschland (s. u.). Er bringt die Regierungsvertreter der Länder und die Parlamentarier des Bundes an einen Tisch. Er dient dazu, Blockaden und Kontroversen zwischen den beiden Staatsorganen und zwischen den beiden Ebenen des Bundesstaates über den Verhandlungsweg aufzuheben (→ Kapitel 12). Allerdings stoßen seine Konsensmechanismen dort an Grenzen, wo die Widersprüche zwischen Bundesrat und Bundestag unaufhebbar und womöglich nicht in der Sache, sondern machtpolitisch begründet sind – was zur Frage der parteipolitischen Instrumentalisierung des Bundesrates führt.

10.3.4 | Der Bundesrat als parteipolitisches Blockadeinstrument?

Wie erwähnt, gehören der deutsche Föderalismus und insbesondere der Bundesrat zu den umstrittensten Elementen des politischen Systems. Der Bundesrat – so die Kritik – sei zumindest phasenweise zu einem Blockadeinstrument der parlamentarischen Opposition geworden. Dies habe dazu geführt, dass wichtige Reformprojekte nicht realisiert werden konnten.

Dabei sieht sich das Staatsorgan mit dem Vorwurf seiner »Deformation« konfrontiert: Der Bundesrat habe sich von seiner eigentlichen Idee der Vertretung von Länderinteressen wegbewegt und zu einem Instrument der Parteipolitik entwickelt. Nicht mehr die Länder, sondern die Bundesparteien und ihre bundespolitischen Interessen würden in diesem Organ vertreten. Auf diesen Prozess der Durchdringung der bundesstaatlichen Strukturen durch die Parteiendemokratie hat Gerhard Lehmbruch frühzeitig mit seinem 1976 erschienenen Buch »Parteienwettbewerb im Bundesstaat« aufmerksam gemacht.

Bundesrat – Instrument der Parteipolitik?

Der Parteienwettbewerb wird in den Phasen eines »divided government« virulent, also in solchen Zeiträumen, in denen die Opposition des Bundestages durch die Beteiligung an den Landesregierungen über eine entsprechende Vetoposition im Bundesrat verfügt. Solche Phasen des »divided government« sind in der Geschichte der Bundesrepublik bislang vergleichsweise selten gewesen.

Tab. 26

Ungleiche Mehrheiten im Bundestag und Bundesrat

Zeitraum	Mehrheit Bundestag	Mehrheit Bundesrat
1972–77	SPD, FDP	CDU/CSU
1978–82	SPD, FDP	CDU/CSU
1990	CDU/CSU, FDP	SPD, Grüne
1997–98	CDU/CSU, FDP	SPD, Grüne
2002–05	SPD, Grüne	CDU/CSU, FDP
2010–	CDU/CSU, FDP	SPD, Grüne, Linke

Ein genauerer Blick auf das Abstimmungsverhalten im Bundesrat relativiert jedoch den Blockadevorwurf: So ist es in relativ wenigen Situationen zu einer völligen Ablehnung der Initiativen der Bundestagsmehrheit gekommen. Die Vertreter der Länderregierungen erweisen sich nicht als bloße Erfüllungsgehilfen der jeweiligen Bundesparteien, sondern versuchen stets auch die Interessen ihres Landes durchzusetzen – zum Bespiel in dem sie im Rahmen von Paketlösungen Zugeständnisse machen, um andernorts Vorteile zu gewinnen.

10.4 | Politikverflechtung und Politikverflechtungsfallen

Der Bundesrat ist ein Beitrag zu dem, was in der Literatur als »Politikverflechtung« bezeichnet wird – ein Konzept, das mit dem Politikwissenschaftler Fritz W. Scharpf eng verbunden ist. Im Gegensatz zu trennföderalen Systemen wie dem US-amerikanischen ist es ein Kennzeichen der deutschen Bund-Länder-Beziehungen, dass die beiden Ebenen vielfältig miteinander und untereinander verschränkt sind.

Horizontale und vertikale Bund-Länder-Verschränkung

(1) Horizontal: Auf verschiedene Arten und Weisen arbeiten die Länder zusammen und versuchen ihre Entscheidungen zu koordinieren. Hierzu dient zum Beispiel die KMK, die Kultusministerkonferenz, in der sich die für die Politikfelder Bildung, Wissenschaft und Kultur zuständigen Landesminister zusammenfinden, oder die Innenministerkonferenz. Diese Gremien kennt das Grundgesetz nicht, sie sind strenggenommen »extrakonstitutionell«.
(2) Vertikal: Zwischen Bund und Ländern gibt es eine Reihe von Verflechtungen. Der Bundesrat stellt eine solche Form der Verflechtung dar. Er lässt die Länder an der Gesetzgebung auf Bundesebene teilhaben und kann dabei Verhandlungen und Kooperation erforderlich machen. Zur Verflechtung tragen auch die finanziellen Verschränkungen der beiden Ebenen in Form der Verbundsteuern und die Übernahme von Verwaltungsaufgabe für den Bund durch die Länder bei.

Die Politikverflechtung ist mehr als nur eine beliebige Facette des kooperativen Föderalismus. Vielmehr schnappt dabei eine »Falle« zu – so die Politikverflechtungstheorie von Scharpf und anderen. Zunächst droht »Immobilismus«, eine Unbeweglichkeit der Politik: Durch die Verschränkung von Ebenen und die erforderlichen Rücksprachen mit verschiedenen Akteuren erhöhen sich die Entscheidungskosten. Aufwand und Zeit, um Beschlüsse herzustellen, nehmen zu.

Immobilismus und Transparenzverlust

Zugleich nimmt die Transparenz des Entscheidungsprozesses ab: Es ist immer schwerer durchschaubar, wer für die getroffenen Entscheidungen verantwortlich ist und zur Verantwortung gezogen werden kann, wenn unterschiedliche Akteure von verschiedenen Ebenen eingebunden werden. Unter der Politikverflechtung leiden auch die Parlamente. Die machtvollen Akteure über die Ebenen hinweg sind die Regierungen, weniger die parlamentarischen Körperschaften von Bund und Ländern.

Mit der Föderalismusreform sollten einige dieser Verflechtungen durchschlagen werden. So wurde versucht den Anteil der zustimmungsbedürftigen Gesetze zurückzufahren (s. o.). Außerdem beseitigte man die Rahmengesetzgebung, die zu einer weiteren Vermengung beider Ebenen beigetragen hatte. Stattdessen sollten die Kompetenzen von Bund und Ländern deutlicher getrennt werden. Ob und inwieweit die Reform die Ziele erreicht hat, ist umstritten (→ Kapitel 12).

Hintergrund

Rahmengesetzgebung bis 2006

Bei der Rahmengesetzgebung schlossen sich eine Gesetzgebung des Bundes und der Länder nicht aus – wie bei der konkurrierenden. Vielmehr ergänzten sie sich. Der Bund setzte einen Rahmen, innerhalb dessen sich Länder mit ihrer Rechtsetzung bewegen konnten. Das Bundesverfassungsgericht legte als Standard fest, dass die Rahmengesetze »ausfüllungsfähig und ausfüllungsbedürftig« sein müssten (s. BVerfGE 4, 115 (129); 36, 193 (202); 38, 1 (10)). Bereiche der Rahmengesetzgebungskompetenz (Art. 75 GG alte Fassung) waren z. B. das Beamtenrecht, das Hochschulrahmengesetz, das Bundesjagd- und Bundesnaturschutzrecht.

Kommunalpolitik | 10.5

Die »unterste« politische Ebene ist die der kommunalen Politik. »All politics is local« – dieser Satz eines US-amerikanischen Politikers proklamiert, dass die Politik der höheren Ebenen immer eine Rückbindung zur gesellschaftlichen Basis haben sollte.

Kommunale Ebene – Teil der deutschen Politikverflechtung

Auch die kommunale Ebene ist von Politikverflechtung betroffen. Dass dem so ist, hängt nicht zuletzt mit den Verwaltungsstrukturen zusammen. Ein Großteil der Ausführungsleistungen, auch bei der Umsetzung von Bundesgesetzen, wird den Ländern und mit ihnen den Kommunen und ihren Verwaltungen überlassen. Daraus resultiert die gelegentlich zu hörende Forderung, die Gemeindeverbünde und Gemeinden sollten stärker in die Entscheidung der Bundespolitik eingebunden werden, beispielsweise durch eine eigene Vertretungskörperschaft auf Bundesebene.

Aber die Verflechtung findet auch in die andere Richtung statt, z. B. bei Politikerkarrieren. Ein großer Teil des politischen Personals sammelte zunächst Erfahrungen in der Stadt- und Gemeindepolitik, bevor er sich in der landes- und/oder bundespolitischen Arena etabliert hat.

Die Kommunalpolitik läuft in »politischen Systemen« ab, die von Land zu Land unterschiedlich ausfallen können. Das Grundgesetz setzt mit dem Artikel 28 den Rahmen. Dort ist festgelegt, dass es nicht nur in den Ländern, sondern auch in den Kreisen und Gemeinden eine demo-

Unterschiedliche Kommunalverfassungen in Deutschland

kratisch gewählte Vertretung geben müsse. Auf dieser Grundlage sind von den Landesgesetzgebern verschiedene Kommunalverfassungen entwickelt worden. Gemeinsam ist den Modellen, dass der Gemeinderat oder das Stadtparlament sowie der Bürgermeister unmittelbar gewählt werden. Das Wahlalter auf Kommunalebene liegt in einigen Bundesländern bei 16 Jahren (z. B. Nordrhein-Westfalen, Berlin). Ansonsten besteht der zentrale Unterschied darin, ob der Bürgermeister die alleinige Verwaltungsspitze bildet, er sich diese Rolle mit dem Vorsitzenden des Gemeindeparlaments teilt oder ob es noch einen besonderen Ausschuss (Magistrat) gibt, der exekutive Aufgaben übernimmt. In den meisten Bundesländern hat sich das Modell einer dualen Rat-Bürgermeister-Verfassung durchgesetzt.

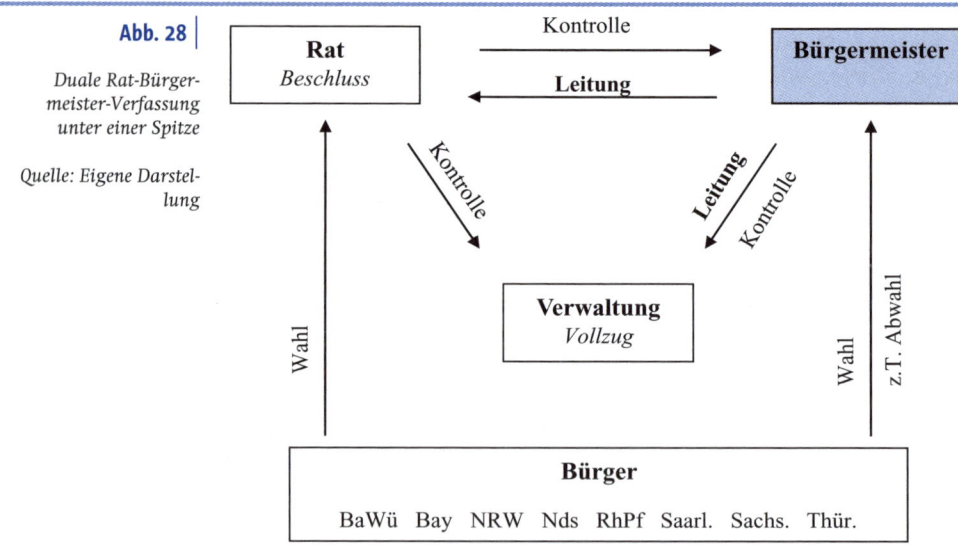

Abb. 28

Duale Rat-Bürgermeister-Verfassung unter einer Spitze

Quelle: Eigene Darstellung

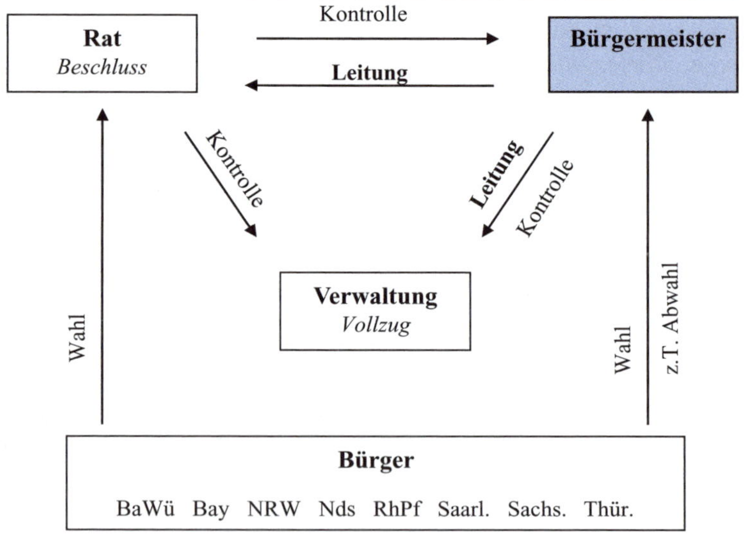

Häufiger Einsatz direktdemokratischer Verfahren

Eine besondere Rolle spielt auf lokaler Ebene die direkte Demokratie. Bereits im Grundgesetz ist vermerkt: »In Gemeinden kann an die Stelle einer gewählten Körperschaft die Gemeindeversammlung treten«. Alle Kommunalverfassungen sehen darüber hinaus direktdemokratische Verfahren (Bürgerbegehren, Bürgerentscheid etc.) vor. Auf der lokalen Ebene finden derartige Verfahren häufigen Einsatz. Darüber hinaus sind die Städte und Gemeinden die Räume, in denen neue, kooperative Formen der Einbindung von Bürgern getestet und eingesetzt werden können (z. B. Bürgerforen, Bürgerhaushalte).

Die kommunale Ebene als der primäre Verwaltungssektor ist zudem stets ein Spielfeld der Verwaltungsmodernisierung gewesen. Dabei konnten in vielen Modellversuchen neue Wege ausprobiert und in einen »best-practice«-Wettbewerb miteinander gestellt werden. In diesen Wettbewerb spielt auch die Frage mit hinein, inwieweit kommunale Aufgaben von privat-wirtschaftlichen Akteuren übernommen werden sollten.

Verwaltungs- oder politische Ebene?

In der Literatur streitet man darüber, ob die Kommunalebene letzten Endes mehr ist als eine reine Verwaltung- und Versorgungsebene. Dabei tendieren juristische Einstufungen zur Position der »Verwaltungsebene«, während politikwissenschaftliche in den Gemeinden »politische« Systeme sehen. Wo liegen die Argumente für die eine oder die andere Position?

Pro Verwaltungsebene:

- Die Gemeinden geben sich keine eigene Verfassung. Dies tun die jeweiligen Landesgesetzgeber, weswegen es in Deutschland landesspezifische Kommunalverfassungen gibt.
- Die Gemeinden haben keinen Einfluss auf ihren Kompetenzbereich. Dieser kann von oberer Stelle (Land) jederzeit verändert werden.
- Die Gemeinden führen zu großen Teilen die Gesetzgebung von Europa-, Bundes- und Landesebene aus (»übertragener Wirkungskreis«). Die kommunalen Einheiten können somit als Teil der »Exekutive« verstanden werden.
- In der Finanzierung sind die Kommunen von den anderen Ebenen abhängig, z.B. bei der Entscheidung, welche Steuermittel ihnen aus den Verbundsteuern zufließen.

Pro politische Ebene:

- In den Gemeinden finden sich vollständige institutionelle Systemstrukturen mit gewaltenteiligen Merkmalen, also Formen von demokratischer »Staatlichkeit«; es gibt direkt gewählte Vertretungskörperschaften und Bürgermeister. Das Gemeindesystem erinnert an das, was auf nationaler Ebene als präsidentielle Regierungsform bezeichnet wird (→ Kapitel 8).
- Parteien spielen auch in der Kommunalpolitik eine Rolle. Diese ist zwar nicht so dominant wie die auf der Bundes- und Landesebene. Aber gerade in großen Kommunen kommt der Parteipolitik eine zunehmende Bedeutung zu.
- Jenseits der Verwaltungsaufgaben haben die Gemeinden einen eigenen Wirkungskreis; sie können über bestimmte ihnen zugewiesene Bereiche autonom entscheiden (»freiwillige Aufgaben«). Diese Kompetenz ist ihnen vom Grundgesetz, vom Artikel 28 Abs. 2, ausdrücklich zugesprochen worden: »Den Gemeinden muss das Recht gewährleistet sein, alle Angelegenheiten der örtlichen Gemeinschaft im Rahmen der Gesetze in eigener Verantwortung zu regeln«.

- Auch stehen den Gemeinden eigene Einnahmequellen zur Verfügung. Eine besondere Stellung nimmt dabei die Gewerbesteuer und die Grundsteuer ein, deren Höhe von den Gemeinden innerhalb eines bestimmten Korridors selbst festgelegt werden kann.
- Die Föderalismusreform hat die Unabhängigkeit der kommunalen Ebene an der Stelle gestärkt, wo sie dem Bund untersagt, den Kreisen und Gemeinden unmittelbar Aufgaben per Bundesgesetz zuzuweisen (Art. 84 Abs. 1 GG).

Die Frage nach dem »Wesen« von Kommunalpolitik kann an dieser Stelle nicht endgültig beantwortet werden. Aus der Perspektive der Politikwissenschaft jedenfalls erinnert vieles von dem, was wir auf der Ebene von Kreisen und Gemeinden beobachten können, an »Politik«, wie wir sie auf anderen Ebenen analysieren. Deutlich wird auf jeden Fall die Verflechtungsdichte von kommunaler Politik mit den Strukturen von Bund und Land.

Kommunalebene als Teil der Politikverflechtung

Nach dem Blick auf die Ebenen unterhalb des Nationalstaates wendet sich das folgende Kapitel dem Politikprozess auf der Ebene darüber zu. Themen sind die Europäische Union und das Phänomen der Globalisierung. Dabei zeigt sich, dass die Europäisierung auch die bundesstaatliche Struktur der deutschen Demokratie nicht unberührt lässt.

Lernkontrollfragen

1 Was sind die Fundamente und Gründe für den vergleichsweise starken Föderalismus in der Bundesrepublik Deutschland?
2 In welchen Politikbereichen können die Länder unabhängig von der Bundesebene Entscheidungen treffen?
3 Wie können sich die Länder an der Gesetzgebung des Bundes beteiligen?
4 Warum wird dem Bundesrat vorgeworfen, ein parteipolitisches Blockadeinstrument zu sein? Inwieweit ist dieser Vorwurf berechtigt?
5 Was sind die Ursachen, was die Folgen der »Politikverflechtung« in Deutschland?
6 Was spricht dafür, was dagegen, die kommunale Ebene als »politische« Einheit im System der Bundesrepublik zu begreifen?

Literatur

Mit dem deutschen Föderalismus aus historischer Perspektive setzt sich auseinander: *Werner Künzel/Werner Rellecke (Hg.): Geschichte der deutschen Länder. Entwicklungen und Traditionen vom Mittelalter bis zur Gegenwart, 2. Aufl., Münster, Aschendorff Verlag 2008*. Eine Länderkunde bietet: *Hans-Georg Wehling (Hg.): Die deutschen Länder, 3. Aufl., Wiesbaden, VS Verlag 2004*. Den Stand der politikwissenschaftlichen Forschung zum Föderalismus gibt ein Sonderheft der Politischen Vierteljahressschrift wieder: *Arthur Benz/Gerhard Lehmbruch (Hg.): Föderalismus, PVS Sonderheft 32, Wiesbaden, VS Verlag 2001*. Als generelle Einführung in den Föderalismus, die gleichwohl intensiv den deutschen Fall berücksichtigt, ist erschienen: *Roland Sturm/Petra Zimmermann-Steinhart: Föderalismus. Eine Einführung, 2. Aufl., Baden- Baden, Nomos 2010*. In die Vergangenheit, Gegenwart und Zukunft des deutschen Föderalismus führt ein: *Heinz Laufer/Ursula Münch: Das föderative System der Bundesrepublik Deutschland, Wiesbaden, VS Verlag 2005*. Mit den aktuellen Herausforderungen des Föderalismus beschäftigen sich die Beiträge eines Tagungsbandes: *Frank Decker (Hg.): Föderalismus an der Wegscheide?, Wiesbaden, VS Verlag 2004*. Speziell mit der Rolle der Landtage setzt sich auseinander: *Siegfried Mielke/Werner Reutter (Hg.): Landesparlamentarismus in Deutschland, Geschichte – Struktur – Funktionen, Wiesbaden, VS Verlag 2004*. Die Theorie der Politikverflechtungsfalle findet sich klassisch bei: *Fritz W. Scharpf/Bernd Reissert/Fritz Schnabel: Politikverflechtung: Theorie und Empirie des kooperativen Föderalismus in der Bundesrepublik, Kronberg, Cornelsen Verlag Scriptor 1976*. Das Konzept steht auch im Mittelpunkt einer aktuelleren Publikation, die die Leistungsfähigkeit des deutschen Föderalismus unter die Lupe nimmt: *Ute Wachendorfer-Schmidt: Politikverflechtung im vereinten Deutschland, 2. Aufl., Wiesbaden, VS Verlag 2005*. Mit der Politikverflechtung im kooperativen Föderalismus beschäftigt sich: *Sabine Kropp: Kooperativer Föderalismus und Politikverflechtung, Wiesbaden, VS Verlag 2010*. Der 1976 erstmalig erschienene »Klassiker« von Lehmbruch zur Verschränkung von Bundesstaat und Parteienstaat in Deutschland liegt in dritter Auflage vor: *Gerhard Lehmbruch: Parteienwettbewerb im Bundesstaat. Regelsysteme und Spannungslagen im politischen System der Bundesrepublik Deutschland, 3. Aufl., Wiesbaden, Westdeutscher Verlag 2000*.

In die Kommunalpolitik führen ein: *Ralf Kleinfeld: Kommunalpolitik. Eine problemorientierte Einführung, Opladen, Leske+Budrich 1996*, und *Hiltrud Naßmacher/Karl-Heinz Naßmacher: Kommunalpolitik in Deutschland, 2. Aufl., Wiesbaden, VS Verlag 2007*, sowie: *Jörg Bogumil/Lars Holtkamp: Kommunalpolitik und Kommunalverwaltung. Eine policyorientierte Einführung, Wiesbaden, VS Verlag 2006*. Folgendes Standardwerk zur Kommunalpolitik ist bei der Bundeszentrale für politische Bildung erschienen: *Hellmut Wollmann/Roland Roth (Hg.): Kommunalpolitik. Politisches Handeln in den Gemeinden, 2. Aufl., Bonn, Bundeszentrale für politische Bildung 1998*. Weitere einführende Sammelbände zur Thematik: *Stefan Schieren (Hg.): Kommunalpolitik, Probleme und Potentiale der »Wiege der Demokratie«, Schwalbach/Ts., Wochenschau-Verlag 2010*, sowie *Andreas Kost/Hans-Georg Wehling (Hg.): Kommunalpolitik in den deutschen Ländern, 2. Aufl., Wiesbaden, VS Verlag 2010*.

Links

www.bundesrat.de
Die Vertretung der Länder auf Bundesebene, der Bundesrat, stellt sich, ihre Aufgaben und ihre Zusammensetzung auf dieser Seite vor. In dem Online-Angebot finden sich auch Informationen zum Vermittlungsausschuss. Ebenfalls stehen dort die Dokumente und Plenarprotokolle des Bundesrates zum Abruf bereit, genauso wie ausführliche Informationen zur Föderalismusreform I und II.

www.verfassungen.de
Auf dieser privat betriebenen Seite lassen sich die Verfassungen der deutschen Länder in ihrer aktuellen, aber auch in älteren Versionen abrufen.

www.deutschland.de
Auf der Seite des Presse- und Informationsamtes der Bundesregierung findet sich in der Rubrik »Staat« die Unterrubrik »Länder«. Dort sind Links zu allen 16 Landesregierungen und Landesparlamenten eingestellt. In der Unterrubrik »Kreise, Städte und Gemeinden« wird auf zahlreiche deutsche Kommunen sowie auf Kommunalverbände verlinkt.

Die entgrenzte Demokratie – Europäisierung und Globalisierung

11

Inhalt

Auf den Seiten des folgenden Kapitels geht der Blick über den nationalen Tellerrand hinaus. Vieles von dem, was heutzutage in der bundesdeutschen Demokratie geschieht, lässt sich nicht mehr verstehen, wenn nicht die europäische und globale Dimension von Politik mitberücksichtigt wird. Seit geraumer Zeit ist von einer »Entgrenzung« des Nationalstaates oder »Denationalisierung« die Rede. Politik findet zwar immer noch in beachtlichem Ausmaß in nationalen politischen Regierungssystemen statt, aber die Einflüsse »von außen« haben erheblich zugenommen. Die nationalstaatlichen Grenzen lösen sich nicht ganz auf, sie werden jedoch in vielerlei Hinsicht durchlässiger. Dies verändert die Art und Weise, wie in der deutschen Demokratie verbindliche Entscheidungen hergestellt und durchgesetzt werden.

Mit zwei Formen der Entgrenzung des Nationalstaates wird sich das Kapitel auseinandersetzen: Im ersten Teil steht die »Europäisierung« im Mittelpunkt. Die Bundesrepublik Deutschland ist – wie weitere 26 Staaten – Mitglied der Europäische Union (EU). Diese Mitgliedschaft ist weit mehr als eine unverbindliche Beteiligung an einer »schönen Idee«. Sie führt vielmehr dazu, dass sich zur nationalstaatlichen Form der Politikherstellung eine zweite gesellt hat. Ein bedeutsamer Teil der Regeln, die das Zusammenleben in Deutschland bestimmen, findet seinen Ursprung im politischen System der Europäischen Union.

Die EU, so wie wir sie heute kennen, ist das Produkt eines jahrzehntelangen Prozesses der Annäherung zwischen den Staaten Europas. Im ersten Abschnitt sollen die Marksteine, also die entscheidenden Weichenstellungen des europäischen Einigungsprozesses skizziert werden. Mit dem, was vormals Europäische Gemeinschaft(en) und heute Europäische Union heißt, hat sich ein eigener politischer Handlungsraum herausgebildet. Mit den Strukturen dieses Systems beschäftigt sich der anschließende Textteil und fragt nach den Auswirkungen seines Output auf die Politik in den Mitgliedstaaten. Wie haben sich die Institutionen und Organisationen der bundesdeutschen Demokratie infolge der europäischen Integration gewandelt? Wie hat sich die Herstellung, Umsetzung und Kontrolle politischer Entscheidungen verändert?

Vergleichbare Nachfragen drängen sich auch in der Diskussion über die »Globalisierung« der deutschen Demokratie auf – also wenn es darum geht, die zweite Form der Entgrenzung des Nationalstaates neben der Europäisierung anzusprechen. Allerdings ist der Begriff »Globalisierung« wesentlich unschärfer als die Rede von der Europäisierung. Deswegen erfolgt zu Beginn dieses Abschnitts eine Begriffsklärung: Was kann man unter dem Konzept der »Globalisierung« verstehen? Welche Dimensionen hat »Globalisierung«? Anschließend werden, wie bereits bei der Europäisierung, die Auswirkungen dieser Entgrenzungsdimension auf die Politik in Deutschland thematisiert: Inwieweit schlägt sich die »Globalisierung« auf die Art und Weise nieder, wie in der deutschen Demokratie Politik gemacht werden kann?

Am Ende steht die Erkenntnis, dass sich die Politik in Deutschland infolge der zweifachen Entgrenzung grundlegend gewandelt hat. Zu erwarten ist, dass sich dieser Wandel in den kommenden Jahrzehnten weiter fortsetzen wird. Jedenfalls muss angesichts dieser Entwicklungen die Frage nach der Ausgestaltung der Demokratie diesseits und jenseits der nationalen Grenzen neu gestellt werden.

11.1 | Europäisierung und der Wandel der deutschen Demokratie

Die Entscheidung für die Teilnahme am Aufbau einer Gemeinschaft der europäischen Nationen gehört womöglich zu den maßgeblichen Weichenstellungen nach der Gründung der westdeutschen Demokratie. Diese Weichenstellung hat die Geschicke Nachkriegsdeutschlands grundlegend mitbestimmt. Die Etablierung der Bonner Demokratie, ihre wachsende Souveränität und auch die deutsche Einheit im Jahre 1990 wären kaum denkbar gewesen, wenn sich die Bundesrepublik nicht an dem Projekt der europäischen Einigung beteiligt hätte.

Europäische Integration als Prozess 11.1.1

Die Wurzeln des europäischen Einigungsprozesses reichen weit in die Geschichte zurück. Als die Geburtsstunde der europäischen Integration nach dem Zweiten Weltkrieg gilt der 9. Mai 1950. An diesem Tag hielt der französische Außenminister Robert Schuman eine Pressekonferenz ab, auf der er eine Initiative seiner Regierung vorstellte. Dieser so genannte »Schuman-Plan«, sah vor, dass Frankreich und die Bundesrepublik Deutschland im Sektor der Kohle- und Stahlproduktion eine Gemeinschaft gründen sollten.

»Schuman-Plan«

Hintergrund

Europäische Gemeinschaft für Kohle und Stahl
1951 wurde der Vertrag zur Gründung einer »Europäischen Gemeinschaft für Kohle und Stahl« (EGKS), auch »Montanunion« genannt, von sechs europäischen Staaten (Bundesrepublik Deutschland, Frankreich, Italien und Beneluxstaaten) unterzeichnet und trat am 23. Juli 1952 in Kraft. Schumans Plan sah von Anfang an vor, dass außer Frankreich und Deutschland weitere europäische Staaten diesem Projekt beitreten sollten. Die beteiligten Nationen übertrugen einen Teil ihrer Souveränität im Bereich der Kohle- und Stahlproduktion auf eine überstaatliche »Hohe Behörde«.

Die Montanunion sollte die Keimzelle eines sehr dynamischen Prozesses bilden. Die Dynamik der europäischen Integrationsgeschichte ist von zwei Entwicklungen geprägt: der politikfeldbezogenen und der territorialen Ausdehnung der Gemeinschaft.

Montanunion als Keimzelle der europäischen Integration

Politikfeldbezogene Ausweitung der europäischen Integration 11.1.1.1

Bereits wenige Jahre nach Gründung der Montanunion sprang das Integrationsprojekt auf andere Politikbereiche über. Mit den Römischen Verträgen von 1957 wurde die Europäische Atomgemeinschaft (Euratom) sowie die Europäische Wirtschaftsgemeinschaft (EWG) ins Leben gerufen. Die drei Organisationen verschmolzen 1967 zu den »Europäischen Gemeinschaften«, später zur »Europäischen Gemeinschaft«.

Zeitleiste

Etappen der europäischen Integration

1951	Montanunion (EGKS)
1957	Vertrag von Rom: Gründung der Europäischen Wirtschaftsgemeinschaft und der Europäischen Atomgemeinschaft
1959	Beginn des Zollabbaus innerhalb der Gemeinschaft
1962	Europäischer Agrarfonds nimmt seine Arbeit auf
1972	Zusammenarbeit in der Außenpolitik
1979	Europäisches Währungssystem/erste Direktwahl des Europäischen Parlaments
1985	Schengener Abkommen
1986	Einheitliche Europäische Akte
1993	Binnenmarkt, Europäische Union, Maastricht-Vertrag in Kraft
1999	Euro-Einführung, Vertrag von Amsterdam tritt in Kraft
2002	Euro-Bargeld
2003	Vertrag von Nizza in Kraft
2005	Verfassungsvertrag in Frankreich und den Niederlanden abgelehnt
2009	Vertrag von Lissabon in Kraft

Insbesondere die wirtschaftliche Zusammenarbeit der beteiligten Staaten entfaltete eine Entwicklungsdynamik. Die Wirtschaftsgemeinschaft begann zunächst nur als Freihandelszone, um schon bald darauf eine gemeinsame Zollpolitik gegenüber Drittstaaten zu entwickeln. Mit der Einheitlichen Europäischen Akte von 1986 stand dann die Schaffung eines Binnenmarktes auf der Agenda: Noch bestehende Handelshemmnisse zwischen den Mitgliedern der EG sollten aufgehoben werden. Die Einführung einer (bis 2002 nur auf dem Papier vorhandenen) einheitlichen europäischen Währung Ende 1999 schuf eine »Währungsunion«, an der indes bislang nicht alle Mitgliedstaaten der EU teilnehmen. Das Schengen-Abkommen von 1985 regelt die Freizügigkeit und den Abbau der Grenzkontrollen zwischen den Mitgliedstaaten sowie den Schutz der EU-Außengrenzen.

Drei Säulen der Europäischen Union

Der im Jahr 1993 in Kraft getretene Vertrag von Maastricht machte aus der »Europäischen Gemeinschaft« die »Europäische Union«. Damit weitete sich die inhaltliche Zuständigkeit ausdrücklich auch auf wirtschaftsferne Bereiche aus. Sowohl eine »Gemeinsame Außen- und Sicherheitspolitik« (GASP) als auch die Zusammenarbeit bei der Innen- und Justizpolitik wurden in das Vertragswerk aufgenommen, wenngleich in diesen beiden Bereichen die Art der Entscheidungsfindung – insbesondere in Angelegenheiten der europäischen Verteidigungspolitik – noch »intergouvernmental« und nicht »supranational« abläuft. Der Vertrag von Lissabon hat der Europäischen Union noch einmal weitere Zuständigkeiten zum Beispiel im Bereich der Klimapolitik zugewiesen sowie eine Stärkung der GASP und der – nun so bezeichneten – »Gemeinsamen Sicherheits- und Verteidigungspolitik« mit sich gebracht.

Definition

Supranational
(lat.: überstaatlich). Die Entscheidungen supranationaler Organisationen sind in zugewiesenen Bereichen für die einzelnen Mitgliedstaaten unmittelbar verbindlich. Die Nationalstaaten haben den entsprechenden Teil ihrer Souveränität an die Organe der supranationalen Gemeinschaft abgetreten. Beschlüsse eines internationalen/intergouvernmentalen Zusammenschlusses sind hingegen nur dann bindend, wenn sie von den Mitgliedern anerkannt worden sind.

11.1.1.2 Ausweitung der Mitgliedschaft der Europäischen Gemeinschaft/Union

Sechs Staaten gehörten zur ursprünglichen Gründungsgemeinschaft. Bei diesen sechs ist es nicht geblieben. Vielmehr sind im Laufe der Jahre zahlreiche weitere europäische Staaten hinzugekommen. Die Erweiterung hat in verschiedenen Runden und in alle Himmelsrichtungen Raum gegriffen. Der kleinste Erweiterungsschritt fand 1990 statt: Infolge der deutschen Einheit sind die fünf ostdeutschen Bundesländer in das Gebiet der Europäischen Gemeinschaft aufgenommen worden. Der bislang größte Erweiterungsschritt vollzog sich am 1. Mai 2004. Die Europäische Union nahm zehn Länder aus Mittel- und Osteuropa sowie die Mittelmeerstaaten Malta und Zypern auf. Quasi als Nachzügler sind Anfang 2007 noch Bulgarien und Rumänien ordentliche Mitglieder der EU geworden.

Große Osterweiterung

Weiteren Staaten ist mittlerweile der Status eines Beitrittskandidaten verliehen worden: Island, Kroatien, Mazedonien, Montenegro, Türkei. Eine Reihe von Staaten hat offiziell Interesse an einer Aufnahme in den »Club« bekundet (z. B. Albanien, Bosnien und Herzegowina, Serbien).

Vergleicht man die Situation von 1952 mit der heutigen, hat die europäische Integration insgesamt einen Quantensprung getätigt. Das heißt freilich nicht, dass es sich um einen stetigen Vorwärtsprozess gehandelt

Tab. 27

Territoriale Erweiterung der EG/EU

Jahr	Erweiterungsrunde	Staaten
1957	Römische Verträge	Belgien
		Bundesrepublik Deutschland
		Frankreich
		Italien
		Luxemburg
		Niederlande
		EG der 6
1973	1. Norderweiterung	Dänemark
		Irland
		Vereinigtes Königreich
		EG der 9
1981	1. Süderweiterung	Griechenland
1986	2. Süderweiterung	Portugal
		Spanien
		EU der 12
1990	Deutsche Einheit	Neue Bundesländer
1995	2. Norderweiterung	Finnland
		Österreich
		Schweden
		EU der 15
2004	Osterweiterung	Estland
		Lettland
		Litauen
		Malta
		Polen
		Slowakei
		Slowenien
		Tschechische Republik
		Ungarn
		Zypern
		EU der 25
2007	2. Osterweiterung	Bulgarien
		Rumänien
		EU der 27
2011	aktuelle Beitrittskandidaten	Kroatien
		Türkei
		Mazedonien
		Island
		Montenegro

hätte. Vielmehr gab es auch immer wieder Rückschläge und Stagnation. Legendär ist die Blockadepolitik Frankreichs 1965/1966, als die Regierung unter Charles de Gaulle angesichts geplanter Änderungen u.a. im Bereich der europäischen Agrarpolitik im Jahre 1965 erhebliche Nachteile für Frankreich befürchtete. Weil die französischen Regierungsvertreter von Juli 1965 bis Januar 1966 den Sitzungen des Ministerrats fernblieben, konnten keine Entscheidungen mehr getroffen werden. Erst der »Luxemburger Kompromiss« von 1966, der ein Vetorecht im Falle der Berührung substanzieller Interessen eines Staates beschloss, beendete die »Politik des leeren Stuhls«. Auch die »Eurosklerose«, die Stagnation des Integrationsprozesses zu Beginn der achtziger Jahre, schien den Fortschritt in der europäischen Zusammenarbeit in Frage zu stellen. Ein jüngerer Rückschlag war die Ablehnung des Verfassungsvertrages durch die Bürger in Frankreich und in den Niederlanden 2005.

Rückschläge im Integrationsprozess

Hintergrund

Der Vertrag von Lissabon

Nachdem der EU-Verfassungsvertrag 2005 an Referenden in Frankreich und den Niederlanden gescheitert war, gelang mit dem Vertrag von Lissabon im zweiten Anlauf eine institutionelle Reform der Europäischen Union. Der Vertrag wurde 2007 in der portugiesischen Hauptstadt unterzeichnet und trat am 1. Dezember 2009 in Kraft. Wichtige institutionelle Änderungen sind unter anderem: die Stärkung der Befugnisse des Europäischen Parlaments (auch in Haushaltsfragen), die Ausweitung der Mehrheitsentscheidungen im Ministerrat über weitere Politikfelder, die Einführung einer »doppelten Mehrheit« im Ministerrat (für eine Entscheidung müssen 55 Prozent der Mitgliedstaaten zustimmen, die mindestens 65 Prozent der EU-Bevölkerung vertreten), die Schaffung der Position eines »Präsidenten des Europäischen Rates« (für zweieinhalb Jahre von den Staats- und Regierungschefs gewählt), die Einrichtung des Amts eines »EU-Außenministers« und eines »Europäischen Auswärtigen Dienstes«, die Einführung einer »Europäischen Bürgerinitiative« (bei der 1 Million Bürger die Kommission auffordern können, einen Gesetzentwurf zu einem Thema vorzulegen) sowie mittelfristig die Verkleinerung der Europäischen Kommission.

Die bisherige Integrationsgeschichte scheint in der Gesamtschau zu lehren, dass es eine Frage der Zeit ist, bis Rückschritte wieder aufgefangen werden. So hat der Vertrag von Lissabon viele Punkte aus dem gescheiterten Verfassungsvertrag übernommen. Dieses »nach vorne und zurück« der europäischen Integration betrachtend spricht der Politikwissenschaftler Werner Weidenfeld von einer »Dialektik von Krise und Reform« – eine Dialektik, aus der immer wieder neue Formen der Zusammenarbeit entstehen.

»Dialektik von Krise und Reform«

Die Europäische Union ist jedenfalls die im globalen Vergleich am weitesten fortgeschrittene Form der regionalen Zusammenarbeit von Nationen. Sie ist einerseits mehr als nur ein Staatenbund, d.h. als eine lose internationale Zusammenarbeit von souveränen Staaten. Stattdessen handelt es sich in weiten Teilen um einen supranationalen Zusammenschluss. Andererseits ist sie auch weniger als ein Bundesstaat wie Deutschland oder die USA, in der die Bundesebene über die Teilstaaten dominiert. Die Europäische Union ist eine Zwischenform, für die sich das Bundesverfassungsgericht den Begriff »Staatenverbund« hat einfallen lassen.

11.1.2 | Das politische System der Europäischen Union

Bei dem, was sich in der Europäischen Union an Organisationen und Organisationsbeziehungen entwickelt hat, kann man mit Fug und Recht von einem »politischen System« sprechen. Denn dort wird autonom Recht gesetzt, ausgeführt und kontrolliert.

Einzigartiges System

Allerdings handelt es sich um ein ganz eigenwilliges politisches System, das sich von dem, was uns auf nationaler Ebene begegnet, grundlegend unterscheidet. Gerne wird hier die Wendung »sui generis« bemüht: Es handele sich um ein Phänomen »seiner Art«, um etwas unvergleichliches, etwas einmaliges.

Bereits die Frage, wo sich im Organaufbau der Europäischen Union die Exekutive, wo die Legislative verorten lässt, führt zu vergleichsweise ungewöhnlichen Antworten. Es sind drei Instanzen, die maßgeblich an der Entstehung des europäischen Rechts mitwirken: der Europäische Ministerrat, das Europäische Parlament und die Europäische Kommission.

Ministerrat entscheidet über Gesetzesvorlagen

Der Ministerrat (auch: Rat der Europäischen Union) galt über Jahrzehnte hinweg als das wichtigste Organ der europäischen Rechtsetzung. In diesem Gremium kommen die Fachminister der Mitgliedstaaten zusammen, um über EU-Gesetzesvorlagen zu entscheiden. Es gibt nicht nur einen Ministerrat, sondern verschiedene, je nachdem welche Ressortminister sich treffen. Der Ministerrat entscheidet seit dem Inkrafttreten des Lissabonner Vertrages in der Regel mit »qualifizierter Mehrheit« (55 Prozent der Ratsmitglieder, die mindestens 65 Prozent der Bevölkerung umfassen müssen).

Organe der Europäischen Union **Abb. 29**

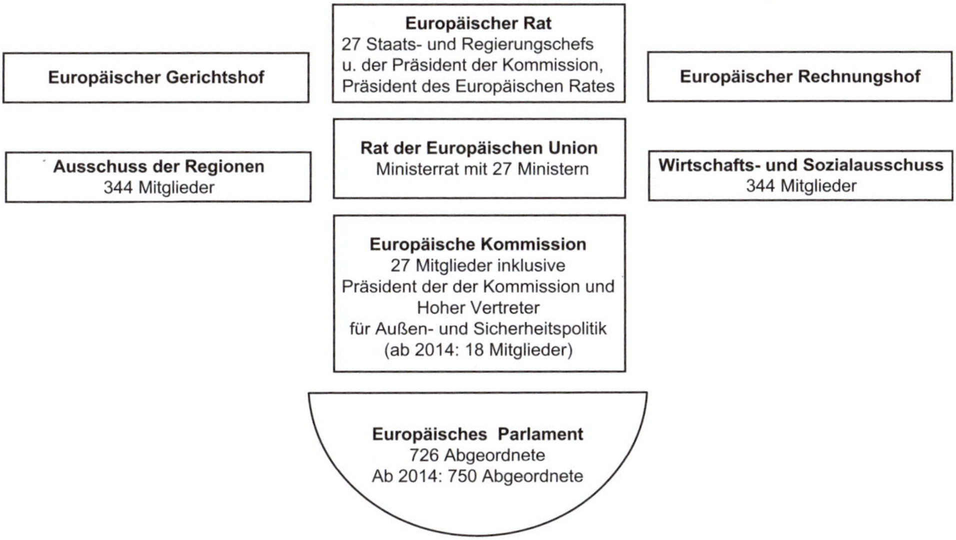

Treffen die Staats- und Regierungschefs der EU-Staaten und der Kommissionspräsident zusammen, nennt sich dies »Europäischer Rat«. Der Europäische Rat gibt »der Union die für ihre Entwicklung erforderlichen Impulse und legt die allgemeinen politischen Zielvorstellungen und Prioritäten hierfür fest« (Art. 15 EU-Vertrag). Auf dieser höchsten Ebene kommen die Mitgliedstaaten mindestens zweimal jährlich zusammen.

Eine parlamentarische Körperschaft hat stets zum Bauplan der europäischen Kooperation gehört, auch wenn diese in den ersten Jahren nicht Parlament, sondern »Gemeinsame Versammlung« hieß. Ab dem Ende der fünfziger Jahre hat sich der Name »Europäisches Parlament« etabliert. Seit 1979 wird es alle fünf Jahre von den Bürgern der Europäischen Union direkt gewählt. Im Laufe der Integrationsgeschichte hat das Europäische Parlament mit Erstsitz in Straßburg an Kompetenzen im Bereich der Rechtsetzung hinzugewonnen. Es wurden neue Verfahren eingeführt, die dem Parlament einen verbindlicheren Einfluss verliehen haben. Der Lissabonner Vertrag hat das »Mitentscheidungsverfahren«, in dem das Parlament gleichberechtigt mit dem Ministerrat an der Rechtsetzung teilnimmt, zum Regelverfahren gemacht.

Europäisches Parlament gewinnt an Einfluss

Die Europäische Kommission besteht aus den 26 Kommissaren und dem Präsidenten an der Spitze (ab 2014 wird die Kommission auf 18 Kommissare reduziert). Der Präsident der Kommission wird vom Europäischen Rat vorgeschlagen; das Parlament wählt ihn. Die Mitgliedstaaten schlagen in Einvernehmen mit dem Kommissionspräsidenten Kandidaten für die Kommissarpositionen vor und das Parlament muss in einem zweiten Schritt die Gesamtkommission wählen. Die Europäische Kommission im weiten Sinne umfasst noch die Generaldirektionen, also die nachgeordnete EU-Verwaltung, die einer nationalen Ministerialbürokratie vergleichbar aufgebaut ist.

Kommission hat legislative und exekutive Aufgaben

Aufgabe der Kommission, die auch als »Motor der europäischen Integration« bezeichnet wird, ist es zum einen, dem Ministerrat und dem Parlament Entwürfe für Rechtsakte der EU vorzulegen. Hier ist sie also »legislativ« tätig. Darüber hinaus hat die Kommission »ausführende« Kompetenzen. Als »Exekutive« hält sie die Umsetzung europäischen Rechts in den Ländern der EU nach. Gegebenenfalls kann sie beim Europäischen Gerichtshof ein Vertragsverletzungsverfahren gegen einen Mitgliedstaat anstrengen.

Tab. 28

Präsidenten der Europäischen Kommission seit 1958

Amtszeit	Präsident	Herkunftsland
1958 – 1967	Walter Hallstein	Deutschland
1967 – 1970	Jean Rey	Belgien
1970 – 1972	Franco-Maria Malfatti	Italien
1972 – 1973	Sicco Leendert Mansholt	Niederlande
1973 – 1977	François-Xavier Ortoli	Frankreich
1977 – 1981	Roy Jenkins	Großbritannien
1981 – 1985	Gaston Thorn	Luxemburg
1985 – 1995	Jacques Delors	Frankreich
1995 – 1999	Jacques Santer	Luxemburg
1999 – 2004	Romano Prodi	Italien
seit 2004	José Manuel Durão Barroso	Portugal

1958 bis 1967: Kommission der EWG, seit 1967: Kommission der EG/EU

EuGH hütet das Gemeinschaftsrecht

Der Europäische Gerichtshof (EuGH) ist mit seinen 27 Richtern die Judikative im EU-System (zusammen mit dem vorgelagerten »Gericht erster Instanz«, das 1989 zur Entlastung des EuGH eingerichtet worden ist). Der EuGH entscheidet über Konflikte zwischen den EU-Institutionen. Zudem urteilt er auf Antrag darüber, ob die Mitgliedstaaten ihre vertraglichen Verpflichtungen erfüllen. Insofern »hütet« der EuGH das Gemeinschaftsrecht und entwickelt es fort.

Als weiteres Hauptorgan der Union ist noch der Europäische Rechnungshof zu erwähnen. Dieser hat die Aufgabe der Rechnungsprüfung; seine Kontrolltätigkeit erstreckt sich über alle Einnahmen und Ausgaben der Europäischen Union. Der Wirtschafts- und Sozialausschuss sowie der Ausschuss der Regionen (s. u.) haben schließlich beratende Funktionen.

Das politische System der Europäischen Union hat sich in den vergangenen Jahren immer wieder gewandelt. Das System der EU ist also in Bewegung, aber auf welchen stabilen Aggregatzustand hin? Die »Finalität« der europäischen Integration, also was am Ende des Prozesses stehen wird und soll, ist unklar: Will man einen Bundesstaat im Sinne der »Vereinigten Staaten von Europa« oder doch einen Staatenbund? Auch ist unter den Mitgliedstaaten und innerhalb der Wissenschaft ungeklärt, ob eine Zielformulierung überhaupt wünschenswert ist. In der Literatur findet sich immer wieder die These, dass es der EU an wesentlichen Grundelementen eines staatlichen Systems mangele; insofern werde es stets etwas »Besonderes« bleiben.

»Finalität« offen

11.1.3 Europäisierung deutscher Politik – Wie verändert sich die deutsche Demokratie?

Auch die europäische Ebene ist Teil der Politikverflechtung. Die Entstehung eines politischen Systems der EU hat fundamentale Veränderungen der nationalen politischen Systeme zur Folge. »Europäisierung« bezeichnet den Vorgang des Wandels der nationalen Politik, der von der europäischen Integration angestoßen worden ist.

Das Phänomen »Europäisierung« schlägt sich in ganz unterschiedlichem Ausmaß nieder, je nachdem, welchen Politikbereich man sich anschaut oder welchen Akteur man in den Blick nimmt. Die Europäisierung deutscher Politik soll an folgenden Entwicklungen festgemacht werden: (1) Wandel der Gesetzgebung und Interessenvermittlung, (2) Wandel in der Gesetzesausführung und Rechtsprechung, (3) Wandel in der Bundesstaatlichkeit.

11.1.3.1 Europäisierung in der Gesetzgebung und Interessenvermittlung

Das politische System der Europäischen Union hat in vielen Bereichen, genauer: in zunehmend vielen Bereichen die Kompetenz erhalten, Recht zu setzen.

Zunehmende Rechtsetzungsmacht der EU

Im Sinne eines Nullsummenspiels muss der Europäischen Union diese Rechtsetzungsmacht von anderen übertragen worden sein, obschon die europäische Integration auch neue Bereiche für legislative Tätigkeit geschaffen hat. In der Tat sind es die nationalen Systeme, die einen Teil ihrer gesetzgeberischen Befugnisse an die Europäische Gemeinschaft/Europäische Union abgetreten haben. In bestimmten Bereichen bleiben den nationalen Gesetzgebern wie dem Bundestag nur noch marginale Regelungsmöglichkeiten. Dies gilt beispielsweise in Fragen der Zollunion oder der Wettbewerbspolitik. In anderen Feldern wie Umwelt und Verkehr teilt sich die EU die Zuständigkeiten mit den nationalen Systemen, wobei freilich europäische Regelungen Vorrang haben.

Abb. 30

Grad der Europäisierung von Politikfeldern (nach Sturm/Pehle)

Quelle: Roland Sturm/Heinrich Pehle: Das neue deutsche Regierungssystem. Die Europäisierung von Institutionen, Entscheidungsprozessen und Politikfeldern in der Bundesrepublik Deutschland, 2. Aufl., Wiesbaden, VS Verlag 2005, S. 362.

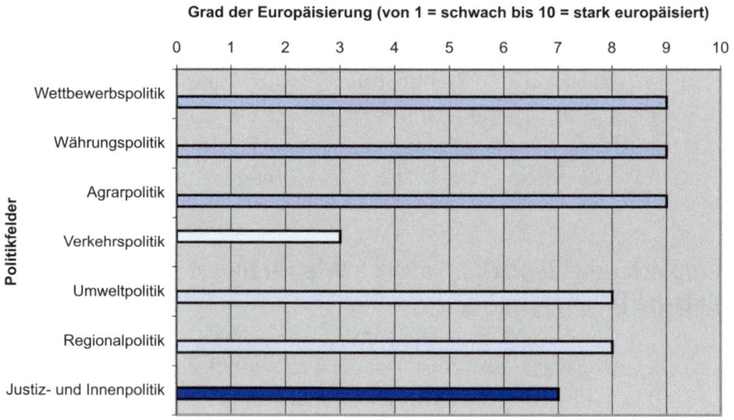

Eine erste Facette der Europäisierung ist somit ein Verlust an Kompetenzen bei den Organen, die auf der nationalen Ebene die Aufgabe haben, Gesetze zu machen. Das betrifft insbesondere die Parlamente der Mitgliedstaaten. Diese Abnahme an Kompetenzen wird nicht durch den gleichzeitigen Gewinn an Einfluss auf die europäische Rechtsetzung aufgefangen. Immer wieder hat sich der Bundestag mit wechselndem Erfolg bemüht, seinen Einfluss auf der europäischen Ebene zu stärken (→ Kapitel 6). So sichern der »Europa-Artikel« (Art. 23 GG) sowie weitere Vereinbarungen dem Bundestag das Recht auf Information. Der Vertrag von Lissabon hat zudem den nationalen Parlamenten das Klagerecht beim EuGH eingeräumt. Doch ist der Bundestag nicht – wie beispielsweise die Bundesregierung im Ministerrat – unmittelbar in einer europäischen Institution vertreten. Das Parlament kann stets nur »über Bande« wirken.

Für die Bundesregierung birgt dies strategische Vorteile. Sie spielt auf zwei Ebenen und kann entsprechend flexibel vorgehen: Wenn es nicht gelingt, eine Initiative im nationalen politischen System durchzusetzen, hat die Regierung immer noch die Möglichkeit, diese Idee über ihre Vertretung in den Organen auf europäischer Ebene einzubringen und zu realisieren, sofern sie dafür Mehrheiten mobilisieren kann. Auf diesen Zusammenhang anspielend, spricht man vom »Zwei-Ebenen-Spiel« der Regierungen in der Europäischen Union.

Einflussmöglichkeit der Bundesregierung auf zwei Ebenen

Wortlaut

Artikel 23 Abs. 1 bis 3 GG

»(1) Zur Verwirklichung eines vereinten Europas wirkt die Bundesrepublik Deutschland bei der Entwicklung der Europäischen Union mit, die demokratischen, rechtsstaatlichen, sozialen und föderativen Grundsätzen und dem Grundsatz der Subsidiarität verpflichtet ist und einen diesem Grundgesetz im wesentlichen vergleichbaren Grundrechtsschutz gewährleistet. Der Bund kann hierzu durch Gesetz mit Zustimmung des Bundesrates Hoheitsrechte übertragen. [...]

(1a) Der Bundestag und der Bundesrat haben das Recht, wegen Verstoßes eines Gesetzgebungsakts der Europäischen Union gegen das Subsidiaritätsprinzip vor dem Gerichtshof der Europäischen Union Klage zu erheben. Der Bundestag ist hierzu auf Antrag eines Viertels seiner Mitglieder verpflichtet. [...]

(2) In Angelegenheiten der Europäischen Union wirken der Bundestag und durch den Bundesrat die Länder mit. Die Bundesregierung hat den Bundestag und den Bundesrat umfassend und zum frühestmöglichen Zeitpunkt zu unterrichten.

(3) Die Bundesregierung gibt dem Bundestag Gelegenheit zur Stellungnahme vor ihrer Mitwirkung an Rechtsetzungsakten der Europäischen Union. Die Bundesregierung berücksichtigt die Stellungnahme des Bundestages bei den Verhandlungen. Das Nähere regelt ein Gesetz.«

Die Entscheidungen, die auf EU-Ebene getroffen werden, können »Verordnungen« oder »Richtlinien« sein. Verordnungen sind unmittelbar geltendes Recht. Sie müssen in den Mitgliedstaaten der Europäischen Union von den jeweiligen Verwaltungseinheiten umgesetzt werden. Zudem binden sie die Rechtsprechung der nationalen Gerichte.

Verordnungen und Richtlinien

Wenn europäische Rechtsakte hingegen als Richtlinien verabschiedet werden, ist das Vorgehen anders. Bei einer Richtlinie wird seitens des europäischen Gesetzgebers lediglich eine verbindliche Vorgabe gemacht, wie und bis wann die nationalen Gesetzgeber ihr jeweiliges Recht zu ändern haben, um das inhaltliche Ziel zu erreichen. Hierbei sind dem Spielraum der nationalen Parlamente enge Grenzen gesetzt. Zumindest können sie nicht *unter* den Anforderungen der Vorgabe bleiben. Es steht ihnen hingegen frei, über die verpflichtenden Standards hinauszugehen.

Eine Befürchtung oder – je nachdem – Hoffnung bezogen auf die inhaltliche Seite der EU-Rechtsetzung hat sich nicht bewahrheitet: Es lässt sich bei den Rechtsakten der Europäischen Union kein generelles »race to the bottom« feststellen. Das heißt, was von der EU als Recht gesetzt wird, stellt nicht zwangsläufig den kleinsten gemeinsamen Nenner nationaler Politikentscheidungen dar. Vielmehr reichen die EU-Vorgaben etwa im Verbraucherschutz zum Teil weit über die jeweiligen nationalen Standards hinaus.

Tab. 29

EG/EU-Vorlagen im Deutschen Bundestag

Quelle: Datenhandbücher des Deutschen Bundestages

Wahlperiode	Anzahl der Vorlagen
1.–2. WP: 1949 – 1957	
3. WP: 1957 – 1961	13
4. WP: 1961 – 1965	224
5. WP: 1965 – 1969	745
6. WP: 1969 – 1972	946
7. WP: 1972 – 1976	1759
8. WP: 1976 – 1980	1706
9. WP: 1980 – 1983	1355
10. WP: 1983 – 1987	1828
11. WP: 1987 – 1990	2413
12. WP: 1990 – 1994	2070
13. WP: 1994 – 1998	2952
14. WP: 1998 – 2002	3137
15. WP: 2002 – 2005	2491
16. WP: 2005 – 2009	3896

Die Interessenverbände haben bereits darauf reagiert, dass eine Reihe von Entscheidungen nicht mehr in den Händen der Bundesorgane liegt, sondern von den Institutionen der EU verantwortet wird. Es sind europäische Verbände entstanden; gleichzeitig haben die nationalen Interessenvertretungen nicht mehr nur eine Präsenz in der Bundeshauptstadt; vielmehr betreiben sie auch Dependancen in Brüssel und Straßburg. Somit kann auch von einer Europäisierung der organisierten Interessen gesprochen werden. Allerdings hat eine vergleichbare Europäisierung anderer Instanzen der Interessenvermittlung, also der Parteien oder der Medien, bislang noch nicht stattgefunden.

Europäisierung organisierter Interessen

Europäisierung in der Gesetzesausführung und Rechtsprechung | 11.1.3.2

Das Recht, das vom politischen System der Europäischen Union ausgeht, entfaltet wie beschrieben unmittelbare und mittelbare Wirkung in den nationalen Systemen. Es ist verbindlich und muss angewandt werden. Die Europäische Kommission als »Hüterin der Verträge« wacht über die Umsetzung der Rechtsakte in den Staaten der Europäischen Union.

Bund und Länder setzen Rechtsakte der EU um

Die Ausführung des europäischen Rechts findet zu größten Teilen in den nationalen Verwaltungsstrukturen statt. Nur wenige europäische Agenturen übernehmen exekutive Aufgaben. Für Deutschland bedeutet dies, dass das EU-Recht im Rahmen des Verbundföderalismus angewandt wird. Die Länder mit ihren kommunalen Untergliederungen schultern einen Großteil der Verwaltungsleistungen im nationalen Bereich; insofern sind auch diese Verwaltungseinheiten entsprechend gefordert, wenn es darum geht, europäisches Recht in die Praxis zu übertragen.

Mit der Existenz einer zweiten Rechtsordnung, einer europäischen, die sich neben die nationale stellt, wandelt sich auch die Rechtsprechung in Deutschland. Denn die Einhaltung des europäischen Rechts muss nachgehalten und kontrolliert werden, insbesondere dann, wenn europäische und nationale Bestimmungen in Konflikt geraten. Hierzu dient zunächst eine richterliche Instanz auf europäischer Ebene, der Europäische Gerichtshof. Dieser entscheidet über die Vereinbarkeit von nationalen Regelungen mit dem Gemeinschaftsrecht. Auch deutsche Gerichte sind in der Lage, eine solche Prüfung vorzunehmen. So weit, so unstrittig.

»Solange«

Umstritten ist allerdings, inwieweit das Bundesverfassungsgericht entscheiden kann, ob europäisches Recht mit nationalen Verfassungsnormen, z.B. den Grundrechten, in Konflikt steht. Das Verfassungsgericht hat sich diese Kompetenz im so genannten »Solange I«-Urteil aus dem Jahr 1974 zugesprochen: »Solange« es keine Grundrechtskontrolle auf europäischer Ebene gebe, sei das Bundesverfassungsgericht für die entsprechende Prüfung von europäischem Recht zuständig. Von dieser Position ist es später, im »Solange II«-Urteil aus dem Jahre 1986, abgerückt: Es verzichtete auf die Kontrolle des Gemeinschaftsrechts, »solange« gewährleistet sei, dass der EuGH solche Prüfungen übernimmt. Allerdings hat das oberste deutsche Gericht im »Maastricht-Urteil« von 1993, sowie im »Lissabon-Urteil« von 2009, die heftig kritisiert worden sind, durchaus wieder eine Überprüfung europäischen Rechts anhand des Grundgesetzes praktiziert.

Hintergrund

»Maastricht-« und »Lissabon-Urteil«
Das Bundesverfassungsgericht hatte sowohl im Rahmen der Ratifikation des Vertrags von Maastricht als auch nach Unterzeichnung des Vertrags von Lissabon über die Vereinbarkeit dieser Integrationsschritte mit dem Grundgesetz zu entscheiden (1993 und 2009). In beiden Fällen wies das Gericht die Klagen gegen die Zustimmungsgesetze zurück, forderte gleichwohl Nachbesserungen in den deutschen Begleitgesetzen für den Vertrag von Lissabon. In beiden Entscheidungen spiegelt sich nichtsdestoweniger eine kritische Haltung des Gerichts gegenüber einer Vertiefung der europäischen Integration. Das Gericht sieht die Mitgliedstaaten als die »demokratischen Primärräume« und fordert deswegen, dass das nationale Parlament substanzielle Befugnisse behalten müsse, solange es auf der Ebene der EU keine wirkliche Demokratie gebe. Die Europäische Union dürfe nicht Zuständigkeiten an sich ziehen (»Kompetenzkompetenz«), sondern ihr müssten diese von den nationalen Parlamenten übertragen werden. Jede zukünftige Verlagerung von Hoheitsbefugnissen auf die Ebene der Europäischen Union müsse auf ihre Demokratieverträglichkeit hin überprüft werden.

In seiner Rechtsprechung pendelte das Bundesverfassungsgericht in der Frage, inwieweit es europäisches Recht auf seine Vereinbarkeit mit dem deutschen Verfassungsrecht überprüfen könne, hin und her. In der Gesamtschau bringt die Europäisierung jedenfalls substanzielle Einschränkungen der Kompetenzen des Bundesverfassungsgerichts mit sich, gegen die sich die Richter in einigen ihrer Entscheidungen zu stemmen versucht haben.

Europäisierung beschränkt Kompetenzen des BVerfG

11.1.3.3 | Europäisierung in der deutschen Bundesstaatlichkeit

Neben dem Bundestag und bis zu einem gewissen Punkt dem Bundesverfassungsgericht scheinen auch die Länder zu den Verlierern der europäischen Integration zu gehören. Durch das, was in »Brüssel« geschieht, werden die Spielräume der Landtage und Landesregierungen verändert, genauer: tendenziell eingeengt.

Die Europäische Union berücksichtigt nur bedingt, dass in einigen ihrer Mitgliedstaaten ausgeprägte föderale Strukturen existieren. Zwar gibt es mit dem Ausschuss der Regionen eine Vertretungskörperschaft für die »Länder« auf der EU-Ebene; diese ist jedoch vergleichsweise schwach. Sie besitzt nur unverbindliche, beratende Kompetenzen. Außerdem ist ihre Zusammensetzung höchst heterogen und hängt davon ab, welche regionalen Strukturen die Mitgliedstaaten vorweisen.

Definition

Ausschuss der Regionen (AdR)
Der AdR ist mit dem Vertrag von Maastricht ins Leben gerufen worden. Seine erste Sitzung fand im März 1994 statt. Er setzt sich aus 344 Delegierten zusammen. Die Delegationsgrößen liegen zwischen fünf (Malta) und 24 (Deutschland) Mitgliedern. Diese werden auf Vorschlag der Mitgliedstaaten auf vier Jahre ernannt. Der AdR hat das Recht zur Stellungnahme in bestimmten Rechtsetzungsbereichen und soll die Interessen der regionalen und kommunalen Ebene einbringen. Seine Stellungnahmen sind unverbindlich.

Da der Ausschuss der Regionen nur bedingt als Einflusskanal auf die europäische Politik nutzt, versuchen die Länder auf anderen Wegen die Entscheidungen der Europäischen Union in ihrem Sinne mitzugestalten – im Rahmen einer eigenen Europapolitik. So haben die Bundesländer Vertretungsbüros in Brüssel eingerichtet, die »Lobby-Arbeit« betreiben. Oder sie versuchen in Zusammenarbeit mit anderen Regionen in Europa ihre Position zu stärken. Schließlich ist durch den Vertrag von Lissabon auch der Bundesrat klageberechtigt beim EuGH geworden.

Länder betreiben eigene Europapolitik

Die deutschen Länder haben noch eine weitere Möglichkeit, an europäischer Politik mitzuwirken: indem sie über die Bundesebene Einfluss nehmen. Der Artikel 23 GG legt nicht nur fest, dass der *Bundestag* über die Rechtsetzungsprojekte in der EU informiert werden muss. Auch der Bundesrat und damit die Landesregierungen müssen zeitig in Kenntnis gesetzt werden. Die jeweilige Position des Bundesrates ist in einigen Bereichen »maßgeblich« zu berücksichtigen. Mitunter kann auch die Zustimmung des Bundesrates erforderlich sein. In bestimmten Situationen vermag sogar ein Vertreter der Länder, die Rechte des Bundes in der EU wahrzunehmen.

Wortlaut

Art. 23 Abs. 4 bis 6 GG

»(4) Der Bundesrat ist an der Willensbildung des Bundes zu beteiligen, soweit er an einer entsprechenden innerstaatlichen Maßnahme mitzuwirken hätte oder soweit die Länder innerstaatlich zuständig wären.

(5) Soweit in einem Bereich ausschließlicher Zuständigkeiten des Bundes Interessen der Länder berührt sind oder soweit im Übrigen der Bund das Recht zur Gesetzgebung hat, berücksichtigt die Bundesregierung die Stellungnahme des Bundesrates. Wenn im Schwerpunkt Gesetzgebungsbefugnisse der Länder, die Einrichtung ihrer Behörden oder ihre Verwaltungsverfahren betroffen sind, ist bei der Willensbildung des Bundes insoweit die Auffassung des Bundesrates maßgeblich zu berücksichtigen; dabei ist die gesamtstaatliche Verantwortung des Bundes zu wahren. [...]

(6) Wenn im Schwerpunkt ausschließliche Gesetzgebungsbefugnisse der Länder auf den Gebieten der schulischen Bildung, der Kultur oder des Rundfunks betroffen sind, wird die Wahrnehmung der Rechte, die der Bundesrepublik Deutschland als Mitgliedstaat der Europäischen Union zustehen, vom Bund auf einen vom Bundesrat benannten Vertreter der Länder übertragen. Die Wahrnehmung der Rechte erfolgt unter Beteiligung und in Abstimmung mit der Bundesregierung; dabei ist die gesamtstaatliche Verantwortung des Bundes zu wahren.«

Sowohl über den Bundesrat als auch bei der Vertretung der Länderinteressen auf EU-Ebene sind die Landesregierungen maßgeblich eingebunden. Dies macht deutlich, dass stärker noch als die Exekutiven der Länder die Parlamente, die Landtage, zu den Verlierern des Integrationsprozesses gehören. Diese sind weder auf nationaler noch auf europäischer Ebene unmittelbar vertreten. Sie mussten dennoch eine Reihe von Kompetenzen an die Gesetzgeber auf den anderen Ebenen abtreten.

Parlamente als Verlierer des Integrationsprozesses

Die Übertragung von Kompetenzen an die Organe der EU fiele den Parlamenten in den Mitgliedstaaten womöglich leichter, wenn das System der Europäischen Union eine hinreichende demokratische Legitimation aufweisen würde. Aber hieran gibt es erhebliche Zweifel.

Das Demokratiedefizit der Europäischen Union | 11.1.4

Ein gern bemühtes Bonmot lautet: Die Europäische Union könnte selbst nicht Mitglied der EU werden. Sie erfüllt nicht die Anforderungen an demokratische Verfasstheit, die sie ihren Mitgliedern abverlangt. Die Kritik an der demokratischen Legitimation der Europäischen Union ist in den vergangenen zwanzig Jahren immer lauter geworden: Die Europäische Union hätte zwar erheblich an Macht gewonnen, allerdings habe ihre demokratische Ausgestaltung nicht mitgezogen.

In der Debatte um die Demokratie in der EU gibt es eine erhebliche Breite in den Positionen: Zunächst sehen einige Beobachter überhaupt keinen Anlass zur Sorge und Kritik. Entscheidungen in der Europäischen Union würden durchaus demokratisch abgestützt, wenn auch anders als im Nationalstaat. EU-Forscher wie Andrew Moravcsik beklagen, dass an die Europäische Union strengere Maßstäbe angelegt werden als an die nationalen Demokratien.

»no-problem«-These

Dieser »no-problem«-These stehen verbreitet kritische Wahrnehmungen gegenüber. Eine institutionelle Variante der Kritik besagt, dass die Organstruktur der Europäischen Union keine Demokratie erlaube. Das Europäische Parlament sei trotz all seiner Stärkung noch zu schwach und müsse weiter aufgewertet, die intergouvernementalen Organe wie der Ministerrat hingegen geschwächt werden. Ergänzend sei die Etablierung eines effektiven europäischen Parteiensystems und die Förderung einer europäischen Öffentlichkeit anzugehen.

Eine radikale, substanzielle Demokratiekritik besagt wiederum, dass selbst bessere Institutionen nichts nützen würden. Die Europäische Union brächte nicht die Eigenschaften mit, die es bräuchte, um demokratisch verfasst zu sein. Es fehle an wichtigen Elementen: einer gemeinsamen Kultur, Sprache und Identität. Es gebe kein »europäisches Volk«, von dem eine »Volksherrschaft« ausgehen könne.

»no-demos«-These

Dieser Sichtweise, welcher der Europaforscher Joseph Weiler den Namen »no-demos« gegeben hat (»demos« heißt auf Griechisch »Volk«), hat sich auch das Bundesverfassungsgericht in seinen Entscheidungen zum Maastricht- und Lissabon-Vertrag angeschlossen: Der verlässlichste Rahmen für die Legitimation von Entscheidungen bleibe immer noch der Nationalstaat, denn nur in ihm sei die Volkssouveränität über das demokratisch gewählte Parlament gewährleistet. Dieser Logik entspricht das Prinzip der Subsidiarität: Möglichst viele Kompetenzen sollten auf einer möglichst tiefen politischen Ebene angesiedelt sein.

Definition

Subsidiarität

(lat. »subsidium ferre« = Hilfe leisten). Das Konzept der Subsidiarität entstammt der katholischen Soziallehre. Es wertschätzt die Eigenleistung der Bürger und fordert eine Zurückhaltung bei staatlichen Interventionen. Auf die EU übertragen bedeutet das Prinzip, dass ein staatlicher Eingriff nur dann erfolgen soll, wenn die jeweils tiefer gelegene Ebene (Nation, Länder, Kommunen, soziale Netzwerke) nicht in der Lage ist, das Problem zu lösen. Der Vertrag von Maastricht erwähnte erstmalig das Subsidiaritätsprinzip als Leitbild für die europäische Integration.

Europäisierung vs. Demokratisierung

Von hier aus ist es nicht weit zu einer immer wieder zu findenden Forderung: Die Mitgliedstaaten der Europäischen Union, insbesondere die Parlamente sollen stärker in die Entscheidungsfindung auf europäischer Ebene eingebunden werden. Die adäquate Antwort auf die Europäisierung »von oben nach unten« sei eine Demokratisierung »von unten nach oben«. »Lissabon« hat für eine solche Stärkung der Parlamente gesorgt, z.B. durch die Einführung des Klagerechts. Allerdings sind Zweifel an der tatsächlichen Effektivität dieser formalen Stärkung angezeigt.

Jedenfalls lässt sich in dem Schlagwort von der »europäisierten Demokratie« eine Spannung ausmachen. Die Europäisierung erfordert eine demokratische Abfederung. Europäisierung ist nicht mit einer automatischen Demokratisierung verbunden – eher im Gegenteil.

11.2 | »Globalisierung« und der Wandel der deutschen Demokratie

Die zweite Form der Entgrenzung des Nationalstaates läuft unter dem Schlagwort »Globalisierung«. Dieser Begriff ist in den vergangenen Jahren häufig verwendet worden; doch ist nicht immer ganz klar, was damit gemeint ist. Gelegentlich ist auch von »Transnationalisierung« oder »Internationalisierung« die Rede. Was die Globalisierung für die deutsche Demokratie bedeutet, ist noch viel schwieriger zu beantworten als die Frage, welche Folgen die Europäisierung hat. Es soll dennoch versucht werden.

»Globalisierung« als diffuser Begriff

11.2.1

Globalisierung – mehr als ein ökonomisches Phänomen

Wird über »Globalisierung« gesprochen, dann verengt sich die Debatte sehr schnell auf die wirtschaftliche Entgrenzung und ihre Auswirkungen auf den »Standort Deutschland«. Globalisierung ist allerdings mehr als ein rein ökonomisches Phänomen. Eine Forschergruppe der Universität Bremen hat Ende der neunziger Jahre folgende fünf Dimensionen der »Globalisierung« unterschieden:

(1) Dimension Gewalt: Die Fortschritte in der Waffentechnologie lassen territoriale Grenzen überwindbar werden. Drohung und Bedrohung werden grenzüberschreitend. Konflikte (auch Bürgerkriege) bleiben nicht nationalstaatlich eingehegt, sondern haben stets eine zweite, eine globale Dimension. In den vergangenen Jahren hat zudem der internationale Terrorismus als staatenübergreifende Bedrohungs- und Gewaltform eine neue Ausprägung erhalten.

(2) Dimension Umwelt: Auch die Natur kennt keine staatlichen Grenzen. Phänomene wie der Klimawandel sind per se weltumspannende Herausforderungen. Angesichts zunehmender wirtschaftlicher Zusammenarbeit verdichtet sich die Problematik (Stichwort: ressourcenintensive und naturschädigende Warentransporte).

(3) Dimension Kommunikation und Kultur: Die Grenzen fallen gleichfalls für kulturelle Produkte. Für dieses Phänomen wird gelegentlich auch der Begriff der Amerikanisierung verwendet, der aber nicht den Punkt trifft. Denn es existieren global angelegte kulturelle Strömungen, die sich als Parallel- oder Gegenbewegung zur Expansion US-amerikanischer Kulturgüter verstehen. Dass die kulturelle Kommunikation nicht mehr in nationalen Grenzen bleibt, ist auch der (massen-)kommunikativen Vernetzung der Welt geschuldet. Insbesondere das Internet ist zu einem Medium der Grenzüberwindung geworden.

(4) Dimension Mobilität: Nicht nur die kulturellen Produkte und die Kommunikation der Menschen sind zunehmend mobil geworden, sondern auch die Menschen selbst. Zum Teil geschieht dies sporadisch und kurzfristig, wenn Personen als Touristen oder als Geschäfts- und Dienstreisende Grenzen überwinden. Zum Teil zeigen sie nachhaltige Mobilität: So haben die Migrationsströme in den vergangenen Jahrzehnten zugenommen.

(5) Dimension Wirtschaft: »Last but not least« findet Globalisierung ökonomisch statt. Die nationalen Volkswirtschaften haben sich – wenn auch nicht in allen Bereichen – füreinander geöffnet. Eine Vielzahl von Staaten nimmt am Aufbau eines freien Weltmarktes teil und hat sich verpflichtet Handelshemmnisse abzubauen. Organisatorisch

wird die Idee einer weltweiten Freihandelszone von der »Welthandelsorganisation« (»World Trade Organization«, WTO) getragen. Tatsächlich hat der internationale Verkehr von Waren, Dienstleistungen und Finanzen in den vergangenen Jahrzehnten erheblich zugenommen. Gerade für die deutsche Wirtschaft ist der Außenhandel eine entscheidende Größe. Deutschland ist auf Importe (insbesondere im Energiebereich) angewiesen. Zugleich stellt die Bundesrepublik eine der größten Exportnationen dar. Der Beitrag der ausgeführten Produkte und Dienstleistungen zur Sicherung der deutschen Wirtschaftskraft ist erheblich.

Unterschiedliches Ausmaß der Globalisierung

Der Begriff »Globalisierung« ist allerdings dort irreführend, wo er den Eindruck erweckt, die ganze Welt, der gesamte Globus, nehme gleichermaßen an dieser Entwicklung teil. Der genaue Blick auf die »Globalisierungsprozesse« macht vielmehr deutlich, dass es regionale Schwerpunkte gibt. So finden sich tote Winkel der Globalisierung, also Regionen, die in nur wenigen Hinsichten – wenn überhaupt – von den oben angeführten Entgrenzungen betroffen sind. Andere Regionen, zum Beispiel der nordatlantische Bereich, sind vergleichsweise dicht und intensiv »globalisiert« (oder: regionalisiert). Deutschland jedenfalls befindet sich mit im Zentrum der Globalisierungsprozesse.

Abb. 31

Entwicklung der Einfuhren und Ausfuhren von und nach Deutschland

Quelle: Statistisches Bundesamt, http://www.destatis.de/.

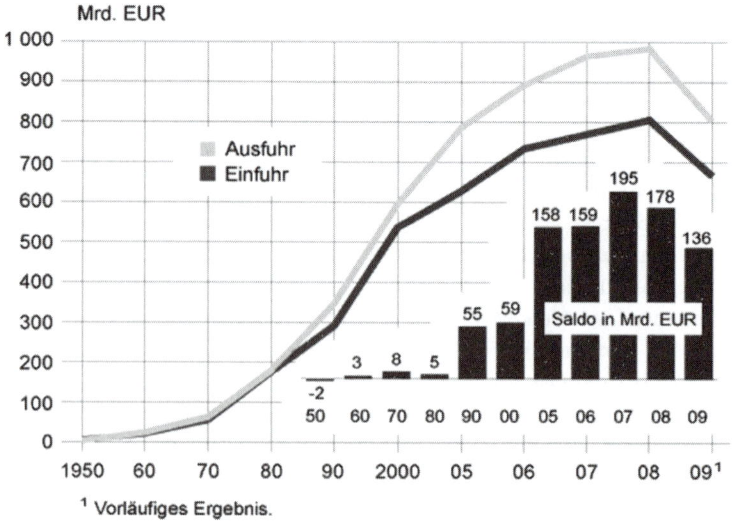

»Globalisierung« deutscher Politik – Wie verändert sich die deutsche Demokratie?

11.2.2

Das Globalisierungsphänomen scheint zunächst ein gesellschaftlicher Vorgang zu sein. Was haben der Staat und die Politik damit zu tun und wie verändert sich dadurch die deutsche Demokratie? Zunächst einmal stellen bestimmte Globalisierungsprozesse die Fähigkeit der nationalen politischen Akteure in Frage, die Gesamtheit der Geschicke noch steuern zu können. Viele Veränderungen innerhalb Deutschlands werden von außen hervorgerufen, ohne dass die nationalen Instanzen wie Regierung und Parlament noch in der Lage sind, dem entgegenzuwirken.

Einengung politischer Handlungsspielräume

Ein gutes Beispiel hierfür ist der Klimawandel, dessen Ursachen nur zu einem Bruchteil in Deutschland liegen und zu einem großen Teil dort, wo deutsche Politik nicht steuern kann. Aber auch die Globalisierung der Wirtschaft engt die staatlichen Handlungsspielräume ein. Das Abwandern von Unternehmen in Regionen, in denen billiger produziert werden kann, hat hierzulande ökonomischen und politischen Druck erzeugt. So sieht sich der deutsche Wohlfahrtsstaat mit seinen sozialen Sicherungssystemen vor schwierigen Herausforderungen. Die Gestaltungsspielräume für den nationalen Gesetzgeber verkleinern sich angesichts schwindender Ressourcen. Oft kann die deutsche Politik nur reagieren, ohne noch gestalterisch agieren zu können. Auch wenn der Nationalstaat immer seltener der Rahmen ist, innerhalb dessen Entscheidungen fallen, werden die nationalstaatlichen Instanzen, Regierung und Parlament, für die unmittelbaren und mittelbaren Globalisierungsfolgen zur Rechenschaft gezogen.

Globalisierung besiegelt indes nicht das vollständige Ende der Politik und auch nicht das Ende des Staates. Die Nationalstaaten bleiben trotz – oder gerade wegen der geschilderten Entwicklungen – immer noch wichtige Bezugsgrößen. So stoßen Entgrenzungen ihrerseits an Grenzen, nämlich dort, wo die Staaten sich dem Trend der Globalisierung entgegenstemmen. Ein Beispiel hierfür ist die immer noch erhebliche staatliche Subventionierung einiger Industriebereiche, die Abschottung heimischer Märkte vor bestimmten Importgütern, sowie restriktive Einwanderungsbestimmungen.

Ausweitung zwischenstaatlicher Zusammenarbeit

Die Steuerungsverluste im nationalen Bereich werden von den staatlichen Akteuren zum Teil wieder auf höherer Ebene aufgefangen. Denn als Reaktion auf die Entgrenzung gesellschaftlicher und wirtschaftlicher Prozesse haben sich die staatlichen Institutionen partiell selbst »globalisiert«. So hat sich parallel zur gesellschaftlichen Globalisierung der Bereich der zwischenstaatlichen Zusammenarbeit ausgeweitet. Die Regierungen versuchen die Folgen der Denationalisierung gemeinsam in den

Griff zu bekommen. In verschiedensten Politikfeldern und Regionen sind »internationale Regime« (Regel- und Normensysteme) geschaffen worden, welche die Staaten zusammenbringen und in deren Rahmen nach Strategien zur Gestaltung einer internationalen Politik gesucht wird. Allein in Europa ist neben der Europäischen Union ein komplexes Geflecht an zwischenstaatlichen Zusammenschlüssen entstanden.

Globalisierung verstärkt Entparlamentarisierung

Die Strategie des Staates, über internationale Organisationen Steuerungsmöglichkeiten zurückzugewinnen, verschiebt aber die innerstaatlichen Machtbeziehungen und hat Auswirkungen auf die Demokratie in Deutschland. Beteiligt an dem Projekt, international oder regional verbindliche Regelungen zu finden, sind in erster Linie die Regierungen. »International« bedeutet hier »intergouvernemental«. Deutschland wird durch Mitglieder der Bundesregierung oder durch von der Regierung bestellte Delegierte vertreten. Der Bundestag, das Parlament, gerät ins Hintertreffen. Ihm verbleibt lediglich die Kompetenz, internationale Abkommen zu ratifizieren, also ja oder nein zu sagen. An den entscheidenden Verhandlungsphasen vor den Vertragsabschlüssen sind die Parlamentarier jedoch kaum oder gar nicht beteiligt. Die parlamentarische Opposition ist ohnehin außen vor.

Einmal konstituiert, produzieren die internationalen Organisationen verbindliche Beschlüsse. Entscheidungszentrum ist hier wiederum die Gruppe der Regierungsvertreter. Der Bundestag kann an der Meinungsbildung und Beschlussfindung nur verzögert und/oder unverbindlich teilnehmen. Parlamentarier sind zwar in einigen Organisationen im Rahmen Parlamentarischer Versammlungen eingebunden. Diese haben jedoch kein verbindliches Mitspracherecht bei der Entscheidungsfindung. Die Regierungen bleiben somit in ihrem außenpolitischen Handlungsspielraum einigermaßen unbehelligt. Auch hier eröffnet sich für die Exekutiven die Möglichkeit eines Zwei-Ebenen-Spiels (s. o.).

In der Gesamtschau spricht vieles dafür, dass die Globalisierung der Gesellschaften und staatlicher Politik einen Beitrag zur Entparlamentarisierung, zur Schwächung des Bundestages im politischen System Deutschlands leistet und damit an die Substanz der parlamentarischen Demokratie geht.

»global democracy« als Utopie?

Ein tragfähiges Modell für eine »globale Demokratie« (z. B. im Kontext der Vereinten Nationen), das dieses Problem auf der höheren Ebene auffangen könnte, ist noch nicht gefunden worden. Die Suche stellt sich als äußerst schwierig dar, wesentlich schwieriger noch als im Kontext der Europäischen Union. Noch mehr als in der EU fehlen hier die Voraussetzungen für demokratische Politikgestaltung.

Insofern stellt das nationale politische System mit seinen demokratischen Einrichtungen – auch wenn sie globalisiert werden – noch immer

Beispiele für die Einbindung der Bundesrepublik Deutschland **Abb. 32**

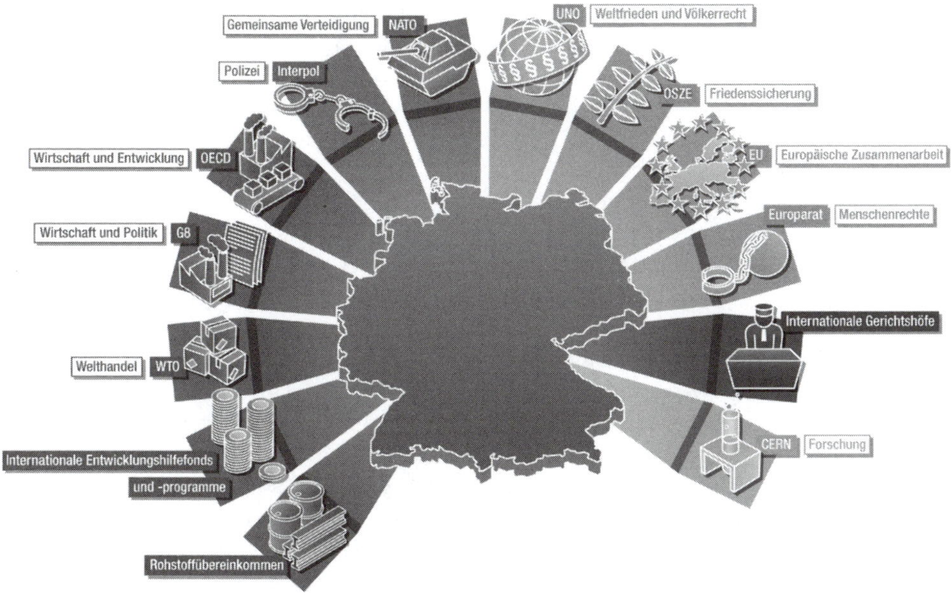

Quelle: www.bpb.de; Lizenz: Creative Commons by-nc-nd/3.0/de

den zentralen Legitimationsanker dar. Für die deutsche parlamentarische Demokratie heißt dies unter anderem, dafür Sorge zu tragen, dass der Bundestag möglichst weitreichend in internationale Entscheidungsprozesse eingebunden wird. Im Sinne demokratischer Zurechenbarkeit und Offenheit bedeutet dies zudem, dass im Umfeld der Globalisierungsprozesse größtmögliche Transparenz hergestellt werden muss – mit tätiger Unterstützung der Medien und Nichtregierungsorganisationen. Mit solchen und weiteren Reformnotwendigkeiten wird sich das abschließende Kapitel beschäftigen.

Lernkontrollfragen

1 Was sind die Eigenarten des politischen Systems der Europäischen Union im Vergleich mit nationalstaatlichen Systemen?
2 Was bedeutet die Europäisierung der Gesetzgebung für den Deutschen Bundestag?
3 Wie verändert sich die deutsche Bundesstaatlichkeit angesichts der europäischen Integration?

4 Woran macht sich die Diagnose vom Demokratiedefizit der Europäischen Union fest?
5 Warum ist der Begriff »Globalisierung« missverständlich?
6 Inwieweit nimmt die Globalisierung Einfluss auf die Demokratie in der Bundesrepublik Deutschland?

Literatur

Schwerpunktmäßig mit der Frage der Veränderung der deutschen Demokratie durch den Prozess der Europäisierung setzt sich auseinander: *Roland Sturm/Heinrich Pehle: Das neue deutsche Regierungssystem. Die Europäisierung von Institutionen, Entscheidungsprozessen und Politikfeldern in der Bundesrepublik Deutschland, 2. Aufl., Wiesbaden, UTB 2005*. Eine Einführung in die Europäische Union und ihr politisches System bieten: *Siegmar Schmidt/Wolf J. Schünemann: Europäische Union. Eine Einführung, Baden-Baden, Nomos 2009*, sowie *Wolfgang Wessels: Das politische System der Europäischen Union, Wiesbaden, VS Verlag 2007*. Als lexikalisches Nachschlagewerk über die Europäische Integration empfiehlt sich: *Werner Weidenfeld/Wolfgang Wessels (Hg.): Europa von A bis Z. Taschenbuch der europäischen Integration, 12. Aufl., Berlin, Institut für Europäische Politik 2010*. Theoretische Ansätze der Politikwissenschaft zum Verständnis der Entwicklung der europäischen Zusammenarbeit präsentiert: *Hans-Jürgen Bieling/Monika Lerch (Hg.): Theorien der europäischen Integration, 2. Aufl., Wiesbaden, VS Verlag 2006*. Als Standardwerk mit wichtigen Beiträgen zur politikwissenschaftlichen Problematik der Europäischen Union ist bereits in zweiter Auflage erschienen: *Markus Jachtenfuchs/Beate Kohler-Koch (Hg.): Europäische Integration, 2. Aufl., Opladen, Leske+Budrich 2003*. Die Änderungen durch den Vertrag von Lissabon stehen im Mittelpunkt des Sammelbands von *Olaf Leiße (Hg.): Die Europäische Union nach dem Vertrag von Lissabon, Wiesbaden, VS Verlag 2010*. Wichtige Zeitschriften der europäischen Integrationsforschung sind unter anderem die vierteljährlich erscheinende *integration*, die vom Institut für Europäische Politik herausgegeben wird. Im englischsprachigen Bereich ist es vor allem das *Journal of Common Market Studies*. Ein standardisiertes Nachschlagewerk bieten zudem die regelmäßig erscheinenden Jahrbücher: *Werner Weidenfeld/Wolfgang Wessels (Hg.): Jahrbuch der Europäischen Integration (zuletzt 2010), Baden-Baden, Nomos*.

Eine grundlegende Problematisierung der Veränderung von Staatlichkeit und Demokratie im Zeitalter der Globalisierung findet sich in: *Michael Zürn: Regieren jenseits des Nationalstaates. Globalisierung und Denatio-*

nalisierung als Chance, Frankfurt a.M., Suhrkamp 1998, sowie in *Otfried Höffe: Demokratie im Zeitalter der Globalisierung, München, Beck 1999*. Mit dem Konzept der »global governance« setzen sich Beiträge in folgendem Sammelband auseinander: *Maria Behrens (Hg.): Globalisierung als politische Herausforderung. Global Governance zwischen Utopie und Realität, Wiesbaden, VS Verlag 2005*. Die im Text angeführten Indikatoren der Globalisierung finden sich in folgender Publikation: *Marianne Beisheim/Sabine Dreher/Gregor Walter/Bernhard Zangl/Michael Zürn: Im Zeitalter der Globalisierung? Thesen und Daten zur gesellschaftlichen und politischen Denationalisierung, Baden-Baden, Nomos 1999*.

Links

europa.eu
Über dieses zentrale Portal öffnet sich das Web-Angebot der Europäischen Union. Die unterschiedlichen Institutionen sind mit eigenen Online-Angeboten dort vertreten. Weiterhin gibt es die Möglichkeit, alle veröffentlichten Rechtsakte der Europäischen Union einzusehen.

www.europa-digital.de
Diese Seite berichtet ausführlich über aktuelle europäische Themen. Dort finden sich auch Dossiers zu unterschiedlichen Fragen der europäischen Integration sowie Porträts der Mitgliedstaaten. Auf wichtige Seiten der Europäischen Union wird von hier aus verlinkt.

www.bundestag.de/gremien/welt/glob_end/
Im Online-Angebot des Bundestages findet sich der Schlussbericht der Enquete-Kommission »Globalisierung der Weltwirtschaft – Herausforderungen und Antworten«, die von 1999 bis 2002 gearbeitet hat. Dort werden die Auswirkungen der Globalisierung auf Gesellschaft, Wirtschaft und Demokratie ausführlich debattiert.

www.bpb.de/wissen/Y6I2DP,0,Globalisierung.html
In diesem Dossier der Bundeszentrale für politische Bildung finden sich zahlreiche Daten und Fakten zum Thema Globalisierung.

http://ec.europa.eu/public_opinion/index_en.htm
Seit 1973 erhebt die Europäische Kommission Daten über die »öffentliche Meinung« in ihren Mitgliedsstaaten. Diese »Eurobarometer«-Erhebungen enthalten auch Fragen zum Vertrauen in die Politik und die

Demokratie. Der Reiz der Daten ist, dass sie einen langen Zeitraum abdecken und der deutsche Fall mit anderen europäischen Staaten verglichen werden kann.

Die zukunftsfähige Demokratie – Zwischen Reformfähigkeit und Blockadegefahr

12

Inhalt

Im Jahr 2003 titelte das Nachrichtenmagazin »Der Spiegel« mit dem Aufmacher: »Die verstaubte Verfassung. Wie das Grundgesetz Reformen blockiert«. Abgebildet war ein zugeklapptes Verfassungsbuch, auf dessen Einbanddeckel eine brennende Kerze stand. Deren zerfließendes Wachs verbreitete sich über das Grundgesetz.

Dieses Motiv ist symptomatisch für einen Vorwurf, den man in den vergangenen Jahrzehnten gegenüber dem politischen System Deutschlands häufig und eindringlich erhoben hat. Der Tenor lautet: Das politische System sei von seinen Strukturen her nicht (mehr) in der Lage, anstehende Probleme zu bewältigen. Von einer »blockierten Demokratie« oder »blockierten Republik« (Paul Nolte) war und ist die Rede. In der Politikwissenschaft hat über Jahrzehnte hinweg der Begriff von Deutschland als einem »semi-souveränen« Staat (Peter J. Katzenstein) die Runde gemacht, also einem Staat, der nur eine eingeschränkte Steuerungsfähigkeit besitzt. Die Schlussfolgerung liegt auf der Hand: In Gestalt einer großen Reformanstrengung müsse »ein Ruck« (Roman Herzog) durch Deutschland gehen. Das deutsche System müsse »fit« gemacht werden.

Kritisiert worden ist die zweite deutsche Demokratie schon immer. In den siebziger und achtziger Jahren verstärkten sich die kritischen Stimmen insbesondere aus der neomarxistischen Perspektive. Seinerzeit wurde das gesamte System angefochten, weil es – so die Wahrnehmung – ungerechte ökonomische Herrschaftsstrukturen stabilisiere und die eigentlichen gesellschaftlichen Konflikte überdecke. Derart ideologisch motivierte Radikalkritik ist freilich heute nur noch selten zu hören. Aber auch die jüngeren Anwürfe gehen durchaus an die Substanz des Systems, wenngleich das Heil in Reformen, nicht in Revolutionen gesehen wird.

Wie reformfähig ist die deutsche Demokratie? Wo liegen die Reformblockaden und wo die Punkte, an denen diese überwunden werden können? Und wo besteht dringender Bedarf an Erneuerung?

Der erste Abschnitt des Kapitels soll diskutieren, inwieweit Deutschland von seinen Strukturen her überhaupt als eine blockierte Republik bezeichnet werden kann – oder doch als eine »Verhandlungsdemokratie«. Dazu gilt es, die »Veto-Spieler« im deutschen System zu identifizieren, also diejenigen Kräfte, die in der Lage sind, Entscheidungen zu verhindern, sowie die »Veto-Punkte«, also die Stellen im politischen Prozess, an denen Blockaden möglich sind. Blockaden können allerdings auch überwunden werden. So gibt es im politischen System der Bundesrepublik nicht nur Veto-Punkte, sondern auch eine Reihe von Konsenspunkten, also Orte, an denen einvernehmliche Lösungen gefunden werden können.

Der zweite Teil des Kapitels wendet sich der Frage zu, ob die Vorstellung – oder das Vorurteil – von der verstaubten Verfassung in der Realität wiederzufinden ist. Der Blick richtet sich auf die Reformfähigkeit der Strukturen des politischen Systems und schaut damit auch auf die Chance, Blockadepunkte abzubauen. Wann hat es maßgebliche und grundlegende Änderungen des Grundgesetzes gegeben? Aber auch: Wo ist noch Veränderungsbedarf verblieben? Dabei werden zwei Baustellen unterschieden: (1) Reformen zur Verbesserung der Effizienz von Entscheidungen, (2) Reformen im Sinne der Steigerung von Partizipation und Transparenz. Es wird zu diskutieren sein, inwieweit sich die beiden Zielrichtungen widersprechen. Wird die deutsche Demokratie auch in schwierigeren Zeiten stabil bleiben? Um diese spekulative Frage rund um die Zukunftsfähigkeit des Systems geht es am Ende des Kapitels und damit des Buches.

Zwischen Blockade und Konsens – die bundesdeutsche Verhandlungsdemokratie | 12.1

Wie kann man abschätzen, ob Deutschland eine blockierte Republik ist oder nicht? In der Politikwissenschaft gibt es verschiedene Ansätze, politische Systeme entlang ihrer Konsens- oder Konflikthaltigkeit einzustufen. Gebräuchlich ist die Gegenüberstellung von Konsens- oder Konkordanzsystemen auf der einen Seite und Mehrheits- oder Konkurrenzsystemen auf der anderen Seite. Hilfreich sind des Weiteren das Konzept der Veto-Spieler und der Veto-Punkte-Ansatz.

Definition

Konsens-/Konkordanzdemokratie vs. Mehrheits-/Konkurrenzdemokratie

Konsens- oder Konkordanzsysteme zeichnen sich dadurch aus, dass politische Entscheidungen im Einvernehmen mit mehreren Instanzen gefällt werden müssen. Eine Reihe von Akteuren hat die Möglichkeit, Politikprozesse zu blockieren. Deswegen ist es für die Entscheidungsfindung erforderlich, mittels Kompromissen oder Absprachen Blockaden zu vermeiden. Beispiele für diese Demokratieform sind unter anderem die Schweiz oder Belgien.

In *Mehrheits- oder Konkurrenzsystemen* stehen sich politische Lager in einem deutlichen Parteienwettbewerb gegenüber. Dasjenige, das über die parlamentarische Mehrheit verfügt, kann vergleichsweise ungestört politische Entscheidungen fällen. Es muss nicht das Einvernehmen weiterer Akteure suchen. Als typische Wettbewerbsdemokratie gilt – mittlerweile nur noch mit Einschränkungen – Großbritannien, weswegen diese Gruppe von Systemen gelegentlich unter dem Label »Westminster-Demokratien« laufen (benannt nach dem Sitzungsort des britischen Parlaments).

Die Unterscheidung dieser beiden Systemformen ist von Arend Lijphart systematisch entwickelt und getestet worden.

Veto-Spieler und Veto-Punkte in der deutschen Demokratie | 12.1.1

Wie lässt sich nun der bundesdeutsche Fall einordnen? Handelt es sich um eine Konsens- oder eine Konkurrenzdemokratie? Welche »Spieler« können den politischen Prozess blockieren? Bei der Antwort wird uns eine Vielzahl von Akteuren begegnen, die in den vorherigen Kapiteln ausführlich angesprochen worden sind.

Anzeichen für eine Mehrheitsdemokratie

Auf den ersten Blick könnte man aufgrund des parlamentarischen Charakters des Systems vermuten, dass Deutschland das Zeug zur Mehrheitsdemokratie hat. Immerhin hat es in der Bundesrepublik stets eine von einer klaren parlamentarischen Majorität getragene entscheidungsstarke Regierung gegeben. Minderheitsregierungen sind auf Bundesebene bislang nicht aufgestellt worden. Regelungen wie das konstruktive Misstrauensvotum oder die Vertrauensfrage (mit drohender Parlamentsauflösung) machen Minderheitsregierungen unwahrscheinlich und müssten eigentlich die Souveränität der parlamentarischen Regierung sicherstellen.

Definition

Veto-Spieler

Der Veto-Player-Ansatz ist von dem Politikwissenschaftler George Tsebelis entwickelt worden: Ein Veto-Spieler ist ein politischer Akteur, der in der Lage ist, einen Politikprozess zu verhindern – oder wie Tsebelis es formuliert: »Veto players are individual or collective actors whose agreement is necessary for a change of the status quo.« Es handelt sich dabei also um einzelne Funktionsträger oder um komplexe Akteure (Organisationen).

Der Status eines Veto-Spielers kann institutionellen Instanzen wie Präsidenten oder zweiten Kammern zufallen, die in der Verfassung verankert sind. Jenseits der institutionellen gibt es noch die parteipolitischen Veto-Spieler. Hierbei handelt es sich um einzelne Parteien oder Koalitionen von Parteien, die quer zu den Verfassungsorganen eine zweite Blockadeebene einziehen können.

Mit diesem Schema kann man die Veto-Potenziale in unterschiedlichen politischen Systemen vermessen und miteinander vergleichen. Je mehr Veto-Spieler ein System umfasst, desto geringer sind die politische Steuerungsfähigkeit und das Reformpotenzial. Allerdings muss hier noch differenziert werden: Die Anzahl der Veto-Spieler hängt vom jeweiligen Politikfeld ab und damit von der Frage, wer bei den jeweils zu treffenden Entscheidungen von der Verfassung oder von der Sache her eingebunden werden muss. Auch ist nach Tsebelis nicht alleine die Anzahl der Veto-Spieler entscheidend. Wichtig ist auch, wie die potentiellen Veto-Player zueinander stehen, d. h. welche Distanzen zwischen ihnen auszumachen sind.

Grenzen der deutschen Konkurrenzdemokratie

In der Realität wird der Konkurrenzcharakter des deutschen Systems jedoch durch den Umstand eingeschränkt, dass parlamentarische Mehrheiten bislang fast immer auf Zusammenschlüssen von Parteien beruhten. Aufgrund der faktischen Koalitionsnotwendigkeit gibt es in der Bundesrepublik in der Regel mindestens zwei parteipolitische Veto-Spieler. In klaren Mehrheitssystemen mit einer Einparteienregierung ist es üblicherweise nur *ein* parteipolitischer Veto-Player, der dann ohne Rücksicht auf andere Parteien Beschlüsse fällen kann.

In Zeiten Großer Koalitionen wird die Herstellung von stabilen Mehrheiten nicht unbedingt leichter. Zwar sind parlamentarische Abweichler leichter zu verschmerzen. Aber die programmatischen Profile in ein gemeinsames Politikkonzept zu verschmelzen, ist ein schwieriges Unterfangen für die beteiligten Parteien – wurden doch im Wahlkampf die Unterschiede noch in abgrenzender Absicht benannt und zugespitzt. Kurzum: Koalitionsregierungen (ob »klein« oder »groß«) produzieren eine Reihe von Veto-Punkten.

Koalitionen erzeugen Veto-Punkte

Definition

Veto-Punkte

Mit den Veto-Punkten sind die Gelegenheiten im politischen Prozess gemeint, an denen die Veto-Spieler Änderungen oder die Blockade von Entscheidungen betreiben können. Somit gilt: Je mehr Blockadepunkte ein System bietet, desto weniger Steuerungsfähigkeit hat die parlamentarische Mehrheit. Dieses Konzept ist von Ellen Immergut eingeführt und von André Kaiser weiterentwickelt worden.

Veto-Punkte im deutschen System

Weitere Veto-Punkte kommen hinzu, die aus dem potenziellen deutschen Mehrheitssystem eine Demokratie mit Verhandlungsnotwendigkeiten werden lassen. Hierzu zählt ohne Zweifel die föderale »Politikverflechtung«, die Verschränkung von Bundes- und Länderebene. Erwähnung gefunden hat bereits die Rolle des Bundesrates als Veto-Spieler: Der Bundesrat ist – wie geschildert – an der Gesetzgebung des Bundes beteiligt. Er kann (je nachdem, ob es sich um ein zustimmungsbedürftiges oder ein nicht-zustimmungsbedürftiges Gesetz handelt) Vorhaben blockieren oder zumindest verzögern.

Allerdings wird mit Blick auf den Bundesrat in erster Linie nicht problematisiert, dass der Länderkammer-Mehrheit ein Veto-Recht auf Bundesebene zusteht. Vielmehr dreht sich wie erwähnt die Kritik darum, dass die Opposition des Bundestages über den Bundesrat indirekte Veto-Kompetenzen erhält – also sich hier der »Parteienwettbewerb im Bundesstaat« (Gerhard Lehmbruch) manifestiert (→ Kapitel 10).

Welche weiteren Veto-Spieler können politische Entscheidungen in der bundesdeutschen Demokratie verhindern? Der Bundespräsident spielt eine nur nachgeordnete Rolle. Eine Beteiligung an der Gesetzgebung, die über eine formale und (bedingt auch) materielle Prüfung hinausgeht, ist nicht im Sinne des Grundgesetzes und auch keine gängige Staatspraxis in Deutschland, wenngleich der eine oder andere Präsident versucht hat, die Spielräume auszureizen (→ Kapitel 8).

Veto-Spieler BVerfG

Vielmehr lohnt der Blick auf die potenzielle Veto-Rolle des Bundesverfassungsgerichts. Das Verfassungsgericht kann, wenn es angerufen wird, jedes vom Bundestag verabschiedete Gesetz zu Fall bringen, so es in seiner Wahrnehmung verfassungswidrig ist. Im Rahmen der abstrakten Normenkontrolle bedeutet dies: Eine Opposition, falls sie mehr als ein Drittel der Abgeordneten umfasst, kann jedes im Bundestag beschlossene Gesetz vor Gericht bringen – mit der Hoffnung, dass dieses dort kassiert wird. Allerdings sind einer Instrumentalisierung des Gerichts durch die Opposition Grenzen gesetzt: Man kann nicht mit Sicherheit vorhersagen, wie das Bundesverfassungsgericht entscheiden wird; nur einem Teil der Klagen wird bekanntlich stattgegeben. Ohnehin ist die parlamentarische Regierung frühzeitig bemüht, Gesetzesvorlagen mit Blick auf »Karlsruhe« gerichtsfest zu machen (→ Kapitel 9).

Die Veto-Macht der Verbände und organisierten Interessen ist politikfeldspezifisch zu gewichten. In einigen Bereichen wie z. B. bei der Aushandlung der Tarifverträge kommt bestimmten Verbänden eine beträchtliche Gestaltungsautonomie zu (→ Kapitel 3). Hier hat der Staat weitestgehend auf seine Veto-Macht verzichtet und sie Verbänden überantwortet. Ansonsten können organisierte Interessen die Umsetzung von verabschiedeten Entscheidungen wenn nicht verhindern (eventuell noch über den Klageweg), so zumindest aber merklich erschweren.

Schließlich ist noch zu fragen, inwieweit auch die Medien als Veto-Spieler im deutschen System agieren. Sie sind zwar nicht verbindlich in Gesetzgebungsprozesse eingebunden. Dennoch können sie gerade in der frühen Phase des Politikprozesses essenziellen Einfluss darauf nehmen, welche Themen überhaupt auf die politische Tagesordnung gelangen (→ Kapitel 4). Freilich gibt es nicht »die« Medien, vielmehr eine uneinheitliche journalistische Landschaft. Innerhalb dieser mag es besonders einflussreiche Organe geben (z. B. »Bild« oder »Der Spiegel«). Diese sind unter bestimmten Umständen in der Lage, zur faktischen Veto-Macht aufzusteigen, indem sie erheblichen Druck auf Entscheidungsakteure ausüben.

Zahlreiche Veto-Spieler erfordern Konsensbereitschaft

Alles in allem ist die deutsche Demokratie mit zahlreichen Veto-Spielern ausgestattet, die an einer Reihe von Punkten des politischen Prozesses ansetzen können. Um dennoch zu Entscheidungen und ihrer Umsetzung zu kommen, bedarf es einer Konsensbereitschaft und -motivation der Akteure sowie Gelegenheiten, Einvernehmen zu suchen und herzustellen. Fehlten diese, dann würde in der Tat aus der deutschen Republik eine »blockierte«.

Konsenspunkte in der deutschen Verhandlungsdemokratie | 12.1.2

Neben den Veto-Punkten, also den Stellen, an denen im politischen Prozess Blockadeakteure ansetzen können, gibt es auch zahlreiche Konsenspunkte: An diesen Orten kann versucht werden, drohende oder vorhandene Entscheidungsblockaden abzuwenden respektive aufzuheben. Hierzu zählen institutionelle, das heißt von der Verfassung vorgesehene Konsenspunkte ebenso wie parteipolitische und/oder informelle.

Vermittlungs- und Fachausschüsse als Konsenspunkte

Ein Beispiel für einen institutionellen Konsenspunkt der bundesdeutschen Demokratie ist der Vermittlungsausschuss von Bundestag und Bundesrat (→ Kapitel 10). Seine Aufgabe ist es, im Konfliktfall zwischen den beiden Staatsorganen zu »vermitteln« – also einen Konsens in Form eines tragfähigen Kompromisses herzustellen. Die Verhandlungen im Ausschuss finden in einem vergleichsweise kleinen Kreis hinter verschlossenen Türen statt. Derartige Bedingungen fördern die Kompromisssuche.

Institutionelle Konsenspunkte zur Überwindung parteipolitisch bedingter Blockaden, auch solcher, die über den Bundesrat transportiert werden können, bieten auch die Fachausschüsse im Deutschen Bundestag. Dort können zwischen Mehrheit und Opposition, aber auch innerhalb der Regierungskoalition sachbezogene Kompromisse erarbeitet werden. Mittlerweile hat sich jedoch in der Bundestagsforschung die Erkenntnis breit gemacht, dass auch diese Gremien ein hohes Niveau konfliktorientierter Interaktionsmuster erreicht haben.

Definition

informell/informal

Unter informal oder informell wird das verstanden, was nicht in der Verfassung, in Gesetzen oder Geschäftsordnungen (schriftlich) fixiert ist. Es handelt sich um Vorgänge, die rechtlich nicht vorgesehen sind. Jedoch bedeutet »informal« nicht, dass es sich um ein regelfreies oder gar illegales Vorgehen handelt.

Informelle Politik

Die institutionellen Konsenspunkte scheinen allerdings für eine Kompromissfindung nicht immer hinreichend zu sein. An einer Vielzahl von

Stellen des politischen Prozesses sind deswegen informelle Konsenspunkte etabliert worden. Dort versucht man eine Einigung herzustellen, bevor die Entscheidungen in den formalen Politikprozess getragen werden. So müssen institutionelle Konsenspunkte gar nicht erst bemüht werden.

Nischen zur Konsensfindung

Zu den informellen Konsenspunkten, die der Vermeidung von Bundesratsblockaden dienen, gehören sporadische oder regelmäßige Treffen der Regierungsspitzen von Land und Bund sowie der Führungsspitzen der Parteien. Auch der Bundestag bietet eine Reihe von informellen Nischen, in denen potenzielle Veto-Player zur Konsensfindung zusammenkommen können.

Der Konfliktbewältigung zwischen den parteipolitischen Veto-Spielern in Regierungskoalitionen dienen Koalitionsrunden oder -ausschüsse. In diesen Gremien kommen die führenden Politiker der an der Regierungskoalition beteiligten Parteien und Fraktionen zusammen. Die Rolle der Koalitionsgremien und die damit verbundene Arbeitsweise, z.B. wie häufig man sich trifft, wer genau Mitglied in diesem Kreis ist und wie viel man dort bespricht, fällt von Kanzlerschaft zu Kanzlerschaft unterschiedlich aus.

Hintergrund

Zusammensetzung des Koalitionsausschusses der schwarz-gelben Koalition

Dem Koalitionsausschuss der schwarz-gelben Koalition unter Angela Merkel gehören neben den Parteivorsitzenden von CDU, CSU und FDP noch die Fraktionsvorsitzenden, die Generalsekretäre der Parteien, die Ersten Parlamentarischen Geschäftsführer, der Chef des Bundeskanzleramts, der Bundesfinanzminister und ein weiteres von der FDP zu benennendes Mitglied an. Die Zusammensetzung des Koalitionsausschusses ist im Koalitionsvertrag von CDU/CSU und FDP von 2009 geregelt.

Konsenspunkte mit Verbänden

Besteht die Notwendigkeit, Verbände in eine Konsensbildung einzubeziehen, dann bieten sich hierfür die erwähnten neo-korporatistischen Arenen an (→ Kapitel 3). Der Einbindung wichtiger organisierter Interessen dienen die regierungsnahen Kommissionen oder parlamentarischen Foren, in denen Verbandsvertreter ihre Vorstellungen einbringen können. Aber auch spektakulärere Formen wie die »Konzertierte Aktion« oder das »Bündnis für Arbeit« stellen Konsenspunkten dar, die aber nicht immer mit Erfolg beschieden waren (→ Kapitel 3).

Schließlich können auch einzelne Funktionsträger die Rolle von Konsensstiftern übernehmen. So ist der Kanzler der ersten Großen Koalition, Kurt Georg Kiesinger, oder die Bundeskanzlerin der zweiten Großen Koalition, Angela Merkel, gelegentlich als »wandelnder Vermittlungsausschuss« bezeichnet worden – ein »wandelnder Konsenspunkt« in unserer Begrifflichkeit. Moderation, der Ausgleich von Interessen, die Einbindung verschiedener Positionen – all dies gehört zum Rollenrepertoire einer politischen Führungsperson dazu. Dies mag zu Zeiten von Großen Koalitionen besonders relevant sein, wenn sich zwei sehr unterschiedliche und nahezu gleichgewichtige parteipolitische Veto-Spieler immer wieder finden müssen. Bei einer konsensorientierten Führungsstrategie kann es nicht darum gehen, formale Verfassungsressourcen wie die Richtlinienkompetenz anzuzapfen. Vielmehr ist die Fähigkeit zur verbindenden Kommunikation ein Ausweis von zeitgemäßer Führungskompetenz.

Kanzler als »wandelnde Konsenspunkte«

Zwischenfazit: Die deutsche »Konsensusdemokratie«? | 12.1.3

Was kann man bis hierhin über den Konsens- oder Konfliktcharakter des politischen Systems in Deutschland sagen? Es lassen sich sowohl Facetten von Konkurrenz- und Mehrheitsdemokratie ausmachen, zugleich eine vergleichsweise hohe Dichte an Veto-Spielern. In Konsequenz ist eine Reihe von Verfahren und Instanzen etabliert worden, die dazu dienen, etwaige Blockaden und Konflikte zu überwinden respektive erst gar nicht virulent werden zu lassen.

Der Politikwissenschaftler Arend Lijphart bezeichnet Deutschland als »föderalistische Konsensusdemokratie«. Für ihn sind der bundesstaatliche Aufbau sowie die Verschränkungen von Bundes- und Landesebene das entscheidende Systemmerkmal. Auch andere Beobachter sortieren Deutschland in die Gruppe der Verhandlungsdemokratien ein, in denen ein Einvernehmen zwischen einer großen Anzahl von Veto-Spielern hergestellt werden muss.

Deutschland als Verhandlungsdemokratie

Konsenserfordernis ist das eine, Konsensfähigkeit und -bereitschaft das andere. Es mag für parteipolitische Akteure in gewissen Situationen opportun sein, sich bietende Konsenspunkte zu nutzen, zum Beispiel um auf anstehende Entscheidungen im eigenen Sinne Einfluss zu nehmen. Eine Konsensusdemokratie wie die Bundesrepublik wird jedoch schnell zu einer blockierten Republik, wenn die Verhandlungschancen von den Veto-Spielern nicht ergriffen werden. Es kann von Vorteil sein, Konsenspunkte links liegen zu lassen, um beispielsweise im Vorfeld von Wahlen die Handlungsunfähigkeit einer Regierung herbei- und vorzuführen. Entsprechend ist der Vorwurf laut geworden, die deutschen Veto-Spieler hätten ihre Macht mitunter überdehnt und missbraucht – ein voreiliger Vorwurf, wenn man beispielsweise einen Blick auf die faktisch marginale Blockade durch den Bundesrat wirft oder auf die vergleichsweise wenigen »Vetos« des Bundesverfassungsgerichts.

Abbau der Veto-Punkte gefordert

Nichtsdestoweniger wird von einigen Seiten durchaus ein Abbau der Veto-Spieler und Veto-Punkte im deutschen System gefordert – in Form einer Veränderung der politischen Verfahren und im Sinne der Umwandlung der Konsensusdemokratie hin zu einer Konkurrenzdemokratie. Dies leitet über zu der Frage, inwieweit die Verfahren des politischen Systems reformierbar und reformbedürftig sind.

12.2 | Die reformierte Demokratie!?

Sind die Strukturen der Entscheidungsfindung in Deutschland so verstaubt und althergebracht, dass sie als nicht mehr zeitgemäß eingestuft werden müssen? Ist das politische System zur Selbstreform in der Lage?

12.2.1 | Und sie bewegt sich doch – die Verfassung im Wandel

Zahlreiche Grundgesetzänderungen von 1949 bis heute

Ein erster Blick macht deutlich: Das Grundgesetz, das heute gültig ist, unterscheidet sich an vielen Stellen von der Fassung, die 1949 vom Parlamentarischen Rat feierlich verkündet wurde. Im Laufe der rund sechzigjährigen Geschichte der Bundesrepublik hat es immer wieder Veränderungen im Verfassungstext gegeben. Im Zeitraum von 1949 bis 2010 ist das Grundgesetz 58 Mal geändert worden.

Neben vielen kleinen punktuellen Grundgesetzänderungen hat es auch größere »Pakete« gegeben, in denen Verfassungsreformen gebündelt vorgenommen worden sind. Solche »Sprünge« sind zum Teil aufgrund historischer Entwicklungen nötig gewesen. Zum Teil waren sie die Antwort auf einen aufgestauten Reformbedarf.

Ein erster solcher Verfassungssprung war bereits in den fünfziger Jahren erforderlich. Die internationale Lage und die Einbindung Westdeutschlands hatten sich so entwickelt, dass wieder deutsche Streitkräfte aufgestellt werden konnten und sollten. Die Wehrpflicht wurde in die Verfassung eingefügt sowie weitere Bestimmungen rund um den Einsatz und die Kontrolle der Bundeswehr.

Die finanziellen Belastungen durch die Kriegsfolgen führten in den fünfziger und sechziger Jahren zu einem Reformdruck im Bereich der Finanzverfassung. Im Rahmen einer Revision der Regelungen erhielten die Länder zusätzliche Kompetenzen bei der Steuererhebung. Eingeführt wurde zudem der Länderfinanzausgleich (Art. 107), also dass leistungsstarke Länder leistungsschwache unterstützen. In den Artikeln 104 bis 106 wurde die Mischfinanzierung zwischen Bund und Ländern geregelt (→ Kapitel 10).

Ende der sechziger Jahre waren es die seinerzeit heftig umstrittenen Notstandsgesetze, also die Regelungen für den Katastrophen-, Krisen- und Verteidigungsfall, die eine Veränderung und Ergänzung des Grundgesetzes an verschiedenen Stellen mit sich brachten.

Hintergrund

Notstandsgesetze

Nach der Gründung der Bundesrepublik unterlag das Notstandsrecht noch dem alliierten Vorbehalt. Das Grundgesetz in seiner ursprünglichen Fassung sah keine Regelungen für einen nationalen Notstand vor. Ende der fünfziger Jahre wurden erste Pläne für das Verfahren in entsprechenden Krisensituationen vorgelegt, doch erst 1968 konnten die grundgesetzändernden Notstandsgesetze – nach langer Debatte – von der Großen Koalition unter dem Kanzler Kiesinger verabschiedet werden. Zu den Notstandsgesetzen gehören die Regelungen für den Verteidigungsfall, den Spannungsfall, den inneren Notstand und den Katastrophenfall. Im Falle eines Notstands dürfen bestimmte Freiheitsrechte eingeschränkt werden. Die Verabschiedung der Grundgesetzänderung fand unter scharfen Protesten der opponierenden FDP und der außerparlamentarischen Opposition statt, die in den Bestimmungen antiliberale und antidemokratische Tendenzen wahrnahmen.

In den siebziger Jahren – in einer Zeit ohnehin hoher Reformaktivitäten – wurde eine Kommission zur Überarbeitung der Verfassung eingerichtet (»Enquete-Kommission Verfassungsreform«). In den Debatten gab es nur wenig, was nicht thematisiert wurde: ein Selbstauflösungsrecht des Parlaments, die Einführung direktdemokratischer Verfahren, die Grundrevision der föderalen Strukturen Deutschlands etc. Im Vergleich dazu waren die Vorschläge und das, was von ihnen umgesetzt wurde, eher bescheiden; so wurde etwa der Petitionsausschuss im Grundgesetz verankert.

Grundgesetzänderungen durch deutsche Einheit und europäische Integration

Ein Quantensprung vollzog sich im Zuge der deutschen Einheit: Anfang der neunziger Jahre wurde die »Gemeinsame Kommission von Bundestag und Bundesrat« ins Leben gerufen. Ziel war eine grundlegende Revision der Verfassung. Dies erschien nicht nur wegen des Beitritts der neuen Länder zum Bundesgebiet notwendig. Auch die Weiterentwicklung der europäischen Integration legte eine Überarbeitung des Grundgesetzes nahe. Schließlich sollte noch generell über eine Modernisierung der Verfassung nachgedacht werden.

Die Kommissionsteilnehmer sowie die hinzugeladenen Experten sprachen viele auch grundlegende Fragen an. Für diverse weitergehende Vorschläge konnte jedoch keine Zwei-Drittel-Mehrheit organisiert werden. Die tatsächlich vorgenommenen Grundgesetzänderungen betrafen letzten Endes zum einen die Anpassung der Verfassung an die Überwindung der deutschen Teilung. Zum anderen wurde als neuer Artikel 23 der »Europa-Artikel« eingeführt. Dieser regelt die Einbindung von Bundestag und Bundesrat in die Entscheidungsfindung der Europäischen Union (→ Kapitel 11).

Hintergrund

Gemeinsame Verfassungskommission

Die Kommission zur Revision des Grundgesetzes infolge der deutschen Einheit wurde 1991 vom Bundestag und Bundesrat gemeinsam eingesetzt und von dem Bundestagsabgeordneten Rupert Scholz (CDU) sowie dem damaligen Hamburger Bürgermeister Henning Voscherau (SPD) geleitet. Die Kommission bestand aus insgesamt 64 Mitgliedern, die je zur Hälfte vom Bundestag und Bundesrat entsandt wurden, sowie einer gleich großen Anzahl an stellvertretenden Mitgliedern. Der Abschlussbericht lag im November 1993 vor. Die Arbeit der Kommission ist ausführlich in der Reihe »Zur Sache« 2/96 dokumentiert (herausgegeben vom Deutschen Bundestag). Der Abschlussbericht erschien als Bundestagsdrucksache unter der Nummer 12/6000.

Föderalismusreform

Das jüngste größere Reformpaket ist in den 2000er Jahren mit der Föderalismusreform verabschiedet worden. Hierbei handelt es sich um die umfangreichste Änderung der Verfassung seit ihrem Inkrafttreten. Insgesamt hat man alleine im Rahmen der Föderalismusreform I 25 Grundgesetzregelungen modifiziert. Die Föderalismusreform hat die Beziehung zwischen Bund und Ländern in vielerlei Hinsicht neu geregelt. (→ Kapitel 10).

Grundgesetz ist nicht reformresistent

Im Vergleich mit anderen Verfassungen ist das Grundgesetz relativ häufig verändert worden; so findet sich in der Literatur auch die Einschätzung vom »oft geänderten Grundgesetz« (Andreas Busch) sowie in Medien und Politik gelegentlich die Kritik, die bundesdeutsche Verfassung werde zu leichtfertig angetastet. Jedenfalls scheint die Zwei-Drittel-Hürde in Bundestag und Bundesrat nicht unüberwindbar. In anderen Staaten stehen einer Verfassungsänderung ganz andere Barrieren im Weg: zum Beispiel ein Volksentscheid oder Abstimmungen auch in den Parlamenten der Gliedstaaten. Vor diesem Hintergrund scheint die pauschale Aussage von der Reformresistenz der des Grundgesetzes nicht haltbar zu sein.

Trotz dieser Änderungsoffenheit der deutschen Verfassung sind jedoch auch viele Vorhaben gescheitert. Die Debatten über wünschenswerte Verfassungsreformen griffen stets weiter als die tatsächlichen Entscheidungen – allemal wenn man die wissenschaftlichen Diskussionen noch hinzunimmt. Das Zwei-Drittel-Erfordernis in den beiden Staatsorganen machte bislang immer eine Verständigung zwischen CDU/CSU und SPD erforderlich. Eine solche »Große Koalition« ist allerdings für bestimmte Ideen nicht mobilisierbar gewesen.

Die Zukunft der Reformen – Reformen der Zukunft | 12.2.2

Reformen als Daueraufgabe

Die Modernisierung der Verfassung und damit die Erneuerung des Rahmens für die »Politikherstellung« bleiben eine Daueraufgabe. Das Grundgesetz ist keine fertige Verfassung für alle Zeiten. Denn diese wandeln sich und das Grundgesetz muss sich mit ihnen wandeln, ohne jedoch dabei seine Substanz verlieren zu dürfen.

Aus der Vielzahl an Vorschlägen für eine Weiterentwicklung der Verfassung seien einige herausgegriffen und in Ansätzen diskutiert. Die Veto-Spieler/Punkte-Theorie nochmals heranziehend geht es zunächst um Möglichkeiten der Beseitigung von Veto-Punkten. Im Anschluss daran dreht sich die Perspektive: Wie können Veto-Spieler gestärkt oder neue aufgebaut werden? Und unter welchen Umständen kann dies zielführend sein?

Reformen als Abbau von Veto-Punkten | 12.2.2.1

Eine ewige Baustelle ist und bleibt die bundesstaatliche Struktur Deutschlands. Die Föderalismusreformen aus dem Jahre 2006 und 2009 haben – so ist gemutmaßt worden – viel Druck aus dem Kessel gelassen. Dies ist aber nur die halbe Wahrheit. Einige Probleme der deutschen Bundesstaatlichkeit sind ungelöst geblieben. Insbesondere die desolate Finanzlage der Kommunen macht auf ein Strukturproblem aufmerksam: die zunehmende Übertragung von Aufgaben (Land, Bund, EU) bei gleichzeitiger Unterfinanzierung der Städte und Gemeiden.

Notwendige Fortsetzung der Föderalismusreform

Auch die Neujustierungen durch die Föderalismusreform I sind nicht die Zerschlagung gordischer Knoten gewesen. So ist die überarbeitete Kompetenzaufteilung nicht frei von bizarren Regelungen. Hierzu zählt beispielsweise die neueingeführte Form der konkurrierenden Gesetzgebung (Art. 72 Abs. 3 GG), die ein legislatives »Ping-Pong-Spiel« von Bund und Ländern zufolge haben kann.

Überhaupt setzt die teilweise Rückverlagerung von Kompetenzen auf die Landesebene die Gliedstaaten unter neuen Druck – unter Wettbewerbsdruck. Dies kann die ohnehin bestehenden Ungleichgewichte zwischen den Ländern noch vertiefen und nach weiteren oder anderen ausgleichenden Maßnahmen rufen. Zugleich stehen die existierenden Ausgleichsmaßnahmen, insbesondere der horizontale Länderfinanzausgleich unter Kritik: Dieser müsse abgeschafft oder zumindest reformiert werden, um die »produktive Konkurrenz« zwischen den Ländern zu stärken.

Ein immer wieder eingebrachter Vorschlag, um den Wettbewerb zwischen den Bundesländern fairer zu gestalten, läuft auf die Neugliederung des Bundesgebietes in Form der Zusammenlegung von Ländern hinaus. Diskutierte Modelle sehen die Verringerung auf fünf, sieben oder acht Bundesländer vor. Allerdings stehen diesem Reformschritt die gewachsenen Strukturen und – wie der gescheiterte Fusionsversuch Berlin-Brandenburg 1996 deutlich gemacht hat – gegebenenfalls auch die mangelnde Bereitschaft der Bevölkerungen, diesen Schritt mitzugehen, entgegen.

Neugliederung der Länder, Mehrheitswahlrecht, Europäisierung

Jenseits der Reform der Bundesstaatlichkeit wird noch eine weitere Systemveränderung andiskutiert, welche die Handlungsfähigkeit der Politik stärken soll: die Änderung des bundesdeutschen Wahlrechts in Richtung Mehrheitswahl. Die Entscheidung des Bundesverfassungsgerichts 2010 mit der Aufforderung, das Wahlrecht zu ändern, hat eine entsprechende Debatte ausgelöst, bei der auch die Option eines (partiellen) Mehrheitswahlrechts wieder aufgebracht worden ist. Die Befürworter argumentieren, dass mit einer solchen Änderung entscheidungskräftige Mehrheiten entstehen könnten. Parteipolitische Veto-Spieler würden abgebaut, wenn die Notwendigkeit, Koalitionen zu bilden, entfiele. Die Debatte um die Einführung des Mehrheitswahlrechts hat besonders in den sechziger Jahren – im Zeitalter der ersten Großen Koalition – erhebliche öffentliche Aufmerksamkeit erfahren. Der Vorschlag wird gegenwärtig gerne als Strategie zur Stärkung des Parlamentarismus in Deutschland empfohlen.

Das Grundgesetz stünde der Einführung eines Mehrheitswahlrechts nicht im Wege. Allerdings stehen erhebliche demokratietheoretische Einwände im Raum, die auf die Defizite des Mehrheitswahlrechts verweisen: allen voran die Benachteiligung von kleineren und von Kleinstparteien, die in den vergangenen Wahlen eine zunehmend wichtige Rolle spielen.

Reform der Europäischen Union

Beim Nachdenken über Reformen ist schließlich noch eine Veto-Struktur als ganzes anzusprechen: die europäische Integration. Sie legt sich wie eine zweite Haut auf die Politik in der Bundesrepublik und hemmt in manchen Situationen Entscheidungen, wie sie diese in anderen Fällen auch fördern kann. Die Frage nach den Veto-Punkten und ihrer Beseitigung muss gleichfalls auf dieser Ebene gestellt und beantwortet werden. Was sind die Instanzen, die zu einer Blockade-Situation im EU-Kontext beitragen? Können diese abgebaut werden?

Die nationale und die europäische Ebene sind ähnlich der Bund-Länder-Beziehung miteinander verflochten. So stellt sich die Frage, ob nicht desgleichen hier eine Entflechtung der Kompetenzen und Organe angezeigt wäre, wie dies bereits für den deutschen Bundesstaat versucht wurde. Ziel wäre eine erhöhte Transparenz bei den Zuständigkeiten sowie die »Europäisierung« der europäischen Politik, d.h. eine Verminderung des Einflusses der nationalen Regierungen auf die Entscheidungen der EU sowie der Ausbau einer wirklich europäischen Interessenvermittlung in Form echter europäischer Wahlen, Parteien und Medien.

12.2.2.2 Reformen im Sinne des Auf- und Ausbaus von Veto-Punkten

Reformvorschläge laufen jedoch nicht durchweg auf eine »Verschlankung« politischer Entscheidungsfindung hinaus. Vielmehr stehen auch Anregungen im Raum, die eine Ausweitung und Stärkung derjenigen vorsehen, die an Entscheidungen beteiligt werden (sollen). Diese Vorschläge zielen auf eine Verdichtung der Veto-Strukturen im politischen System Deutschlands.

Stärkere Einbindung der Bevölkerung durch direktdemokratische Verfahren

Ein wichtiger Diskussionsstrang dreht sich um die Frage, ob die Bürger selbst eine stärkere, eventuell auch eine Veto-Rolle spielen sollten. Deutschlands Verfassung kann mit Recht – wie im Kapitel 2 skizziert – als »super-repräsentativ« bezeichnet werden. Elemente direkter Demokratie sind bislang nicht auf der Bundesebene etabliert worden, außer für die seltene Situation einer Neuzuschneidung der Länder. Dabei hat es im Laufe der Grundgesetzgeschichte eine Reihe von Anläufen gegeben, direktdemokratische Instrumente einzuführen. Insbesondere als es um die Ratifikation des europäischen Verfassungsvertrages im Jahr 2005 ging, wurde der Mangel an unmittelbarer Beteiligung von mehreren Seiten problematisiert: Während in anderen Staaten Volksentscheide über den EU-Verfassungsvertrag durchgeführt wurden, lief das deutsche Ratifikationsverfahren über den Deutschen Bundestag ab, ohne dass es zu einer direkten Einbindung der deutschen Bürger gekommen wäre.

Mehr Beteiligung wagen

Die Argumente für und gegen die Einführung direktdemokratischer Verfahren liegen auf dem Tisch (→ Kapitel 2). Jenseits bedenkenswerter Gegenargumente: Für ihre Einführung spricht die anhaltende und fundamentale Unzufriedenheit der Bevölkerung mit den Inhalten und vor allem mit dem Verfahren der aktuellen Politikherstellung. Den gewichtigen Einwänden gegen die direkte Demokratie kann mit klugen institutionellen Lösungen begegnet werden: Konkret ist zu klären, welche Beteiligungsquoren und Fristen sinnvoll wären, welche Rolle der Bundestag dabei spielen sollte und welche Themen ausgeklammert werden müssen.

Vergleichsweise unkompliziert wäre die Einführung einer »Volksinitiative«, also die Möglichkeit, dass ein bestimmtes Mindestquorum an Bürgern einen Gesetzesentwurf in die parlamentarische Beratung einbringen kann – vergleichbar der »Europäischen Bürgerinitiative«. Der Bundestag bliebe frei in seinem Recht und in seiner Verantwortung, den Entwurf anzunehmen oder abzulehnen, müsste jedoch öffentlich darüber debattieren. In diesem Fall würden die Bürger nicht zu Veto-Spielern, sondern lediglich zu »Mitspielern«. Allerdings lehren die Erfahrungen aus anderen Staaten (z. B. Österreich), dass eine formal unverbindliche Volksinitiative in der Praxis einen sehr verbindlichen Charakter entfalten kann.

Innovative Beteiligungsformen

Noch mildere Spielarten der Einbindung der Bevölkerung in den politischen Entscheidungsprozess bieten Bürgerforen oder -konferenzen. In diesen kommen per Zufallsverfahren oder nach bestimmten Kriterien ausgewählte Bürger zusammen, um über die Lösung einer konkret anstehenden Problemlage zu diskutieren. Die Ergebnisse der Bürgerforen sollen in den parlamentarischen Beratungsprozess eingespeist werden. Möglich ist auch, derartige Foren zu nutzen, um die Folgen von geplanten Gesetzen besser abschätzen zu können, indem man die Betroffenen frühzeitig zu Wort kommen lässt. In Deutschland sind als Methode der Einbindung von Entscheidungsbetroffenen vor allem die »Planungszellen« bekannt geworden, die bereits seit geraumer Zeit eingesetzt werden – freilich überwiegend auf der kommunalen Ebene.

Definition

Planungszelle

Bei der Planungszelle handelt es sich um ein Beteiligungsverfahren, das auch unter der Bezeichnung »Bürgergutachten« bekannt geworden ist. Entwickelt wurde es vom Soziologen Peter C. Dienel (Universität Wuppertal). Rund 25 per Zufallverfahren ausgewählte Erwachsene beschäftigen sich über mehrere Tage mit einem zur Lösung anstehenden Problem. Die Teilnehmer werden professionell moderiert. Am Ende erarbeiten sie ein Gutachten, das in den Entscheidungsprozess einfließt.

Direktwahl des Bundespräsidenten?

Noch eine weitere Variante der verstärkten Einbindung von Bürgern findet sich auf der Liste der Reformvorschläge: die Volkswahl des Bundespräsidenten. Diese Forderung tauchte vor nahezu jeder Bundespräsidentenwahl auf und hallte umso lauter, desto umstrittener der Kandidatenvorschlag der Mehrheitsparteien in der Bundesversammlung war. In den bisherigen Beratungen zur Änderung des Grundgesetzes ist die Frage oftmals angesprochen worden. Es hat sich jedoch nie eine hinreichende Mehrheit für eine entsprechende Umgestaltung der Verfassung gefunden. Überhaupt tauchen die Forderungen nach der Direktwahl des Staatsoberhauptes üblicherweise genauso schnell wieder ab, wie sie erhoben wurden. Die bisherigen Amtsinhaber haben es anscheinend durch ihre Amtsführung geschafft, dass das Verfahren durch das Ergebnis immer wieder zumindest vorläufig legitimiert worden ist.

Die Anhänger der Volkswahlidee sehen in einer Direktwahl des Präsidenten eine Chance, die personalpolitische Vorherrschaft der Parteien zurückzudrängen. Der Präsident habe, unmittelbar vom Volk gewählt, eine stärker integrierende Position. Die Gegner der Idee verweisen zum einen auf historische Erfahrungen – nicht nur auf »Weimar«, sondern auch darauf, dass sich das gängige Verfahren im Ergebnis bewährt habe.

Direktwahl schwäche das parlamentarische Prinzip

Zum anderen wird befürchtet, dass die Einführung der Direktwahl nicht zwangsläufig zu einer besseren Personalauswahl führe. Überdies würden auch bei der Volkswahl des Staatsoberhauptes – so die Lehren aus anderen Systemen – die Parteien maßgebliche Akteure bleiben. Das vielleicht zentrale Argument lautet: Eine Direktwahl müsse mit einer Ausweitung der Kompetenzen des Präsidenten verbunden sein und führe somit zu einer Schwächung des parlamentarischen Prinzips des Grundgesetzes. Tatsächlich würde damit die Veto-Rolle des Bundespräsidenten gestärkt – auch gegenüber der parlamentarischen Mehrheit.

Als Gegenvorschlag zu einer fragwürdigen Stärkung der Präsidentenrolle wird gefordert, dass der Bundestag wieder deutlicher ins Entscheidungszentrum gerückt werden und an Veto-Kraft gewinnen müsse. Wie das zu geschehen hat, dafür sind Vorschläge entwickelt worden. Unter anderem betreffen diese die Frage, wie der Bundestag auf die Prozesse von Globalisierung und Europäisierung reagieren kann (→ Kapitel 11).

Widersprüchliche Reformansätze

In der Gesamtschau scheinen sich die aufgeführten Reformideen zu widersprechen. Einige zielen auf eine Straffung von Verfahren. Andere Ansätze machen Entscheidungsprozesse wiederum langwieriger und komplizierter, weil sie noch weitere Instanzen einbeziehen oder bestehende Veto-Kräfte stärken wollen.

Generell gilt jedenfalls, dass schnellere Entscheidungen nicht automatisch die besseren sein müssen. Mit wenig Zeitaufwand zu Beschlüssen zu kommen, ist noch kein Gewinn. Wenn sich höhere Entscheidungskosten später in der Qualität der Entscheidungen »auszahlen«, also die »externen Kosten« gering sind, hat sich die Investition gelohnt. Aus demokratietheoretischer Perspektive dienen Veto-Spieler als Gegengewichte, die Machtmissbrauch verhindern können und die Aufgabe haben, voreilige und potenziell falsche Entscheidungen zu hinterfragen.

Aber andersrum gilt auch: Langsamkeit ist kein Wert an sich. In modernen komplexen Gesellschaften bleibt es bei der Notwendigkeit, innerhalb begrenzter Zeitspannen zu adäquaten Problemlösungen zu kommen. Gerade der Bundestag verbindet diese beiden Fähigkeiten: auf der einen Seite Entscheidungen öffentlich zu diskutieren, und auf der anderen Seite innerhalb einer gesetzten Zeit zu einem Beschluss zu kommen. Die wohldosierte Einführung von Instrumenten direkter Demokratie könnte darüber hinaus die Akzeptanz politischer Entscheidungen fördern. Jenseits kleinerer Reformschritte wäre somit die Stärkung der parlamentarischen Demokratie bei gleichzeitigem Ausbau der partizipativen Komponenten ein angemessener Ansatz, um die deutsche Demokratie »wetterfest« zu machen.

Stärkung der parlamentarischen Demokratie und der Partizipation

12.3 | Die deutsche Schlechtwetterdemokratie?

Das bundesdeutsche System ist gelegentlich als »Schönwetterdemokratie« bezeichnet worden. Stabil sei die Demokratie nur, solange bildlich gesprochen die Sonne scheine, solange es den Bürgern »gut« gehe.

Diese Skepsis scheint zunächst einmal von der bundesdeutschen Geschichte in Frage gestellt worden zu sein. Dass sich die zweite deutsche Demokratie überaus stabil in das nächste Jahrtausend würde hineinfinden können, war den Gründungsvätern und -müttern nach dem Zweiten Weltkrieg nur bedingt klar. Einige von diesen hatten angesichts des deutschen Sonderwegs vielmehr den Eindruck, an dem Projekt einer »gewagten Demokratie« mitgewirkt zu haben.

Das bundesdeutsche System hat bereits viele, auch substanzielle Herausforderungen verarbeiten können: die wirtschaftliche und soziale Notlage nach dem Zweiten Weltkrieg, die Aufnahme der Kriegsflüchtlinge, die Loslösung vom Besatzungsregime, die Eskalationen des Kalten Krieges, die Einbettung in die europäische Integration, die eine oder andere

Vergangene und zukünftige Herausforderungen

Wirtschaftskrise. Zu den großen Herausforderungen zählt nach wie vor die Überwindung der deutschen Teilung. Die bundesdeutsche Demokratie hat diesen Sprung kurz nach ihrem vierzigsten Geburtstag in ihrem Grundgefüge unversehrt überstanden – sich allerdings auch einige Kratzer dabei eingefangen, von denen abzuwarten ist, ob diese noch weiter korrodieren und folglich an die Substanz gehen werden.

Weitere Herausforderungen stellen sich derzeit auch im Bereich der Integration unterschiedlicher gesellschaftlicher Kulturen in das politische System: ethnische, religiöse, soziale und generationenzogene Gesellschaften stoßen aufeinander. Der demografische Wandel beeinträchtigt die Funktionstüchtigkeit der sozialen Sicherungssysteme. Die Globalisierung führt zu Einbußen in der wohlfahrtsstaatlichen Struktur Deutschlands. Der internationale Terrorismus fordert den liberalen Rechtsstaat heraus: Die latente und akute Gefahr, dass Deutschland der Ort eines Terroranschlags werden kann, scheint die Gewichte zwischen den Freiheitsrechten des Einzelnen und der sichernden Macht eines starken Staates zu verschieben.

Angesichts dieser Entwicklungen wird sich herausstellen müssen, ob sich das Wort von der »Schönwetterdemokratie Deutschland« bewahrheitet. Immerhin mag es beruhigen, dass es bislang keiner antidemokratischen »Bewegung« gelungen ist, Unzufriedenheiten effektiv und langfristig zu kanalisieren – bislang! Das kann nicht zur Entwarnung Anlass geben. Die Umfragewerte geben dem Zweifel Nahrung: Wird man sich stets darauf verlassen können, dass die Unterstützung der Demokratie auf hohem Niveau bleibt? Wie wirkt sich das fundamentale Misstrauen gegenüber den politischen Eliten langfristig auf die Einstellung zur demokratischen Verfassung aus?

Demokratiestärkung ist möglich und nötig

Die Demokratie in Deutschland bleibt darauf angewiesen, die Bürgerinnen und Bürger »mitzunehmen«. Deswegen liegt hier eine zentrale Aufgabe für die politischen und gesellschaftlichen Funktionsträger. Nicht in der Abschottung, sondern in der Öffnung der Organisationen und Verfahren für mehr Engagement der Bürger erschließt sich ein Weg zur Stärkung und Stabilisierung der deutschen Demokratie. Zwar können Verfahren keine demokratische Kultur garantieren, sie können aber zu ihrer Ausgestaltung einen Beitrag leisten. Insofern kann die Demokratie durchaus die Voraussetzungen schaffen, auf deren Existenz sie beruht.

Die deutsche Demokratie – eine »geglückte Demokratie« (Edgar Wolfrum)? Diesen Titel trägt eine jüngere bundesdeutsche Geschichtsdarstellung. Freilich: Auf das Glück allein sollte man sich nicht verlassen. Vielmehr gilt es zu überlegen, wie man dem Glück zukünftig auf die Sprünge helfen kann. Die deutsche Demokratie muss für eventuell ungemütliche Zeiten »wetterfest« gemacht werden.

Lernkontrollfragen

1 Welches sind die institutionellen Veto-Spieler im politischen System der Bundesrepublik?
2 An welchen Stellen im bundesdeutschen System sind Konsenspunkte eingerichtet, an denen ein Einvernehmen zwischen potentiellen Veto-Spielern hergestellt werden kann?
3 Ist Deutschland eher eine Konsens- oder eine Konkurrenzdemokratie?
4 Hat sich die bundesdeutsche Verfassung als veränderungsresistent erwiesen?
5 Wo besteht noch weiterer Reformbedarf und mit welchen Maßnahmen könnte dieser angegangen werden?
6 Wie beurteilen Sie die Zukunft der bundesdeutschen Demokratie?

Literatur

Die These vom semi-souveränen deutschen Regierungssystem hat Peter J. Katzenstein in folgender Publikation entwickelt: *Peter J. Katzenstein: Policy and Politics in West-Germany. The Growth of a Semisovereign State, Philadelphia, Temple University Press 1987.* Die Unterscheidung zwischen der Konsensusdemokratie und der Westminster-Demokratie hat Arend Lijphart entlang von 36 Fällen durchdekliniert: *Arend Lijphart: Patterns of Democracy. Government Forms and Performance in Thirty-six Countries, New Haven, Yale University Press 1999.* Die im Text erwähnte und in der Politikwissenschaft sehr intensiv wahrgenommene Theorie der Veto-Spieler findet sich von ihrem Vater erstmalig ausgebreitet in: *George Tsebelis: Decision Making in Political Systems. Veto Players in Presidentialism, Parliamentarism, Multicameralism, and Multipartyism*, in: *British Journal of Political Science, 25. Jg. (1995), S. 289–326*, später dann in Buchform: *George Tsebelis: Veto Players. How Political Institutions Work, Princeton, Princeton University Press 2002.* Die Veto-Punkte-Theorie wird in folgenden Publikationen dargelegt: *André Kaiser: Vetopunkte der Demokratie. Eine Kritik neuerer Ansätze der Demokratietypologie und ein Alternativvorschlag, in: Zeitschrift für Parlamentsfragen (1998), S. 525–541*; *Ellen Immergut: Health Politics. Interests and Institutions in Western Europe, Cambridge, Cambridge University Press 1992.* Die Ansätze vergleichender Politikwissenschaft finden sich zusammengefasst in einer deutschsprachigen Einführung dargestellt: *Winand Gellner/Armin Glatzmeier: Macht und Gegenmacht. Einführung in die Regierungslehre, Baden-Baden, Nomos 2004.* Mit der informellen Politik in Koalitionsregierungen setzt sich ausführlich ein Buch von Wolfgang Rudzio auseinander, in dem Deutschland und Österreich als Fälle dienen: *Wolfgang Rudzio: Informelles Regieren. Zum Koalitionsmanagement in deutschen und österreichischen Regierungen, Wiesbaden, VS Verlag 2005.*

Links

www.bundesregierung.de/Webs/Breg/DE/Bundesregierung/Koalitionsvertrag/koalitionsvertrag.html
Der Koalitionsvertrag der aktuellen Regierungskoalition findet sich unter dieser URL im Online-Angebot der Bundesregierung.

www.mehr-demokratie.de/
Der Verein »Mehr Demokratie« präsentiert auf seiner Seite Vorschläge zur Einführung direktdemokratischer Verfahren auf Bundesebene sowie zur Reform der direkten Demokratie auf Lands- und komunaler Ebene.

www.planungszelle.de
Das Partizipationsmodell der Planungszelle von Peter C. Dienel wird auf dieser Website vorgestellt. Dort finden sich auch Literaturangaben zur Methode.

Personenregister

Sachregister

UVK:Weiterlesen